Basquete Para leigos

O basquete é o esporte mais popular e com mais participação nos Estados Unidos (mais popular até que Angry Birds). Então, seja um jogador de basquete ou um fã, você faz parte da multidão. O esporte combina destreza física, inteligência, graça e coordenação. Apesar de mais de 46 milhões de americanos jogarem basquete, o jogo é flexível o suficiente para permitir que cada jogador desenvolva seu estilo. Tudo se resume a uma ideia simples: arremessar a bola na cesta!

TERMOS E FRASES DO BASQUETE PARA SABER

Como em qualquer esporte, o basquete tem seus próprios termos e frases para descrever os movimentos do jogos, as posições, entre outros. Saber um pouco da linguagem do basquete irá ajudá-lo a apreciar o esporte enquanto você joga ou assiste de fora da quadra — ou do sofá.

- **Ponte aérea:** Uma jogada ensaiada em que o jogador lança a bola na direção da cesta e um companheiro pula, pega a bola no ar e geralmente enterra.
- **Bloqueio de um jogador:** Uso do corpo para bloquear ou se proteger de um adversário, e assim ganhar uma posição melhor para pegar o rebote.
- **Board:** Gíria para rebote.
- **Tijolo:** Um arremesso feio, totalmente errado, que bate no aro ou na tabela.
- **Bucket (balde):** Uma ótima palavra com significados múltiplos, que pode significar a cesta ou uma cesta feita; também pode ser usado como adjetivo para um arremessador especialmente bom.
- **Enterrar com salto:** Fazer um arremesso com salto especialmente bonito.
- **Cager:** Gíria para jogador de basquete.
- **Linha de caridade:** A linha de lance livre.
- **Duque:** Uma cesta de arremesso de quadra, que vale dois pontos.
- **Downtown:** Um arremesso feito de longe da cesta ou fora do alcance normal do jogador.
- **Hack:** Uma alta.
- **Hole (buraco):** A cesta, como em "leve para o buraco".
- **Hoop:** Cesta.
- **Hoops:** Basquete.
- **Hops:** Habilidade de saltar.
- **H-O-R-S-E:** Um jogo popular em que um jogador faz um arremesso e seus adversários devem repeti-lo. Quem não conseguir, fica com uma letra (começando com o "H").
- **Na pintura:** No garrafão.

Basquete Para leigos

- **Rock (rocha):** Gíria para bola.
- **Chuá:** Um arremesso que entra na rede sem tocar no aro ou em qualquer outra parte da cesta.
- **T:** Falta técnica.
- **Levar para o buraco:** Ir em direção à cesta para tentar marcar um ponto.
- **Trey:** Gíria para o arremesso de três pontos.
- **21:** Um jogo em que qualquer número de pessoas pode participar. O jogador com a bola tenta fazer uma cesta, enquanto os outros jogadores fazem a defesa. Uma cesta resulta em dois pontos, e você recebe três arremessos de lance livre consecutivos, cada um valendo um ponto.
- **Caminhar:** Sinônimo para *andar com a bola*.

ENTENDENDO AS POSIÇÕES DO BASQUETE

No basquete, um time com cinco jogadores marca pontos quando acerta a bola na cesta. Cada jogador tem uma posição e uma responsabilidade específica. As posições — que são dois armadores, dois alas e um pivô — requerem físicos e habilidades diferentes.

- **Armador:** Geralmente é o jogador mais baixo do time. Ele deve ser o melhor em passar e mover a bola; sua tarefa principal não é ser um arremessador. Seu papel tradicional é levar a bola para o outro lado da quadra e começar o ataque. Deve levar a bola até a cesta ou permanecer no topo do garrafão, pronto para voltar para a defesa. Exemplo: Derrick Rose.
- **Ala-armador:** Geralmente é mais alto que o armador, mas mais baixo que o ala. Não precisa ser bom com a bola, mas normalmente é o melhor arremessador do perímetro. Um bom ala-armador escapa de corta-luzes armados por jogadores mais altos para arremessar, passar ou ir em direção à cesta. Também tenta pegar os rebotes de ataque. Exemplo: Dwyane Wade.
- **Ala:** O jogador objetivo do ataque: agressivo e forte; alto o suficiente para unir agilidade e assim mover a bola e arremessar bem. Deve ser capaz de arremessar do perímetro e de dentro do garrafão. Exemplo: Carmelo Anthony.
- **Ala-pivô:** É musculoso e tem pelo menos um pouco de massa. Deve ser capaz de receber passes e acertar arremessos de perto da cesta. Um bom pegador de rebote grosseiro, mas atlético o suficiente para se mover com agilidade pelo garrafão de ataque e de defesa. É esperado que esse jogador faça cesta quando tiver a oportunidade na linha de fundo, parecido com um pivô, mas normalmente com um alcance de mais de 4,7m em volta da cesta. Exemplo: Pau Gasol.
- **Pivô:** Geralmente é o jogador mais alto do time. Deve ser capaz de jogar no ataque — isto é, receber a bola de costas para a cesta e girar para fazer arremessos com saltos, ganchos e enterradas. Também deve saber encontrar jogadores livres no garrafão para pegar rebotes de ataque. Exemplo: Dwight Howard.

Para
leigos

Basquete
para leigos

Tradução da 3ª Edição

Richard "Digger" Phelps

John Walters

ALTA BOOKS
EDITORA
Rio de Janeiro, 2018

Basquete Para Leigos® — Tradução da 3ª Edição
Copyright © 2018 da Starlin Alta Editora e Consultoria Eireli. ISBN: 978-85-508-0241-1

Translated from original Basketball For Dummies. Copyright © 2011 by John Wiley & Sons, Inc. ISBN 978-1-118-07374-2. This translation is published and sold by permission of John Wiley & Sons, Inc., the owner of all rights to publish and sell the same. PORTUGUESE language edition published by Starlin Alta Editora e Consultoria Eireli, Copyright © 2018 by Starlin Alta Editora e Consultoria Eireli.

Todos os direitos estão reservados e protegidos por Lei. Nenhuma parte deste livro, sem autorização prévia por escrito da editora, poderá ser reproduzida ou transmitida. A violação dos Direitos Autorais é crime estabelecido na Lei nº 9.610/98 e com punição de acordo com o artigo 184 do Código Penal.

A editora não se responsabiliza pelo conteúdo da obra, formulada exclusivamente pelo(s) autor(es).

Marcas Registradas: Todos os termos mencionados e reconhecidos como Marca Registrada e/ou Comercial são de responsabilidade de seus proprietários. A editora informa não estar associada a nenhum produto e/ou fornecedor apresentado no livro.

Impresso no Brasil — 2018 - Edição revisada conforme o Acordo Ortográfico da Língua Portuguesa de 2009.

Publique seu livro com a Alta Books. Para mais informações envie um e-mail para autoria@altabooks.com.br

Obra disponível para venda corporativa e/ou personalizada. Para mais informações, fale com projetos@altabooks.com.br

Produção Editorial Editora Alta Books	**Gerência Editorial** Anderson Vieira	**Produtor Editorial** **(Design)** Aurélio Corrêa	**Marketing Editorial** Silas Amaro marketing@altabooks.com.br	**Vendas Atacado e Varejo** Daniele Fonseca Viviane Paiva comercial@altabooks.com.br
Produtor Editorial Thiê Alves	**Supervisão de** **Qualidade Editorial** Sergio de Souza	**Editor de Aquisição** José Rugeri j.rugeri@altabooks.com.br	**Vendas Corporativas** Sandro Souza sandro@altabooks.com.br	**Ouvidoria** ouvidoria@altabooks.com.br
Assistente Editorial Renan Castro				
Equipe Editorial	Bianca Teodoro	Ian Verçosa	Illysabelle Trajano	Juliana de Oliveira
Tradução Camila Pinto e Silva	**Copidesque** Alessandro Thomé	**Revisão Gramatical** Priscila Gurgel Thamiris Leiroza	**Revisão Técnica** Leonardo Meschke Profissional de Educação Física	**Diagramação** Lucia Quaresma

Erratas e arquivos de apoio: No site da editora relatamos, com a devida correção, qualquer erro encontrado em nossos livros, bem como disponibilizamos arquivos de apoio se aplicáveis à obra em questão.

Acesse o site www.altabooks.com.br e procure pelo título do livro desejado para ter acesso às erratas, aos arquivos de apoio e/ou a outros conteúdos aplicáveis à obra.

Suporte Técnico: A obra é comercializada na forma em que está, sem direito a suporte técnico ou orientação pessoal/exclusiva ao leitor.

A editora não se responsabiliza pela manutenção, atualização e idioma dos sites referidos pelos autores nesta obra.

Dados Internacionais de Catalogação na Publicação (CIP) de acordo com ISBD

P541b Phelps, Richard
          Basquete para leigos / Richard Phelps, John Walters ; traduzido por Camila Pinto. - Rio de Janeiro : Editora Alta Books, 2018.
          416 p. : il. ; 17cm x 24cm.

          Tradução de: Basketball For Dummies
          Inclui índice e apêndice.
          ISBN: 978-85-5080-241-1

          1. Basquete. 2. Regulamentos. 3. Regras. I. Walters, John. II. Pinto, Camila. III. Título.

2018-15   CDD 796.323
                                                                          CDU 796.323.2

Elaborado por Odilio Hilario Moreira Junior - CRB-8/9949

Índice para catálogo sistemático:
1. Esportes : Basquetebol 796.323
2. Esportes : Basquetebol 796.323.2

Rua Viúva Cláudio, 291 — Bairro Industrial do Jacaré
CEP: 20.970-031 — Rio de Janeiro (RJ)
Tels.: (21) 3278-8069 / 3278-8419
www.altabooks.com.br — altabooks@altabooks.com.br
www.facebook.com/altabooks — www.instagram.com/altabooks

Sobre os Autores

Richard "Digger" Phelps é um renomado treinador de basquete da Universidade Notre Dame, onde ganhou mais jogos do que qualquer outro treinador na história da instituição. Ele levou Notre Dame a 14 participações no Torneio NCAA, incluindo a única participação da instituição no quadrangular final, em 1978. Ele também foi treinador por um ano na Fordham, onde guiou o time a um recorde de 26 vitórias e três derrotas, além de uma participação na NCAA em 1970–1971. Ele ainda detém o recorde de vitórias contra times número um da NCAA, com sete. Desde 1994, é comentarista de basquete universitário no canal norte-americano de esportes.

John Walters é escritor no *The Daily*, uma publicação norte-americana apenas para iPad. Ele também foi repórter e auxiliar de redação na *Sports Illustrated* por 14 anos, e ganhou dois prêmios Emmy do Esporte por seu trabalho na NBC Sports nas Olimpíadas de Verão de 2004 e 2008. Foi indicado ao Emmy do Esporte em 2006 por seu trabalho "Olympic Ice" nos Jogos Olímpicos de Inverno. Além deste livro, ele também é autor de *The Same River Twice* e *Notre Dame Golden Moments*.

O colaborador especial **Tim Bourret** é diretor de Informação Esportiva na Universidade Clemson, na Carolina do Sul. Em 33 anos na instituição, ele já editou 100 publicações que ganharam prêmios nacionais e regionais, incluindo 15 publicações que falam sobre basquete. É também comentarista na Clemson Basketball Radio Network. Bourret, um Double Domer (1977 a 1978), seguiu os passos da carreira de Digger Phelps desde 1974, quando ele foi um dos 11 mil torcedores do Notre Dame que invadiram a quadra após o Fighting Irish encerrar a série de 88 vitórias seguidas da UCLA.

Dedicatória

Àqueles que fizeram parte da minha vida no Basquete.

— Richard "Digger" Phelps

À minha mãe e ao meu pai, por me ensinarem a amar o esporte pelos motivos certos.

— Tim Bourret

Agradeço ao Tim B. e a toda a equipe do Starbucks e Cosi pelo WiFi liberado.

— John Walters

Agradecimento dos Autores

De Digger Phelps: A John Walters, Tim Bourret, Rose Pietrzak, à equipe de redação, assim como à equipe da Wiley, por todo seu esforço para tornar esse livro realidade. Este livro é sobre equipes e como elas trabalham juntas. E o nosso time South Bend--Chicago-Indianápolis provou que o conceito de equipe realmente funciona!

De John Walters: Agradeço ao meu editor-chefe, Bill Colson, ao editor sênior Dick Friedman e ao restante dos editores da *Sports Illustrated* pela paciência. Agradeço também à incansável equipe da Biblioteca da *Sports Illustrated*, especialmente Linda Wachtel. Ao Ted Lovick, o melhor treinador de basquete para o qual já joguei. Aos meus pais, William e Phyllis, os primeiros a nunca desistirem de um jogo mano a mano. E ao meu irmão, George: você vai me superar algum dia desses.

De Tim Bourret: Aos meus exigentes pais, Chuck e Irene Bourret. A minha boa amiga (Santa) Rose Pietrzak, que transcreveu intermináveis conversas entre mim e Digger. Agora Rose é especialista no basquete da Notre Dame dos anos 1970 e 1980. Ao Bob Bradley, meu mentor em Clemson, que proporcionou muitas curiosidades interessantes sobre basquete universitário nesses seus 40 anos de esportes universitários. A Larryn Shyatt, Dan Ahearn, Rick Barnes, Dennis Felton, Craig Miller, Steve Nelson, Reno Wilson e Todd Wright, por fornecer conteúdo para vários capítulos deste livro. A Matt Cashore e Bob Waldrop, por fotografar para este livro, e a Merl Code, Gene Brtalik, R.C. Deer, Justin Dunn, Mike Empey, Chris Hogan, Ben Murphy, Willie Mac-Key, Stephen Tessier e Gabe Thompson, por estarem nessas fotos. A Mike Danch, Mike Enright e John Heisler, por me ajudarem a organizar o ensaio fotográfico na Notre Dame. E ao meu exército de assistentes na Clemson Sports Information Office, que passou horas extras digitando e pesquisando: Brett Berg, Sam Blackman, Marsha Byers, Adair Clairy, Brian Hennessey, Jeff Martin, Meredith Merritt, Amy Moore, Will Peeler, Brenda Rabon, Emily Rabon, Brett Sowell, Preston Greene, Philip Sikes e Heath Bradley.

Sumário Resumido

Prólogo: Conheça Digger: O Jogador, o Treinador, o Fã......xxvii

Introdução..1

Parte 1: Introdução ao Basquete.....................5
CAPÍTULO 1: Simplesmente Basquete.........................7
CAPÍTULO 2: Como Se Vestir e Onde Jogar...................17
CAPÍTULO 3: As Regras....................................31
CAPÍTULO 4: Estatísticas.................................47

Parte 2: Os Fundamentos do Basquete...............67
CAPÍTULO 5: Arremessos...................................69
CAPÍTULO 6: Ataque.......................................91
CAPÍTULO 7: Defesa......................................113
CAPÍTULO 8: Rebote......................................149
CAPÍTULO 9: Movimentos, Jogadas e Estratégias...........165

Parte 3: O Jogo.................................185
CAPÍTULO 10: Basquete de Rua............................187
CAPÍTULO 11: Basquete Escolar...........................205
CAPÍTULO 12: Basquete Universitário.....................219
CAPÍTULO 13: Basquete Profissional......................241
CAPÍTULO 14: Basquete Internacional.....................265

Parte 4: E Você Não Precisa Pegar uma Bola.......285
CAPÍTULO 15: Você Não Precisa Jogar para Ser um Fã......287
CAPÍTULO 16: Preenchendo Seu Bolão no Torneio da NCAA...303

Parte 5: A Parte dos Dez.........................325
CAPÍTULO 17: Dez Jogos que Mudaram o Curso da História do Basquete...........327
CAPÍTULO 18: Os Dez Melhores Sites de Basquete..........335
CAPÍTULO 19: As Dez Lendas da NBA.......................339
CAPÍTULO 20: Dez Datas Importantes na História do Basquete.................345

Parte 6: Apêndices..............................355
APÊNDICE A: Glossário dos Termos de Basquete............357
APÊNDICE B: Exercícios de Fundamentos...................365

Índice..381

xii   Basquete Para Leigos

Sumário

PRÓLOGO: CONHEÇA DIGGER: O JOGADOR, O TREINADOR, O FÃ xxvii

O Início xxvii

Sem Foco: Notre Dame xxix

Construindo um Programa xxix

Conhecendo o Fã xxx

INTRODUÇÃO 1

Penso que 1

Como Usar Este Livro 2

Como Este Livro Está Organizado 2

Parte 1: Introdução ao Basquete 2

Parte 2: Os Fundamentos do Basquete 2

Parte 3: O Jogo 2

Parte 4: E Você Não Precisa Apanhar uma Bola 3

Parte 5: A Parte dos Dez 3

Parte 6: Apêndices 3

Ícones Usados Neste Livro 3

De Lá para Cá, Daqui para Lá 4

PARTE 1: INTRODUÇÃO AO BASQUETE 5

CAPÍTULO 1: **Simplesmente Basquete** 7

Brincando com a Bola 8

O Objeto do Jogo, Simplificado 9

Descubra Dez Razões para Gostar de Basquete 9

Basquete é balé 9

Basquete é um jogo simples 10

Basquete necessita de pouco equipamento 11

Não precisamos de outra pessoa para jogar 11

Você assiste a pessoas, não a uniformes 11

Você chega cedo em casa 12

O jogo flui 12

Faça chuva ou faça sol, você pode jogar 13

Loucura de Março (March Madness) 14

Divertido para meninos e meninas em qualquer lugar 14

Treinando um Time. 15

Não Seja um Fanático Cego. 16

CAPÍTULO 2: Como Se Vestir e Onde Jogar 17

Como Se Vestir. 18

Tênis 18

Meias 19

Protetor bucal 20

Uniformes. 20

Equipamento 21

Onde Jogar 24

Jogando em sua garagem 25

Pátios de escola ou quadras de clubes. 25

Celeiro de Jogadores: De Onde Vêm os Melhores Jogadores? 26

CAPÍTULO 3: As Regras 31

As 13 Regras Originais de Naismith 32

A Quadra. 33

O garrafão e a linha de lance livre 34

O arco de três pontos 35

Áreas da quadra 36

Os Jogadores 36

O Jogo 36

O início 37

Início do jogo e pedido de tempo 37

O relógio de arremesso. 37

Dez segundos 38

Pedido de tempo. 39

Prorrogação 39

Os juízes 41

Faltas 42

Faltas do ataque 42

Faltas técnicas 42

Violações. 43

Cada Liga por Si. 44

CAPÍTULO 4: Estatísticas. 47

Placar: Rei das Estatísticas. 48

Marcando pontos: Um, dois, três. 48

xiv **Basquete Para Leigos**

Lance livre. 49

Arremessos de quadra. 51

Jogadas de três e quatro pontos 54

O árbitro de mesa. 54

Gênios da estatística: box score. 55

Outras Estatísticas que Valem a Pena 56

Assistências 56

Turnovers 57

Tocos. 59

Roubos de bola 59

Minutos jogados 60

Proporções. 60

Pontos vindos do banco de reservas 62

Pontos de segunda chance. 63

Pontos a partir de turnovers. 63

Duplos-duplos 63

Triplos-duplos 63

Quádruplos-duplos. 64

PARTE 2: OS FUNDAMENTOS DO BASQUETE 67

CAPÍTULO 5: **Arremessos** 69

Tornando-se um Bom Arremessador 70

Colocando uma bola de 23cm em um aro de 46cm 70

Desenvolvendo um toque suave 71

Descubra Cinco Segredos para Arremessar 72

Equilibre seu corpo. 72

Arremesse com suas pernas. 73

Segure o aro. 73

Controle a bola com as pontas dos dedos. 74

Arqueie seu arremesso 75

Aperfeiçoando o Arremesso de Lance Livre. 75

Tirando a pressão do arremesso. 76

Exercitando lances livres em casa 77

As Cinco Áreas de Arremesso. 78

Embaixo da cesta (bandeja ou enterrada) 78

Atrás do arco 79

Cabeça do garrafão 80

A ala da esquerda e da direita 80

Zona morta. 80

Varie Seus Arremessos. 80

O arremesso contra a tabela 80

O baby jumper. 81

O arremesso de três pontos. 81

Treinando Arremessos. 82

Treino sem defesa 82

Treinos de defesa 85

Grandes Arremessadores: Jogadores para Imitar. 87

CAPÍTULO 6: **Ataque**. 91

Estabelecendo Sua Posição. 92

Armador (apelido: "O cara da bola"). 92

Ala-armador (apelido: "Armador duplo"). 93

Ala (apelido: "O cara do swing") 94

Ala-pivô (apelido: "O carrasco" ou "Posição quatro"). 94

Pivô (apelido: "O homem grande") 95

Jogando com Seu Ponto Forte 96

Jogadas e Manobras de Ataque 97

O passe. 97

O corta-luz 97

O give-and-go (passa e sai) 98

O passe e o corta-luz 99

O pick and roll (bloqueio com giro) 99

A backdoor (porta traseira) 101

Fique Alerta no Ataque. 102

Determinando a Intensidade 102

Ataque Homem a Homem. 103

Padrões e continuidade. 104

A diferença entre o ataque no basquete e no
futebol americano. 104

Zona de Ataque 105

Como a zona atrapalha o ataque. 106

Como atacar uma zona 106

Jogando contra uma zona 2-3. 106

Jogando contra uma zona 1-3-1. 107

Levando a bola para dentro do garrafão contra uma
defesa em zona 108

Contra-Ataque 108

xvi   **Basquete Para Leigos**

Por que os contra-ataques funcionam? 109

O exercício de entrelaçar três homens. 110

O exercício três contra dois, dois contra um 110

Pressão Ofensiva. 110

Escapando de Armadilhas de Meia Quadra 111

CAPÍTULO 7: Defesa 113

Jogando com a Cabeça. 114

Jogando com Seu Coração. 115

Jogando com Seus Pés. 115

Exercício no garrafão 116

Exercício na diagonal 116

Marcação Homem a Homem 117

Os três estágios de um jogador ofensivo em posse da bola 117

O primeiro dia de treinos 119

Defesa é defesa EM EQUIPE 120

O princípio do triângulo na marcação homem a homem 121

Fazendo marcação homem a homem como armador 121

Fazendo marcação homem a homem como ala. 125

Fazendo marcação homem a homem como pivô. 127

Marcando embaixo da tabela. 130

Marcando o passe de entrada 130

Defendendo-se do corta-luz: trocar ou não trocar?. 131

Marcando o pick and roll. 132

A regra para trocar do Digger. 133

A Última Palavra em Marcação Homem a Homem. 134

Marcação por Zona. 135

Zona 2-3 136

Marcação por zona 1-3-1 138

Marcação por zona mista 139

Truques defensivos. 139

Conheça a Pressão 142

A armadilha da pressão. 145

Defendendo-se do contra-ataque 148

CAPÍTULO 8: Rebote 149

Reino da Tabela: Um Glossário. 150

Rebote: A Chave para a Vitória 150

O Conceito do Time para Pegar o Rebote 151

Sumário xvii

A Física do Rebote 151

Rebote de Defesa 152

Use seu tempo com sabedoria 153

Tirando vantagem 155

Pegando o rebote na zona de defesa 156

Rebote de Ataque 157

Exercícios de Rebote. 158

Exercício de circular os vagões. 159

Exercício de rebote mano a mano. 159

Exercício Dan Mara. 160

Exercício Manhattan. 160

Exercício do jogador quatro pegando rebote 161

Pegando Mais Rebotes que o Jogador Mais Alto. 162

Grandes Jogadores de Rebote para Imitar. 162

CAPÍTULO 9: **Movimentos, Jogadas e Estratégias. **165

Jogando como Pivô 167

Trabalhar para ficar livre dentro do garrafão. 167

Abrindo espaço contra seu defensor 168

Movendo-se sem a bola. 168

Movimentos para um Pivô. 169

Girando sobre o pé de apoio (pé de pivô) 170

Movimento de força em direção à tabela. 171

O arremesso com salto 171

Gancho 173

O up-and-under (finta com movimento de arremesso). 173

Passe para o jogador livre 173

Movimentos para um Armador. 174

Crossover (mudança de direção em drible). 175

O pick and roll (bloqueio). 175

Montando bloqueios para armadores 176

Um movimento para um ala 176

O ala-armador 177

Jogadas de Último Segundo 178

Jogadas de último segundo de quadra inteira. 178

Dica do Digger em jogadas de último segundo. 178

Tempo: pedir ou não pedir? Eis a questão. 180

Preparando-se para um Grande Jogo 180

Espione seu adversário — e a você mesmo 181

Desafie a estrela do time adversário 181

Crie um clima de rivalidade 181

Prepare seu time mentalmente 182

Engaje sua torcida 182

PARTE 3: O JOGO 185

CAPÍTULO 10: Basquete de Rua 187

As Características do Basquete de Rua 188

Me passe a bola 188

Passe — ou arremesse — a bola! 188

Trash talk (Provocação) 188

O garrafão — Onde os fracos não têm vez 189

Argumentos 189

Não espere pôr em prática o ataque de seu treinador 189

Outros termos e costumes do basquete de rua 190

Meia quadra ou quadra inteira? 191

O Código de Cavalheiros do Basquete de Rua 192

Até 11, 15 ou 21 por cestas de um 193

Vencedores 193

Tem de ganhar por dois pontos 193

Marque suas próprias faltas 193

Limpar o garrafão 194

Tô na de fora 194

Limitar 194

Sem arremessos de lance livre 195

Encontrando Bons Lugares para Jogar 195

Um bom número de quadras 195

Uma boa variedade de quadras e jogos 196

Cestas com rede de nylon e tabelas retangulares 196

Luzes 197

Bebedouro 197

Preocupe-se com o espaço fora da quadra 197

Suporte da cesta acolchoado 198

Quadra nivelada 198

Direção norte-sul (se ao ar livre) 198

Banheiros disponíveis 199

Ventilação apropriada no ginásio 199

Jogos de Arremesso 199

H-O-R-S-E 199

21 200

Volta ao Mundo 201

5-3-1 201

Das Garagens para os Torneios 202

Basquete Bookstore 202

Gus Macker 203

CAPÍTULO 11: Basquete Escolar 205

Uma Escola, Três Times 206

Calouros 206

Juniores 207

Veteranos 207

O Basquete Escolar Está Espalhado por Todo o Mapa 208

A Escola É a Nova Faculdade 210

Da Formatura para os Profissionais 211

Entendendo a Hoosier Hysteria 213

The White Shadow 215

Basquete da AAU: Basquete Universitário com Gorilas
de 270 quilos 216

Os Times Escolares All-America 217

CAPÍTULO 12: Basquete Universitário 219

O que Faz o Basquete Universitário Especial? 220

Loucura de Março 221

Diversidade no tamanho dos jogadores 222

Diversidade na personalidade dos jogadores 222

Diversidade no estilo de jogo 223

Órgãos Governadores 225

A NCAA 225

A NAIA 225

Faculdades juniores 226

Estrutura das conferências 226

Tamanho do Time 227

Treinadores 227

Os papéis do treinador universitário 228

Jogos 229

Outros torneios de pós-temporada 229

Votações 231

Times All-American 231

Prêmio de Jogador do Ano. 232

Basquete Feminino na NCAA 232

A bola menor 233

Aumento da atenção da mídia 235

Atualizações para o jogo 236

Um e Pronto. 238

CAPÍTULO 13: Basquete Profissional 241

National Basketball Association (NBA). 242

Calendário 242

O primeiro jogo 243

Elenco 243

Playoffs 244

A NBA Percorreu um Longo Caminho. 245

O relógio de arremesso: a regra que salvou a liga 246

Defesa ilegal: o que é? 247

Infusão Estrangeira. 249

A Economia da NBA 250

Um por dinheiro, dois pelo show: salários dos jogadores
e o ranking da liga 253

Barganhas e fracassos, 2010–2011. 253

Treinando na NBA. 255

Foram-se, Mas Não Foram Esquecidos: A ABA 258

Basquete Profissional Feminino: A WNBA. 260

Inícios e pausas 260

A D-League 261

Os Harlem Globetrotters 262

CAPÍTULO 14: Basquete Internacional 265

Como o Basquete Se Espalhou pelo Mundo 266

A vitória nas Olimpíadas de 1960. 266

A derrota nas Olimpíadas de 1972 267

A Iugoslávia derrota os soviéticos 268

O turismo dos times americanos universitários 268

Primeira derrota dos Estados Unidos em casa. 269

O primeiro Time dos Sonhos 269

Sumário xxi

Infusão de Jogadores Internacionais nos Rankings
Universitários dos EUA 271

    É um jogo diferente 274

Intercâmbio Cultural de Basquete: A Influência Internacional
no Jogo Americano 274

    Arremesso do perímetro por jogadores grandes 275

    Passes forçados 275

    Passes melhores 275

    O arremesso de três pontos 276

    Um jogo mais orientado para o perímetro 276

    Penetração driblando, depois volta para o arremesso
de três pontos 276

Intercâmbio Cultural de Basquete: A Influência Americana no
Basquete Internacional 277

    Melhor controle de bola 277

    Melhor defesa do perímetro 277

    Desenvolvimento do jogo de garrafão 278

    Porque o resto do mundo ficou mais próximo dos
Estados Unidos 278

Basquete em Escala Mundial: Melhores Ligas Profissionais 279

Torneios Internacionais de Basquete 280

    Os jogos olímpicos 280

    O campeonato europeu 282

    Os jogos pan-americanos 283

    O campeonato mundial de basquete da FIBA 283

PARTE 4: E VOCÊ NÃO PRECISA PEGAR UMA BOLA 285

CAPÍTULO 15: Você Não Precisa Jogar para Ser um Fã 287

Acompanhando um Jogo na TV 288

    Antecipe o próximo passe 288

    Assista à ação longe da bola 288

    Quando evitar olhar para James 289

    Quando olhar para James 289

    Acompanhe as estatísticas 289

    Observe os árbitros 290

O que Observo? 291

Acompanhando um Jogo no Rádio 295

Acompanhando Seu Time na Internet (Também Conhecido
como "Basquete Cibernético") 295

Assinando Revistas e Outras Publicações. 296
Assistindo a Seu Filho Jogar. 297
Participando de Ligas Fictícias. 298
    Montando sua liga fictícia 298
    Montando seu time fictício 299
Visitando os Halls da Fama 300
    Hall da fama Naismith 300
    Hall da fama do basquete universitário 301
    Hall da fama do basquete feminino. 301

CAPÍTULO 16: Preenchendo Seu Bolão no Torneio da NCAA. 303

Acompanhando a Cronologia do Torneio da NCAA 304
Escolhendo Seus Times com Sabedoria 308
    Publicações e sites sobre a temporada 308
    Programas sobre o Selection Sunday na CBS e na ESPN 310
Preenchendo Seu Bolão. 310
    Estimativas 311
    Dificuldade do calendário 311
    Experiência dos jogadores 312
    Experiência do treinador. 312
    Sucesso no torneio de conferência. 313
    Avaliação de conferências. 314
    Programas bem-sucedidos. 314
    São necessárias seis vitórias... ou sete 316
    Quem está voando, quem não está 316
    Quem tem os armadores?. 317
Vencendo Jogos Apertados 317
    Registros da temporada: topar com seu dedão não é tão ruim . . . 318
    A importância do chaveamento 318
    Equipes físicas 320
    Lesões e distrações 320
    Times em uma missão 320
    O fator líder carismático 320
    A teoria Rodney Dangerfield. 321
    Já nos encontramos antes?. 322
    A importância de ser ignorante 322
    A princesa do bolão 322

PARTE 5: A Parte dos Dez 325

CAPÍTULO 17: **Dez Jogos que Mudaram o Curso da História do Basquete** 327

Springfield YMCA 5, Springfield Teachers 1 328

Texas Western 72, Kentucky 65 328

Houston 71, UCLA 69 328

North Carolina 54, Kansas 53 (três prorrogações) 329

Notre Dame 71, UCLA 70 329

Michigan State 75, Indiana State 64 330

União Soviética 51, Estados Unidos 50 330

Connecticut 77, Tennessee 66 331

Boston Celtics 135, Chicago Bulls 131 (duas prorrogações) 331

New York Knicks 113, Los Angeles Lakers 99 332

Los Angeles Lakers 123, Philadelphia 76ers 107 333

CAPÍTULO 18: **Os Dez Melhores Sites de Basquete** 335

Basketball-Reference.com 336

Rushthecourt.net 336

Collegeinsider.com 336

Truehoop.com 336

Hoopshype.com 336

Allbrackets.com 337

NBAhoopsonline.com 337

Blog.paulomurilo.com (Basquete Brasil) 337

Slamonline.com 337

Bolapresa.com.br 337

CAPÍTULO 19: **As Dez Lendas da NBA** 339

Kareem Abdul-Jabbar 340

Elgin Baylor 340

Larry Bird 340

Wilt Chamberlain 340

Bob Cousy 341

Julius Erving 341

Magic Johnson 341

Michael Jordan 342

Oscar Robertson 343

xxiv   Basquete Para Leigos

Bill Russell 343

Jerry West 343

CAPÍTULO 20: **Dez Datas Importantes na História do Basquete**. 345

29 de Dezembro de 1891: Primeiro Jogo de Basquete 346

30 de Dezembro de 1936: O Arremesso com uma Mão de Hank Luisetti. 346

27 de Março de 1939: Oregon 46, Ohio State 33 347

1º de Novembro de 1946: New York Knicks 68, Toronto Huskies 66 . . 348

2 de Março de 1962: Jogo dos 100 Pontos de Wilt Chamberlain. 348

20 de Janeiro de 1968: UCLA e Houston Jogam o "Jogo do Século". . . . 349

10 de Setembro de 1972: União Soviética Derrota os Estados Unidos. 349

19 de Janeiro de 1974: Notre Dame Encerra a Sequência Invicta de 88 Jogos da UCLA 350

4 de Abril de 1983: N.C. State Vence Houston. 351

16 de Janeiro de 1995: UCONN Encontra Tennessee 352

PARTE 6: APÊNDICES. 355

APÊNDICE A: **Glossário dos Termos de Basquete** 357

APÊNDICE B: **Exercícios de Fundamentos**. .365

Exercícios Ofensivos. 365

Drible mano a mano, quadra inteira 365

Exercício de passes. 365

Exercício defenda e recupere. 365

Ataque entrelaçado com três jogadores para a bandeja 367

Exercício de arremessos em contra-ataque 367

Exercício de arremessos por 30 segundos 368

Exercício de 50 arremessos 368

Exercício de duas filas de arremessos 369

Exercícios de corta-luz perto e longe da bola 369

Exercícios Defensivos. 371

Deslocamento defensivo. 371

Exercício de ajuda e recuperação defensiva 371

Exercícios de backdoor (porta dos fundos) — ofensivo e defensivo. 372

Exercício de defesa coletiva 374

Exercício de rotação de defesa. 375

Sumário XXV

Exercício para evitar corta-luzes. 375

Exercício com oito jogadores para rebotes 376

Exercício de arremessos do perímetro. 378

Exercício de contra-ataque 378

ÍNDICE. 381

Prólogo

Conheça Digger: O Jogador, o Treinador, o Fã

E u joguei basquete na Rider College, em Nova Jersey. (Meu colega de quarto era Nick Valvano, irmão do, no futuro, adorado treinador do Estado da Carolina do Norte, Jimmy Valvano.) Quando me formei, em 1963, não tinha nenhuma intenção de seguir no esporte além de como um lazer. Havia planejado entrar na Simmons School of Embalming (curso para aprender a embalsamar) naquele verão, porque esse era o negócio da família (vide meu apelido, "Digger" — coveiro). Mas nasci para treinar um dos esportes americanos mais populares. Ora, inclusive nasci em 4 de julho de 1941.

Naquela época, Tom Winterbottom era treinador da escola Beacon, em Nova York. No inverno anterior, Tom havia levado a Beacon High a um recorde de 20 vitórias e nenhuma derrota, e agora ele queria começar uma liga de verão. Ele sabia que eu tinha jogado na Rider e me pediu para treinar um de seus times. A partir daí minha carreira como embalsamador estava para sempre deixada de lado.

O Início

Obviamente, minha vida mudou naquele verão: voltei para me formar na Rider e me voluntariei como treinador assistente. (Hoje essa posição é mais cobiçada nos *campus* das universidades do que iPads e smartphones.) Eu sabia que precisaria de um mestrado em Educação para começar a trabalhar como treinador.

Como um treinador assistente graduado, naquele primeiro ano, meu trabalho era espiar futuros oponentes. O Violets, da Universidade de Nova York, era o time da moda na época e um adversário que iríamos enfrentar fora de casa naquela temporada. NYU não perdia um jogo em casa desde 1938. Talvez por achar que não tínhamos a menor chance, Bob Greenwood, o treinador principal, permitiu-me montar a estratégia do jogo.

Nós ganhamos de 66 a 63. Pensei comigo: posso fazer isso.

Comecei minha carreira como treinador por baixo, assim como a maioria das pessoas. Tive minha primeira chance em 1964 na St. Gabriel's High School, em Hazleton, Pensilvânia. O time não tinha ganhado nada no ano anterior. Entretanto, em meu segundo ano como treinador principal, conquistamos o campeonato estadual Classe C.

Um pouco antes daquela temporada começar, em um dia de outubro, escrevi uma carta presunçosa, do tipo que somente alguém de 23 anos com sonhos fora do alcance escreveria. Esses sonhos raramente se tornam realidade, se é que se tornam. Naquele dia, escrevi para Ara Parseghian, o treinador principal de futebol americano da Universidade de Notre Dame, em South Bend, Indiana. Na carta, eu explicava que meu maior sonho era ser treinador na Notre Dame. (Eu achei que ele entenderia que eu não estava atrás do emprego *dele*.) Então coloquei o selo no envelope e passei os próximos seis anos buscando aquele sonho.

Naquela época, perdi um pouco o foco: me inscrevi em dez vagas de emprego para treinador assistente de nível universitário, e fui recusado todas as dez vezes. Até escrevi uma carta para Dean Smith, o treinador-chefe da Universidade da Carolina do Norte. Ele me respondeu que contrataria um de seus ex-jogadores — um cara chamado Larry Brown. Tudo o que ele fez foi levar duas escolas diferentes — UCLA (Universidade da Califórnia) e Kansas — para disputar o título da NCAA (*National Collegiate Athletic Association* — Associação Atlética Universitária Nacional) nos anos 1980, vencendo uma vez. Hoje ele treina o time universitário da SMU. Obviamente, Dean não tinha visão para talento.

Em 1966, conquistei a posição de treinador do time de calouros na Universidade da Pensilvânia, que fazia parte da Ivy League (uma liga desportiva formada por oito universidades privadas do Nordeste dos EUA). Uma de minhas tarefas era ser olheiro, e descobri alguns jogadores que não sabiam a diferença entre Penn e Penn State, a potência do futebol americano. "Você está indo para um jogo?", eles me perguntavam. Quem era eu para dizer que não?

Nos dois primeiros anos, nós fomos muito mal. Na Filadélfia, existem cinco universidades de primeira linha — LaSalle, Penn, St. Joe's, Temple e Villanova —, que formavam uma liga não oficial conhecida como os Cinco Grandes (Big Five). Uma noite, vi uma faixa pendurada em nosso ginásio, o Palestra, em que se lia "Os Quatro Grandes e Penn".

Mas consegui me desenvolver como olheiro e recrutador. ("É claro que vamos para um jogo!") Na minha terceira temporada, o time dos calouros terminou invicto. Era hora de avançar.

A próxima parada, em 1970, foi Fordham, localizada no Bronx. Éramos um pequeno time que pressionava, corria e mantinha o ritmo durante os 40 minutos de jogo. Na época em que na cidade de Nova York havia um burburinho por causa do Miracles Mets, Joe Namath do Jets, e o Knicks — três grandes notícias para o esporte profissional nova-iorquino em 16 meses —, nós demos nossa mordida na Big Apple ganhando 26 jogos e perdendo apenas três. O ponto alto da temporada foi quando nossa pequena escola católica do Bronx roubou a cena no Madison Square Garden e derrotou a poderosa Notre Dame. Três semanas antes, o Flighting Irish havia sofrido sua única derrota na temporada para a UCLA, o futuro campeão nacional daquela temporada.

Mal sabia na época que eu estaria treinando Notre Dame na próxima temporada.

Sem Foco: Notre Dame

Em 1968, estava em Illinois buscando jogadores para Penn, quando decidi pegar meu carro e ir até Indiana para ver Notre Dame de perto. Em relação a Notre Dame, especialmente para uma criança católica criada ouvindo futebol americano pelo rádio, nunca me ocorreu criar laços por causa de algo trivial como a geografia. Notre Dame sempre pareceu existir mais na minha mente, como o mundo de Oz.

Mesmo o basquete sendo minha paixão, quando cheguei em Notre Dame, naquele dia, fui direto ao estádio de futebol americano. Assim que entrei no túnel para o estádio, com a luz do campo brilhando, comecei a chorar. Era lá que eu queria estar.

Eu entendo que para um cético é fácil ignorar a aura do lugar, mas nunca questionei o efeito que teve em mim. Além disso, Notre Dame tinha acabado de construir uma nova arena de basquete — o Athletic & Convocation Center (ACC) —, e Austin Carr era o Jogador Nacional do Ano. E quem quer que tenha sobrevivido ao inverno de South Bend irá dizer que os estudantes precisam de alguém por quem torcer em janeiro e fevereiro, quando o futebol americano começa sua hibernação.

A partir daquele dia, os sonhos que tinha nos meus 20 anos voltaram à minha mente. Havia escrito uma carta para Ara Parseghian quando eu tinha 23 anos e, seis anos depois, meu sonho aconteceu. Como Bob Costas disse uma vez, se arrependendo de sua ascensão meteórica: "Eu teria pago minhas dívidas feliz, mas ninguém nunca me obrigou."

Construindo um Programa

Você não fica mais forte arrumando brigas com seu irmão mais novo; você se fortalece enfrentando seu irmão mais velho. (Apesar de que se unir com seu irmão mais novo para encarar o irmão mais velho é sempre uma ajuda, mas isso já é psicologia infantil.) Então, quando cheguei em Notre Dame, resolvi montar um dos melhores programas de basquete do país. Para isso, acreditei que deveria desafiar o melhor.

Naquela época, o melhor se soletrava U–C–L–A.

Nós marcamos uma série de jogos de ida e volta com o UCLA Bruins, assim, todo ano nós jogaríamos contra eles duas vezes (uma em Notre Dame e uma na UCLA). Não vou negar que a reputação de Notre Dame no futebol americano tornou nossa proposta mais atraente para a UCLA. Além disso, eu sabia que John Wooden, treinador da UCLA, tinha crescido em South Bend e se interessaria em voltar para casa uma vez por ano. Por fim, nunca doeu para um olheiro ter no calendário um jogo na ensolarada L.A.

Uma rivalidade surgiu entre mim e Wooden, o detentor atual do título. Essa rivalidade era boa para o esporte, e com certeza era boa para nosso programa. No primeiro ano (1971) em que jogamos contra a UCLA, o Bruins nos venceu por 58 pontos.

Wooden ainda tinha sua defesa nos pressionando com quatro minutos de jogo restando. Durante a temporada de 1973, a UCLA entrou no ACC com um recorde de 88 vitórias consecutivas no NCAA. Nós acabamos com isso. Aquele único jogo fez mais por nosso programa do que quaisquer 20 vitórias na temporada poderiam fazer.

Conhecendo o Fã

Após mais de 20 anos como treinador, agora sou um simples fã de basquete. Quando saí de Notre Dame, em 1991, percebi que o basquete havia ficado para trás. Fui trabalhar para o então presidente George Bush, ajudando a discutir problemas como drogas e educação em cidades do interior. Como Bush foi reeleito em novembro, achei que possivelmente me tornaria o Czar das drogas. De Notre Dame para a Casa Branca. Alguns estudantes consideraram isso um retrocesso.

Em meu primeiro ano longe do esporte, duvidei de que me tornaria um fã. Sempre tive outros interesses, como pintura, e acreditei que me dedicaria a esse objetivo. Mas, mesmo em meus dias de treinador, já havia me imaginado como parte de uma equipe de transmissão. Em dezembro de 1973, a UCLA enfrentou Indiana em uma partida incrível. E me deram a oportunidade de fazer parte da transmissão do jogo. (É claro que Notre Dame não estava jogando naquele dia.)

Dez anos depois daquele jogo, dividi o microfone com Marv Albert no National Invitation Tournament, em Nova York. Tulsa estava jogando contra Syracuse, e fiz uma observação inocente — que era verdadeira, devo admitir — a qual provavelmente causou o arremesso de algumas canecas em TVs de Oklahoma. O jogo estava apertado. Nos momentos finais, um jogador do Tulsa foi para a linha de lance livre cobrar arremessos de bonificação. Nesse tipo de situação, o jogador deve converter o primeiro arremesso de lance livre para ter a chance de tentar o segundo. Se o jogador errar a primeira tentativa, a bola entra em jogo. Notando que a linguagem corporal do jogador indicava falta de confiança, eu disse: "Ele não vai acertar esse arremesso." E ele não acertou. Os torcedores do Tulsa acharam que eu estava torcendo para o Syracuse. Não estava.

Em abril de 1993, Jimmy Valvano, o carismático ex-treinador do estado da Carolina do Norte, que ganhou o título do NCAA em 1983 e trabalhou mais tarde na ESPN como comentarista, morreu de câncer. Conhecia Jimmy muito bem, e como todo fã de basquete, fiquei muito triste com essa perda. Após a morte de Valvano, a ESPN me ofereceu a vaga que era dele. Tenho esse trabalho desde então, e adoro. É um paraíso para fãs de basquete universitário.

Introdução

Enquanto escrevia, um alemão (Dirk Nowitzki) foi considerado o Jogador Mais Valioso das Finais da NBA, e um chinês (Yao Ming) virou notícia ao se aposentar da NBA. O basquete nunca foi tão popular ao redor do mundo.

O foco principal deste livro é o basquete praticado nos Estados Unidos, o esporte mais popular e com mais participação dos americanos (mais popular até que Angry Birds). Tenho os números e muito mais para provar isso, mas vou te poupar dos dados chatos. Você encontrará também algumas referências ao basquete praticado em outros lugares do mundo. Confie em mim; você faz parte de um grupo popular. Então, seja bem-vindo à terceira edição do *Basquete para Leigos*. Estou feliz por ter você a bordo.

Sou suspeito, é claro, mas acredito que o basquete seja o melhor esporte já inventado. Ele combina esforço físico, inteligência, graça e coordenação motora. Apesar de mais de 46 milhões de americanos jogarem basquete (tudo bem, não vou te poupar dos dados chatos), o jogo é flexível o suficiente para permitir que cada jogador desenvolva seu próprio estilo.

Dediquei toda minha vida adulta ao basquete. Tão simples quanto o jogo parece ser — jogar uma bola no aro —, descobri a cada dia os altos e baixos desconhecidos do esporte. Aprendi muito desde que decidi abandonar minha carreira como agente funerário (sério!) para correr atrás do meu verdadeiro amor, e estou muito feliz por compartilhar o que sei com você.

Penso que

Você notou que no basquete a cesta tem a mesma altura (três metros acima do chão) para todo mundo — jovem e idoso, alto e baixo, masculino e feminino. Quero que este livro seja essa cesta. Não importa quem você seja, se sabe muito ou pouco sobre o esporte, este livro tem a informação que você procura.

Sou um treinador. Por mais de um quarto de um século, segui carreira em escolas católicas, então estou acostumado a pregar para a multidão. E não é isso que o autor de *Basquete para Leigos* deveria fazer? O jogo é mais popular que oxigênio, ou parece ser. Mas você comprou este livro por uma razão, certo?

Talvez você tenha uma sede insaciável de aprender mais sobre o esporte. Ou saiba tudo o que tem de saber para jogar, mas não saiba nada sobre a história do jogo. Ou vice-versa. Talvez você seja completamente leigo sobre basquete e esteja curioso sobre toda essa agitação. Ou quer melhorar suas jogadas. Não importa o que você está procurando, este livro tem o que você precisa.

Como Usar Este Livro

Bem, é claro que, se fosse você, eu leria isto. O papel é pequeno demais para você usá-lo para, digamos, enrolar peixe. Quer dizer, se pescasse um peixe pequeno desse jeito, o devolveria para a água. Leia o livro como se estivesse lendo a matéria "Pessoas Mais Bonitas" da revista *People*: escolha suas partes favoritas. Não há a necessidade de ler os capítulos em ordem sequencial.

Provavelmente não vai fazer mal ter uma bola e uma tabela de basquete por perto enquanto você está lendo. Pode ser que durante a leitura do capítulo sobre arremessos você queira colocar alguns dos meus conselhos logo em prática. Vá em frente; largue o livro e corra para a cesta. De qualquer maneira, a ideia deste livro é fazer você conhecer melhor esse esporte. Sinta-se à vontade para parar e arremessar! Você não vai ferir meus sentimentos.

Como Este Livro Está Organizado

Este livro está dividido em partes. Segue abaixo o que você pode encontrar em cada uma delas.

Parte 1: Introdução ao Basquete

Se você não tem a menor ideia do que está acontecendo quando vê os jogadores indo e voltando na quadra quicando aquela coisa laranja redonda, esta parte é importante para começar a entender o esporte. Primeiro dedico um tempo para explicar por que o basquete é o melhor jogo na face da Terra (como se eu precisasse falar isso!), e depois falo sobre o que você precisa para jogar. Os Capítulos 3 e 4 falam sobre as regras mais importantes do basquete e sobre como manter e analisar as estatísticas.

Parte 2: Os Fundamentos do Basquete

Agora começa a parte divertida: pegar a bola e jogar! Os capítulos desta parte mostram as técnicas de arremesso, como jogar ofensivamente, defensivamente e rebotes. O Capítulo 9 explica como montar jogadas especiais e estratégias para situações específicas.

Parte 3: O Jogo

O basquete existe e entretém em todos os níveis: das quadras de rua até as maiores arenas. Esta parte fala sobre o entendimento de cada nível do jogo: escolar, universitário, profissional e internacional. No Capítulo 10, te dou um incentivo, as gírias e a cultura do basquete de rua, da garagem para a quadra do ginásio da vizinhança. No Capítulo 12, discuto minha especialidade, o basquete universitário.

Parte 4: E Você Não Precisa Apanhar uma Bola

Yogi Berra disse uma vez: "Você pode absorver muito só de assistir." Mesmo que você não amarre seus tênis nem faça aquele inconfundível som de tênis arrastando em uma quadra de madeira — o inimitável som do basquete sendo jogado —, você ainda pode apreciar o jogo. Nesta seção te ensino a assistir ao jogo e também como se manter no páreo para vencer o bolão da NCAA do escritório após a primeira semana da temporada.

Parte 5: A Parte dos Dez

Se você tem apenas alguns momentos para desperdiçar (talvez esteja no intervalo de um jogo), esta parte é para você. Aqui você poderá encontrar listas de jogos de basquete históricos e dos melhores jogadores de todos os tempos da NBA.

Parte 6: Apêndices

No final do livro você encontra dois breves apêndices: um glossário de termos de basquete tanto formais quanto divertidos, e uma lista de exercícios para usar quando você estiver treinando um time infantil.

Ícones Usados Neste Livro

PALAVRAS DO ÁRBITRO

Está cansado de sofrer para entender o que Dickie V. e todos os outros comentaristas de basquete estão falando? Este ícone desmistifica aquele linguajar bizarro falado no basquete e nos programas esportivos.

HALL DA FAMA

O livro dos recordes do basquete está cheio de histórias fascinantes e jogadores fantásticos. Este ícone indica histórias verdadeiras sobre estrelas do basquete do presente e do passado.

PALAVRAS DO AUTOR

O que eu posso dizer? Treinadores sempre têm o que dizer. Quando você vir esse ícone, pode esperar por uma história divertida de minha carreira como treinador ou minha opinião sobre uma questão controversa sobre basquete.

DICA DE JOGADOR

Este ícone te guiará por meio de conselhos para quem quer praticar o esporte.

Com 25 anos como treinador em minhas costas, tenho vários conselhos também para outros treinadores. Este ícone te ajuda a achar essas palavras de sabedoria.

Assistir basquete ao vivo ou pela TV é muito melhor quando você sabe um pouco mais sobre o que está acontecendo. Este ícone destaca informações que podem te ajudar a entender melhor o jogo.

Este ícone indica técnicas importantes e banalidades que você não deve esquecer.

De Lá para Cá, Daqui para Lá

Se você está começando agora no basquete — como jogador, como treinador ou como um torcedor —, talvez queira começar pelo início do livro para descobrir tudo sobre como se joga. Se você é um jogador experiente, vai querer pular direto para a Parte 2 para trabalhar seus fundamentos e descobrir alguns novos truques também. Torcedores talvez devam ir direto para as Partes 3 e 6. Treinadores, sigam direto para o Apêndice B.

1

Introdução ao Basquete

NESTA PARTE...

Esta parte te dá uma visão geral sobre o básico do basquete. Eu te conto a origem do basquete e por que ele é um ótimo esporte — seja você um jogador, um treinador ou um fã.

Aqui você encontra o que usar para jogar na entrada de sua garagem ou pela WNBA. Você não pode jogar sem o equipamento indicado, então aqui vai uma dica: tabelas, aros e redes. Dou algumas sugestões de bons lugares para jogar, do estacionamento da igreja local até um ginásio.

NESTE CAPÍTULO:

Tubarões comedores de gente (só que não)

O jogo para todo mundo

Quando jogar, treinar ou torcer?

Capítulo 1

Simplesmente Basquete

Tirando a morte, o basquete é o exercício menos discriminatório conhecido pela humanidade. O time do Chicago Bulls conquistou a incrível marca de 72 vitórias durante as temporadas de 1995 e 1996. Entre seus seis melhores jogadores havia três atletas negros e três atletas brancos de três continentes diferentes: Oceania, Europa e América do Norte.

Todos os 30 times da NBA no início da temporada 2016–2017 tinham pelo menos um jogador estrangeiro. Quem lidera é o Utah Jazz, com sete. Cento e treze dos aproximadamente 450 jogadores na lista do dia de abertura eram estrangeiros, incluindo dezenas que nunca haviam jogado basquete universitário nos Estados Unidos.

Que outro esporte é mais acessível? Você sempre pode jogar basquete. É possível jogar em lugares fechados e em lugares abertos. Sozinho ou com um amigo (ou alguns). Em apenas uma metade da quadra ou na quadra inteira. Inverno, primavera, verão ou outono.

Você precisa de uma cesta (basket) e de uma bola (ball). (Está começando a entender a etimologia aqui, não é?) Mas isso é tudo de que você precisa. Luvas de boxe, raquetes, protetores de ombro, tacos de golf não são necessários. Sem gelo, sem monte do arremessador, sem hora do chá.

Brincando com a Bola

PALAVRAS DO ÁRBITRO

O basquete é um jogo americano — inventado por um canadense (Dr. James Naismith) — que ganhou popularidade mundial. Tipo a Levi's. Ou o Arquivo X. Por quê? Porque basquete é divertido de assistir, jogar e até mesmo — diferentemente da maioria dos esportes — de treinar. Quando foi a última vez que você viu um jogador da linha ofensiva de futebol americano treinando sua técnica de bloqueio no parque?

Você pode jogar sozinho: você, a bola e a cesta. Ou pode chamar um amigo. Treinar arremessos é a melhor forma de fazer amizade (com meninos ou meninas) — veja o box intitulado "Criando laços entre homens e mulheres" se você não acredita em mim. Nada é melhor do que estar em volta de uma cesta com seu amigo, arremessando a bola, sentindo a brisa e conhecendo melhor um ao outro enquanto treinam arremessos juntos. Cenas como essa costumam aparecer na famosa série de TV ER: uma quadra de basquete fica logo atrás da sala de emergência — não mais que um quique da bola de distância de desfibriladores e mesas de operação.

CRIANDO LAÇOS ENTRE HOMENS E MULHERES

Steve Alford, ex-detentor do título All-American, que liderou a Indiana University Hoosiers no campeonato National Collegiate Athletic Association (NCAA), adorava arremessar nas cestas sozinho. Por horas e horas, durante as férias de verão e nos finais de semana, Alford praticava seu arremesso de longa distância. Por fim, Tanya Frost, namorada de Alford, percebeu que se ela queria passar mais tempo com seu namorado, teria que visitá-lo no ginásio.

Frost era a parceira ideal para Alford nessas sessões de arremesso. Ela pegava o rebote para ele, e naquelas ocasiões, quando ele "se enforcava na rede" (o que significa que a bola arremessada havia dado tantas voltas que a parte de baixo da rede se enrolava no aro), assim como habilidosos lançadores fazem normalmente, Frost encontrava uma escada e desembolava para Alford. Em meio à loucura do basquete de Indiana, Frost era a garota dos sonhos.

Alford, agora treinador principal da Universidade do Novo México, percebeu isso. Em uma tarde de verão, em 1986, ele chegou ao ginásio mais cedo e embolou a rede. Quando Frost apareceu, Alford fingiu que havia acabado de embolar a rede. Sem dizer uma palavra, ela pegou a escada e começou a subir — então notou uma caixinha presa atrás do aro.

Dentro da caixa? Um anel de noivado. (Ela disse "sim".) Vinte e cinco anos depois, eles têm três crianças e agora estão aproveitando a vida em Albuquerque.

O jogo evolui assim: você faz alguns arremessos sozinho, até que alguém aparece e pergunta se pode jogar com você. Você diz que sim — ter alguém para devolver a bola poupa sua energia. O clima de competição logo surge, e vocês dois começam a jogar mano a mano. O jogo atrai mais gente, e logo você tem jogadores o suficiente (o ideal são seis) para jogar uma partida de meia quadra, na qual os dois times arremessam na mesma cesta. A animação do jogo atrai mais interessados, e então você tem gente o suficiente para jogar na quadra inteira, usando as duas cestas. Adicione uniformes, juízes, arenas com 18 mil lugares e duas dúzias de pivôs com dois metros de altura e — voilà! —, você tem a National Basketball Association (NBA — Associação Nacional de Basquete).

O Objeto do Jogo, Simplificado

O basquete é um esporte simples, apesar de nem todo mundo concordar. Em uma entrevista com o Dream Team II dos Estados Unidos, antes das Olimpíadas de 1996, um jornalista finlandês se aproximou timidamente do ala da NBA Karl Malone e perguntou: "Com licença, eu não conheço muito bem esse jogo. Por que você marca dois pontos em uma cesta?"

LEMBRE-SE

Malone riu, mas a pergunta era justa. Respondo a essa e a muitas outras perguntas parecidas — tipo, para que serve aquele quadrado branco na tabela? — mais tarde no Capítulo 3. Por enquanto, posso te dizer o objetivo mais simples do jogo: acertar a bola na cesta do adversário e impedir que ele acerte a bola na sua cesta.

Descubra Dez Razões para Gostar de Basquete

Se eu gosto de basquete? Talvez deva dizer que amo. Esta sessão lista algumas razões para eu amar esse jogo — e por que eu acho que você também deveria.

Basquete é balé

Um palco de 28,65m x 15,24m ou de 28m x 15m, no basquete internacional (FIBA) com dez bailarinos (os jogadores), dois maestros (os treinadores) e três juízes (os árbitros). Ver a graça e a sutileza dos jogadores me faz sentir como se estivesse assistindo ao Lago dos Cisnes. Eles correm, saltam e até dão piruetas para fazer uma enterrada. Basta olhar a Figura 1-1; Kobe, Carl, Lamar e Shane são como poesia em ação! Por mais que ele não seja nenhum Mikhail Baryshnikov, Nate Robinson mostrou algumas habilidades artísticas quando ganhou o 2010 NBA Slam Dunk Championship (Campeonato de Enterradas da NBA 2010). Foi sua terceira vitória nesse torneio em quatro anos. O esperto departamento de marketing sempre cria chamadas promocionais com peças de música clássica.

CAPÍTULO 1 **Simplesmente Basquete** 9

Basquete é um jogo simples

Como já disse neste capítulo, acerte a bola na cesta. Não permita que seu oponente faça o mesmo. Preciso repetir?

Tudo bem, treinadores podem fazer o esporte parecer mais complicado. Você ouvirá coisas sem sentido como, "faça a marcação dupla no pivô embaixo da cesta após ele bater bola, tomem cuidado com o passe picado para o homem de três pontos fora do garrafão". Mas fazer cestas e impedir que seu oponente pontue é o principal.

FIGURA 1-1: Como poesia em ação, Kobe Bryant (#24) e Lamar Odom (#7) do Los Angeles Lakers disputam a bola com Carl Landry (#14) e Shane Battier (#31) do Houston Rockets no jogo de abertura das semifinais da Conferência do Oeste em 2009.

Basquete necessita de pouco equipamento

O que você está vestindo agora? Há grandes chances de que você possa jogar basquete com a roupa que está usando. Shorts, camiseta e tênis formam o único conjunto de roupas de que você precisa para praticar o esporte. E se for jogo de rua (veja o Capítulo 12), é provável que um dos times jogue sem camisa. Então, se você é um homem (ou uma mulher bastante corajosa), nem precisará de camiseta. É verdade que você usa menos roupas surfando, mas nem todo mundo mora perto do mar ou tem uma prancha.

Nem todo mundo também tem uma cesta de basquete, mas você pode achar uma quadra em qualquer clube ou escola. E se não achar, pode improvisar com um engradado de leite sem fundo, que é basicamente o que James Naismith fazia. Se uma cesta de pêssegos era o suficiente para ele, é o suficiente para todo mundo.

PALAVRAS DO AUTOR

Não é preciso uma rede para jogar basquete: você se vira apenas com o aro e a tabela. Muitas quadras ao ar livre em escolas e parques não possuem rede. O que é uma vergonha. Se eu fosse eleito presidente, uma das minhas primeiras iniciativas seria "nada de aros sem rede". Todo bom arremessador vive para a satisfação de vê-la balançar.

Não precisamos de outra pessoa para jogar

Um dos meus vizinhos em South Bend, Indiana, jogou basquete na garagem por 20 anos. Todo fim de semana ou depois da escola, crianças treinavam arremessos na entrada da garagem de suas casas.

Você pode jogar basquete sozinho, como faz meu vizinho, ou jogar com quantos jogadores quiser. Se tiver um número par de pessoas, divida em dois times e jogue em meia quadra ou use a quadra inteira, dependendo da quantidade de pessoas. (Se está em boa forma, quatro contra quatro dá uma boa corrida.) Se tem 15 pessoas, divida em três times de cinco jogadores e é só revezar, o time que perder sai para o de fora entrar. Se são 637 pessoas, é melhor pedir algumas centenas de pizzas.

Você assiste a pessoas, não a uniformes

Seja assistindo ao jogo ao vivo ou pela TV, o basquete é um espetáculo íntimo. Você pode ver o rosto dos jogadores, porque não há bonés ou capacetes os escondendo. E mais, as dimensões da quadra permitem que haja uma distância menor entre os torcedores e os atletas. Como resultado, você sente a emoção de perto, e vê a emoção dos jogadores quando eles pegam um rebote ou mergulham para disputa de bola. Quando termina de assistir ao jogo, você vislumbra as características de pelo menos alguns jogadores.

Uma das razões para a estrela da NBA LeBron James vender tão bem é pelo fato de que todo mundo pode ver as expressões dele na quadra. James é famoso por jogar talco para o ar antes do jogo começar. (O talco supostamente dá a ele uma sensação melhor para a bola.) O talco se espalha e alcança até as cinco primeiras fileiras da arquibancada. É um ritual que os fãs em Cleveland esperam ansiosos antes do jogo começar.

Você chega cedo em casa

Não é preciso um dia inteiro para jogar basquete, pois determina o limite de tempo, levando em conta quantos pontos precisa fazer para terminar uma partida. Se você tem tempo de jogar até fazer 21 cestas, então jogue. Se o sol está se pondo e sua mãe disse que você precisa estar em casa na hora do jantar (hoje é noite de lasanha), encurte o jogo para 15 pontos. Ainda assim, dá para jogar.

PALAVRAS DO AUTOR

Entretanto, assistir a uma partida de basquete já é outra história. Jogos universitários geralmente duram duas horas, e jogos profissionais duram um pouco mais. Mas treinadores — e sou tão culpado quanto os outros — alteram o relógio de todas as maneiras possíveis. Treinadores parecem possuir uma reserva inacabável de pedidos de tempo no final do jogo. (Você não odeia isso?) Tentava guardar todos os meus pedidos de tempo para o final do jogo para ajudar a montar a defesa depois de uma cesta, caso meu time estivesse perdendo. Aposto que muitos de meus colegas usam o mesmo argumento. (Se você já se atrasou para uma festa sábado à noite ou para um encontro por causa dos pedidos de tempo, peço desculpas.) Ironicamente, na maior virada da Notre Dame, jamais houve pedido de tempo (contra a UCLA, em 1974), nós recuperamos uma diferença de 11 pontos nos três minutos e 22 segundos finais sem pedir nenhum tempo. Humm.

Uma regra que foi adicionada depois da última vez que treinei um time reduz a reserva de pedidos de tempo no final de um jogo. Em 1993–1994, incluíram uma regra no basquete universitário americano, que para o relógio quando uma cesta é feita no último minuto de cada tempo ou no último minuto dos acréscimos. O relógio só começa a contar novamente quando a bola volta para o jogo.

O jogo flui

O basquete é um esporte que precisa de movimento constante. Como experimento, convido você a gravar um jogo de basquete e um jogo de futebol americano. Agora separe em cada gravação a quantidade de minutos com movimentos constantes e divida pela duração total da partida. Você descobrirá que o basquete tem a maior quantidade de movimentos por tempo de jogo.

O momento da cesta é um dos grandes trunfos do entretenimento. Quando um jogador de futebol americano retorna um punt para fazer um touchdown em um Super Bowl, o estádio começa a pular. Mas, após a jogada de ponto extra, a emissora passa três minutos de comercial e só então o jogo recomeça... bem, você ainda se lembra de como comecei a primeira frase? Esse é meu ponto.

O basquete, entretanto, acontece com mais velocidade. No jogo do campeonato de 2010 da NCAA entre Duke e Butler, Lance Thomas do Duke saltou para bloquear um passe afiado do Kyle Singler. Antes do narrador da partida ter a chance de descrever a jogada para sua audiência, Ronald Nored do Butler deu um impulso na quadra para uma bandeja. Como superar isso?

Faça chuva ou faça sol, você pode jogar

Chuva, nevasca ou neve — não são só os correios que continuarão. Sua partida de basquete marcada também acontecerá, porque você pode jogar em um local fechado.

Um jogo de beisebol pode ser arruinado. Um jogo de futebol americano não pode, mas há casos de calor ou frio excessivo que fazem você desejar ter ido jogar boliche.

Ao contrário do beisebol ou do futebol americano, você pode jogar basquete facilmente em lugares fechados ou abertos. Se em um belo dia de verão você quiser jogar basquete ao ar livre, você pode. Em um dia de chuva forte, você também pode jogar, é só ir para um espaço fechado.

JOGOS DA NBA AO AR LIVRE

Em 12 de outubro de 2008, a NBA organizou um jogo de exibição ao ar livre no Indiana Wells Tennis Garden, em Indiana Wells, na Califórnia. O jogo trazia o Phoenix Suns contra o Denver Nuggets. Aquele foi o primeiro jogo ao ar livre da NBA desde 1972, quando um jogo de exibição entre Milwaukee Bucks e os incríveis Kareem Abdul-Jabbar e Oscar Robertson jogaram em uma quadra colocada em um campo de beisebol em San Juan, Porto Rico.

As condições sempre são um problema quando o jogo de basquete é ao ar livre, como era o caso em 2008. A temperatura caiu drasticamente para a casa dos 15°C, e, mais importante, havia ventos fortíssimos que afetaram os arremessos no segundo quarto.

O Nuggets acertou 18 de 38 arremessos de lances livres e arremessou 36% da quadra. O Suns arremessou apenas 31,6% da quadra, já que os jogadores não estavam acostumados com a interferência do vento em seus arremessos de três pontos. Os dois times juntos acertaram apenas três das 27 tentativas de marcar três pontos.

A experiência de 2008 não diminuiu o entusiasmo da NBA, e eles continuaram realizando um jogo de exibição ao ar livre por ano no mesmo lugar durante a temporada de jogos de exibição. Nos últimos dois anos, o clima cooperou. Os dois times alcançaram uma nova marca em seu segundo encontro, que foi em uma temperatura normal e sem vento.

A acessibilidade do basquete em todas as estações pode explicar por que os campeonatos universitários e profissionais acontecem de novembro a abril ou um pouco mais tarde, enquanto os jogos Olímpicos e a WNBA acontecem de maio a outubro.

Don Nelson, o treinador mais premiado da história da NBA, que havia acabado de se aposentar, foi o treinador no segundo jogo em local fechado do Golden State Warriors contra o Suns. Nelson comentou uma vez: "É divertido jogar ao ar livre. Nunca pensei muito nisso, mas de vez em quando olhava para cima e lá estava um grande buraco no céu."

Loucura de Março (March Madness)

Chateações. Histórias tristes. Arremessos milagrosos ao som do alarme. Sessenta e oito times, 67 jogos. Nada no esporte se compara ao torneio de basquete masculino da NCAA de 21 dias. A divisão feminina, que acontece ao mesmo tempo e implica 64 times em formato eliminatório, também está caindo no gosto popular. Ao contrário dos playoffs da NBA, você tem que estar preparado em todos os jogos ou hasta la vista.

Acima de tudo, o formato eliminatório do torneio deixa tudo mais dramático. Durante a segunda etapa do torneio de 2010 da NCAA, na cidade de Oklahoma, o Kansas Jayhawks voou alto, com um recorde de 32 vitórias e duas derrotas, incluindo a incrível marca de 15 contra 1 na sua competitiva conferência. Mas eles perderam para o Northern Iowa, por 69 a 67.

Desde 1977, 21 times entraram no torneio masculino da NCAA com zero ou nenhuma derrota, e nenhum deles nunca ganhou. Por cinco vezes um time entrou com duas derrotas e ganhou o torneio da NCAA desde 1977. Vai entender.

Apenas três vezes, desde 1983 (Duke em 1992, UCLA em 1995 e Duke em 2001), o time que entrou no torneio em primeiro lugar conseguiu ganhar o título da NCAA.

Divertido para meninos e meninas em qualquer lugar

O basquete é um dos esportes mais populares que oferece oportunidade para homens e mulheres jogarem profissionalmente. A WNBA, a divisão feminina da NBA, que começou a ser disputada no verão de 1997, tem 12 times e vem se tornando mais popular a cada ano, graças ao apoio da NBA. As ligas profissionais para ambos os sexos existem por todos os lugares. Um dia — só Deus sabe quando —, uma mulher terá a honra de jogar na NBA.

ENCARANDO O MESTRE

PALAVRAS DO AUTOR

"É preciso dez mãos para fazer uma cesta."

Essa foi uma das muitas verdades indiscutíveis do basquete que John Wooden proferiu em sua famosa Pirâmide do Sucesso.

A primeira abordagem a um time é a razão de Wooden ter se tornado o mestre, ganhando dez campeonatos da NCAA em 12 anos, um feito que nunca acontecerá novamente.

Quando o treinador Wooden faleceu, no verão de 2010, perguntaram quais as minhas impressões da sua carreira, porque nós nos tornamos próximos quando tivemos a sorte de acabar com a sequência de 88 vitórias da UCLA, em 1974.

John Wooden foi um homem de sucesso por muitas razões, mas três se destacam e são basicamente o que todo jovem treinador pode usar para o progresso profissional.

Primeira: não complique. Wooden tinha um princípio básico para formar uma armadilha de defesa em um jogo de quadra inteira. Ele partia para o mano a mano, em que o objetivo principal é tomar conta do interior quando o oponente avançava. No ataque, ele montava uma tática baseada no posto mais avançado da quadra, em que o objetivo principal era manter o equilíbrio entre marcar pontos do posto e do perímetro. Trabalhe nessas táticas e você será competente nessa área.

Segunda: tenha disciplina para trabalhar os fundamentos. Ele ensinou seus jogadores a usar a tabela atrás da cesta. Todos eles se tornaram competentes em colocar a bola na cesta, fosse Bill Walton embaixo da cesta ou Keith Wilkes de fora do garrafão.

E, finalmente, a terceira: ele era honesto com seus jogadores desde o dia em que os recrutava até o dia em que se formavam. Um time reflete a personalidade de seu treinador, e se você inspirar confiança, pode ir longe.

Treinando um Time

Na minha cabeça, basquete é o melhor esporte para ser treinador. Todos os jogadores devem jogar no ataque e na defesa (diferentemente do futebol americano) e devem tocar a bola entre si a todo momento (diferente do beisebol). Se você gosta de ensinar, essas qualidades fornecem duas grandes vantagens: a primeira, qualquer lição que você passar servirá para todos os alunos e a segunda, você deve ensinar todos eles a tomarem suas próprias decisões em poucos segundos.

Futebol é parecido com basquete nesse aspecto, mas torcedores de futebol são conhecidos por, de vez em quando, agredirem uns aos outros. Isso coloca mais pressão ainda no treinador. Intimidade é um outro atrativo de treinar basquete. Uma quadra de basquete é bem pequena, se comparada a um campo de futebol ou de beisebol, e você tem menos atletas para treinar. Quando você conduz um treino de basquete, você se sente como Louis Gossett Jr. em *A Força do Destino*, ou como o professor Kingsfield em *O Homem que Eu Escolhi*... apesar de que você provavelmente vá gritar como Louis Gossett Jr.: "Eu sou um treinador de basquete. A quadra é a minha sala de aula. Nem que caia um raio a aula será cancelada."

Outra vantagem que o basquete tem é a proximidade com o treinador do time oponente. Ao contrário do futebol, por exemplo, você divide o mesmo lado da quadra, e geralmente você está a poucos metros de distância — quase a distância de um cuspe, e, sim, definitivamente ele pode ouvir seus gritos. (A não ser que você seja treinador em Vanderbilt, onde os bancos são nas extremidades da quadra.)

Treinadores são competitivos, afinal. Ficar tão perto de seu adversário aumenta a animação. Veja o box "Encarando o mestre" para uma das minhas histórias favoritas sobre treinadores.

Não Seja um Fanático Cego

Diferentemente de muitos outros esportes, o basquete é divertido de assistir e de jogar. Como torcedor, você precisa se concentrar apenas no jogador que está com a bola. Tente assistir ao jogo que acontece longe da bola, algo mais fácil de fazer se você estiver no local do jogo. Observe como a armadora estrela do UCONN trabalha a bola para conseguir uma abertura. O mesmo pode ser dito do ala-pivô da NBA Kevin Durant, do Golden State Warrios.

DICA DE FÃ

Depois de ler este livro, você será capaz de reconhecer uma defesa dupla ou um ataque pick and roll. Mas, para entender o jogo completamente, precisará dar mais um passo: jogar. Você pode memorizar notas e acordes, a não ser que você pegue uma guitarra para tocar pode-se dizer que você não entende de música de verdade. A mesma regra se aplica ao basquete.

Então pegue uma bola e arremesse. Isso fará de você um jogador *e* um fã melhor. Fazer dois arremessos de lance livre em sequência não é tão fácil quanto parece na TV, não é?

NESTE CAPÍTULO:
Sabendo o que vestir
Escolhendo o equipamento correto
Encontrando uma partida

Capítulo 2

Como Se Vestir e Onde Jogar

Uma grande vantagem do basquete é que ele requer pouco equipamento. Este capítulo explica exatamente o que você precisa para estar apto a jogar — e como encontrar uma partida, assim que estiver equipado.

Como Se Vestir

Sem calçados, sem calções, sem jogo. Essa é a etiqueta do basquete, pura e simples. Enquanto a maioria dos restaurantes insiste que você use uma camiseta (apesar dos letreiros "Sem calçados, sem camiseta, sem serviço" não citarem calças), para jogar basquete nem ela é extremamente necessária — se você for um homem. Tudo de que você precisa são calçados com sola de borracha, meias de algodão e calções ou calças de academia.

Tênis

A febre dos tênis começou nos anos 1950. O Converse All-Star de Chuck Taylor foi o primeiro calçado que alguém se deu ao trabalho de comercializar. Era um simples calçado de lona com sola de borracha e — na versão top de linha — um cano alto até o tornozelo que estampava o nome do tênis. O tênis branco de Chuck Taylor, a cor mais popular, tinha listras vermelhas e azuis (como a bandeira americana) ao longo da borda da sola.

Se você guardar alguma coisa por muito tempo, eventualmente ela volta à moda. O tênis Chuck Taylor saiu de moda em meados dos anos 1970, quando os jogadores passaram a utilizar tênis de couro, que oferecem mais proteção aos tornozelos. Mas, hoje em dia, você pode perceber que o ícone do esporte, Michael Jordan, ainda promove sua linha de Air Jordans. Ele se aposentou em 2003.

Cano alto ou cano baixo

Nos primeiros anos da febre dos tênis, todos os jogadores usavam tênis de cano alto. Então John Havlicek, do Boston Celtics, passou a usar tênis de cano baixo, porque ele sentia que um calçado mais leve o faria se tornar mais ágil. Quando você é um jogador talentoso como "Hondo", as pessoas começam a te imitar — o cano baixo se tornou uma mania. Rapidamente, jogadores que não dependiam de sua velocidade estavam usando tênis assim. O parceiro de Hall da Fama de Havlicek, o pivô Bill Russel, usava também.

HALL DA FAMA

CLYDE: O PRIMEIRO PAGO PARA USAR TÊNIS

O primeiro jogador profissional a ser pago para utilizar um tipo de tênis para basquete foi Walt Frazier, do New York Knicks. Frazier, de longe o jogador mais estiloso de sua época (ele jogou entre os anos de 1967–1980), até recebeu seu apelido, "Clyde", por causa de sua queda pela moda. Todo mundo pensava que ele se vestia como um gangster de *Bonnie e Clyde*. Frazier, que viria a ser o jogador do Hall da Fama que ajudou o Knicks a ganhar dois campeonatos, recebeu US$5.000 da Puma para usar um tênis de cano baixo de camurça, conhecido como "The Clyde" nos anos 1970. Naquela época, outros jogadores da NBA recebiam tênis de graça, mas ninguém estava sendo pago para utilizá-los.

PALAVRAS DO AUTOR

Se você é um ala ou pivô, e, por consequência, depende menos de sua velocidade do que um armador, sugiro que utilize um tênis de cano alto, ou pelo menos os tênis de cano médio. Esse tipo de tênis protege o tornozelo, mas não chega a ter o cano tão alto quanto os outros. Sugiro o tênis de cano médio também para armadores. É um modelo muito popular nos níveis universitário e profissional.

Comprando um tênis

Um bom encaixe é muito importante para calçados de basquete — você pode acabar tendo graves bolhas se seu pé deslizar de um lado para o outro dentro do calçado. Faça o seguinte quando estiver comprando tênis, para garantir que tenha um ótimo encaixe:

- » Compre no final do dia, quando sentir seus pés inchados. Faça isso porque você se sente assim jogando basquete.
- » Meça seu pé antes de comprar, mesmo que seja um adulto.
- » Quando estiver experimentando um par de tênis, use meias da mesma espessura e na mesma quantidade que você costuma utilizar quando joga.
- » Não saia comprando o primeiro par de tênis que encontrar, não importa o quão bons, bonitos ou confortáveis eles fiquem em você. Experimente diferentes marcas.
- » Dê uma volta com os tênis, se possível dê uma corridinha. Vá e volte rapidamente. Só não peça ao vendedor para praticar enterradas na cesta da loja.
- » Amarre os tênis firmemente (como se você fosse jogar), para ter certeza de que eles ficam confortáveis bem amarrados.
- » Verifique os dedões de cada pé. Seu dedão está separado do bico do tênis por, mais ou menos, a espessura de seu polegar? Eles deveriam estar.
- » Os tamanhos podem variar de acordo com a marca e as linhas de produto. Sempre experimente o tênis que está pensando em comprar.
- » Pegue o tênis e tente dobrá-lo ao meio. Se ele se dobrar completamente, não compre. Se dobrar até a metade do pé, a compra dele pode ser considerada.

Meias

As meias têm sido objeto de vários modismos nos últimos anos. Assim como os calções têm ficado mais longos, as meias têm ficado mais curtas. Meias soquete, como as utilizadas por jogadores de tênis, estão na moda atualmente. Alguns anos atrás, Michael Jordan começou a utilizar meias pretas, e tanto jogadores da NBA como crianças de escola copiaram essa nova moda. Quando você está utilizando tênis pretos, como Jordan usava, as meias pretas formam um visual bonito.

Alguns jogadores se sentem mais confortáveis utilizando dois pares de meias. Outros preferem um par mais grosso de meias de algodão. "Ouça" seu pé e escolha o que funciona melhor para você.

Protetor bucal

Muitos jogadores usam um protetor bucal durante as partidas. Se sua posição requer que você busque espaço por rebotes o tempo todo, então um protetor bucal — disponível em quase todas as boas lojas esportivas — é uma boa ideia. Cotovelos têm o dom de deslocar dentes das gengivas. Acostumar-se a respirar com um protetor bucal leva um pouco de tempo. Mas se acostumar à cirurgia de canal demora muito mais. Use seu protetor.

Uniformes

O uniforme básico necessário para se jogar se assemelha a um comercial de roupas de baixo masculinas: calções e uma regata. Claro que você pode pagar US$150,00 por uma camisa de time oficial da NBA (No Brasil, você pode comprar essas camisas em lojas especializadas por R$150,00 a R$200,00) — sem os calções —, o que, para algumas pessoas, é o valor que se gasta com roupas por ano. Mas se você está apenas pensando em jogar na rua e o clima está bom, aqui está tudo de que você precisa:

» Calções largos
» Uma camiseta ou camisa regata

LEMBRE-SE

Lembre-se do que não usar para jogar:

» *Não* jogue basquete usando jeans, shorts de ciclismo ou trajes de banho. (Você precisa estar o mais confortável possível para realmente se focar no jogo, portanto, evite roupas apertadas.)
» *Não* jogue basquete com camisas que tenham botões. (Outros jogadores podem acabar se enroscando nos botões de sua camisa ou na abertura entre eles e acabar se machucando — ou estragando sua camisa.)
» *Não* use relógio. (Você inevitavelmente arranhará alguém.)
» *Não* use bonés de beisebol. (A aba de um boné de beisebol pode acabar machucando alguém, e com certeza diminuirá seu campo de visão.) Entretanto, bandanas amarradas na cabeça são aceitáveis em jogos de rua.

UM NOVO TIPO DE PROBLEMA: JOIAS

Meu coautor, John Walters, treina um time escolar feminino de basquete na cidade de Nova York. Uma de suas jogadoras partia para uma bandeja quando recebeu uma falta dura por trás. Como ela permaneceu no chão por um breve período, John correu até ela para ver se estava tudo bem. "Você se machucou?", perguntou ele. "Não, treinador", respondeu ela. Levantando sua blusa levemente, ela disse: "Ela arrancou meu piercing do umbigo e não consigo encontrá-lo."

De todo o equipamento utilizado no basquete, os uniformes são os que mais mudam. Antigamente, os uniformes eram feitos de lã. Os jogadores usavam fitas adesivas no peito, porque as camisetas irritavam essa parte do corpo. Mais tarde, o tecido utilizado passou a ser o algodão, e o jogo seguiu adiante sem erupções na pele.

A mudança mais notável no estilo dos uniformes nos últimos 20 anos foi a adoção universal dos calções mais longos, encabeçada por Michael Jordan. Ele foi quem os usou primeiro, após entrar na NBA. Depois o fabuloso quinteto da Universidade de Michigan (incluindo Juwan Howard, Jale Rose e Chris Webber, que começaram juntos e chegaram à final da NCAA como calouros em 1992), aumentou ainda mais o tamanho dos calções. O último acessório de moda adicionado foi um longo tensor em um dos braços. Allen Iverson foi o autor desse visual no final dos anos 1990, quando teve uma lesão no cotovelo. "Al" continuou a usar o tensor mesmo após seu cotovelo ter se curado. Hoje em dia, John Wall, do Washington Wizards, cujo estilo de jogo é muito parecido com o de Iverson, mantém o visual de tensor em um dos braços.

DICA DE FÃ

Porém, diferentemente de tantas manias, os calções mais longos têm um motivo prático. Quando os jogadores estão cansados, eles acreditam que uma maneira de descansar é se agachar, enquanto outro jogador está arremessando lances livres. Onde eles apoiariam as mãos? — Nas coxas. Se elas estão sempre suadas, as mãos escorregariam. Calções mais longos permitem que os jogadores descansem as mãos no tecido, tornando o agachamento muito mais confortável.

Equipamento

Qualquer pessoa da Geração X já ouviu o mantra: "Mamãe sempre diz, 'Não jogue bola dentro de casa'." Esse sábio conselho foi concebido em um episódio de *A Família Sol-Lá-Si-Dó*, após Peter, o filho do meio, quebrar um vaso com a bola de basquete. Peter estava jogando basquete quando um não aconselhável (para não dizer infeliz) arremesso errou seu alvo: uma lixeira. A bola acabou chegando até o hall, acertando uma parede, desceu quicando pelas escadas e acertou um vaso de cerâmica. Infelizmente, graças à diversificada venda dos direitos de transmissão da série, esse deve ser um dos arremessos mais famosos na história da televisão.

Apesar de não utilizarmos bastões (beisebol), tacos (hockey) ou dentes (boxe), no basquete os equipamentos não são projetados para uso doméstico. Jogue fora de casa ou em um ginásio. Mamãe sabe o que está falando.

A bola

Quando se trata de equipamentos, tudo de que você precisa é de uma bola e uma cesta, junto de uma tabela e uma rede. A bola não é uma parte complicada: uma bola de basquete é esférica e laranja e tem oito gomos. A velha Associação Americana de Basquete (ABA) usava uma bola vermelha, branca e azul (as cores alternadas em cada gomo), e a NBA feminina (WNBA) usa uma bola com gomos alternados nas cores laranja e branco.

A bola oficial para basquete masculino tem aproximadamente 75cm de circunferência, 24cm de diâmetro e pesa de 0,5kg a 0,6kg. Uma bola ligeiramente menor (70cm de circunferência, 23cm de diâmetro e que pesa de 0,5kg a 0,55kg) está disponível para mulheres; times femininos, em geral, jogam com essa bola.

QUE BOLA É ESTA?

Uma das diferenças entre o basquete universitário masculino e o feminino é o tamanho da bola. A bola do basquete masculino, conhecida como a Bola Tamanho 7, tem aproximadamente 2,5cm a mais na circunferência e é aproximadamente 50g mais pesada que a bola utilizada no basquete feminino.

Dessa maneira, era uma suposição geral que, caso algum dia os homens pudessem jogar com a bola feminina, teriam um melhor aproveitamento em seus arremessos. Primeiro, porque suas mãos teriam mais controle sobre a bola e, segundo, porque é mais fácil colocar um objeto menor dentro do aro.

Em 8 de dezembro de 2010, essa suposição foi derrubada. A Oakland University visitou Illinois para um jogo na arena de Illinois, Assembly Hall. Uma partida feminina foi a preliminar desse jogo e, de alguma maneira, uma das bolas femininas foi parar na prateleira de bolas que seriam usadas no jogo masculino.

Quando um dos árbitros selecionou a bola do jogo, ele pegou a menor bola, a bola para basquete feminino. Nos primeiros sete minutos de partida, os homens, sem saber, jogaram com a bola feminina. Oakland surpreendentemente saiu na frente por 15 a 6, mas nenhum dos times teve um bom aproveitamento dos arremessos de quadra. Illinois acertou apenas três de 13 arremessos com a bola feminina, enquanto Oakland acertou sete de 16. E eram dois dos times que fariam parte do torneio da NCAA naquela temporada.

Durante o primeiro tempo técnico do jogo, o astro armador de Illinois, Demetri McCamey, reclamou com seu treinador, Bruce Weber, que aquela bola estava estranha.

"Vocês estão apenas errando os arremessos", respondeu Webber. "Parem de reclamar e joguem."

Finalmente, durante o segundo tempo técnico, o pivô de Illinois, Mike Tisdale, levou a bola aos árbitros. Eles a examinaram comparando com outra bola, e chegaram à conclusão de que realmente era uma bola feminina.

McCamey acabou marcando 30 pontos e levou Illinois a uma vitória por 74 a 63.

DICA DE JOGADOR

Se você joga regularmente em lugares descobertos, no concreto ou no asfalto, opte por uma bola para esses ambientes. Ela é feita de borracha, em vez de couro, que é o material utilizado para as bolas usadas em ginásios. Você jogará em lugares descobertos 80% das vezes, e as bolas de borracha também podem ser utilizadas em ginásios. Se você tem uma bola de couro, nunca a use em lugares descobertos. O concreto ou o asfalto irá gastá-la rapidamente, e a chuva irá estragá-la.

A tabela

A tabela é uma moldura retangular onde o aro é pendurado. As tabelas oficiais medem aproximadamente 1,8m x 0,9m e são feitas de acrílico transparente. Algumas vezes, as tabelas podem se estilhaçar devido ao excesso de força de algumas enterradas, o que faz o aro balançar. Esse tremor acaba estilhaçando o acrílico. Uma tabela danificada requer pelo menos meia-hora para ser substituída. A emoção de ver uma tabela quebrando em uma enterrada não vale a espera, confie em mim.

Apenas pergunte a torcedores e telespectadores do Torneio NCAA de 1996 sobre quando Darvin Ham, do Texas Tech, estilhaçou uma tabela em um jogo contra North Carolina. Isso levou a um atraso de 20 minutos. Acabou sendo bom para o Texas Tech, já que isso quebrou o ritmo do jogo e ajudou o Red Raiders a vencer e avançarem para as oitavas de final pela primeira vez na sua história.

PALAVRAS DO AUTOR

Garanta que a tabela esteja perpendicular ao chão. Caso ela não esteja, você não conseguirá realizar corretamente os arremessos que usem a tabela. Os ângulos estarão tortos.

O aro

O aro fica preso na tabela e suspenso a uma altura de três metros do chão. É dessa maneira que o aro ficava há 100 anos, e é assim que ele está até hoje, apesar de as pessoas em média serem muito mais altas hoje em dia. (O ex-pivô do Houston Rockets da NBA, o chinês Yao Ming, que mede 2,29m, consegue tocar no aro com seu dedo médio se ficar na ponta dos pés.) O diâmetro interno de um aro mede aproximadamente 45cm, quase o dobro do diâmetro de uma bola de basquete masculino.

A rede

A rede, que é composta basicamente de fibra de nylon, fica pendurada no aro e chega a uma distância de 38cm a 45cm deste. A rede fica presa ao aro em oito diferentes pontos ao redor da parte inferior daquele. A principal função da rede é diminuir a velocidade da bola assim que ela passa pelo aro, e também ajudar a saber se a bola realmente passou pelo aro. Entretanto, ela também ajuda os jogadores, proporcionando uma percepção de profundidade para o arremessador. (Veja o texto "O efeito da rede".)

O EFEITO DA REDE

As redes podem ter um impacto significativo no jogo. Por exemplo, quando John Wooden treinava a UCLA, sua equipe utilizava uma efetiva estratégia de pressão na quadra inteira. A chave para o sucesso dessa pressão era ter os defensores em seus postos assim que o outro time colocasse a bola em jogo.

Uma maneira de garantir que o Bruins sempre tivesse tempo suficiente para preparar a pressão era apertando a rede. A melhor maneira de "apertar a rede" é tornando-a mais curta, uma rede mais curta "segura" a bola, enquanto uma mais longa permite que a bola passe mais suavemente. Quando a rede está apertada, a bola fica momentaneamente presa dentro dela. A rede nunca ficava tão apertada a ponto de impedir a passagem da bola, mas apenas o suficiente para que diminuísse a velocidade desta. Assim, após a UCLA converter um arremesso, você tinha que esperar a bola se desvencilhar da rede como se uma galinha estivesse colocando um ovo. No momento em que você estava preparado para colocar a bola em jogo, o Bruins já estava em sua posição para exercer a pressão.

Paul Westhead, treinador do time do Loyola Marymount no final dos anos 80, usava a tática exatamente oposta. Westhead queria acelerar o jogo, correr direto para o oponente enquanto ele tenta respirar. Logo, Westhead colocava redes frouxas nos aros. As redes frouxas, que deixam a bola passar quase sem perda de velocidade, permitiam que o Lyons recuperasse o quanto antes a bola para invadir rapidamente a quadra de ataque, antes que os adversários pudessem respirar.

Uma pena que Wooden e Westhead, cujas instituições ficavam próximas uma da outra, em Los Angeles, foram treinadores em épocas diferentes. Gostaria de ter visto seus times se enfrentando para ver como seria o efeito rede.

Onde Jogar

Apesar de os astronautas não jogarem basquete na Lua — a baixa gravidade contribuiria para um jogo bastante divertido —, o basquete pode ser jogado em qualquer outro lugar. Em pátios de prisões. Em navios (assista ao jogo Veteran's Day de 2011, entre Michigan State e North Carolina, a bordo do USS Carl Vinson). O personagem Fletch, interpretado por Chevy Chase no filme homônimo — ignorando a sabedoria de *A Família Sol-Lá-Si-Dó* —, costumava usar sua sala de estar como quadra. Você realmente não precisa de muito mais do que uma superfície plana do tamanho de uma sala de aula e um ambiente com altura de pelo menos 6m.

Jogando em sua garagem

O fato de que o basquete e o automóvel foram inventados em um intervalo de 15 anos é uma feliz coincidência. O advento dos automóveis representou a chegada das garagens, que podem servir também como quadra de basquete. Há muito tempo que a garagem é um lugar ideal para se pendurar uma tabela com aro.

Colocando uma tabela na garagem ou no quintal

Instalar uma tabela de basquete em sua garagem ou próximo a ela pode custar de US$50,00 a US$250,00, com o aro sendo apenas uma unidade móvel que quase não requer montagem. Antes de você decidir montar uma quadra em sua casa, primeiro verifique se sua garagem ou qualquer outra superfície de asfalto ou concreto está nivelada. Caso a superfície esteja minimamente nivelada, o próximo passo é decidir se você instalará um mastro para pendurar a tabela e o aro, ou se vai pendurá-los em uma estrutura que já existe, como um muro de garagem, um telhado ou um celeiro. (Uma provocação comum quando seu arremesso é ruim é "Você não conseguiria acertar nem um celeiro!". Bem, agora você conseguiria.)

Não existe opção melhor. Simplesmente avalie bem sua propriedade. Se você decidir por instalar um mastro, tenha certeza de o enterrar por pelo menos 60cm a 90cm no chão e fixá-lo utilizando cimento. Deixe o cimento secar por pelo menos 48 horas antes de instalar a tabela no mastro.

Montando uma tabela na garagem

Do ponto de vista dos custos, a maneira mais barata é uma braçadeira ou suporte de encaixe universal. No Brasil, encontramos em lojas especializadas na faixa de R$50,00 a R$100,00. Esse suporte permite que você instale uma tabela em um muro de garagem na altura desejada. A vantagem de um suporte universal é que você pode instalá-lo em um telhado inclinado, em uma parede lateral ou em um mastro. Para isso, você anexa a tabela, que já deve ter um aro anexado. Você pode comprar uma tabela de qualidade com um aro instalado em lojas e sites especializados. Estes itens custam entre R$300,00 e R$1.000,00.

Pátios de escola ou quadras de clubes

O basquete nos pátios de escolas ou em quadras de rua oferece a possibilidade de partidas de quadra inteira e muito mais. É onde você conhece novas pessoas — de preferência pessoas corretas (os únicos viciados que gostaria de ver em um pátio de escola são os viciados em basquete). Você também acaba encontrando partidas mais difíceis. (Jogar em sua garagem é muito divertido, mas admita: o tio Leo não consegue ir para a esquerda.)

O pátio da escola também ensina as crianças a amadurecerem. Elas aprendem a se enturmar, resolver discussões ("Peça a falta antes de perceber que o arremesso não vai entrar!") e a se defender.

Os jovens devem sempre estar acompanhados — se não por um adulto, então pelo menos por um irmão mais velho — quando vão praticar arremessos em um pátio de escola. Além disso, não importa a lavada que você esteja tomando, nunca pegue a bola e vá para casa como represália. Bebês chorões não são bem-vindos nos pátios de escola. Veja o Capítulo 12 para mais informações sobre basquete de rua.

Celeiro de Jogadores: De Onde Vêm os Melhores Jogadores?

PALAVRAS DO AUTOR

Quando estava recrutando jogadores durante os anos 1960 em Penn, e nos anos 1970 e 1980 para Notre Dame, o basquete era um jogo urbano. Meus melhores jogadores nos anos 1970 eram das proximidades de Nova York e Washington, D.C. Quando Notre Dame derrotou UCLA em 1971, a única derrota do Bruins naquele ano, três jogadores titulares do Fighting Irish eram nativos de Washington, D.C. Quando encerrarmos a série invicta de 88 jogos da UCLA três anos depois, minha formação titular incluía três jogadores de Nova York e um de Washington.

Adrian Dantley era um daqueles jogadores de Washington, e em 1973–1974 nos ajudou a ter uma temporada com 26 vitórias e três derrotas, ficando em terceiro lugar no ranking geral. Ele jogava na DeMatha High School para o lendário Morgan Wooten, e depois acabou jogando por 15 anos na NBA. Ele ainda estava entre os 25 maiores pontuadores da NBA no início de 2011 e foi nomeado para o Hall da Fama Naismith em 2008. Ele é meu único ex-jogador consagrado em Springfield (local do hall da fama).

Por que, aparentemente, os melhores jogadores vinham dos centros urbanos? Porque era lá que o jogo era popular. Nos subúrbios, as crianças estavam mais interessadas em outros esportes ou atividades (e nessa época não existia Nintendo!)

Naquela época, Nova York era o maior celeiro de craques do basquete. Chicago, Washington, Detroit e Los Angeles não estavam muito atrás. Hoje em dia, o panorama se alterou; você encontra jogadores excepcionais não somente por todo os Estados Unidos, mas por todo o mundo. (Veja o Capítulo 16 para mais informações sobre o basquete internacional — FIBA.)

Observe por um momento alguns dos jogadores mais valiosos da NBA na história. Kareem Abdul-Jabar era nova-iorquino, mas siga adiante. Larry Bird (veja a Figura 2-1)? É de French Lick, Indiana. Michael Jordan? De Washington, Carolina do Norte. Karl Malone, do Utah Jazz? É de Summerfield, Louisiana. É verdade que LeBron James é de Akron, Ohio, mas fica nas redondezas da grande cidade de Cleveland.

FIGURA 2-1: Um dos melhores jogadores de basquete, Larry Bird, veio da pequena cidade sulista French Lick, de Indiana.

Entretanto, por muitos anos Nova York foi o epicentro dos talentos do basquete. A Tabela 2-1 mostra os dez estados americanos com escolas frequentadas por jogadores indicados para o McDonald's All-Americans entre os anos de 1977 e 2010. A Califórnia lidera, com 81, e Nova York vem em segundo, com 63.

É interessante olhar para a Tabela 2-1 e ver a importância do recrutamento. Kentucky, Carolina do Norte e Kansas são três dos melhores programas de basquete universitário em termos de vitórias, e mesmo assim nenhum desses três estados está no top 10 de estados produtores de jogadores indicados ao McDonald's All-Americans enquanto estavam na escola. Carolina do Norte está na décima terceira posição, com 23, Kentucky figura em décimo nono, com 13, e Kansas fica bem no final da lista, com apenas sete escolas frequentadas por jogadores indicados ao McDonald's All-Americans desde 1977.

CAPÍTULO 2 **Como Se Vestir e Onde Jogar** 27

TABELA 2-1 **Estados das Escolas Indicadas ao All-Americans McDonald's (1977–2010)**

Classificação	Estado	Número de Jogadores	Classificação	Estado	Número de Jogadores
1.	Califórnia	81	6	Maryland	37
2.	Nova York	63	7	Michigan	36
3.	Illinois	58	8	Indiana	35
4.	Virgínia	58	9	Nova Jersey	32
5.	Texas	38	10	Geórgia	31

Isso mostra o quão importante é o recrutamento dentro de todo o trabalho de um técnico principal de basquete universitário.

O quão importante é conseguir os grandes jogadores? Desde 1977, apenas um elenco campeão da NCAA não tinha pelo menos um jogador McDonald's All-American. Era o Maryland, de 2002, de Gary Williams, que venceu Indiana na final do campeonato. Mais uma razão para Williams estar no Hall da Fama, mas vamos falar sobre isso em um capítulo mais adiante.

Nota: Confira a Tabela 2-2 para a lista dos 50 melhores jogadores da NBA divididos por estado natal. Estado natal é onde o jogador jogou basquete no ensino médio.

TABELA 2-2 **Os 50 Melhores Jogadores da NBA por Estado Natal nos EUA**

Estado natal/país	Número	Jogadores
Nova York	7	Kareem Abdul-Jabbar, Nate Archibald, Billy Cunningham, Julius Erving, Dolph Schayes, Lenny Wilkens
Carolina do Norte	5	Sam Jones, Michael Jordan, Earl Monroe, James Worthy, Pete Maravich
Louisiana	5	Robert Parrish, Bob Pettit, Willis Reed, Karl Malone, Elvin Hayes
Ohio	3	John Havlicek, Jerry Lucas, Nate Thurmond
Califórnia	3	Bill Russell, Bill Sharman, Bill Walton
Michigan	3	Dave DeBusschere, George Gervin, Magic Johnson
Pensilvânia	2	Paul Arizin, Wilt Chamberlain
Washington, D.C.	2	Elgin Baylor, Dave Bing
Indiana	2	Larry Bird, Oscar Robertson
Illinois	2	Isaiah Thomas, George Mikan
Virgínia Ocidental	2	Hal Greer, Jerry West

Virgínia	2	Moses Malone, David Robinson
Kentucky	2	Wes Unseld, Dave Cowens
Texas	2	Clyde Drexler, Shaquille O'Neal
Alabama	1	Charles Barkley
Arkansas	1	Scottie Pippen
Geórgia	1	Walt Frazier
Massachusetts	1	Patrick Ewing
Minnesota	1	Kevin McHale
Washington	1	John Stockton
Nova Jersey	1	Rick Barry
Nigéria	1	Hakeem Olajuwon

> **NESTE CAPÍTULO:**
>
> **Conhecendo a quadra**
>
> **Praticando o esporte**
>
> **Entendendo faltas e violações**

Capítulo 3
As Regras

E m dezembro de 1891, James Naismith apresentou à sua turma na Springfield (Massachusetts) YMCA sua invenção ainda sem nome. Naismith, um professor de educação física, pendurou cestas de pêssego no mastro mais baixo das duas pontas da quadra e pegou uma bola de futebol. Ele afixou uma lista de 13 regras, que determinariam o jogo, no quadro de avisos. Pouco tempo depois do primeiro jogo, as regras foram roubadas. (Eu acho que "Não roube as regras" não fazia parte das 13 originais.)

Alguns dias depois, um dos alunos de Naismith, Frank Mahon, confessou o crime. "Eu as peguei", disse Mahon. "Eu sabia que esse jogo seria um sucesso, então as peguei como uma lembrança. Mas *acho* que agora você deve ficar com elas."

Mahon se redimiu de seu erro mais tarde sugerindo um nome para o novo esporte. Como sua primeira ideia (Naismith Ball, sem brincadeira) foi rejeitada pelo próprio Naismith, Mahon perguntou, "Que tal *basketball*?". "Nós temos uma cesta (*basket*) e uma bola (*ball*)", disse Naismith. "Parece um bom nome para isso."

Naismith nunca poderia imaginar que o documento que ele escreveu em 1891 seria válido 119 anos depois. Seu documento original foi posto em leilão pela Fundação Internacional de Basquete Naismith e vendido por US$4,3 milhões em dezembro de 2010. O documento foi comprado por alunos da Universidade do Kansas, a faculdade onde Naismith se tornou treinador principal pela primeira vez em 1898.

Naismith treinou os Jayhawks por nove anos e encerrou com um recorde de derrotas. Ele foi o único treinador de basquete da história da Universidade do Kansas com um recorde de derrotas.

As 13 Regras Originais de Naismith

1. A bola pode ser arremessada em qualquer direção com uma ou com as duas mãos.

2. A bola pode ser tocada em qualquer direção com uma ou com as duas mãos (mas nunca o punho).

3. Um jogador não pode correr com a bola. O jogador deve arremessá-la do lugar onde a recebeu; exceto nos casos quando o jogador pega a bola correndo em alta velocidade.

4. A bola deve ser segurada pela mão ou entre as mãos; braços ou tronco não devem ser usados para segurá-la.

5. Dar ombradas, segurar, empurrar, fazer tropeçar ou derrubar um adversário não é permitido. A primeira regra infringida deve ser marcada como falta; a segunda deve suspender o jogador até a próxima cesta ser feita, ou, se houver intenção de machucar a pessoa, o jogador deve ser suspenso até o final do jogo, sem permissão para substituição.

6. A falta é marcada quando a bola é socada, quando há violação das regras 3, 4 e quando acontece como descrito na regra 5.

7. Se qualquer um dos times fizer três faltas consecutivas, é contado um ponto para o adversário. (Consecutiva significa sem que o adversário faça uma falta no meio tempo.)

8. Um ponto deve ser marcado quando a bola for arremessada ou tocada do chão para dentro da cesta sem sair dela, impedindo que aqueles que a defendem toquem ou atrapalhem o ponto. Se a bola ficar na borda e o adversário mover a cesta, contará como ponto.

9. Quando a bola sair do limite, ela deverá ser arremessada no campo e jogada pela primeira pessoa a tocá-la. Em caso de disputa, o árbitro deverá jogar diretamente para o campo. O arremessador tem cinco segundos. Se ele segurar por mais tempo, a bola deve passar para o adversário. Se os dois persistirem no atraso, o árbitro deve marcar falta deles.

10. O árbitro fará os julgamentos dos jogadores, anotando todas as faltas e avisando ao juiz se houver três faltas consecutivas. Ele terá o poder de desqualificar jogadores com base na regra 5.

11. O juiz fará o julgamento da bola, decidindo quando ela está ou não em jogo, a que lado ela pertence, e deverá cronometrar o tempo. Ele deverá decidir quando um ponto foi marcado, manter a contagem de pontos e quaisquer outros deveres de um juiz.

12. A duração deve ser de dois tempos de 15 minutos, com intervalo de cinco minutos para descanso entre eles.

13. O time que fizer mais pontos nesse tempo será o vencedor. Em caso de empate, o jogo deve, em comum acordo entre os capitães, continuar até que outro ponto seja marcado.

Você deve ter notado algumas discrepâncias entre as regras de Naismith e as obedecidas hoje. Para os iniciantes, a regra é mais curta — a regra da NBA para uma defesa ilegal tem mais palavras do que o conjunto de regras de Naismith inteiro. Outra diferença: o jogo originalmente concebido não conta com dribles.

A Quadra

Uma quadra de basquete tem simetria; uma metade da quadra é uma imagem espelhada da outra. A quadra inteira (veja a Figura 3-1) tem 28m x 15m (28,65m x 15,25m na escola). Em cada metade da quadra, linhas pintadas mostram o garrafão, o círculo central, assim como a linha de três pontos, em que a distância da cesta varia baseada no nível do basquete a ser jogado.

Quadras de basquete cobertas são quase sempre feitas de madeira. Quadras de basquete ao ar livre geralmente são feitas de asfalto.

PALAVRAS
DO ÁRBITRO

As extremidades da quadra têm nomes de senso comum:

» Ao longo do comprimento da quadra é a linha lateral.
» Ao longo das pontas está a linha de fundo.
» Separando os dois lados da quadra está a linha divisória.
» Bem no meio da quadra está o círculo central (3,6 metros de diâmetro), onde a bola é lançada ao alto para começar o jogo. (Veja a Seção "Para começar", a seguir neste capítulo, para mais informações sobre o lançamento da bola — também conhecido como bola ao alto.)

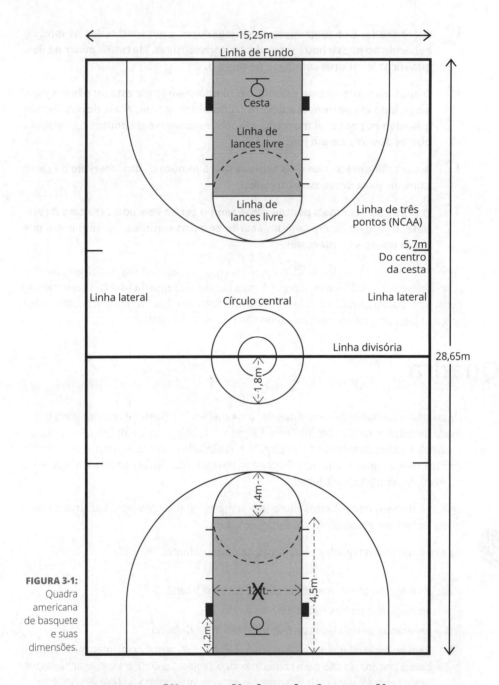

FIGURA 3-1: Quadra americana de basquete e suas dimensões.

O garrafão e a linha de lance livre

O garrafão é o espaço que concentra mais ação em cada metade da quadra. Esse retângulo tem uma largura de 3,6 metros — 5,8 metros no nível profissional masculino. O comprimento da linha de lance livre até a cesta é de 4,5 metros em todos os níveis. Um jogador do ataque não pode ficar dentro do garrafão por mais de três segundos, a não ser que ele ou um de seus companheiros esteja arremessando a bola. Após todas as trocas de passe, o cronômetro começa de novo. Um jogador da defesa pode ficar dentro do garrafão quanto tempo quiser.

Um jogador que sofre falta de outro jogador (veja a Seção "Faltas", a seguir, neste capítulo) às vezes recebe lance livre. Ele faz esses arremessos (não são realmente lances) da linha de lance livre no final do garrafão — a 4,5 metros da cesta. As jogadas são "livres" porque a defesa não pode marcar o jogador enquanto ele vai fazer a jogada. Quando um jogador faz um lance livre, ele não pode deixar o pé cruzar a linha até que a bola caia na rede, ou o ponto é anulado.

Os jogadores restantes ao longo da linha de lance livre (ou atrás do jogador) não podem interferir na jogada. Eles se alinham em ordem, nos dois lados do garrafão, intercalando defesa e ataque. (Até três jogadores podem ficar de um mesmo lado do garrafão.) Se um jogador escolhe não ocupar um lugar (por exemplo, o lugar do segundo jogador da defesa), então um jogador do time adversário pode ocupar esse espaço no garrafão. Os torcedores atrás da cesta costumam gritar, pular e balançar suas mãos para tentar distrair o jogador do time adversário durante o lance livre.

O arco de três pontos

PALAVRAS DO ÁRBITRO

O arco de três pontos é outra marca importante na quadra. O arco se estende ao redor da cesta formando um semicírculo, e a distância até a cesta varia de acordo com o nível do basquete a ser jogado. Mesmo no primeiro nível, a distância pode mudar conforme as regras estabelecidas pelo comitê que determina a melhor distância para a boa prática do esporte. A NBA já mudou a distância de três pontos em duas ocasiões desde que adotou a regra, na temporada de 1979–1980. A linha dos três pontos voltou à sua distância normal de 7,2 metros na temporada de 1997–1998. A distância para jogos universitários é 6,3 metros (um aumento em relação aos seis metros, em 2008–2009), enquanto na FIBA a distância é de 6,25 metros.

FOI DE TRÊS! NÃO, DOIS! OU FOI DE TRÊS?

Talvez a aplicação mais incomum da regra de três pontos tenha acontecido em 27 de janeiro de 1997, quando o calouro da Villanova, Tim Thomas, que acabou jogando por 13 anos, sendo sete em times da NBA, tentou atravessar a defesa de Georgetown. A defesa do Hoya desviou a bola enquanto seus próprios pés estavam fora da linha de três pontos. A bola rodopiou no ar e caiu dentro da cesta. Os juízes discutiram e deram os três pontos para Thomas.

Após a temporada, os juízes da NCAA discutiram novamente e mudaram a regra. Agora, se um jogador da defesa não tem a intenção de fazer uma cesta de três pontos, ele ganha dois pontos, se essa situação incomum acontecer.

Essa regra vai contra a regra do passe de bola alta perdido que entra na cesta. Nesse caso, mesmo que o jogador esteja fazendo um passe e não um arremesso, a cesta vale três pontos. Vai entender!

Qualquer arremesso feito além desse arco — até mesmo um arremesso desesperado do meio da quadra quando o alarme toca — vale três pontos. Um arremesso de três pontos deve ter os dois pés do jogador atrás do arco no lançamento da bola, mas o jogador pode cair com os pés em qualquer parte da linha.

Áreas da quadra

Pensando na quadra como duas metades, divida-a em parte da frente e parte de trás. A parte da frente da quadra é a metade onde fica a cesta do ataque. A parte de trás da quadra é a outra metade. Então, a parte de trás da quadra de um time é a parte da frente da quadra do outro time.

Os Jogadores

Em qualquer nível de basquete organizado, cinco jogadores por time estão em quadra. A divisão de posições mais comum é dois armadores, dois alas e um pivô. Muitos times jogam com três armadores devido à importância da cesta de três pontos e de ser capaz de pontuar atrás da linha. E muitos times usam um armador, dois alas e dois pivôs.

(Veja o Capítulo 6 para mais informações sobre cada posição.)

A maioria dos times de basquete tem 12 jogadores; as regras da NBA, por exemplo, exigem 12 jogadores por time, mais três jogadores na lista que são considerados inativos no dia do jogo. Na prática, cada time tem 15 jogadores, mas apenas 12 estão de uniforme nos dias de jogo. Os times de escola têm um pouco mais ou menos. Cada jogador usa um uniforme que, na maioria dos casos, consiste em calções e regatas.

Um jogador pode ser substituído por outro durante uma pausa no jogo. O jogador ou jogadores que forem entrar no jogo devem ir até a mesa dos juízes, que fica no meio da quadra, ao logo da linha lateral. O juiz do jogo responsável pela pontuação e pelo tempo fica nessa mesa. Quando o jogo para por algum motivo, o árbitro anuncia os jogadores que estão na mesa — apesar de o juiz não apertar a mão, dar um abraço ou fazer algum gesto amigável — e acena para eles entrarem no jogo. Nesse momento, o jogador que está sendo substituído sai do jogo.

O Jogo

LEMBRE-SE

O objetivo do basquete é simples: fazer mais pontos que seu adversário. Você atinge esse objetivo fazendo cestas no ataque (quando seu time tem a bola) ou impedindo que seu adversário faça cestas enquanto você está na defesa (quando seu adversário está com a bola).

No basquete (diferentemente do futebol americano), os mesmos jogadores permanecem na partida para jogar tanto no ataque quanto na defesa. No ritmo e nos papéis desses jogadores, o basquete se assemelha ao futebol e ao hockey, em que as transições entre ataque e defesa podem acontecer em um piscar de olhos. Você encontra muito mais sobre as especificações do ataque e da defesa nos Capítulos 6 e 7, respectivamente.

O início

PALAVRAS DO ÁRBITRO

Cada jogo começa com a bola ao alto, no círculo central da quadra. O árbitro fica no centro do círculo e joga a bola para o alto. O pivô de cada time salta para tentar desviar a bola na direção de seus companheiros, que devem estar posicionados fora do diâmetro de 3,6 metros do círculo.

(*Nota:* O pivô não tem permissão para segurar a bola durante o arremesso dela para o alto; ele pode apenas bater nela.) Qualquer jogador pode se envolver na bola ao alto, mas o pivô — normalmente o jogador mais alto — quase sempre faz as honras da casa. (A altura pode ajudar bastante nesses casos.)

Início do jogo e pedido de tempo

Pense no jogo em duas partes: o início, quando o relógio se move e a ação começa; e o pedido de tempo, quando o jogo (e o relógio) param. Quanto tempo a partida dura? A duração pode variar em vários níveis:

- » Uma partida da NBA tem quatro quartos de 12 minutos.
- » Nas partidas regidas pelas regras da FIBA, são quatro quartos de 10 minutos.
- » Os jogos de basquete da WNBA (a NBA feminina, liga profissional feminina) e universitários têm a duração de dois tempos de 20 minutos.
- » Jogos colegiais de basquete têm quatro quartos de oito minutos ou dois tempos de 16 minutos.

O relógio de arremesso

O ataque deve arremessar a bola em uma certa quantidade de tempo, monitorada pelo relógio de arremesso, ou devolver a bola para a defesa. A regra do relógio de arremesso proporciona um jogo com mais ataque e recompensa a defesa por seu trabalho bem-feito. Na NBA e na FIBA, o relógio de arremesso é de 24 segundos. Nos jogos universitários masculinos, ele marca 35 segundos, e nas ligas profissionais e universitárias femininas, 30 segundos é o tempo acordado nos Estados Unidos.

HALL DA FAMA

Danny Biasone, proprietário de um boliche e dono do Syracuse Nationals (uma franquia original da NBA), inventou o relógio de arremesso em 1954. O relógio de arremesso pode ter salvado os jogos profissionais. Os jogos universitários, que já

CAPÍTULO 3 **As Regras** 37

exibiram jogos com placares tão baixos quanto 1 a 0, só adotou essa regra em 1985 –1986. A ideia de Biasone teve uma estima tão alta, que ele entrou para o Hall da Fama de Naismith como colaborador especial em 2000.

Dez segundos

Após um time fazer uma cesta, o time adversário pega a bola embaixo da cesta em que os pontos acabaram de ser marcados. O time com a bola deve pegar o rebote (colocá-la em jogo) em cinco segundos após tocá-la. O time deve então avançar a bola na direção da outra cesta, passando do meio da quadra em até dez segundos a partir do rebote. (*Nota:* Nas partidas regidas com as regras da FIBA o relógio é de oito segundos.) Não conseguir pegar o rebote e avançar na quadra com dentro do limite de tempo resulta na perda da bola.

Se um jogador avança com a bola em direção ao centro da quadra e um jogador da defesa rouba a bola, uma nova contagem de dez segundos começa. Um time jogando no ataque pode escapar da regra dos dez segundos pedindo tempo técnico. Após o tempo técnico, você tem mais dez segundos para levar a bola para depois do centro da quadra. Depois que o ataque consegue passar do meio da quadra com a bola, esta — ou o jogador que estiver com ela — não pode ser recuada para trás da linha divisória (para a parte de trás da quadra de seu time). Entretanto, um atacante que não está com a bola pode ficar na parte de trás da quadra. Obviamente, entretanto, um atacante na parte de trás da quadra não está ajudando muito seu time.

O JOGO QUE TROUXE O RELÓGIO DE ARREMESSO PARA OS JOGOS UNIVERSITÁRIOS

Apesar de o relógio de arremesso fazer parte da NBA desde a temporada de 1954–1955, os jogos universitários não usavam relógio de arremesso até a temporada de 1985–1986, quando um relógio de 45 segundos foi adotado. O tempo foi reduzido para 35 segundos em 1993–1994.

Os tradicionalistas do basquete universitário queriam que seu jogo fosse único, e eles queriam evitar que o jogo se tornasse igual ao da NBA. Isso mudou durante a temporada de 1981–1982, quando os treinadores desejaram cada posse de bola, e o ataque parecia implorar por um descanso. A controvérsia do relógio de arremesso chegou a seu ápice no torneio ACC (Atlantic Coast Conference — Conferência da Costa Atlântica) de 1982, em Greensboro. A média de placar dos sete jogos do torneio daquele ano foi de 56 a 44. O resultado do jogo da primeira rodada entre N.C. State e Maryland foi de 40 a 28. O jogo do campeonato foi disputado pelo North Carolina, liderado por Michael Jordan e James Worthy, contra o time da Virgínia, liderado pelo National Player of the Year, Ralph Sampson. A partida teve transmissão nacional para TV pela NBC e uma boa audiência, mas tudo que os fãs viram foram três futuros jogadores da NBA.

North Carolina ganhou por 47 a 45. O placar baixo não foi por causa de um ataque ruim. Virgínia arremessou 66,7% da quadra (22–33) e errou. Os dois times juntos marcaram 27 pontos e 25 tentativas no segundo tempo. O North Carolina não fez nenhuma cesta nos últimos 8min44s do jogo e partiu para um ataque aberto por 7min06s, mais tarde no jogo. Meu coautor, Tim Bourret, diretor de Informação Esportiva na Universidade Clemson há muito tempo, assistiu ao jogo. Tim disse: "Foi como ir a um concurso de Miss Universo e assistir às candidatas usarem roupas folgadas e suadas."

Na primavera seguinte, a ACC adotou a regra de 30 segundos para o relógio de arremesso e a da distância de 5,6 metros para a linha de três pontos. Era um pouco extravagante, mas a animação para a temporada de 1982–1983 da ACC levou à adoção nacional do relógio de arremesso em apenas dois anos.

Outra curiosidade do Torneio de 1982 da ACC: o único jogo que não teve um placar baixo foi a vitória do Wake Forest's de 88 a 53 contra o Duke. O treinador do Duke, que perdeu aquele jogo por 35 pontos, era Mike Krzyzewski, que trinta anos depois estava à beira de se tornar o treinador com o maior número de vitórias da história do basquete.

Pedido de tempo

O tempo não para para ninguém — exceto para o árbitro. O relógio de um jogo de basquete pode parar pelas seguintes razões:

- » Um treinador ou um jogador de qualquer um dos times pede tempo técnico para discutir algo com sua equipe.
- » O árbitro apita em sinal de violação.
- » A bola sai da quadra.
- » Um quarto do jogo acaba.
- » Um jogador faz uma cesta no último minuto em um jogo universitário ou nos últimos dois minutos de um jogo da NBA ou da FIBA.

Um treinador ou um jogador pode pedir tempo somente durante uma pausa no jogo ou se tiverem a posse da bola. Em outras palavras, um jogador da defesa nunca deve pedir tempo enquanto o relógio estiver girando. Cada time recebe um número específico de pedidos de tempo por tempos no profissional e por jogo no universitário. Se um time ultrapassa esse número, o árbitro penaliza como uma falta técnica.

Prorrogação

Um jogo de basquete não pode acabar empatado, mas existem algumas exceções (veja o box "Um empate no basquete?"). Quando o tempo regulamentar do jogo acaba com o placar empatado, os times jogam um período extra, com cinco minutos

CAPÍTULO 3 **As Regras** 39

de duração, tanto nos jogos profissionais quanto nos universitários. (Na escola, a prorrogação é de três minutos.) Cada jogador mantém suas faltas durante a prorrogação; você vê com frequência mais jogadores cometendo faltas durante esse tempo extra de jogo. Não importa quão grande seja a vantagem que um time abra contra o outro, o jogo só acaba ao final dos cinco minutos. Se o placar ainda estiver empatado no final dos cinco minutos, o jogo continua por mais um período de prorrogação — repetidamente, até um dos times vencer.

UM EMPATE NO BASQUETE?

Notre Dame terminou a temporada de 1935–1936 com um recorde de 22 vitórias, duas derrotas e um empate, e um título do Campeonato Nacional da Fundação Helms (não havia Torneio da NCAA naquela época). Sim, 22 vitórias, duas derrotas e um empate no basquete, o primeiro empate de Notre Dame, que teve início em 1898. O empate aconteceu por causa de um erro no placar oficial.

Tudo aconteceu na véspera de Ano-Novo de 1935, em Evanston, Illinois. Aquele jogo foi uma batalha entre as defesas, mesmo para aquela época. Com apenas alguns segundos faltando, Johnny Moir, de Notre Dame, eleito melhor jogador nacional daquele ano, fez um arremesso de lance livre para dar a vitória ao Irish por 21 a 20.

"Enquanto tomávamos banho no vestiário, o juiz que marcava os pontos, Wilfred Smith do Chicago Tribune, correu para lá e disse ao treinador George Keogan que ele tinha cometido um erro durante o jogo", relembra Moose Krause, na época assistente de Notre Dame, que veio a ser meu chefe como diretor de Esportes.

Ele tinha dado indevidamente um ponto extra para o Notre Dame no placar, mas marcou corretamente um arremesso de lance como perdido na área de marcação individual. Quando ele conferiu o box score final, descobriu o erro, pois a soma total de Notre Dame foi adicionada como 20.

Moose explicou que "o treinador Keogan nos mandou colocar os uniformes e voltar para a quadra para a prorrogação. Mas o treinador do Northwestern Dutch Lonborg se recusou a mandar seus jogadores de volta. Ele disse que os árbitros haviam declarado o jogo como encerrado. A pontuação oficial era final".

Notre Dame havia derrotado Northwestern antes, naquela temporada, por 40 a 29, e Lonborg deve ter achado que tinha sorte de sair de lá com um empate. Por alguma razão, os juízes do jogo não forçaram a situação. Após alguns minutos de gritaria para lá e para cá, os times saíram da arena com empate de 20 a 20, o único empate na história das duas instituições.

LIDANDO COM OS JUÍZES

PALAVRAS DO AUTOR

Gary Muncy, um dos juízes mais respeitados da minha época como treinador, estava trabalhando no nosso jogo contra Lafayette durante a temporada de 1978–1979. Nós estávamos entre os quatro melhores no ano anterior e éramos o número um nacional pela primeira vez desde que acabamos com a série invicta de 88 jogos da UCLA, em 1974.

Tínhamos acabado de derrotar o 11º colocado, um time de Marquette, na estrada, e estávamos voando alto. Mas no primeiro tempo, Lafayette estava jogando com tudo que podíamos aguentar, e a torcida não estava prestando atenção ao jogo. Em alguns minutos do segundo tempo, Orlando Woolridge foi machucado, e pediram tempo. Nós precisávamos de um incentivo.

Então fui atrás de Gary na quadra e comecei a agir como se estivesse irritado com ele. Disse bem na cara dele, com uma expressão terrível: "Gary, estou vindo falar com você para que os torcedores pensem que estou arrumando problemas com você. Precisamos que eles prestem atenção no jogo." Então coloquei o dedo bem na cara dele e disse de cara séria: "Gary, vocês estão fazendo um ótimo trabalho, continuem assim."

A torcida ficou enlouquecida e eles não podiam ouvir o que tinha dito a ele. Nenhum dos outros jogadores também, mas todo mundo se animou. Nós fomos de 20 direto para 91 pontos, e ganhamos de 91 a 66.

O jogo mais longo da NBA durou seis prorrogações. O Indianapolis Olympians derrotou o Rochester Royals por 75 a 73 em 6 de janeiro de 1951. O jogo universitário masculino mais longo durou sete prorrogações, quando Cincinnati derrotou Bradley por 75 a 73 em 21 de dezembro de 1981.

Os juízes

Os juízes têm a responsabilidade de fazer as regras serem cumpridas e manter a ordem do jogo. Esse é um trabalho bem difícil, porque você tem dez jogadores em constante movimento em vários níveis de contato físico.

Três árbitros trabalham em cada jogo de basquete universitário ou profissional. Nos jogos universitários, o árbitro é aquele que joga a bola ao alto no círculo central para começar o jogo; os outros dois árbitros são chamados de juízes. Na NBA e na FIBA, o chefe de equipe joga a bola ao alto; os outros dois são chamados de juízes. Os três juízes têm direitos iguais de tomar qualquer decisão durante o jogo. Se há um desentendimento entre dois dos três juízes, geralmente o árbitro ou o chefe de equipe toma a decisão final.

Você ouve com frequência que os árbitros estão amarrando o jogo ou deixando ele correr solto. Se eles estão amarrando, isso significa que ao menor contato eles marcam uma falta. Um jogo que corre solto ou "deixando os jogadores jogarem" se assemelha ao basquete de rua, já que os árbitros permitem mais contato.

CAPÍTULO 3 **As Regras** 41

Faltas

Uma *falta pessoal* é uma violação que acontece quando um juiz determina que houve contato ilegal de um jogador com seu adversário. Tanto os jogadores da defesa quanto do ataque podem cometer faltas, apesar de as faltas da defesa serem muito mais comuns. (Você pode ler mais sobre faltas comuns a seguir, neste capítulo.) Apesar de o contato ser tanto permissível quanto inevitável no jogo, você pode considerar falta um contato que atrapalha o ritmo do jogo. Se não fosse considerado uma falta, o contato criaria uma vantagem para o time que o cometeu.

PALAVRAS DO ÁRBITRO

Faltas do ataque

As três faltas mais comuns cometidas pelo ataque são:

» **Carga ilegal:** O jogador com a bola se move na direção de um jogador que já está parado na sua posição de defesa.

» **Corta-luz ilegal:** Um atacante arma uma distração (veja o Capítulo 6) para seu companheiro bloquear o caminho do jogador da defesa.

» **Over the back (carga sobre as costas):** Um atacante é empurrado enquanto tenta pegar o rebote e tenta pular por cima do jogador da defesa, fazendo contato excessivo com ele. (Veja o Capítulo 8 para a descrição desse tipo de empurrão.)

Uma falta cometida pelo ataque, assim como as faltas cometidas pela defesa, conta como falta pessoal contra o jogador que a cometeu.

Faltas técnicas

As faltas técnicas (que um dia se chamarão "Rodmans", em homenagem ao ex-jogador da NBA que conquistou um recorde de faltas técnicas) podem ser apitadas tanto contra o treinador como contra o jogador. Na falta técnica mais comum, o árbitro apita contra alguém que falou ou se comportou de maneira extremamente antiesportiva. Rodman, cujo dossiê inclui chutar um fotógrafo na lateral da quadra e dar uma cabeçada em um árbitro, cometeu uma falta técnica em cada jogo dos 11 primeiros do Chicago Bulls nos playoffs em 1997. Duas faltas técnicas durante um jogo resultam em expulsão automática.

Uma falta técnica não conta para o limite de faltas pessoais para os jogadores profissionais, mas algumas contam no nível universitário. Então, se um jogador da NBA tiver cinco faltas pessoais e o árbitro marcar uma falta técnica, o jogador continua na partida. Mas se um jogador do nível universitário recebe sua quarta falta, reclama e recebe uma falta técnica por isso, ele é desqualificado, porque a falta técnica conta como sua quinta falta pessoal.

Violações

Já que os árbitros marcam as violações que não contam como falta contra os atacantes, vou primeiro discutir as violações dos jogadores da defesa:

» **Interferência:** Um árbitro chama de interferência quando um jogador da defesa interfere ilegalmente em um arremesso. Se um jogador da defesa toca na bola enquanto ela está caindo na cesta, ou enquanto ela toca a cesta ou o aro, ou toca o aro ou a rede enquanto a bola está sendo arremessada, o atacante recebe a cesta.

» **Chutar a bola:** O jogador da defesa não deve chutar a bola como uma forma de fazer um passe. Em qualquer caso de violação por chute na bola, o ataque ganha a posse da bola, mas o relógio de arremesso continua rodando. No nível universitário, o relógio de arremesso é reiniciado para 15 segundos, se estiver abaixo de 15 segundos na hora da violação. Ele é reiniciado em 14 segundos no nível profissional. A maioria dos treinadores encoraja essa tática, mesmo sendo uma violação das regras, porque obriga o adversário a reiniciar seu ataque.

PALAVRAS DO ÁRBITRO

As violações do ataque resultam na perda da posse de bola. Essas violações são conhecidas como *turnover (ou perda da posse de bola)*, e quase sempre resultam de uma jogada ineficiente. Por essa razão, a maioria dos treinadores dá tanta importância a ter um um armador que cometa o mínimo dessas violações possíveis. O time que mais perde a posse de bola geralmente é o que perde o jogo. Erros como esses deixam os treinadores de cabelo branco. Algumas das violações mais irritantes são:

» **Andando com a bola:** Toda vez que um jogador que está com a bola não está driblando, ele deve manter um pé (conhecido como pé de apoio) no chão. Ele pode mover o outro pé em qualquer direção e quantas vezes quiser. Depois que o jogador estabelece um pé de apoio, ele não pode mexê-lo, ou o árbitro apitará uma violação.

» **Duplo drible:** Um duplo drible acontece quando o jogador dribla a bola com as duas mãos ao mesmo tempo, ou dribla a bola, para e volta a driblar.

» **Condução de bola:** Um jogador driblando a bola não deve colocar a palma da mão embaixo dela quando atingir seu ápice de drible. Sempre mantenha a palma da sua mão virada para o chão enquanto dribla. Essa violação se tornou uma especialidade no final dos anos 1990. Ex-armadores da NBA, como Allen Iverson, do Philadelphia 76ers, e Stephon Marbury, do New Jersey Nets, paralisavam seus adversários colocando a mão embaixo da bola no meio do drible. O movimento era quase como se fosse possível parar seu drible e recomeçá-lo. Na temporada de 1999–2000, os árbitros passaram a ficar mais alertas para apitar essa violação.

CAPÍTULO 3 **As Regras** 43

» **Três segundos:** Nenhum atacante deve permanecer no garrafão por mais de três segundos consecutivos, a não ser que a bola esteja sendo arremessada. Se a bola atingir o aro, o jogador dentro do garrafão ganha mais três segundos. Então, se acontecer de você estar no garrafão há dois segundos e seu arremesso atingir o aro, você tem mais três segundos para ficar no garrafão.

Após o jogador sair do garrafão, a contagem recomeça, e ele pode entrar novamente no garrafão por mais três segundos. Um jogador pode entrar e sair do garrafão quantas vezes quiser.

DICA DE JOGADOR

Para seu bem, trate a regra dos três segundos como se você estivesse nadando no oceano: se você suspeita que está longe demais mar adentro, provavelmente está. Nade de volta para a costa. (É isso mesmo, pule fora do garrafão — rápido!)

» **Violação do garrafão:** Essa regra se aplica tanto para a defesa quanto para o ataque. Quando um jogador tenta um arremesso de lance livre, nenhum dos jogadores ao longo da linha de três pontos pode entrar no garrafão até que a bola saia das mãos do arremessador. Se um jogador da defesa pula para o garrafão antes, o arremessador recebe outra chance de arremessar, se ele errar. Se um atacante entra no garrafão cedo demais, ele anula o arremesso, se este acertar a cesta.

E, finalmente, não uma violação, mas uma boa regra para saber:

» **Fora dos limites:** Quando a bola toca o chão de fora da quadra (ou em cima da linha), o árbitro dá a posse de bola para o time que *não* tocou a bola por último. O plano dos limites (linhas laterais e linhas de fundo) não constitui uma violação, mas sim o próprio chão. Então, se uma bola sair da área no alto, um jogador pular de dentro da quadra para pegá-la e conseguir colocá-la na área novamente antes que qualquer parte do corpo dele encoste no chão fora do limite, a bola ainda está em jogo.

LEMBRE-SE

Assim como Rodman aprendeu partindo para cima de um fotógrafo, cuidado com os obstáculos a sua volta. A aterrissagem nem sempre será suave.

Cada Liga por Si

É, as coisas definitivamente mudaram desde o Naismith's day. As regras do jogo são mais complexas agora, e alguns aspectos do jogo dependem de em qual liga ou nível se está jogando. As tabelas 3-1 e 3-2 mostram o básico — os detalhes do jogo praticado pela NBA, WNBA e times universitários femininos e masculinos.

TABELA 3-1   ## Basquete Masculino da NBA e Universitário

Regra	NBA	NCAA	FIBA
Duração do jogo	4x 12 minutos	2x 20 minutos	4X 10 minutos
Prorrogação	5 minutos	5 minutos	5 minutos
Intervalo	15 minutos	15 minutos	15 minutos
Dimensões da quadra	28,6m x 15,2m	28,6m x 15,2m	28m x 15m
Garrafão	4,8m x 4,7m	3,6m x 4,7m	4,9m x 5,8m
Linha de três pontos	7,2m	6,3m	6,75m
Relógio de arremesso	24 segundos	35 segundos	24 segundos
Reinício do relógio de arremesso	Arremesso de quadra atinge o aro	Arremesso de quadra atinge o aro	Arremesso de quadra atinge o aro
Relógio do jogo para após fazer uma cesta	Nos últimos dois minutos	No último minuto do jogo	Últimos dois minutos de jogo e na prorrogação
Limite de faltas por jogador	Seis	Cinco	Cinco
Lance livre bônus	Quinta falta por período	Sétima falta por tempo (1 e 1); décima falta por tempo (2)	a partir da quinta falta por período
Pedidos de tempo em jogos televisionados	Total de sete e dois de 20 segundos	Quatro de 30 segundos e um de 60 segundos	Cinco por jogo. Dois no primeiro tempo e três no segundo tempo
Pedidos de tempo em jogos não televisionados	O mesmo que acima	Quatro de 30 segundos e dois de 60 segundos	Mesmo que acima
Bola ao alto	Sim	Posse alternada	Posse alternada
Árbitros	Três	Três	Três

TABELA 3-2   ## Basquete Feminino da NBA e Universitário

Regra	WNBA	NCAA
Duração do jogo	Dois tempos de 20 minutos	Dois tempos de 20 minutos
Prorrogação	5 minutos	5 minutos
Intervalo	15 minutos	15 minutos
Dimensões da quadra	28,6m x 15,2m	28,6m x 15,2m
Garrafão	3,6m x 4,7m	3,6m x 4,7m
Linha de três pontos	6m	6m
Relógio de arremesso	30 segundos	30 segundos
Reinício do relógio de arremesso	Arremesso de quadra atinge o aro ou a tabela	Arremesso de quadra atinge o aro

(continua...)

(continuação...)

Relógio do jogo para após fazer uma cesta	Nos últimos dois minutos do quarto	No último minuto do jogo; último após o arremesso de quadra
Limite de faltas por jogador	Seis	Cinco
Lance livre bônus	Sétima falta por tempo	Sétima falta por tempo (1 e 1); décima falta por tempo (2)
Pedidos de tempo em jogos televisionados	Total de um e dois de 20 segundos	Quatro de 30 segundos e um de 20 segundos
Pedidos de tempo em jogos não televisionados	Total de um e dois de 20 segundos	Quatro de 30 segundos e dois de 60 segundos
Bola ao alto	Sim	Posse alternada
Árbitros	Três	Três

> **NESTE CAPÍTULO:**
>
> **Mantendo estatísticas relacionadas ao placar**
>
> **Entendendo o que os árbitros de mesa fazem**
>
> **Utilizando outras estatísticas importantes**

Capítulo 4
Estatísticas

Se o resultado de uma partida de basquete fosse decidido como um julgamento, então as estatísticas seriam as evidências que cada lado usaria para montar seu caso. O número de pontos marcados é a evidência mais importante, mas outras estatísticas, como assistências, rebotes, perdas de bola, geralmente são provas convincentes sobre qual time acabará levando vantagem sobre o outro — e ganhando o jogo.

Durante o intervalo de jogos profissionais, universitários e às vezes até colegiais, você talvez perceba os treinadores estudando aquela planilha antes de começar a dar as instruções para seu time. A planilha de estatísticas fornece todas as evidências de quem está sofrendo com seu adversário, quem está com a mão quente para arremessos de três pontos, e muito mais. As estatísticas quantificam o jogo. Elas nunca contam toda a história, mas também não mentem.

Placar: Rei das Estatísticas

Você pode acabar vencendo todas as batalhas estatísticas do jogo, mas se você acabar marcando menos pontos que seu oponente, então você perdeu a guerra. Se marcar mais pontos do que seu oponente, você ganha; assistências e todas as outras tão gratificantes estatísticas não importam. É simples assim.

Claro, todas as outras estatísticas são afluentes desembocando no grande rio chamado Placar. Por exemplo, se você consegue mais rebotes ofensivos, você tenta mais arremessos e provavelmente marca mais pontos. É por isso que as estatísticas são tão importantes.

Marcando pontos: Um, dois, três

PALAVRAS DO ÁRBITRO

Cada lance livre que um jogador converte (quando acerta o arremesso) vale um ponto. Arremessos de quadra convertidos de dentro da linha de três pontos, ou com pelo menos um dos pés tocando a linha quando o jogador arremessa, valem dois pontos. Arremessos de quadra feitos de fora da linha de três pontos valem três pontos.

A pontuação nem sempre foi dessa maneira. Antes de 1986, todos os arremessos — tanto de quadra quanto livres — valiam três pontos. Antes da temporada de 1979–1980 da NBA, a linha de três pontos não existia, portanto, todos os arremessos de quadra valiam apenas dois pontos. O basquete universitário não adotou o "trey" (arremesso de três pontos) até a temporada de 1986–1987. Tenha isso em mente ao avaliar as médias de pontos marcados de jogadores que jogaram em épocas diferentes. A Tabela 4-1 lista os números de pontos marcados para o basquete universitário masculino, universitário feminino e NBA, respectivamente.

TABELA 4-1   Recordes de Pontos Individuais em um Único Jogo

NCAA Masculino

PONTOS	NOME	TIME	ADVERSÁRIO	DATA
138	Jack Taylor	Grinnell	Faith Bap. College	20/11/2012
113	Clarence "Bevo" Francis	Rio Grande	Hillsdale	2/2/1954
109	Jack Taylor	Grinnell	Crossroads	17/11/2013
100	Frank Selvy	Furman	Newberry	13/2/1954
85	Paul Arizin	Villanova	Philadelphia NAMC	12/2/1949
81	Freeman Williams	Portland State	Rocky Mountain	3/2/1978
72	Kevin Bradshaw	U.S. International	Loyola Marymount	5/1/1991
69	Pete Maravich	Louisiana	Alabama State	7/2/1968
68	Calvin Murphy	Niagara	Syracuse	7/2/1968

NCAA Feminino				
PONTOS	**NOME**	**TIME**	**ADVERSÁRIO**	**DATA**
67	Jackie Givens	Fort Valley	Knoxville	22/2/1991
64	Kim Brewington	Johnson Smith	Livingston	6/1/1990
63	Jackie Givens	Fort Valley	LeMoyne-Owen	2/1/1991
61	Ann Gilbert	Oberlin	Allegheny	6/2/1991
60	Cindy Brown	Long Beach State	San Jose State	16/2/1987

NBA				
PONTOS	**NOME**	**TIME**	**ADVERSÁRIO**	**DATA**
100	Wilt Chamberlain	Philadelphia	New York Knicks	2/3/1962
81	Kobe Bryant	Los Angeles	Toronto Raptors	22/1/2006
78	Wilt Chamberlain	Philadelphia	Los Angeles Lakers (3 prorrogações)	8/12/1961
73	Wilt Chamberlain	Philadelphia	Chicago Bulls	13/1/1962
73	Wilt Chamberlain	San Francisco	New York Knicks	16/11/1962
73	David Thompson	Denver	Detroit Pistons	9/4/1978
72	Wilt Chamberlain	San Francisco	Los Angeles Lakers	3/11/1962
71	Elgin Baylor	Los Angeles	New York Knicks	15/11/1960
71	David Robinson	San Antonio	Los Angeles Clippers	24/4/1994

Lance livre

Quando um jogador sofre uma falta durante o arremesso, não importa o quão mal ele arremesse a bola ou quão improvável seja que aquele arremesso acerte o alvo, os árbitros premiam aquele jogador com o direito de fazer arremessos de lance livre. (Esse arremesso que recebeu uma falta não conta para as estatísticas de arremessos de quadra.) Se a falta acontece em um arremesso de dentro da linha de três pontos, o jogador ganha dois arremessos de lance livre. Se a falta ocorre fora da linha de três pontos, o jogador ganha três arremessos de lance livre. (E o jogador que cometeu a falta normalmente ganha um furacão de palavrões de seu treinador.)

Charles Barkley, que se aposentou depois da temporada de 1999–2000, foi um dos jogadores mais astutos ao quicar uma bola. "Sir Charles" aperfeiçoou a arte de arremessar a bola na cesta no momento em que ele ouvia um apito. Normalmente Barkley não tinha a intenção de arremessar, mas receber uma falta de alguém enquanto estava se movimentando, então ele arremessava e rezava quando ouvia o apito agudo, torcendo para receber dois arremessos de lance livre. Entretanto, Barkley era tão talentoso, que quase sempre a bola entrava.

CAPÍTULO 4 **Estatísticas** 49

JASON MCELWAIN

A melhor performance de arremessos que já vi nos últimos dez anos não foi a de Kobe Bryant ou Ray Allen em um jogo da NBA, de Carmelo Anthony em Syracuse ou J.J. Redick no Duke, nem mesmo de LeBron James em seu último ano na escola. A melhor performance de arremessos que já vi nos últimos dez anos pertence a um garoto de uma escola na única partida que ele jogou.

Jason McElwain, que era autista e nunca tinha falado até seus cinco anos de idade, era o empresário do time da Greece Athena High School perto de Rochester, Nova York. Ele tinha um amor verdadeiro pelo basquete, mas com 1,71 metro de altura, era considerado pequeno demais até mesmo para o time júnior da escola. Mas ele era uma inspiração para o time, então, no jogo da Noite dos Veteranos do Greece Athena, em 15 de fevereiro de 2006, o treinador principal, Jim Johnson, decidiu colocar um uniforme em McElwain. Não havia garantia de que ele entraria no jogo, porque esse era um jogo que decidiria o título da divisão.

Com apenas quatro minutos restantes, Greece Athena estava na frente por dois pontos, e Johnson mandou McElwain para a mesa dos juízes. Todos no ginásio lotado conheciam a história dele e torciam por uma chance, talvez uma bandeja para colocá-lo na coluna de pontuações. McElwain errou seus primeiros dois arremessos, um de três pontos e um de bandeja. Mas aqueles seriam seus últimos erros naquela noite. Ele fez seis cestas consecutivas de três pontos e uma de dois pontos nos últimos três minutos e meio para terminar a noite com 20 pontos na vitória de 74 a 43 do Greece Athena.

Assim que o último alarme soou, os torcedores correram para a quadra e carregaram McElwain para comemorar. No dia seguinte, a estação de TV local em Rochester mostrou o vídeo da performance de Jason, e logo ele era uma sensação no YouTube (com mais de 2,5 milhões de visualizações em 2011). Os programas *The Today Show*, *Good Morning America* e até mesmo a Oprah exibiram o vídeo e fizeram entrevistas.

No final do ano, McElwain recebeu um prêmio ESPY ("Excelência em Performance nos Esportes do Ano", em tradução livre), por proporcionar o melhor momento do esporte em 2006. Entre as performances que ele venceu estava a de Kobe Bryant, que marcou 81 pontos contra Toronto em um jogo da NBA apenas dois meses antes.

Você só recebe dois arremessos de lance livre se alguém fizer uma falta em você. Mas nem toda falta resulta em arremessos de lance livre. Cada nível de basquete permite ao time da defesa ter um certo número de violações, ou *faltas comuns*, antes que o time faça arremessos de lance livre. (Veja o Capítulo 3 para mais informações.)

Por que as pessoas adoram estatísticas de arremessos de lance livre? Porque são as únicas que podem ser comparadas em qualquer nível de competição. Qualquer jogador — homem ou mulher, NBA, universitário ou escolar — arremessa a bola de uma

PALAVRAS DO AUTOR

distância de 4,5 metros em uma cesta que está a três metros de altura. Você pode comparar, por exemplo, a porcentagem de arremessos de lance livre de Steve Nash para o Phoenix Suns com as de seu filho, que está no nível júnior do ensino médio.

Apesar de explicar melhor o lance livre no Capítulo 5, quero dar ênfase ao arremesso de lance livre neste capítulo. O lance livre é o arremesso com mais chance percentual de um time (o que significa que é o arremesso mais fácil de fazer). Um bom número de conversões é pelo menos 70% de arremessos de lance livre. Compare isso aos dados percentuais de arremessos de quadra, que giram em torno de 50%.

Arremessos de quadra

Eles podem ser feitos de qualquer lugar da quadra e valem dois ou três pontos, dependendo de onde o pé do jogador estava quando fez o arremesso. (Veja "Marcando pontos: Um, dois, três", anteriormente neste capítulo.)

Uma tentativa de arremesso de quadra deve ser feita dentro dos limites da quadra. O árbitro anula qualquer passe que por acaso entre na cesta sem antes ter sido tocado por um jogador dentro dos limites da quadra. Esse arremesso resulta em um turnover.

O arremesso de três pontos

Na temporada de 1967–1968, a agora extinta Associação Americana de Basquete (ABA) introduziu as cestas de três pontos, o que revolucionou o basquete, por afetar o posicionamento do ataque e, consequentemente, o posicionamento da defesa.

Antes da temporada de 1975–1976, a NBA, percebendo a popularidade da ABA e cobiçando o grupo de atacantes desmancha-prazeres (artistas das quadras como Julius Erving, George Gervin e David Thompson), ofereceu uma fusão. Quatro times da ABA — Denver Nuggets, Indiana Pacers, New Jersey Nets e San Antonio Spurs — aceitaram a proposta, e o restante da liga foi atrás.

Talvez a liga estabelecida fosse orgulhosa demais para admitir que algumas das facetas da ABA, como os três pontos (que hoje em dia devem ser denominados como "propriedade intelectual" da ABA), melhorariam a NBA. Isso deve explicar por que a NBA caiu de joelhos antes de adotar as regras, quatro anos depois — para agradar patrocinadores e até tradicionalistas.

De repente, o armador, que estava deixado de lado no final dos anos 1970, enquanto gigantes como Kareem Abdul-Jabbar e Bill Walton aterrorizavam a liga, estava na moda de novo. Hoje em dia o arremesso de três pontos é muito mais do que um simples artifício, especialmente no basquete universitário (onde acredito que seja apenas um arremesso comum). Atualmente, 33% de todos os arremessos no basquete universitário são de três pontos. Na NBA, esse número sobe para 35%.

> **DICA DO TÉCNICO**
>
> ## FAZER OU NÃO A FALTA?
>
> Os arremessos de três pontos criaram um novo dilema para os treinadores: fazer ou não a falta? Esse é o cenário: seu time está ganhando por três pontos de diferença com pouco tempo restante para o fim do jogo — digamos, menos de dez segundos. O adversário está com a bola. Você faz a falta neles antes que eles possam tentar um arremesso de três pontos, colocando, assim, um dos jogadores adversários na linha de lance livre para tentar apenas dois arremessos de lance livre? Ou, na esperança de que seu adversário erre o arremesso de três pontos, você acaba adotando a estratégia mais tradicional, de antes da era de três pontos, jogar com uma marcação cerrada?
>
> Como treinador, nessa situação, você deve levar em conta a capacidade de seu time de se defender de arremessos de três pontos contra a capacidade de buscar os rebotes, no caso de um arremesso de lance livre errado. É uma possível situação de "se correr o bicho pega, se ficar o bicho come". Jogue com uma defesa firme e você será questionado. Faça a falta e tenha a certeza de que o adversário errará o segundo arremesso de lance livre de propósito (assumindo que ele acerte o primeiro), resultando em caos embaixo da cesta e talvez um rebote ofensivo ou uma falta boba cometida por sua defesa.
>
> A maioria dos treinadores prefere fugir da ação — eles tentam marcar o arremesso de três pontos. Se você espalhar sua defesa e conseguir ter a mão de um jogador da defesa perto do rosto do arremessador, o arremesso de três pontos é bem difícil de ser convertido. A pior coisa que pode acontecer é seu jogador da defesa permitir que o arremesso de três pontos seja convertido e ainda cometa uma falta. Você estava ganhando por três pontos um segundo atrás e agora está perdendo por 1, assumindo que o arremesso de lance livre seja convertido.

Para um arremesso valer três pontos, ambos os pés do arremessador precisam estar completamente fora da linha de três pontos na hora que a bola deixa suas mãos. O jogador pode cair na linha ou após ela, mas quando seus pés deixam o chão para o arremesso, nenhuma parte de seus pés pode estar tocando a linha. Os árbitros dizem que é bem mais difícil tomar uma decisão em caso de dúvida, quando as cores dos tênis do arremessador são as mesmas da linha.

Três contra dois

O arremesso de três pontos transformou os treinadores em matemáticos e especialistas em probabilidades. Treinadores inteligentes (não é um paradoxo, juro!) entendem que um jogador que converte 33% dos arremessos de três pontos pode marcar tantos pontos quanto um jogador que converte 50% dos arremessos de dois pontos.

DICA DE FÃ

No nível universitário, durante a temporada de 2009–2010, a média nacional de acertos em arremessos de três pontos foi de apenas 34,33%. A média nacional para arremessos de dois pontos foi de 48%. Pergunte a você mesmo: "Eu preferiria um jogador com aproveitamento de 34% nos arremessos de três pontos ou de 48% para arremessos de dois pontos?" É claro que você levará muitos outros fatores em conta quando for avaliar um jogador, mas puramente em termos de arremessos, você pode examinar os produtos.

A fórmula é simples. Digamos que uma jogadora x converta 34 a cada 100 arremessos de três pontos. Quantos pontos ela marcará? A resposta é 102 (34 x 3). Se sua colega de time y acerta 48 a cada 100 arremessos de dois pontos, quantos pontos ela marcará? 96 (48 x 2). Não há dúvidas: x ganha, 102 a 96.

Uma maneira mais realística de avaliar a produtividade de um arremessador de três pontos é converter seu aproveitamento para arremessos de dois pontos. Aqui está a fórmula:

1. **Pegue o total de arremessos de três pontos convertidos por um jogador e multiplique esse número por 3.**

Por exemplo, se x acerta 34 arremessos, multiplique por 3. A reposta é 102.

2. **Divida esse número por 2.**

102 ÷ 2 = 54

3. **Divida esse quociente pelo número de arremessos que o jogador tentou.**

Se continuarmos pensando em x, que tinha 100 arremessos, o resultado é 51%. Esse é o rendimento efetivo do arremessador de três pontos (nesse caso, 51%).

Essas estatísticas colocam as coisas em perspectiva. As pessoas tendem a achar que um arremessador universitário de três pontos talentoso converte quase 40% de seus arremessos. Mas mesmo que converta apenas 34% dos arremessos atrás da linha, isso equivale a acertar 51% dos arremessos de dois pontos. Os jogadores de basquete, você com certeza já descobriu, são habilidosos em suas tabelas de multiplicação. (Veja a Tabela 4-2.)

Encontrar um arremessador de três pontos com 50% de aproveitamento é como descobrir alguém com aproveitamento de 75% para arremessos de dois pontos: nunca nenhum jogador titular acertou 75% dos arremessos no basquete universitário ou profissional por pelo menos uma temporada. Mas houve alguns com 50% de aproveitamento da linha de três pontos.

Um dos recordistas de aproveitamento da linha de três pontos na NCAA masculina (dado que o jogador tenha tentado pelo menos 100 arremessos) é de 57,3%, por Steve Kerr, do Arizona, na temporada de 1987–1988. Isso equivale a um aproveitamento de 86% para arremessos de dois pontos. Não é à toa que Michael Jordan queria Steve no time campeão do Chicago Bulls.

TABELA 4-2 Gráfico de Rendimento de Arremessos de Três Pontos

Arremessos de três pontos	Porcentagem	Pontos	Porcentagem de arremessos de dois pontos
1-10	10%	3	15%
2-10	20%	6	30%
3-10	30%	9	45%
4-10	40%	12	60%
5-10	50%	15	75%
6-10	60%	18	90%
7-10	70%	21	105%
8-10	80%	24	125%
9-10	90%	27	140%
10-10	100%	30	150%

Jogadas de três e quatro pontos

Uma jogada de três pontos ocorre quando um jogador converte um arremesso de quadra valendo dois pontos e um defensor comete uma falta na hora do arremesso. Caso o arremesso de lance livre seja convertido, o time acumula um total de três pontos.

A jogada de quatro pontos, como *pollyester*, é algo que não acontece naturalmente. Essa jogada (*a quadra?*), a mais rara maneira de pontuação, acontece quando um jogador converte um arremesso de três pontos e um jogador de defesa comete uma falta durante o arremesso. Alguns jogadores, normalmente arremessadores ruins, tentam cavar a falta dando um mergulho intencionalmente após um contato mínimo do jogador de defesa. Invocando suas habilidades teatrais para conseguir uma falta por jogo duro contra o chutador.

O árbitro de mesa

As atribuições do árbitro de mesa em uma partida fazem o controle de tráfego aéreo parecer coisa fácil. Essa pessoa é responsável por manter os dados de arremessos de quadra convertidos, arremessos de lance livre convertidos e perdidos, e também um resumo dos pontos marcados. Além disso, o árbitro de mesa precisa manter a quantidade de faltas pessoais e coletivas apitadas contra todos os jogadores, e precisa avisar ao árbitro imediatamente quando um jogador excede o limite de faltas (que acontece quando um jogador comete cinco faltas no basquete universitário e na FIBA ou seis faltas na NBA e na WNBA).

O árbitro de mesa também mantém registros dos tempos pedidos por cada time e acompanha a seta de posse de bola, no basquete escolar e universitário e na FIBA, que se alterna a cada jogada de bola presa. A súmula oficial da partida é mantida pelo time da casa. Se houver discrepâncias entre a súmula do time da casa e do visitante, a do mandante tem prioridade.

As regras oficiais dizem que os árbitros de mesa devem preencher as súmulas com todo o elenco de ambos os times, conferindo os jogadores e seus respectivos números. Caso a conferência e o preenchimento da súmula não ocorram, o time infrator leva uma falta técnica.

Gênios da estatística: box score

PALAVRAS DO ÁRBITRO

Os estatísticos definitivos guardam todos os elementos da box score. Além de arremessos de quadra, de lance livre, pontos marcados, faltas, a box score oficial contém assistências, perdas de bola, tocos, roubos de bola, arremessos de quadra tentados, arremessos de três pontos tentados e convertidos, além de tempo jogado. Em todos os jogos universitários e profissionais, um estatístico oficial (diferente do árbitro de mesa) mantém registros dos itens listados na Figura 4-1 para cada jogador na box score.

Official Basketball Box Score -- Game Totals -- Final Statistics
BUTLER vs UCONN
4-4-11 8:23PM at RELIANT STADIUM, HOUSTON, TX

BUTLER 41 • 28-10

##	Player		Total FG-FGA	3-Ptr FG-FGA	FT-FTA	Off	Def	Tot	PF	TP	A	TO	Blk	Stl	Min
54	HOWARD, Matt	f	1-13	1-6	4-4	2	4	6	2	7	0	0	0	1	37
44	SMITH, Andrew	c	2-9	0-0	1-2	6	3	9	3	5	1	1	1	1	29
01	MACK, Shelvin	g	4-15	4-11	1-2	4	5	9	1	13	1	3	1	0	36
02	VANZANT, Shawn	g	2-10	1-5	0-0	2	6	8	1	5	2	2	0	3	36
33	STIGALL, Chase	g	3-11	3-9	0-0	1	1	2	1	9	1	0	0	1	16
03	HAHN, Zach		0-2	0-1	0-0	0	0	0	2	0	0	0	0	0	7
05	NORED, Ronald		0-2	0-1	2-4	3	1	4	4	2	0	0	0	2	26
20	HOPKINS, Chrishawn		0-0	0-0	0-0	0	0	0	1	0	0	0	0	0	4
23	MARSHALL, Khyle		0-2	0-0	0-2	1	1	2	2	0	0	0	0	0	8
32	BUTCHER, Garrett		0-0	0-0	0-0	0	0	0	0	0	0	0	0	0	1
	Team					1	0	1							
	Totals		12-64	9-33	8-14	20	21	41	17	41	5	6	2	8	200

FG % 1st Half:6-27   22.2%2ndhalf: 6-37   16.2% Game:12-64 18.8%
3FG % 1st Half:5-14 35.7%2ndhalf:4-19   21.1% Game:9-33 27.3%
FT % 1st Half: 5-8   62.5%2ndhalf: 3-6   50.0% Game:8-14 57.1%

Deadball Rebounds 2

UCONN 53 • 32-9

##	Player		Total FG-FGA	3-Ptr FG-FGA	FT-FTA	Off	Def	Tot	PF	TP	A	TO	Blk	Stl	Min
10	OLANDER, Tyler	f	1-3	0-0	0-0	2	1	3	1	2	1	0	0	0	7
22	SMITH, Roscoe	f	0-2	0-1	0-0	1	3	4	4	0	0	2	4	0	22
34	ORIAKHI, Alex	c	5-6	0-0	1-1	2	9	11	2	11	0	0	4	0	25
03	LAMB, Jeremy	g	4-8	1-2	3-4	1	6	7	2	12	2	1	1	1	31
15	WALKER, Kemba	g	5-19	0-4	6-7	1	8	9	2	16	0	2	0	1	37
02	BEVERLY, Donnell		1-2	0-0	0-0	0	0	0	0	2	1	1	0	0	8
04	COOMBS-MCDANIEL, J		0-3	0-1	0-0	1	1	2	0	0	0	0	0	0	6
05	GIFFEY, Niels		1-3	0-1	2-2	3	3	6	1	4	0	2	0	0	24
13	NAPIER, Shabazz		1-6	0-2	2-2	0	4	4	1	4	2	3	0	2	27
35	OKWANDU, Charles		1-3	0-0	0-0	4	1	5	2	2	0	0	1	0	13
	Team					2	0	2							
	Totals		19-55	1-11	14-16	17	36	53	15	53	6	11	10	4	200

FG % 1st Half: 9-31 29.0% 2ndhalf:10-24 41.7% Game:19-55 34.5%
3FG % 1st Half: 0-5 0.0% 2ndhalf: 1-6   16.7% Game:1-11 9.1%
FT % 1st Half: 1-1   100.0 2ndhalf:13-15 86.7% Game:14-16 87.5%

Deadball Rebounds 0

Officials: John Cahill, Verne Harris, Doug Shows
Technical fouls: BUTLER-None. UCONN-None.
Attendance: 70376
2011 NCAA Championshiop National Title Game

FIGURA 4-1: Um exemplo de uma box score oficial.

Score by periods	1st	2nd	Total
BUTLER	22	19	**41**
UCONN	19	34	**53**

Points	In Paint	Off T/O	2nd Chance	Fast Break	Bench
BU	2	13	20	0	2
UCONN	26	2	13	4	12

Last FG - BU 2nd-0:41, UCONN 2nd-05:05.
Largest lead - BU by 6 2nd-19:40, UCONN by 14 2nd-05:49.

Score tied- 4 times.
Lead changed 8 times.

CAPÍTULO 4 **Estatísticas** 55

O dever do árbitro de mesa é manter registros de:

- » Arremessos de quadra convertidos
- » Arremessos de três pontos convertidos
- » Arremessos de lance livre convertidos e tentados
- » Faltas pessoais
- » Faltas coletivas

A equipe estatística acompanha os outros itens da box score, como perdas de bola, tocos e roubos de bola. Isso era feito à mão quando era treinador, mas atualmente todos os dados são inseridos em um programa de computador.

Uma pessoa monitorar todos esses itens é um trabalho quase impossível. Não tente fazer isso em casa, especialmente porque você não é capaz de ver o relógio para conseguir monitorar o tempo jogado por cada jogador. Acompanhar todas as estatísticas pode ser possível se você estiver acompanhando um time com um ritmo de jogo mais lento, como Princeton. Mas fazer isso acompanhando um time com um estilo de jogo muito rápido, está fora de questão, a não ser que você venha fazendo isso há muitos anos.

Quanto mais estatísticas você tentar manter, menos preciso você será. Comece devagar quando se trata de manter estatísticas. Acompanhe alguns poucos itens primeiro, como pontos e faltas, e domine o processo antes de avançar para uma estatística mais desafiadora, como arremessos de quadra ou rebotes ofensivos.

Outras Estatísticas que Valem a Pena

Algumas estatísticas em forma de proporção que você não encontra na box score têm uma importância tremenda tanto para treinadores quanto para torcedores. Novamente, quanto mais você entende do jogo, maior será o significado desses números para você. Eles revelam por que um time consistentemente joga melhor (ou pior) do que seus rivais.

Assistências

Uma assistência é um passe que vira diretamente uma cesta. E realmente quero dizer diretamente. Não conta como assistência quando um jogador recebe um passe, dribla com a bola várias vezes, faz uma gracinha e depois marca. Talvez a melhor maneira de definir uma assistência seja um passe sem o qual o recebedor não estaria apto a converter a cesta.

A assistência é a estatística mais flexível. A definição diz que uma assistência deve ser creditada quando um jogador, "no julgamento do estatístico", realizar o principal passe que contribui diretamente para um arremesso de quadra convertido. A distância do passe e a distância do arremesso são irrelevantes. Dois exemplos são:

> **28 de março de 1992:** Duke está perdendo para Kentucky de 103 a 102 na final regional do leste, do torneio da NCAA. Apenas dois segundos para o fim do jogo, e o Blue Devils deve dar a saída de bola de sua linha de fundo. Grant Hill realiza um passe de aproximadamente 20 metros para seu companheiro de equipe Christian Laettner, que finta para a direita, dribla e gira para a esquerda para arremessar. Foi uma assistência de Hill? Você pode argumentar que o passe de Hill levou diretamente à cesta de Laettner — e que passe maravilhoso. Porém, você também pode argumentar que Laettner não estava em posição para arremessar a bola ao receber o passe, e que ele nunca poderia ter convertido a cesta sem fintar para a direita e depois girar para a esquerda. Para informação, o lance foi considerado uma assistência de Hill.

> **26 de maio de 1987:** Detroit enfrenta Boston, em Boston, no Jogo Cinco da final da Conferência Leste da NBA. O Pistons está ganhando do Celtics por 107 a 106 nos últimos segundos, quando Larry Bird, do Celtics, rouba a bola na quadra de defesa do Pistons. Bird serve seu companheiro Dennis Johnson, que recebe a bola do lado esquerdo do garrafão, dribla uma vez, e então garante a vitória com uma bandeja. Assistência? Sim. Mesmo que "DJ" não tenha convertido a cesta do exato local onde recebeu a bola, o passe de Bird o levou direto à cesta.

PALAVRAS DO AUTOR

Eu acho que dois aspectos da assistência deveriam ser alterados. Primeiro, sempre achei que deveria ser possível conceder duas assistências — como no hockey — em apenas uma jogada. Algumas vezes, o armador descola um grande passe, e outro jogador faz um passe que leva a uma cesta. Aquele primeiro passe deveria ganhar algum crédito, pois provavelmente foi mais importante do que o segundo.

Segundo, atualmente, um grande passe que leva um jogador a sofrer uma falta não é considerado uma assistência, e deveria ser. Quantas vezes você já viu um jogador em um contra-ataque realizar um passe para seu companheiro, fazendo com que o jogador de defesa ou cometa a falta ou permita que o recebedor realize uma cesta fácil? O jogador que deu aquele passe não deveria ser recompensado com uma assistência caso seu companheiro converta ambos — ou pelo menos um — dos arremessos de lance livre? A regra atual prevê assistências apenas para arremessos de quadra convertidos.

Turnovers

O turnover acontece quando algum time perde a posse de bola por qualquer meio diferente de um arremesso errado. O jogador que perde a bola com frequência é normalmente considerado atrapalhado, não muito inteligente, mal treinado, ou todos acima. Defesas que forçam muitas perdas de bola geralmente ganham. Afinal, um oponente não consegue marcar pontos se não arremessar ou tiver posse da bola.

PALAVRAS
DO ÁRBITRO

Turnovers são muito mais representativos no futebol americano, onde existem menos posses de bola por partida. Entretanto, no basquete, os turnovers podem fazer muita diferença na hora de ganhar moral ou esmorecer em uma partida. E não é porque um time é muito bom forçando turnovers que ele não as perde quanto está no ataque. Durante a temporada de 1995–1996 da NBA, por exemplo, o armador do Seattle SuperSonics, Gary Payton, foi o líder da liga em forçar perdas de bola (231), porém seu companheiro de time, o ala Shawn Kemp, foi o segundo jogador que mais perdeu bolas na NBA (315).

A seguir, as causas mais comuns de turnovers:

» **Violações:** Violações ofensivas que resultam em perda da posse de bola incluem sobrepasso sem arremessar, dois dribles, condução, ficar no garrafão por mais de três segundos, pisar fora da quadra enquanto estiver com posse da bola e interferência ofensiva.

» **Faltas ofensivas:** Quando seu time tem a posse de bola e você é denunciado por uma carga ilegal (você tem a bola e inicia o contato com o defensor) ou um corta-luz ilegal (um companheiro tem a bola, e você segura um defensor ilegalmente), você perde a posse de bola e, por consequência, tem mais uma perda de bola em sua box score. Uma falta ofensiva, marcada durante uma disputa por rebote ofensivo, não é considerada uma perda de bola, já que o arremesso foi feito antes de o juiz apitar a falta.

» **Roubos de bola:** Os roubos são uma estatística por si só (veja "Roubos de bola" mais a frente no capítulo), mas também são uma perda de bola para o time adversário. Quando um defensor intercepta um passe, ou simplesmente toma posse da bola do jogador adversário que a está controlando, o estatístico oficial anota uma perda de bola para o último jogador de ataque a ter a posse de bola antes do roubo.

» **Faltas técnicas:** Se seu time tem a posse de bola e você xinga o juiz ou realiza um ato descuidado (como chutar um adversário), o árbitro marca uma falta técnica. Seu time perde a posse de bola, e você tem mais uma perda de bola anotada em seu nome.

» **Situações especiais:** Existem todos os tipos de situações especiais quando discutimos estatísticas de perdas de bola. Por exemplo, o que acontece quando um defensor força um jogador com a posse de bola a uma situação de bola presa? Caso tenha a posse de bola e surja uma situação de bola presa, você pode definir com quem fica a posse de duas maneiras. Na NBA, os dois jogadores envolvidos na bola presa participam de uma bola ao alto: o juiz joga a bola ao alto, e os jogadores tentam desviá-la para seus companheiros de time. No basquete universitário é utilizada uma seta que alterna as posses de bola.

» **Regra para estatísticas:** Se seu time perder a posse de bola devido a uma bola presa, esse evento é considerado mais uma perda de bola. A perda de bola é anotada no nome do último jogador a ter tido a posse de bola antes da perda. Pode ser a pessoa envolvida na bola ao alto, mas nem sempre. Se o jogador A perde controle da bola após uma disputa com o jogador B, por exemplo, e os jogadores C e D acabam se envolvendo em uma bola presa, a perda de bola é creditada para o jogador A, não para o C ou D. O jogador A que cometeu o erro que levou à bola presa. Da mesma maneira, se o jogador A simplesmente está segurando a bola e o jogador B a agarra, resultando em uma bola ao alto, então o jogador A é quem tem a bola perdida para as estatísticas.

Tocos

Apenas jogadores de defesa podem realizar tocos. Quando, na opinião do estatístico, um defensor altera a trajetória da bola tocando-a após ou durante o arremesso, e este não é convertido, um toco é anotado para o jogador de defesa.

PALAVRAS DO AUTOR

De acordo com o livro de regras da NCAA, sobre tocos, a bola "precisa deixar a mão do arremessador" para que seja concedido o toco. Acho que essa frase tem de sumir — francamente, a maioria dos estatísticos não presta nenhuma atenção a ela. Tim Duncan, ex-jogador do San Antonio Spurs, por exemplo, era um maestro em bloquear o arremesso antes mesmo de ele sair das mãos do arremessador. Por que deveríamos esperar?

Nenhuma outra estatística no basquete está tão intimamente ligada à altura de um jogador como os tocos. Jogadores mais altos não apenas permanecem acima de seus oponentes, mas quase sempre têm braços mais longos também. Normalmente, os líderes em tocos são jogadores com mais de 2,10 metros (para mulheres, jogadoras com aproximadamente 2 metros). Brittney Griner foi líder de tocos nacional tanto na temporada 2009–2010 como na temporada 2010–2011, com uma média de quase cinco por jogo. Ela tem 2,07 metros de altura.

Os melhores bloqueadores de arremesso são aqueles que entendem que golpear um arremesso é apenas metade do trabalho. Golpear a bola para um companheiro, ou pelo menos o suficiente para a manter dentro de quadra para que um companheiro a pegue, é a verdadeira cereja do bolo. Confiram alguns vídeos de Bill Russell, ex-jogador do Boston Celtics. Ele era um mestre em dar tocos e ficar com a posse de bola.

Roubos de bola

Um jogador consegue um roubo de bola quando toma uma ação positiva e agressiva que faz com que o oponente cometa uma perda de bola. Pode ser conseguido:

» Tomando a bola do oponente que a tinha sob controle.
» Provocando uma situação de bola presa, fazendo com que o time sem a posse de bola a recupere. Se a posse não for recuperada, então não é considerado um roubo de bola.
» Golpeando a bola sob controle de um adversário para um companheiro de time, que então recupera a posse de bola.

> Golpeando a bola em um oponente fazendo com que ele saia de quadra e, consequentemente, seu time recupere a posse de bola.

> Interceptando um passe.

Caso você esteja se perguntando, o primeiro e último itens dessa lista são os tipos mais comuns de roubo de bola, assim como os que mais agradam às torcidas. Os jogadores que lideram as estatísticas de roubos de bola da NBA, como Chris Paul e Lebron James geralmente são jogadores ágeis e inteligentes, que são capazes de antecipar qual ação um jogador de ataque tomará.

Minutos jogados

A quantidade de minutos jogados é a estatística mais fácil para que um jogador receba crédito — tudo o que ele precisa fazer é entrar no jogo.

Estatisticamente, os minutos jogados são contados arredondando-se a conta para o minuto mais próximo. Se um jogador disputa uma partida por 27 minutos e 15 segundos, seu tempo de jogo aparece como "27". Se ele jogar por 27 minutos e 35 segundos, aparecerá como "28".

Um jogador pode participar de um jogo — e até marcar uma cesta — e mesmo assim ter zero minutos jogados. Isso ocorre quando um jogador participa de menos de 30 segundos de partida. Na planilha de estatísticas, seus minutos serão registrados como "0+□". Por outro lado, digamos que um jogador comece a partida e fique em quadra o jogo inteiro. Com menos de 30 segundos restantes, o treinador o tira do jogo. No basquete universitário, seus minutos são registrados como "40-" (40 minutos é a duração de um jogo de basquete escolar).

DICA DE FÃ

Os minutos jogados são uma estatística importante, porque permitem que sejam compiladas proporções a partir de dados crus. Com essas proporções, você pode comparar a performance de jogadores cuja participação no jogo varia dramaticamente.

Proporções

As proporções medem as relações entre dois tipos de dados. Velocidade, por exemplo, é a proporção entre distância e tempo. Fanáticos por basquete usam proporções para medir a relação entre duas unidades estatísticas complementares (como rebotes ofensivos e pontos de segunda chance) ou duas unidades que são diretamente opostas (como assistências e perdas de bola).

Essas proporções permitem que os fanáticos do basquete consigam medir o quanto vale um jogador. (Não tenha medo: nenhuma das informações a seguir vai cair no exame final.)

Proporção assistência/turnover

Ser um grande armador requer mais do que somente assistências. Se um armador tem em média dez assistências por partida, mas a mesma quantidade de perdas de bola, seu técnico provavelmente irá aconselhá-lo a jogar de maneira mais conservadora.

Uma proporção entre assistências e perdas de bola, que é muito utilizada para comparar armadores, mede a eficiência de um jogador como passador. É mais relevante do que os números de assistências sozinhos, porque cada passe errado acaba negando uma assistência que esse jogador tenha feito.

Por exemplo, na temporada de 2009–2010, Alison Lacey, de Iowa State, teve 187 assistências e 63 perdas de bola, mantendo assim uma proporção de 2,97 assistências por perda de bola. Andrea Riley, que jogou por Oklahoma State, a mesma conferência (Big 12) que Lacey, teve mais assistências, com 220, entretanto, ela cometeu 147 perdas de bola. Essa é uma proporção de 1,5 assistências por perda de bola. A maioria dos treinadores escolheria a proporção assistências por perdas de bola maior, em vez do maior número de assistências puro.

Um bom nível de assistência por perda de bola é de dois para um, no universitário, e de três para um, no da NBA e da FIBA. Por que a diferença? A NBA é mais liberal quando se trata de assistências; além disso, cada time tem mais posses de bola em um jogo da NBA, levando a maiores placares e mais oportunidades para se dar assistências.

Estatísticas por minuto

Você só pode ter cinco jogadores na quadra por vez, o que invariavelmente faz com que alguns jogadores joguem mais do que os outros. Como treinador ou torcedor, como é possível medir as contribuições de jogadores que jogam menos do que os titulares e, portanto, têm menos pontos, rebotes etc.?

Use as estatísticas por minuto para conseguir medir o valor de um jogador, em vez de usar as estatísticas cruas. Digamos que um jogador no NBB marque oito pontos em um jogo. Entretanto jogou por apenas oito minutos. Sua média de pontos por minuto é de um ponto por minuto, o que, extrapolado para um jogo de quarenta minutos, levaria a um total de quarenta pontos no jogo. Ninguém na WNBA — ou na NBA e nem na FIBA, a propósito — tem uma média de quarenta pontos por jogo. De repente os oito pontos parecem muito mais impressionantes.

Apesar de os técnicos acharem as estatísticas por minuto úteis ao se avaliar jogadores, e esse tipo de estatística servir para grandes discussões entre torcedores, ela tem suas limitações. Imagine que Jackson converteu um arremesso de três pontos em seu primeiro minuto de jogo e logo depois voltou para o banco durante o restante da partida devido a uma lesão. Alguém realmente acredita que ela teria marcado 120 pontos (3 x 40 minutos) naquele jogo caso o tivesse jogado por completo?

Estatísticas por partida

As estatísticas por minuto tendem a ser mais utilizadas pelos treinadores do que pelos torcedores ou pela mídia. Estatísticas por minuto frequentemente parecem um pouco técnicas demais, porque os números crus não parecem ter significado algum. Comparar 0,5 pontos por minuto com 0,67 pontos por minuto simplesmente não é algo palpável.

Por outro lado, quando você vê médias de 12,5 ou 16 pontos por jogo, esses números têm significado para outras pessoas além de treinadores. Estatísticas por partida permitem aos torcedores realizar comparações entre jogadores, especialmente quando comparamos algum jogador que se machucou e perdeu alguns jogos com alguém que se manteve saudável a temporada inteira.

DICA DE FÃ

Estatísticas por partida também são utilizadas para determinar qual jogador recebe o título de líder da liga em alguma estatística. Consideremos esse exemplo hipotético. Digamos que um jogador A jogue apenas setenta partidas por temporada e marque 2.100 pontos, e um jogador B jogue todas as 82 partidas da temporada e marque 2.378 pontos. O jogador A é reconhecido como o maior pontuador da liga, por ter uma média de pontos por jogo maior (30 pontos por jogo, contra 29 pontos por jogo do jogador B).

Aqui é que as estatísticas por jogo começam a ficar loucas. Imagine que o jogador A joga 40 minutos por partida, enquanto B joga apenas 30. (*Lembre-se*: nada disso estará na prova final. Relaxe.) Multiplique a quantidade total de jogos de cada jogador por suas médias de minutos jogados para chegar ao total de minutos jogados (jogador A, 2.800; jogador B, 2.499). Agora divida o total de pontos pelo total de minutos para chegar à proporção de pontos por minuto de cada jogador. A média do jogador A seria de 0,75 pontos por minuto, e a do jogador B seria de 0,96 pontos por minuto.

Por isso, B poderia marcar mais pontos absolutamente e ter uma média de pontos por minuto maior (a estatística mais valiosa), mas usando como base os pontos por partida, o jogador A ainda será o maior pontuador da temporada. Quem disse que a vida é justa?

Pontos vindos do banco de reservas

Para calcular os pontos vindos do banco de reservas, você soma os pontos marcados por jogadores que não começaram a partida.

O que é tão importante nos pontos do banco de reservas? Um time que constantemente marca muitos pontos com seu banco de reservas pode substituir mais livremente seus jogadores, por isso, ao final do jogo, eles estão menos cansados. Além disso, o impacto de um jogador ser eliminado por faltas é menor.

Essa estatística tem mais relevância no basquete universitário. A maioria dos jogadores que segue para a NBA é capaz de marcar 20 pontos em um jogo pelo menos uma vez na temporada. Entretanto, muitos times de universidades tradicionais sofrem na NCAA a falta de profundidade em seu plantel. Na final do campeonato de 1996, por exemplo, o banco de Kentucky marcou 26 pontos, contra nenhum de Syracuse. Não foi surpresa quando, nos dez minutos finais, Kentucky deslanchou na partida contra os valentes Orangemen ("homens laranja"), que àquela altura estavam esgotados.

Esse nem sempre é um fator preponderante. Em 2010, Duke ganhou a final NCAA contra Butler, e UCONN ganhou o título feminino contra Stanford. Nem Duke nem UCONN tiveram um único ponto vindo do banco de reservas nas finais do campeonato. Os dois times campeões foram superados por 26 a 0 em pontos vindos do banco, em um placar combinado.

Pontos de segunda chance

Pontos de segunda chance são pontos marcados após serem obtidos rebotes ofensivos. Na final do campeonato da NCAA em 1995, disputada entre UCLA e Arkansas, por exemplo, UCLA teve 21 rebotes ofensivos e marcou 27 pontos a partir desses rebotes — ou pontos de segunda chance.

Nota: pegar um rebote ofensivo não é o suficiente por si só; você tem de marcar após esse rebote para conseguir os pontos de segunda chance.

Pontos a partir de turnovers

Pontos a partir de perdas de bola são muito similares a pontos de segunda chance. Forçar perdas de bola é ótimo, mas você tem de marcar pontos quando se tem essas chances extras.

Essa é uma estatística muito importante para times que fazem muita pressão. A Universidade de Maryland usou uma pressão de quadra inteira por muitos anos, e sua habilidade de forçar uma perda de bola e torná-la rapidamente em pontos rápidos é muito importante para o que eles fazem. Se Maryland não está vencendo nessa estatística, muito provavelmente não está vencendo o jogo.

Duplos-duplos

Os duplos-duplos são facilmente alcançados por jogadores em jogos da NBA. No Brasil, esses números não são atingidos com a mesma frequência. Até a temporada 2016–2017 do NBB, o recordista neste quesito é Olivinha (Flamengo). Ele tem mais de 115 duplos-duplos em sua carreira no NBB.

Triplos-duplos

Triplo duplo pode parecer um termo do skate, ou talvez duas rebatidas muito produtivas no beisebol. Mas, na verdade, o ex-diretor de Relações Públicas do Los Angeles Lakers, Bruce Jolesch, talhou esse termo no início dos anos 1980.

Jolesch, o relações-públicas mais dedicado, estava buscando uma maneira enérgica de descrever todas as contribuições do armador do Lakers Earvin "Magic" Johnson.

Magic era, além de outras coisas, um excelente passador — talvez o maior da história do basquete. Com 2,10 metros, entretanto, ele era também um armador que podia usar sua estatura para marcar mais pontos e pegar mais rebotes do que seus oponentes. Apesar disso, Magic raramente liderava a NBA nessas duas últimas estatísticas, então Jolesch inventou o termo triplo-duplo. Toda vez que Magic chegava a dois dígitos (isto é, pelo menos dez) em assistências, pontos e rebotes, Jolesch creditava a ele um triplo-duplo. O artifício de Jolesch pegou; é hoje em dia reconhecido, apesar de não estar na box score, uma estatística válida.

LEMBRE-SE

Um triplo-duplo pode ser qualquer trinca de dígitos duplos positivos em alguma estatística. Pontos-assistências-rebotes são os meios mais comuns para se atingir um triplo-duplo, mas um armador talvez complete um triplo-duplo em pontos-assistências-roubos, ou um pivô talvez consiga por meio de pontos-rebotes-tocos.

Você pode viajar no tempo para recordar grandes conquistadores de triplos-duplos que se aposentaram antes de a estatística ser criada, mas nem sempre pode usar os tocos como uma das estatísticas válidas para o triplo-duplo. A NBA não introduziu as estatísticas de tocos até a temporada de 1973-1974. Àquela época, notáveis sultões dos tocos, como Bill Russell, já haviam se aposentado. Wilt Chamberlain, na verdade, liderou a NBA em assistências (8,6 por jogo) em 1967-1968, além de ter liderado em rebotes (23,8) e ter terminado como terceiro maior pontuador (24,3). Tenho certeza de que ele teve muitos triplos-duplos, e provavelmente alguns quádruplos-duplos naquela temporada, caso fossem contados os tocos.

A lenda de Oscar Robertson ganhou forma dez anos após ele se aposentar, quando essa estatística foi introduzida. Pesquisadores descobriram que Robertson teve um triplo-duplo por jogo ao longo da temporada de 1961-1962. Ele teve 181 triplos-duplos ao longo de sua carreira de 14 anos e 43 triplos-duplos a mais do que Magic Johnson teve em sua carreira.

Na temporada de 2016/17, Russell Westbrook igualou o recorde de um triplo-duplo de média por jogo na temporada, juntando-se a Oscar Robertson. E ainda estabeleceu o recorde de maior número de triplos-duplos em uma temporada com 42.

Quádruplos-duplos

Um quádruplo-duplo é quase a mesma coisa que um triplo-duplo, apenas necessitando que mais um fundamento apresente dígitos duplos. Houve apenas quatro quádruplos-duplos na história da NBA, o último alcançado por David Robinson do San Antonio Spurs, em 17 de fevereiro de 1994. Ele teve 34 pontos, 10 rebotes, 10 assistências e 10 tocos, e é o único jogador da história a ter mais de 30 pontos em um quádruplo-duplo.

O único quádruplo-duplo da história da primeira divisão do basquete universitário masculino aconteceu em 13 de novembro de 2007, quando Lester Hudson, de UT-Martin, conseguiu um contra Central Baptist.

As mulheres não foram deixadas fora disso. Ann Meyers, que está no Hall da Fama Naismith, marcou 20 pontos, 14 rebotes, 10 assistências e 10 roubos contra Stephen F. Austin, em 18 de fevereiro de 1978.

Houve apenas um quíntuplo-duplo na história em qualquer nível do basquete. Tamika Catchings (veja a Figura 4-2) da WNBA, e uma estrela do Tennessee sob o comando de Pat Summitt, marcou 25 pontos, 18 rebotes, 11 assistências, 10 tocos e 10 roubos de bola em um jogo escolar para Duncanville High School, no Texas, em 1997. O que deixa o fato ainda mais inacreditável é que ela conseguiu o feito em um jogo com duração de 32 minutos.

FIGURA 4-2: Tamika Catchings.

PARTE 1 **Introdução ao Basquete**

2

Os Fundamentos do Basquete

NESTA PARTE...

Repleta de informação, esta parte te mostra a verdade nua e crua dos fundamentos do basquete como arremessar, jogar no ataque ou na defesa, pegar o rebote e armar jogadas. Para deixar sua leitura mais agradável, inseri algumas histórias pessoais de minha época como treinador, para ajudar a exemplificar os tópicos.

Seja você é um treinador, um torcedor ou um jogador, você pode se beneficiar dessas informações. Um capítulo é dedicado a cada elemento fundamental, então é só ler o capítulo que interessar (ou leia sobre o elemento sobre o qual você precisa de ajuda!).

> **NESTE CAPÍTULO:**
>
> **Aperfeiçoando a mecânica do arremesso**
>
> **Desenvolvendo habilidades de arremesso de lance livre**
>
> **Usando os cinco pontos da quadra**
>
> **Praticando enterrada, cestas de três pontos e outras extravagâncias**
>
> **Fazendo exercícios de arremesso**

Capítulo 5

Arremessos

Este capítulo fala sobre o aspecto mais importante do basquete, o arremesso. Simples assim, um arremesso é jogar a bola na cesta para marcar pontos, o que acontece quando a bola entra na cesta. Todos os jogadores podem arremessar. Se você não arremessar, você não pontua. E se você não pontua, você não vence.

Tornando-se um Bom Arremessador

LEMBRE-SE

Por mais estranho que pareça, ser um bom *arremessador* não significa ser um bom *pontuador*. Wilt Chamberlain está empatado com Michael Jordan como os pontuadores mais eficientes da história da NBA. Os dois jogadores têm uma média de 30,1 pontos por jogo. Em 1962, enquanto jogava pelo Philadelphia Warriors, Chamberlain marcou 100 pontos contra o New York Knicks (durante o jogo era possível ouvir alguns dos companheiros do Philadelphia Warriors gritarem, "Ei, Wilt, estou livre!").

O recorde de pontos de Chamberlain continua valendo. O mais perto que alguém já chegou foi Kobe Bryant, do L.A. Lakers, que marcou 81 pontos em um jogo contra o Toronto Raptors em 2006. Mesmo assim, ninguém nunca pensa no The Big Dipper, um dos pseudônimos de Chamberlain, como um grande arremessador.

Isso porque Chamberlain marcou a maioria de seus pontos a três metros de distância da cesta. Sua aptidão para pontuar tinha mais a ver com seu domínio físico do que com sua habilidade para arremessar. A porcentagem abaixo da média de arremessos livres de Chamberlain, que gira em torno de 50% durante sua carreira, destaca esse fato.

Ou o jogador é bom em arremesso ou não. Você pode melhorar o treinamento de um jogador — e com isso seu percentual de arremessos —, mas alguns jogadores simplesmente não levam jeito.

Por que não? Alguém sem habilidade para arremesso não domina a mecânica e, mais importante, não tem confiança. Ser um arremessador é como ser um pistoleiro: você se convence com Clint Eastwood no papel, mas não com Adam Sandler. Dois dos mais eficientes em pontuar da NBA, Kevin Durant e Dwyane Wade, serão os últimos caras que você verá lendo livros de autoajuda.

Colocando uma bola de 23cm em um aro de 46cm

PALAVRAS DO AUTOR

O primeiro passo para construir sua autoconfiança é reconhecer o quão vasto aquele espaço a três metros de altura realmente é. Uma vez visitei a UCLA e trabalhei com Bruins para avançar Kris Johnson, cujo pai, Marques, havia sido uma máquina de pontuar na 11ª temporada da NBA. Naquela tarde, peguei duas bolas de basquete, que têm um pouco mais de 23cm de diâmetro, e mostrei a Kris que as duas bolas basicamente caberiam no aro de 46cm de diâmetro ao mesmo tempo. (Veja a Figura 5-1.) Kris ficou chocado. "Eu nunca tinha pensado por esse lado", disse ele.

DICA DE JOGADOR

Por que fazer uma cesta naquelas cabines de feiras é tão difícil? Não é só porque você está se esforçando para impressionar sua namorada — o diâmetro é muito menor do que o tamanho oficial.

Desenvolvendo um toque suave

DICA DE JOGADOR

É assim que um arremesso deve ser: suave, com um toque leve. Vamos prestar atenção nas palavras por um momento. O ex-ala-pivô do Los Angeles Lakers Jamaal Wilkes, um arremessador preciso que foi para o Hall da Fama, tinha o apelido de "Silk" (seda). A onomatopeia *swish*, que descreve o som da bola de basquete caindo na cesta sem encostar no aro, traz uma imagem de suavidade à mente. Por outro lado, bolas mal arremessadas são chamadas de *tijolos*, e os jogadores que as arremessam, de tijoleiros. Não tão suaves.

LEMBRE-SE

Se você tem um toque suave, você pode fazer um arremesso que você erraria se não tivesse. Don Nelson tinha esse toque suave quando jogou no Boston Celtics. Em 1969, "Nellie" pisou na linha de lance livre com um campeonato em jogo. O arremesso de Nelson bateu na parte de trás do aro, quicou a 1,5 metro acima da cesta e então caiu na cesta. Não foi um arremesso bonito, mas o toque suave de Nelson fez a bola cair na cesta.

FIGURA 5-1: Fazer um arremesso parece bem mais fácil quando você pensa que duas bolas de basquete cabem no aro ao mesmo tempo.

A mecânica adequada permite que você tenha vantagem sobre o diâmetro do aro — os comentaristas se referem a isso como "ter uma boa elasticidade" — então, mesmo que você não arremesse a bola com a precisão de um atirador de elite, ainda assim a bola tem uma chance de cair na cesta.

Descubra Cinco Segredos para Arremessar

O ex-ala-pivô do Seattle SuperSonics Chuck Person era conhecido como "The Rifleman" (ou "O Atirador de Rifle"). A comparação entre um arremesso e um tiro de rifle é válida. Você já deve ter ouvido "Preparar. Apontar. Fogo!". Antes de atirar, você precisa se preparar e mirar. Puxar o gatilho é apenas o último passo do processo.

PALAVRAS DO AUTOR

Esta seção fala sobre os cinco pontos principais em que você deve se concentrar quando for praticar seus arremessos.

Equilibre seu corpo

Uma vez estava acompanhando um treino de arremessos livres de um jogador universitário. Depois de ver algumas tentativas, coloquei um dedo em seu peito e o empurrei. Ele perdeu o equilíbrio. "Esse é seu problema", disse a ele.

O corpo dele não estava equilibrado. Então nós trabalhamos para ele ter equilíbrio quando fosse tentar um arremesso. "Separe seus pés na mesma distância que seus ombros", falei. Ele fez, e então arremessou novamente. Desta vez, quando o empurrei com o dedo, ele estava firme como um carvalho. (Veja a Figura 5-2.)

FIGURA 5-2: À esquerda, os pés do arremessador estão muito juntos, prejudicando o equilíbrio após o arremesso. À direita, os pés do arremessador estão separados na mesma distância que os ombros, o que dá a ele equilíbrio.

72 PARTE 2 **Os Fundamentos do Basquete**

Seu corpo deve ter equilíbrio após o arremesso, mesmo quando você segue o arremesso (caso você erre) e precise se preparar para um rebote. (Veja o Capítulo 8 para saber mais sobre rebotes de ataque.) Você pode se tornar um arremessador melhor se a parte de baixo e a de cima de seu corpo estiverem em equilíbrio. Mas ter a parte de cima equilibrada e enquadrar o alvo (encarar a cesta) é ainda mais importante do que equilibrar a parte de baixo de seu corpo.

Arremesse com suas pernas

Seus joelhos e os músculos ligados a ele são o combustível para seu corpo. Suas pernas, não seus braços, dão a força de que você precisa para jogar basquete. Alguns dos melhores arremessadores de três pontos da história da NBA, como Steve Kerr, de 1,92 metro, e Tim Legler, de 1,95 metro (cujo apelido, por incrível que pareça, era "Legs", que significa "pernas"), não eram tão altos e nem espetacularmente musculosos. Kerr e Legs dobravam os joelhos e usavam a força das pernas como base para arremessar a bola a sete metros de distância. Eles faziam isso com muito mais precisão do que jogadores mais altos.

Suas pernas são bem mais fortes que seus braços. Use seus braços, todo o comprimento deles até a ponta de seus dedos, para mirar a bola no aro. Quanto menos força você colocar nos braços, mais precisão você terá.

Pense assim: abaixo da cintura está toda sua força. Acima da cintura está sua precisão.

Dobre seus joelhos e pegue impulso para cima. Você dará toda a força de que a bola precisa para alcançar a cesta. Deixe que seu braço seja o sistema de direção.

Segure o aro

A maior parte dos arremessos errados não o são porque foram muito longos ou muito curtos, e sim porque foram um pouco mais para a direita ou para a esquerda. Esses erros acontecem quando você não consegue esticar o braço em linha reta. Você vira seu punho, e é assim que erra metade de seus arremessos. Se você arremessa em linha reta, porém um pouco mais curto ou longo, a bola ainda tem chance de entrar na cesta.

Lembra-se do Kris Johnson? Quando Kris e eu analisamos seu arremesso com o aro no campo de visão, o coloquei perto o suficiente para que ele pudesse tocar o aro com a ponta dos dedos na sequência. Quando ele segurou o aro, a mão dele não girou. Ela ficou reta e paralela ao chão. Se você se visualizar segurando o aro em linha reta durante seu arremesso, terá equilíbrio e uma sequência melhor. (Veja a Figura 5-3.)

Durante o jogo, é claro, o aro nunca está em seu campo de visão (se ele está, quero ser seu agente). Ainda assim, visualize-se segurando-o. Fazendo isso, você conquista dois objetivos:

» Isso alinha o arremesso tão reto quanto pode ser.
» Isso dá à bola rotação inversa, resultado de um arremesso tão suave quanto é possível.

FIGURA 5-3: Visualize-se segurando o aro quando você fizer um arremesso livre.

DICA DE JOGADOR

Assista a qualquer bom arremessador e você verá que o braço dele, na sequência, parecerá o pescoço de um ganso. Observe que a bola tem um notável giro inverso enquanto vai em direção à cesta. Veja um arremessador fazer um salto para arremessar. Note como os nós da rede pulam na direção dele. Não sou físico, mas sei que a rotação inversa da bola é responsável por isso. Uma rede que enrola no aro é sinal de um arremessador que "segura o aro".

Controle a bola com as pontas dos dedos

Quarterbacks seguram a bola de futebol americano pela costura para controlá-la. Você deve fazer o mesmo ao arremessar uma bola de basquete. Os melhores arremessadores fazem seus arremessos em um alto arco, que começa tendo um bom controle de bola com as pontas dos dedos nas costuras. Tente esse arremesso de mão única em seu treino.

DICA DE JOGADOR

Incline-se para trás. Agora, incline a bola na palma da sua mão. Segure as costuras com as pontas de seus dedos e finja que vai arremessar, mas apenas jogue para cima, alguns centímetros acima da cabeça. Concentre-se em fazer a ponta de seus dedos darem a rotação inversa da bola usando as costuras para começar a girar.

Apenas seus três dedos do meio estão nas costuras. O dedo médio deve ficar um pouco mais acima, e o anelar e o indicador devem ficar nas costuras. O polegar serve mais como um suporte, e o mindinho, como em muitas situações, faz melhor ficando fora do caminho.

Arqueie seu arremesso

Lembre-se de que você está mirando acima do aro, e não nele. Os melhores arremessos devem formar um arco parabólico em direção à cesta, o oposto de uma linha reta. Preste atenção no jogador de seu time, ou no time adversário, que parece sempre marcar mais pontos. Há grandes chances de os arremessos dele permanecerem mais tempo no ar. Esse é o resultado de dois fatores — segurar o aro e usar as pontas dos dedos —, mas é importante se lembrar de arquear seu arremesso. Coloque um pouco de ar embaixo dele.

Aperfeiçoando o Arremesso de Lance Livre

O arremesso de lance livre é o mais importante do basquete. Arremesse mal e isso se tornará um calcanhar de Aquiles que a defesa explorará. Arremesse bem e isso será a arma mais potente de seu arsenal de ataque. (Veja o Capítulo 3 para mais informações de casos de arremesso de lance livre.) Ele deve ser também o arremesso mais fácil. Você fica a 4,6 metros do aro, perpendicular à tabela, e o mais importante, ninguém o marca. Você tem até tempo o suficiente — dez segundos — para relaxar. Seu único adversário quando faz um arremesso de lance livre é você mesmo.

O lance livre é o arremesso dos atiradores, porque se resume a mecânica adequada e disciplina mental. O arremesso de lance livre é um bom nivelador no basquete, porque você não precisa voar como Blake Griffin ou infiltrar como Rajon Rondo para ser habilidoso nisso.

O homem que tem o recorde de arremessos de lance livre consecutivos é Tom Amberry, de Rossmoor, Califórnia, um podólogo aposentado falecido em março de 2017. Em 1993, Amberry fez 2.750 arremessos de lance livre em sequência. Vale a pena dizer que Amberry tinha 71 anos na época.

O segredo de Amberry? "Foco e concentração," disse no site dele, www.freethrow. com (em inglês). "Quando estou fazendo um arremesso de lance livre, não penso em mais nada. Estou 100% positivo de que farei a cesta. Nunca tenha um pensamento negativo ao fazer um arremesso de lance livre."

"É importante saber a mecânica certa", diz Amberry. "Uma vez que você a tem, é tudo mental."

LEMBRE-SE

A mecânica explicada anteriormente é a mesma para todos os tipos de arremessos. Se você conseguir acertar 75% dos arremessos de falta, como os profissionais (que estão a 30 pontos percentuais acima dos arremessos feitos durante a ação, conhecidos como *field goals* ou arremessos de quadra), então você consegue arremessar a um salto de 3,6 metros.

Na verdade, você não deveria ficar satisfeito com 75% de êxito em arremessos de lance livre. Não fique satisfeito de desistir de 25% de sua habilidade de marcar pontos. Por que deixar o aro te ganhar 25% das vezes?

Tirando a pressão do arremesso

Você tem seus pés equilibrados, separados na mesma distância que seus ombros e paralelos um ao outro. Você sabe que seus joelhos te darão o impulso e que segurará no aro após o arremesso, e está vendo o quão grande é o aro: duas vezes maior que a bola. Você pode acrescentar seus próprios hábitos no início: drible uma, duas ou três vezes, fale com a bola, qualquer coisa.

Adrian Dantley, que foi All-American enquanto jogava para mim na Notre Dame, tinha um ritual pré-arremesso diferente. Enquanto pressionava a bola em seu peito, Adrian repetia o seguinte mantra: "Por cima do aro, na tabela, dentro da cesta." Aquele pequeno lembrete ajudou Dantley a converter 81,8% dos lances livres durante seus 15 anos na NBA.

Antes de cada arremesso de lance livre, o ex-jogador Steve Nash, que é um dos arremessadores mais precisos da história da NBA, fazia mímica de como seria sua cesta. Ele "arremessava" a bola antes de o árbitro lançar a bola para se lembrar qual deveria ser sua posição. O ala Marquinhos, multicampeão do NBB pelo Flamengo, é um dos destaques brasileiros no quesito lance livre. Antes de arremessar, ele beija seus punhos onde estão as tatuagens com os nomes de sua esposa e sua filha, respira fundo e realiza o arremesso.

Não importa qual seja seu ritual, respire fundo antes de fazer um arremesso de lance livre. Inspire e expire. Isso relaxa seu corpo. Você pode não ter 20 mil lunáticos gritando enquanto você tenta o arremesso, mas nenhuma pressão no jogo se compara ao arremesso de lance livre.

LEMBRE-SE

Se você relaxar seu braço de arremesso, terá mais chances de acertar. Se você arremessar com o braço rígido, jogará como uma catapulta, e não arremessará.

Agora apenas mire acima do aro. *Apenas passe por cima do aro* — é isso que você deve pensar. Não precisa necessariamente olhar para o quadrado na tabela, apesar de que fazer isso ajuda a manter seu braço reto e a ter a importante precisão. Mas olhe para cima do aro, coloque a bola no topo dele.

A bola fica solta em sua mão. Suas palmas não a tocam; são as pontas de seus dedos que controlam o arremesso. Segure a bola na altura da cintura com as duas mãos, respire fundo, então levante, mire e arremesse.

Exercitando lances livres em casa

Durante um jogo, normalmente você arremessa duas vezes durante uma visita à linha de faltas. Faça o mesmo em seu treino: faça dois arremessos e depois pise fora da linha. Muitos jogadores jovens conseguem acertar nove de dez arremessos sem tirar o pé do lugar porque seu corpo entra no ritmo. Isso gera um falso sentimento de dever cumprido. Dê um passo atrás e comece tudo do zero após os dois arremessos.

DICA DO TÉCNICO

Para deixar o treino de arremessos de lance livre mais divertido, tente torná-lo competitivo. As brincadeiras a seguir adicionam um pouco mais de pressão ao treino, o que faz muito sentido. Afinal, acertar seus arremessos depende em grande parte de seus nervos.

70%... ou você já era

Faça dez arremessos de lance livre. Lembre-se, saia da linha e volte a cada dois arremessos. Você deve fazer sete de seus dez arremessos de lance livre. Se você não fizer, corra até o outro lado, volte para a linha de faltas e comece novamente. E se você errar quatro de seus seis primeiros, você ainda deve fazer os outros quatro arremessos antes de correr e voltar.

Dez arremessos de bonificação seguidos

Os arremessos de falta, em que o jogador deve converter o primeiro arremesso de lance livre para poder tentar o segundo, existem tanto nas partidas colegiais quanto nas universitárias. Um treinador deve ter inventado isso, porque beneficia diretamente bons arremessadores e prejudica maus arremessadores. Como se arremessos de lance livre já não fossem estressantes o suficiente.

DICA DO TÉCNICO

Um bom treino para simular uma situação dessas é vital. No fim do treino, alinhe o time na linha de fundo. Então chame os jogadores em ordem aleatória para fazer os dois arremessos (assim você espera) de bonificação. Se um jogador erra seu primeiro arremesso, você chama outro. Mas antes disso, faça o time correr até a outra linha de fundo e voltar. O treino só acaba após três jogadores em sequência acertarem os dois arremessos de bonificação.

O exercício de arremessos de lance livre e condicionamento são dois dos aspectos menos populares do treino. Você deve combiná-los.

Faltas em situações confusas

Seja realista. Se um jogador faz uma falta em outro no meio de uma confusão, pare o jogo e deixe que o jogador que sofreu a falta faça os arremessos de lance livre. Não posso superenfatizar a importância dos arremessos de bonificação. Esses são pontos bônus que você está desperdiçando quando erra.

NÃO SEJA TÃO EXIGENTE

Se você está ensinando seu filho de sete anos a arremessar lances livres, não o faça arremessar da linha oficial de três pontos com uma bola de tamanho oficial em uma cesta a três metros da altura. Ele arremessará como um míssil só para acertar no aro. Logo ele ficará entediado, porque o esporte parecerá difícil demais, e acabará escolhendo outro esporte — como corrida de stock car.

Em vez disso, use uma cesta de dois metros de altura, se você conseguir encontrar uma. Coloque seu filho a 2,4 metros de distância, não a 4,5 metros. Se você tiver uma bola menor, como as femininas, use essa. E então vá pelos cinco passos para arremessar. Comece cutucando seu filho no peito para mostrar a importância do equilíbrio.

As Cinco Áreas de Arremesso

Agora que você sabe como arremessar, de onde você arremessará? Arremessadores imbatíveis, como Stephen Curry, do Golden State Warriors, responderiam "De onde você estiver livre". Para nós, mortais, essa sessão fala sobre cinco ótimos pontos na quadra. Volte no Capítulo 3, se você precisa relembrar as áreas da quadra.

Embaixo da cesta (bandeja ou enterrada)

Bandejas e enterradas são arremessos fáceis, se não há ninguém da defesa por perto. Use o quadrado na tabela, em vez de mirar acima do aro. Mas se há alguém da defesa por perto, prepare-se para tirar uns dos deles de perto; a defesa nunca desiste da bandeja — ou enterrada, por assim dizer — de boa vontade.

Se você é alto ou elástico o suficiente para enterrar a bola, fique à vontade. Antigamente, a enterrada era vista como uma forma de se exibir. Agora os treinadores a enxergam como o que ela realmente é: o arremesso com porcentagem mais alta do jogo.

A tabela é sua amiga

Por trás de toda bandeja perdida há uma história sobre uma tabela ignorada. Quando arremessar de bandeja, você nem precisa olhar para o aro. Foque no quadrado pintado na tabela. Coloque a bola ali — suavemente, não importa o quão rápido você esteja correndo pela quadra para ganhar da defesa.

Use o pé correto

Bandejas começam por baixo; ou seja, pelo pé. Iniciantes devem aprender a arremessar de bandeja com o pé adequado. Uma bandeja destra precisa que o pé esquerdo dê o impulso (o pé direito salta para o ar primeiro). Uma bandeja canhota usa o pé direito.

Você pode aprender a arremessar de bandeja com as duas mãos, e terá uma enorme vantagem sobre seus companheiros. Você ficaria surpreso com a quantidade de jogadores profissionais que não conseguem arremessar da bandeja com a outra mão.

Bandejas do lado direito da cesta devem sempre ser arremessadas com a mão direita e aquelas feitas do lado esquerdo da cesta devem ser arremessadas com a mão esquerda. Por quê? Um destro que arremessa de bandeja do lado esquerdo da cesta com sua mão dircita descobrirá que o aro (e a defesa) bloqueiam grande parte de seus arremessos.

Nunca é tarde demais para se tornar ambidestro, tratando-se de bandejas.

Exercício de passos

O jogador A recebe a bola do meio da quadra e corre para fazer uma bandeja como se sua vida dependesse disso. O jogador B está 1,5 metro atrás, como se estivesse perseguindo o jogador da defesa. O jogador de ataque vai errar a bandeja por que ouviu passos?

O jogador A não deve olhar para trás ou tirar os olhos do quadrado da tabela. O que ele deve pensar enquanto isso:

- » Ganhar do jogador de defesa na quadra
- » Pular com o pé correto
- » Colocar a bola no quadrado

Atrás do arco

O arco de três pontos é uma linha pintada na quadra que forma um semicírculo em volta da cesta de basquete. No campeonato universitário americano, o raio do arco de três pontos é de 6,3 metros até a cesta, enquanto na NBA a distância é de 7,2 metros. Já pelas regras internacionais da FIBA, essa linha fica a 6,75 metros. Do ensino médio aos anos iniciais, o raio é de seis metros. Alguns jogadores adoram arremessar diretamente atrás da linha de arremessos de lance livre, enquanto outros preferem arremessar do fundo de quadra. Se você ainda não saiu da escola, não dedique muito tempo a esse tipo de arremesso.

PALAVRAS DO ÁRBITRO

Cabeça do garrafão

Cabeça do garrafão é o termo para as duas marcações no chão que marcam a interseção das linhas de falta e da linha do garrafão.

A ala da esquerda e da direita

O ex-jogador Tim Duncan era um ala-pivô que adorava se posicionar entre a cabeça do garrafão e a linha de fundo. A ala é o ponto ideal para quem prefere fazer arremessos contra a tabela, assim como Duncan. Um arremesso contra a tabela é aquele em que você mira no quadrado branco da tabela, ao contrário de arremessar a bola por cima do aro.

Zona morta

PALAVRAS DO ÁRBITRO

Então você quer pegar pesado, é? Da zona morta (conhecido como arremesso de fundo de quadra), a tabela não pode ser sua aliada. Ela não está no seu campo de visão para proporcionar uma noção de profundidade, nem mesmo o quadrado está visível. Seu arremesso deve ser intuitivo desse ponto.

Dito isto, muitos arremessadores, principalmente aqueles que adoram ouvir a bola entrar na cesta sem tocar o aro, imploram por um arremesso na zona morta.

Varie Seus Arremessos

Enquanto cada arremesso precisa de um toque especial, os três testes a seguir revelam um bom arremessador. O primeiro exige que você mire na tabela — não na cesta —, enquanto os outros dois são estudos que contrastam a força que você deve aplicar no arremesso.

O arremesso contra a tabela

O arremesso contra a tabela é uma das artes perdidas do basquete. Quando você conhece o ângulo, o alvo é fácil de acertar. O lendário treinador da UCLA John Wooden, que liderou o Bruins a dez títulos da NCAA nos anos 1960 a 1970, fazia o time praticar esse arremesso o dia todo.

Um bom exercício é jogar partidas sem compromisso, ou um jogo chamado H-O-R-S-E (veja o Capítulo 10), arremessando apenas contra a tabela.

Use o quadrado como alvo nesse tipo de arremesso, apesar de com a prática você descobrir que existem diversos pontos diferentes na quadra em que deve mirar em áreas diferentes do quadrado. Por que a tabela é tão eficiente? Uma razão: ela te obriga a aumentar o arco de seu arremesso para acertar no quadrado, e um arremesso mais arqueado é a mecânica adequada.

O baby jumper

PALAVRAS DO ÁRBITRO

Quem disse que você só pode arremessar distante ou bem embaixo da cesta? Traga o cara que consegue arremessar com um salto de dois metros a três metros de altura, o *baby jumper*. Posso ensiná-lo a girar suas costas para a cesta e criar espaço para ele.

As habilidades necessárias para fazer um arremesso com salto são as mesmas necessárias para fazer arremessos de lance livre. A grande diferença entre os dois é que no arremesso com salto você geralmente está arremessando sem equilíbrio, porque seu corpo está girando no ar. Mas se lembre: apenas a parte de baixo de seu corpo não está em equilíbrio. A parte de cima está de frente para o aro. Assista a qualquer arremessador nato e perceba. (Kobe Bryant é o melhor exemplo.) Não importa como ele gire, torça o corpo ou plaine para ganhar mais abertura, no momento do arremesso a parte de cima de seu corpo está encarando a cesta e sob controle. O cotovelo está dentro da cintura para agir como o cano de um rifle.

DICA DE JOGADOR

Sempre procure a localização das mãos do jogador de defesa. O jogador que está te marcando está com a mão para baixo nas laterais? Se sim, você está com sorte. Arremesse, baby!

Treino de arremesso com salto: coloque o jogador, de costas para a cesta, a cerca de 3,6 metros de distância desta. Passe a bola para ele — o passe picado ou o por cima da cabeça são os mais comuns em uma partida real — e faça ele virar e arremessar. Faça isso todos os dias, e quando os avanços dele começarem a aparecer, coloque um jogador de defesa marcando-o — apenas para servir como uma obstrução — para dar a ele um novo desafio.

Acredite ou não, você pega a bola com seus olhos, e não com suas mãos. Olhe para a bola em suas mãos antes de tentar qualquer coisa. O que mais você tem para olhar?

O arremesso de três pontos

O arremesso de três pontos, aceito pela NBA em 1979–1980 e em campeonatos universitários sete anos depois, proporcionou a maior revolução do basquete desde o relógio de arremesso. Na verdade, a NBA roubou essa ideia da já extinta Associação Americana de Basquete (ABA) com a intenção de deixar a área do ataque mais acessível.

A distância do arco de três pontos da NBA e da NCAA mudou com o passar dos anos. Atualmente, estas são as distâncias, de acordo com os níveis de basquete:

NBA	7,05m
NCAA masculina e feminina	6,3m
WNBA	6,2m
Internacional	6,75m

Os 40-50-90

Quando a NBA introduziu a regra do arremesso de três pontos em 1979–1980, ela inevitavelmente criou um novo padrão de pontos de arremesso: os 40-50-90. Os números se referem ao arremessador que consegue fazer 40% de seus arremessos de três pontos, 50% de seus arremessos de quadra e 90% de seus arremessos de lance livre.

Na época da publicação, só haviam seis jogadores diferentes da NBA que conseguiram fazer os 40-50-90 na temporada. Steve Kerr, Reggie Miller, Dirk Nowitzki e Mark Price, cada um conseguiu uma vez. O lendário Larry Bird conseguiu duas vezes. E Steve Nash que ficou mais conhecido por ser líder de assistências, fez isso espantosamente cinco vezes. Em outra temporada, Nash ficou a um arremesso de lance livre de conseguir a sexta vez.

Arremesse com as pernas

Ter força nas pernas é a coisa mais importante para fazer o arremesso de três pontos. Você ainda precisa seguir a mecânica adequada, mas é preciso ter uma força natural para fazer a bola chegar na cesta com suas pernas. Sempre comece perto e depois se afaste para a área de três pontos.

Treinando Arremessos

Os cientistas ainda não descobriram um jogador que prefira um treino de defesa ao treino de arremessos. Você nunca terá problema em motivar seus jogadores para essa fase do exercício. Ainda assim, o treinamento de arremessos deve ter um propósito: relacione o exercício com as condições reais de jogo para que ele tenha mais significado para os jogadores, assim eles se divertirão mais.

Treino sem defesa

Os exercícios a seguir são ótimos para melhorar as habilidades de arremesso de seus jogadores. (Quem dera os jogos reais fossem simples assim.)

Posição de arremesso de trinta segundos

Três jogadores participam nesse exercício: um arremessa, o segundo pega o rebote e passa a bola para o terceiro, que devolve para o arremessador. Use duas bolas para fazê-los praticar mais rápido. Após 30 segundos, os três trocam de lugar para que, após 90 segundos, todos tenham treinado nas três posições.

Trabalhe com diferentes posições na quadra durante cada turno de 90 segundos. Comece, por exemplo, no fundo esquerdo da quadra, depois a zona morta esquerda, e assim por diante.

Marque o número de arremessos que cada jogador tenta e acerta em seu exercício. Os jogadores precisam de algo pelo qual arremessar — além da cesta —, e montar gráficos de progresso com dados diários serve para isso. Faça todo arremesso ser um bom arremesso. Arremessar o mais rápido que você consegue não simula as condições reais de jogo.

Benefícios: O arremessador precisa fazer arremessos repetidamente e receber passes, que é o que acontecerá na maioria dos arremessos durante o jogo.

Vindo de uma cadeira

Nesse exercício, a cadeira age como se um de seus companheiros estivesse preparando uma jogada para você.

Pegue a bola dando a volta na cadeira como se um companheiro seu estivesse preparando uma jogada para você. Firme seu pé de apoio no chão, pegue a bola (com os olhos) e encare a cesta. Dê a volta na cadeira, pegue, vire e encare. Seu outro pé pode te ajudar a se virar e se equilibrar antes do arremesso. Você precisa pegar e girar o pé de apoio simultaneamente. (Veja a Figura 5-4.)

FIGURA 5-4: O exercício "Vindo de uma cadeira".

CAPÍTULO 5 **Arremessos** 83

Você pode realizar esse exercício em várias cestas ao mesmo tempo. Separe os jogadores em pares, para que assim, enquanto um treina seus arremessos, o outro treina seus passes. Esperto, né?

Benefícios: Esse exercício enfatiza o arremesso após trabalhar o movimento de ficar livre. O jogo se move rápido e os exercícios ecoam por toda parte.

Sete fora

Esse exercício, que parece mais um jogo, é mais bem realizado com dois ou três jogadores. O primeiro jogador arremessa de uma posição. Se ele fizer cesta, o segundo jogador também deve fazer da mesma posição. E o terceiro também, até alguém errar. O primeiro jogador a errar ganha o número de pontos equivalente ao número de arremessos feitos naquela rodada. Assim que o jogador atingir sete pontos, ele sai.

Esse jogo se parece bastante com H-O-R-S-E, mas é mais divertido, porque os jogadores precisam fazer os arremessos da mesma posição, aumentando a dificuldade.

Benefícios: Repetições constroem confiança. A competição torna isso mais interessante.

Golf de arremessos de lance livre

O ex-jogador da NBA Tim Legler, com uma carreira de 84% de arremessos de lance livre, ensinou-me essa. São bem-vindos quantos jogadores quiserem participar. Cada jogador faz 18 arremessos de lance livre, como os 18 buracos do golf, mas de uma vez. Todos fazem um arremesso de lance livre antes que qualquer um faça o segundo.

A marcação de pontos é a seguinte: um arremesso perdido é igual a um bogie, ou um +1. Uma cesta que bate na tabela ou no aro é igual a um par ou zero. E uma cesta que só toca na rede é um birdie ou um menos um. A pontuação mais baixa ganha.

Exercício de ataque rápido

Forme três linhas na linha de fundo, com seu armador (1) no meio. Um ala entra no meio da quadra com um jogador de cada lado (2 e 3), preenchendo as linhas do garrafão. Quando o armador chegar na linha de lance livre mais distante, ele deve ou passar a bola para a zona morta, ou passar para o jogador saltar, ou ele mesmo fazer o salto (tornando-se um cara não muito popular entre os companheiros).

DICA DE JOGADOR

Quando o armador chega no ponto em que deve passar ou arremessar, ele precisa acertar o momento a seguir e se controlar. Ele deve parar com os dois pés para não cometer uma falta se o jogador de defesa estiver bem na frente dele. Agora ele pode passar ou arremessar.

Variação: Enquanto os três jogadores correm pela quadra, faça os jogadores no meio dela alternarem passes um entre outro — sem permissão para dribles até o jogador do meio receber a bola depois do meio da quadra.

Benefícios: Esse exercício ajuda a afiar o condicionamento e o trabalho em equipe, e simula efetivamente situações de jogo. Se você puder, anote o percentual de cada zona morta e descubra quem é mais forte de cada lado.

Exercício de arrasar

Meu coautor — que costumava treinar um time feminino em uma escola em Nova York — descobriu que seus jogadores adoravam praticar com esse jogo. As regras para esse exercício são bem simples. Os jogadores formam uma fila única, o primeiro da fila vai para a linha de arremessos livres e se prepara para arremessar. Os dois primeiros jogadores na fila jogam (o número de jogadores que pode participar é ilimitado). O primeiro jogador arremessa. Se ele acertar, recupera a bola, passa para a terceira pessoa da fila e volta para o final. Se ele errar, ele recupera a bola e tenta fazer uma cesta o mais rápido possível.

O jogador 2 (o segundo da fila) não pode arremessar da linha de arremessos de lance livre imediatamente depois de o jogador 1 fazer seu primeiro arremesso. Se o jogador 1 erra e o jogador 2 faz sua cesta antes de o jogador 1 conseguir pegar o rebote da bola e fazer outro arremesso, então o jogador 1 é eliminado. E por aí vai. O jogador 2 deve fazer sua cesta antes do jogador 3; o jogador 3, antes do jogador 4; e assim vai. Continue jogando até só restar um jogador.

Benefícios: Esse exercício simula arremessos de lance livre e força o jogador a se desenvolver sob pressão. É também um ótimo exercício de condicionamento. Os jogadores adoram competir entre si, e isso é tão nato e louco quanto pode ser arremessar no jogo.

Treinos de defesa

Para deixar o treino mais animado, tente os exercícios a seguir, que simulam situações do jogo, adicionando elementos da defesa.

Perseguindo o arremessador

Esse exercício usa duas bolas e três jogadores. O jogador 1 arremessa a bola, enquanto o jogador 2 o ataca com alguns metros de distância, como um jogador de defesa faria na sua área. O jogador 1 segue seu arremesso e pega o rebote. O jogador 2 troca e se torna o jogador 1; isso mesmo, ele se torna o atirador. O jogador 3, que está com a segunda bola, passa a bola para o jogador 2 e avança sobre ele. O jogador 2 pega o rebote, e o jogador 3 se torna o jogador 2, e o 1 se torna o 3. O jogador 1 então avança sobre o jogador 3 enquanto ele tenta fazer seu arremesso. Ensaboe, enxágue e repita; você entendeu. Tenha um arremessador em diversas posições para o treino.

Com a implantação dos três pontos, os treinos ganham ainda mais importância. A 1ª divisão de times universitários tinha uma média de 18 a 20 arremessos de três pontos por jogo. Quando a zona de defesa se encontra no meio da quadra jogando no modo de assistência (veja o Capítulo 7), não tem chance de bloquear uma tentativa de três pontos. Em vez disso, eles dão carga no jogador que tentará distraí-lo.

Benefícios: O arremessador aprende a focar no arremesso, e não na defesa. O exercício também fornece bons treinos de arremessos de três pontos e condicionamento suave.

DICA DE JOGADOR

O jogador de defesa desse exercício deve bater palmas, gritar ou até cantar se ele achar necessário — qualquer coisa para distrair o arremessador, que deve usar esse exercício para melhorar seu foco. Enquanto estiver arremessando, lembre que o jogador de defesa não virá correndo até você — isso não é futebol americano —, então não se preocupe com ele. E se ele fizer isso, e atrapalhar os três pontos, você estará vivendo a conquista mais rara do ataque: a jogada de quatro pontos.

Pontapé inicial

Esse exercício de arremesso também se aplica ao básico do jogo — mesmo que você esteja jogando na zona de defesa mano a mano. O exercício exige três pessoas e uma bola.

DICA DE JOGADOR

O arremessador, que é o ala-armador (na numerologia do basquete, o dois), está com a bola na zona morta e marcado por um jogador de defesa. O jogador de ataque (5) começa da linha de fundo, corre para o meio do garrafão e vai para a posição entre a coluna alta e a baixa. O arremessador passa a bola para ele. O jogador de defesa faz marcação cerrada, ou seja, deixa o jogador 2 marcando o jogador 5, porque este formará uma dupla para marcar o adversário na zona morta.

Após o jogador 2 passar a bola para o jogador de ataque, ele deve se mover para o fundo de quadra. Não deve ficar na mesma posição na qual fez o passe, ou o jogador de defesa 2 pode achá-lo com facilidade. (A mesma técnica se aplica para evitar encontrar o chefe nas festas de fim de ano.) Se o jogador de defesa precisa procurar por ele, as chances de o jogador 2 ter espaço para um arremesso aumentam. O jogador 5 pode então passar a bola para o fundo de quadra. O jogador 2 deve arremessar rapidamente, antes que o jogador de defesa 2 o alcance.

Benefícios: Este exercício envolve dois jogadores de ataque trabalhando em equipe, incorpora a técnica de avançar e ensina ao arremessador a se movimentar sem a bola.

DICA DO TÉCNICO

Para fazer esse exercício de defesa, ordene que nenhum arremesso possa ser feito até que os jogadores façam cinco passes (conhecidos também como toques para os treinadores). Em outras palavras, quando o jogador 2 receber de volta a bola do jogador 5, ele deve devolvê-la e ir para outro ponto ao longo do arco de três pontos. Faça isso algumas vezes. Essa é uma boa prática para jogadores de defesa que jogam como armadores e também têm a responsabilidade de dobrar a marcação.

Grandes Arremessadores: Jogadores para Imitar

DICA DE FÃ

Para ajudar a visualizar a mecânica adequada dos arremessos, procure vídeos ou até mesmo fotos dos eficientes arremessadores a seguir. Note que, apesar de terem estilos diferentes, todos eles fazem um arremesso com um bom giro das costas e "seguram no aro" com a mão de arremesso durante a sequência.

O YouTube é uma ferramenta fabulosa. Tire vantagem disso para assistir a alguns nomes dessa lista quando estavam no auge, bem antes de o YouTube ser inventado.

Steve Kerr (1989–2003, em cinco times, o mais recente San Antonio Spurs): Steve Kerr merece uma menção especial por causa de seu excelente arremesso de três pontos em todos os níveis. Em 1987–1988, Kerr superou a tragédia da morte de seu pai em Beirute durante um ataque terrorista acertando 57,4% dos arremessos de três pontos na Universidade do Arizona — a melhor porcentagem do país e ainda a quinta melhor porcentagem única na história do basquete universitário. Em sua carreira de dez anos na NBA, ele acertou 46,4% dos arremessos de três pontos, a maior porcentagem na história da liga.

Pete Maravich (1970–1980, Atlanta Hawks, New Orleans/Utah Jazz, Boston Celtics): Ele gostava de arremessar? Com certeza. Seu apelido era Pistol Pete (Pete Pistoleiro). Maravich era um *showman* e também um revolucionário. Ninguém fazia arremessos tão loucos quanto essa ex-estrela do estado de Lousiana. De várias formas, especialmente para o povo do Sul, ele está para o basquete assim como Elvis está para o rock'n'roll.

Apesar de ter jogado apenas três temporadas na LSU nos anos 1960, Maravich ainda é o pontuador número um da história da instituição (3.667 pontos, 44,2 pontos por jogo). Esse recorde é ainda mais marcante quando você considera que um dos maiores arremessadores de longa distância compilou essa estatística antes de os três pontos serem inventados.

Reggie Miller (1987–2005, Indiana Pacers): Reggie Miller (veja a Figura 5-5) fez 2.560 cestas de três pontos em sua lendária carreira, um recorde que se manteve até Ray Allen, do Boston Celtics, quebrá-lo em 2011. E Reggie sempre pareceu fazer os pontos no momento que mais precisava.

Assista à filmagem de Miller e foque na sequência de mãos dele. Ninguém "tocava o aro", o que significa que ninguém estendia mais o pulso de arremesso de um jeito mais exagerado do que Miller. Isso o fez se destacar.

Ray Allen (1997–2014, Milwaukee Bucks, Seattle SuperSonics, Boston Celtics, Miami Heat): Kobe Bryant pode ter marcado mais pontos, mas ninguém no século XXI tem um salto mais bonito do que o armador do Celtics.

Stephen Curry (2009–presente, Golden State Warriors): Curry, cujo pai, Dell, foi um excelente jogador da NBA, liderou a pontuação na NCAA em seu terceiro ano na Davidson College em 2008–2009. Ele é o melhor arremessador nato a entrar na NBA desde Allen, e em sua segunda temporada liderou a liga em arremessos de lance livre.

Jerry West (1960–1974, Los Angeles Lakers): Um atleta natural com características de um bom arremessador, West raramente tinha seu arremesso bloqueado, porque ele sempre o fazia do alto de seu pulo. Parece natural, eu sei, mas muitos jogadores arremessam enquanto ainda estão subindo. West, cuja forma em todas as facetas do jogo era tão impecável que ele literalmente se tornou um molde para o logo da NBA (silhueta do jogador driblando), teve o melhor salto na história do basquete.

"Mr. Clutch" podia pontuar de qualquer lugar a qualquer hora. No terceiro jogo das finais de 1970 da NBA contra o Knicks, ele fez o último arremesso para empatar o jogo — a 23 metros de distância. (O Lakers venceu na prorrogação, mas perdeu a temporada.)

Oscar Schmidt (1974-2003, Palmeiras, Juvecaserta, Valladolio, Corinthians, Bandeirantes, Mackenzie, Flamengo): O maior jogador brasileiro de todos os tempos. Integrante do Hall da Fama da FIBA e do basquete americano, justamente por seus resultados e arremessos. Oscar é recordista em pontos na história do basquete com 49.737 pontos. Seus arremessos eram mortais por conta da sua altura e a biomecânica do arremesso. Conseguiu a incrível marca de 55 pontos em um jogo de Olimpíada.

Marcelinho Machado (1995–presente, Tijuca, Corinthians, Botafogo, Fluminense, Rimini, Cantabria, Telemar, Uberlândia, Zalgiris Kaunas, Flamengo): Marcelinho é um dos grandes jogadores brasileiros após a era Oscar Schmidt. É o maior ídolo da história do basquete do Flamengo justamente por conta de seus arremessos certeiros de 3, 2 e em lances livres. Tanto que no dia 7 de março de 2010, em um jogo pelo NBB, ele anotou nada menos que 63 pontos em um jogo. Seu adversário era o São José, e com essa pontuação se tornou o recordista nacional de pontos em um jogo, superando assim a lenda Oscar.

88   PARTE 2 **Os Fundamentos do Basquete**

FIGURA 5-5: Reggie Miller.

90   PARTE 2 **Os Fundamentos do Basquete**

> **NESTE CAPÍTULO:**
>
> **Entendendo o que armadores, alas e pivôs fazem**
>
> **Jogando com os pontos fortes de seu time**
>
> **Passando, protegendo e outros movimentos de ataque**
>
> **Contra-atacando uma defesa homem a homem, a zona de defesa ou a pressão**

Capítulo 6
Ataque

O objetivo do ataque é simples: colocar a bola na cesta. Mas como se faz isso?

Ataque é igualmente a parte da coreografia e da improvisação. Os treinadores podem desenvolver esquemas táticos de ataque e fazer os jogadores praticarem por horas. Mas basquete não é uma partida de xadrez. Cada posição de ataque oferece múltiplas opções, o que é uma das razões para o basquete estar sempre encantando. Estar no lugar certo da quadra é apenas metade da batalha.

No basquete, ao contrário do futebol americano, a defesa dita o ataque. Por exemplo, se a defesa está marcando homem a homem — ou seja, cada jogador de defesa marca um jogador de ataque, seguindo-o por aonde quer que ele vá —, o esquema tático de ataque se adapta. (O Capítulo 7 explica os principais tipos de defesa e as diferenças entre eles.)

Neste capítulo, mostro como colocar seu time na melhor posição para colocar a bola na cesta. Depois disso, é com você.

Estabelecendo Sua Posição

DICA DO TÉCNICO

Cada jogador tem sua posição na quadra, e com a posição vêm as características do trabalho. Nunca mande um jogador para a partida sem dizer a ele o que deve fazer. Se você fizer isso, ele estará fadado ao erro. Essa sessão apresenta um resumo de cada posição. Conforme a evolução do basquete, essas posições se tornaram menos distintas do que outras. Os alas lidam com a bola, assim como os armadores, e os pivôs fazem arremessos à distância, como os alas Dirk Nowitzki, do Dallas Mavericks, por exemplo, tem 2,13 metros de altura, mas também é o melhor arremessador externo. Nowitzki tem um estilo de pivô, mas é listado como um ala-pivô.

Discuto essa junção de funções neste capítulo, mas existem cinco posições diferentes que você precisa aprender primeiro.

Armador (apelido: "O cara da bola")

Protótipos: Bob Cousy (Boston Celtics), Oscar Robertson (Cincinnati Royals, Milwaukee Bucks), Earvin "Magic" Johnson (L.A. Lakers), John Stockton (Utah Jazz), Jason Kidd (Dallas Mavericks).

Populares do momento: Chris Paul (Houston Rockets), Damian Lillard (Portland Trail Blazers), Stephen Curry (Golden State Warrios), John Wall (Washington Wizards), Russell Westbrook (Oklahoma City Thunder). Como brasileiros, podemos destacar Marcelinho Huertas (Seleção Brasileira e ex-Los Angeles Lakers).

Tipo físico/habilidades: O armador geralmente é o jogador mais baixo entre os cinco (Chris Paul tem 1,83 metro de altura), porém, mais importante, ele deve ser o principal jogador a lidar com a bola e liderar a condução.

Estatística principal: Assistência/Turnover (proporção entre passes que resultaram em cestas e erros causados no adversário).

Sobre o trabalho: Ele é o "camisa 10" do futebol. O papel tradicional do armador é levar a bola para o outro lado da quadra e começar a trabalhar o ataque, entrando no garrafão driblando ou fazendo passes. Apesar de não ser inicialmente um arremessador, ele pode ser. O armador é o treinador na quadra; o papel dele é chamar a atenção dos jogadores, se eles esquecerem suas responsabilidades. Ele deve ser o jogador mais maduro na quadra, senão um dos mais respeitados por seus companheiros. A não ser que ele leve a bola até a cesta sozinho, ele deve se manter do lado de fora do garrafão, pronto para recuar para a defesa.

LEMBRE-SE

Especialmente no nível da NBA, os times devem ter um bom armador. Os playoffs da NBA são mais lentos e se concentram mais na metade da quadra dos que a temporada regular, o que significa que acontecem menos contra-ataques. Isso normalmente se traduz em jogos com menos pontuação. Os times precisam de um armador muito criativo na quadra, porque, em situações tensas, os jogadores de ataque têm o péssimo hábito de ficarem parados. O armador deve ter uma visão superior da quadra. É trabalho dele encontrar companheiros livres para passar a bola. Um armador que não passa a bola bem rápido se torna bem impopular entre seus companheiros.

Um armador se mantém qualificado por diversas razões:

DICA DE FÃ

» **Um bom armador pode driblar sozinho por toda quadra.** Isso não só desmoraliza a defesa, como também cria uma situação de quatro para três ou três para dois (o que dá ao ataque uma vantagem) e cestas fáceis. (Assista a Stephen Curry do Golden State Warrios, por exemplo.)

» **O armador é uma ameaça dupla, porque ele pode fazer passes e arremessar.** Se ele vencer o jogador de defesa no mano a mano, ele entrará para marcar. Se outro jogador de defesa tentar ajudá-lo, um dos companheiros do armador ficará livre para um passe. Nenhum na NBA foi melhor nisso nas últimas décadas do que Steve Nash, do Phoenix Suns.

» **O armador corre para o contra-ataque de um rebote ou roubo de bola, ou vence a pressão.** Cestas de contra-ataque são fáceis; você quer quantas forem possíveis. Magic Johnson tentava fazer de cada posse de bola do ataque um contra-ataque. Em violações de turnover, por exemplo, Magic correu pela linha lateral e tentou apressar o árbitro para entregar a ele a bola. Então ele avançou com a bola pela quadra enquanto o outro time ainda estava pensando no turnover. Magic tinha o que chamamos de um QI alto para basquete; todos os armadores têm.

Ala-armador (apelido: "Armador duplo")

Protótipos: Jerry West (L.A. Lakers), Pete Maravich (Atlanta Hawks, New Orleans Jazz, Boston Celtics), Michael Jordan (Chicago Bulls), Reggie Miller (Indiana Pacers) e Kobe Bryant (L.A. Lakers).

Populares do momento: Dwyane Wade (Cleveland Cavaliers), Diana Taurasi (Phoenix Mercury), James Harden (Houston Rockets), Kawhi Leonard (San Antonio Spurs) e Leandrinho Barbosa (ex-Phoenix Suns e Seleção Brasileira).

Tipo físico/habilidades: A altura ideal no basquete profissional está entre 1,95 e 2 metros para homens, e 1,80 e 1,86 metro para mulheres. Mas, novamente, é mais importante que esse jogador tenha uma mentalidade para pontuar. O ala-armador deve ser destemido, ter um salto rápido e ser bom em arremessos de três pontos.

Estatística principal: Pontos por jogo.

Sobre o trabalho: O ala-armador não é necessariamente um bom carregador de bola. Entretanto, ele normalmente é o melhor arremessador. Ele fica livre escapando da marcação e procurando companheiros maiores na quadra. Os melhores alas-armadores são os mais preparados para despistar a marcação e reagir à defesa: arremessar, passar ou seguir. Nessa posição, o jogador tenta marcar pontos, enquanto o armador fica mais atrás para defender o contra-ataque. O ala-armador tem sido o principal beneficiário da linha de três pontos. Quando um armador entra na área e faz uma jogada dupla, ele normalmente "chuta" o passe para seu companheiro livre.

O ala-armador geralmente é o número um pelas seguintes razões:

> » **Os três pontos:** Um ala-armador pode destruir o adversário marcando uma cesta de três pontos no momento certo do jogo.
> » **O efeito Jordan/Kobe:** Mais pessoas usam M.J. e Kobe como exemplos para desenvolver seus jogos do que Tim Duncan ou Shaq. Simples assim, a maioria das pessoas se encaixa na média de estatura de um ala-armador do que na de um pivô. A maioria dos alas-armadores da NBA tem entre 1,95 e 2 metros, mas em um jogo de rua entre adultos, o ala-armador pode ter entre 1,55 e 1,86 metro.

Ala (apelido: "O cara do swing")

Protótipos: Elgin Baylor (L.A. Lakers), Julius Erving/"Dr. J" (Philadelphia 76ers), Larry Bird (Boston Celtics).

Populares do momento: LeBron James (Cleveland Cavaliers), Kevin Durant (Golden State Warriors). No Brasil, temos o Marquinhos (Flamengo e Seleção Brasileira).

Tipo físico/habilidades: O decatleta do basquete, o ala deve ter entre 1,95 e 2 metros para o nível masculino da NBA e FIBA (entre 1,80 e 1,89 metro para mulheres na WNBA; não é muito a se exigir, observando no geral). A diferença entre um ala e um ala-armador praticamente não existe em alguns grupos da NBA. As duas posições exigem que o jogador arremesse bem atrás do arco de três pontos, por exemplo, e crie uma saída com um drible. A razão mais comum para um jogador ser ala-armador ou outro ala, também conhecido como "3", depende de quem é mais alto e maior.

Estatística principal: Triplos duplos.

Sobre o trabalho: Alas devem conseguir fazer cestas fora do perímetro e dentro dele. Todo o propósito desses jogadores é no ataque, e eles devem ser altos, grandes e firmes demais para o ala-armador da defesa conseguir lidar com eles.

HALL DA FAMA

Adrian Dantley foi o melhor ala que já treinei. Após jogar em Notre Dame, ele teve muitos anos de sucesso na NBA e ainda é um dos top 25 maiores pontuadores da história da liga. Adrian conseguia fazer cestas e seu salto atingia 4,5 metros de alcance. Ele teria de aumentar seu leque hoje em dia para incluir o arremesso de três pontos, mas foi o melhor que já vi em sofrer uma falta e ir para a linha, onde ele era 81,8% eficaz nos arremessos de lance livre.

Ala-pivô (apelido: "O carrasco" ou "Posição quatro")

Protótipos: Bob Pettit (St. Louis Hawks), Elvin Hayes (Washington Bullets), Karl Malone (Utah Jazz), Dennis Rodman (cinco times diferentes).

Populares do momento: Anthony Davis (New Orleans Pelicans), Kevin Love (Cleveland Cavaliers), Draymond Green (Golden State Warrios). O brasileiro Olivinha (Flamengo e Seleção Brasileira) é recordista em duplos-duplos no NBB.

Tipo físico/habilidades: O ala-pivô é um Humvee (veículo militar) ou um 18-wheeler (caminhão) na quadra. (Com bastante propriedade, Karl Malone costumava fazer um bico de motorista de seu próprio equipamento.) Um jogador nessa posição deve ter entre 2 e 2,11 metros no masculino, e 1,86 e 1,95 metro no feminino, com uma massa muscular no mínimo um pouco corpulenta. O ala-pivô deve ser bom no rebote, hábil para receber passes e fazer arremessos perto da cesta.

Estatística principal: Rebotes.

Sobre o trabalho: O ala-pivô pega os rebotes de forma grosseira, mas é atlético o suficiente para se mover com alguma rapidez no garrafão, atacando ou defendendo. É esperado que ele faça a cesta quando tiver a oportunidade na linha de fundo, muito parecido com um pivô, mas normalmente com um alcance maior que 4,5 metros, e 180º em torno da cesta. O protótipo de um ala-pivô pontua da linha de fundo, em frente a cesta, e, o mais importante, pontua via rebotes de ataque.

Vinte anos atrás, não existia muita diferença entre o ala-pivô e o pivô. Mas hoje, alas-pivôs correm bem pela quadra e se distanciam da cesta.

DICA DE FÃ

Assista a Kevin Love, do Cleveland Cavaliers. Em 12 de novembro de 2010, Love pegou 31 rebotes em um jogo de 112 x 103 contra o New York Knicks. Love tem 2,08 metros de altura, um físico definido, mas a força de seu rebote tinha mais a ver com o desejo do que com qualquer outra coisa. No terceiro quarto do jogo, Love, que lideraria a liga como pegador de rebote na temporada de 2010–2011 com 15,2 por jogo, disse a seu companheiro Michael Beasley: "Eu vou pegar 30 esta noite." Ele se referia aos rebotes. E no final, Love marcou 31 pontos. Foi a primeira vez em 28 anos que um jogador da NBA marcou pelo menos 30 pontos e pegou 30 rebotes no mesmo jogo.

Pivô (apelido: "O homem grande")

Protótipos: Wilt Chamberlain (L.A. Lakers), Kareem Abdul-Jabbar (L.A. Lakers), Hakeem Olajuwon (Houston Rockets), Shaquille O'Neal (cinco times diferentes).

Populares do momento: Dwight Howard (Charlotte Hornets), DeMarcus Cousins (New Orleans Pelicans), Nenê Hilário (Houston Rockets e Seleção Brasileira).

Tipo físico/habilidades: Tipicamente o jogador mais alto do time, o pivô deve ser capaz de jogar ofensivamente — ou seja, receber a bola de costas para a cesta e movimentar seu eixo para fazer uma variedade de arremessos com salto, ganchos e enterradas. Ótimos pivôs, assim como Olajuwon e Howard, também são capazes de fazer passes através do giro.

Estatística principal: Bloquear arremessos e pontuar.

Sobre o trabalho: Considere o ex-jogador da NBA, Tim Duncan, que era listado como um ala-pivô, mas jogava como pivô. Duncan era o melhor dos dois mundos, porque também era um armador na quadra. Sabia fazer um arremesso com salto, de frente para a cesta, e (por causa do comprimento de seus braços) passava a bola por cima de seus adversários para pegar um rebote de ataque. Ele poderia fazer uma enterrada, uma jogada na linha de fundo para um pequeno salto e marcar de fora — até mesmo do alcance dos três pontos. Mas, o mais importante, ele sabia encontrar o jogador livre na quadra. Na época da faculdade, ele fez sua primeira assistência para Wake Forest em seu segundo ano.

O pivô pode não ser tão importante no ataque quanto na defesa. Esse pode ser um fato surpreendente desde que Wilt Chamberlain se tornou a presença mais dominante no ataque da história da NBA, e Abdul-Jabbar, o líder de pontos da carreira da liga.

Mas esses dois são exceções. Na maioria das vezes, os pivôs ficam na quadra para proteger o meio, bloquear arremessos e pegar rebotes. O pivô do Hall da Fama Bill Russell, que levou o Boston Celtics ao 11º campeonato da NBA, é considerado o maior bloqueador de arremessos e jogador defensivo da história da liga.

DICA DE FÃ

Por causa da linha de três pontos, a habilidade de fazer passes é imensamente importante para um pivô. Assista a um pivô receber a bola perto da cesta: se ele tiver alguma habilidade de fazer cestas, o armador da defesa tentará marcá-lo em dupla (em outras palavras, deixará de marcar seu jogador para formar uma dupla com o companheiro). Quando isso acontece, o pivô deve localizar imediatamente o jogador desmarcado, geralmente parado logo atrás do arco de três pontos, e fazer um passe suave. Antes, passar a bola para o pivô era como jogar a bola em um buraco negro. Não mais.

Jogando com Seu Ponto Forte

DICA DO TÉCNICO

Como treinador, seu primeiro passo para montar um ataque é avaliar os talentos de seus jogadores. O ponto de partida é que você precisa fazer cestas. Seria bom se os cinco jogadores que têm mais força também fossem seus cinco melhores arremessadores, mas quase nunca esse é o caso. Use o que está disponível — entenda a composição de seu time e desenvolva um ataque com isso.

Os melhores times têm um ataque equilibrado: um jogador para pontuar dentro do garrafão, um com bom arremesso no perímetro e um armador que saiba penetrar. Mas a maioria dos times é deficiente em uma dessas áreas ou não consegue ter equilíbrio. Conheça seus pontos fortes e use-os.

Na temporada 2010–2011, o San Antonio Spurs teve o ataque mais equilibrado (e o maior recorde) da NBA, porque cada jogador tinha um papel diferente, e entendia qual era. Tim Duncan era o pivô. Tony Parker era o armador. Manu Ginobili e Matt Bonner arremessavam atrás do arco. E o ala-pivô DeJuan Blair fazia pontos quando pegava o rebote. Ajudou o fato de todos serem incrivelmente talentosos, mas o equilíbrio do Spurs fez ser difícil armar uma defesa contra eles.

Jogadas e Manobras de Ataque

As jogadas e manobras de ataque mais conhecidas envolvem apenas dois jogadores de ataque. (Mas não interprete isso como se os outros três jogadores simplesmente ficassem parados fazendo nada.) Uma única posse de ataque pode usar uma ou mais jogadas e manobras que vamos discutir nesta sessão.

LEMBRE-SE

Você deve ouvir treinadores e transmissores falando sobre "espaço adequado". Seja em um jogo três contra três na metade da quadra ou em um jogo da liga com cinco contra cinco, jogadores de ataque precisam ser separados uns dos outros. Se você agrupar dois jogadores, um jogador de defesa pode marcar os dois com eficiência. Faça a defesa trabalhar duro nisso. Separem-se uns dos outros.

O passe

Um *passe* envolve um jogador arremessando a bola para um companheiro, pelo ar ou quicando-a no chão. Parece simples, mas o passe é o primeiro passo para um bom ataque.

Um bom jogador de ataque pode marcar 40 pontos de vez em quando, mas ele faz isso normalmente em detrimento de seu time. Lendas de pontuação como Pete Maravich e George Gervin jogaram para times da NBA que nunca chegaram às finais. O L.A. Lakers, por outro lado, ganhou cinco títulos nos anos 1980, em grande parte por causa da habilidade de Magic Johnson de encontrar companheiros livres. Um bom passe que leva a uma bandeja é mais desmoralizante para a defesa do que um arremesso de 4,5 metros.

E o Michael Jordan, você pergunta? Jordan marcava muitos pontos, verdade, mas ele também sabia encontrar um companheiro livre. Em um jogo em março de 1995, Jordan — voltando recentemente do time de beisebol Birmingham Barons — castigou o New York Knicks com 55 pontos. Com o jogo empatado nos segundos finais, Jordan levou a bola para a cesta. Enquanto três jogadores do Knicks o marcavam, ele serviu de bandeja a bola para o pivô Bill Wennington, que fez a cesta.

LEMBRE-SE

Nenhum jogador no mundo é mais rápido em driblar a bola do que em passar a bola para seu companheiro. Um passe é mais rápido e, por isso, o jeito mais eficiente de transferir a bola de um jogador para outro.

O corta-luz

Um corta-luz libera um drible ou um jogador com a intenção de receber a bola. Para fazer um corta-luz, um jogador de ataque sem a bola usa seu corpo como um escudo

CAPÍTULO 6 **Ataque** 97

para atrapalhar um jogador de defesa que tenta seguir o jogador de ataque. Para um corta-luz ser legal, o jogador que o faz deve permanecer parado por pelo menos um segundo inteiro e deve manter os braços abaixados. Senão o árbitro marca a falta como corta-luz ilegal.

Para ver um ataque que sabe o valor de um corta-luz, assista ao vídeo de Bob Knight, do Indiana Hoosiers, da Indiana University (IU). Em toda posse de bola no meio da quadra, o ataque do IU fazia pelo menos dois corta-luzes. Às vezes, o IU colocava três corta-luzes em um jogador, só para deixar livre o arremessador. Se você não sabe fazer um corta-luz, não pode jogar para o "General". Corta-luzes são frustrantes para a defesa. Um ataque que faz corta-luzes cuidadosamente em toda jogada de meio de quadra é capaz de diminuir o poder de defesa do adversário. O grande Reggie Miller, que jogou durante 17 temporadas para o Indiana Pacers, fazia com frequência dois ou três corta-luzes por posse de bola, até que seu companheiro pudesse encontrá-lo para um arremesso.

O give-and-go (passa e sai)

DICA DE FÃ

Uma jogada que qualquer criança do jardim de infância conhece, o passa e sai destrói o jogador de defesa preguiçoso. Como mostra a Figura 6-1, o jogador 1 da defesa passa para o jogador 3, e então vai direto para a cesta. O jogador 3 devolve a bola para o jogador 1 usando um passe picado (porque o jogador 1 está se movendo muito rápido). O jogador 1 ganha do jogador de defesa porque ele comete o erro de relaxar depois que o jogador que ele está marcando passa a bola.

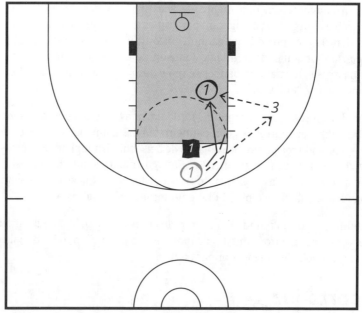

FIGURA 6-1: The give-and-go (Passa e sai).

O passe e o corta-luz

O.k., você passou a bola. Agora o que você faz? Você pode ficar onde está, mas isso o torna fácil de marcar. Você pode se mover em direção ao jogador para quem você passou a bola com a ideia de fazer um bloqueio (explicado na próxima sessão). Você pode tentar um passar e sair. Ou, como mostra a Figura 6-2, pode tentar um passe e um corta-luz. Para fazer isso, você (1) se move para longe de onde passou a bola (3), em direção a outro companheiro (4), e então faz um bloqueio (ou corta-luz). O jogador 4 recebe um passe do jogador 3.

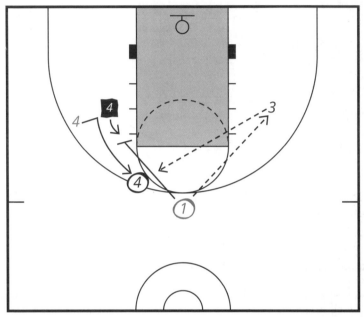

FIGURA 6-2: O passe e o corta-luz.

LEMBRE-SE

Um ataque eficiente sempre tem movimentos, mas esses movimentos devem sempre criar espaço para cada jogador.

O pick and roll (bloqueio com giro)

Um bloqueio nada mais é do que um corta-luz em um jogador que está com a bola. A jogada de pick and roll é tão antiga quanto as cestas de pêssego de Naismith (veja o Capítulo 3), mas ainda é muito valiosa hoje em dia. O Utah Jazz, especificamente o armador John Stockton e o ala-pivô Karl Malone, fez o pick and roll por mais de uma década, e ninguém nunca descobriu como detê-lo.

O quão eficientes eram Stockton e Malone no pick and roll? O primeiro é o líder em assistências de todos os tempos da NBA (15.806... ninguém está a menos de 4 mil atrás dele), e o segundo é o nº 2 em pontos totais de todos os tempos (36.928), atrás apenas do lendário Kareem Abdul-Jabbar.

Para fazer um pick and roll (como mostra a Figura 6-3), um jogador de ataque (5) bloqueia o jogador com a bola (1), que está quase sempre driblando ao mesmo tempo. Quando o jogador que está driblando se aproxima de seu companheiro (que está fazendo o bloqueio), o segundo jogador se afasta daquela posição e segue em direção à cesta. Por que uma jogada tão simples é tão difícil de defender? Porque ela cria um caos na defesa.

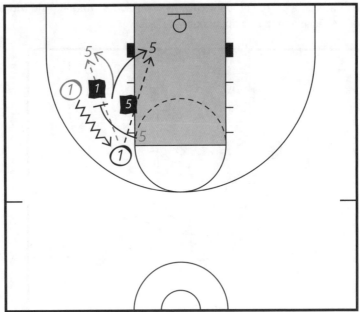

FIGURA 6-3: O pick and roll.

Quando Malone fazia um bloqueio, o jogador de defesa de Stockton tinha que decidir se iria perseguir Stockton ou recuar. Se ele recuasse, Stockton ficaria livre para um arremesso. Se o jogador de defesa que marcava Malone avançasse para impedir Stockton, Malone seguiria para a cesta, deixando o ala para marcar Malone. Nesse exemplo, você normalmente vê um dos três resultados possíveis de um bloqueio com giro:

» Stockton ganha seu marcador no corta-luz e corre para uma bandeja ou um arremesso com salto.
» Stcokton cria um desencontro, no que ele passa para Malone enquanto gira em direção à cesta.
» Os dois jogadores de defesa seguem Stockton, que novamente passa para Malone para uma fácil bandeja.

PALAVRAS DO AUTOR

Existem vários vídeos dos feitos de Stockton e Malone no YouTube. Assista a todos e aprenda com o melhor dueto de bloqueio com giro da história da NBA.

A backdoor (porta traseira)

Se você e seus companheiros não são tão ágeis quanto o time adversário, você deve jogar com mais inteligência do que ele. Nenhuma jogada de ataque é mais inteligente do que a jogada de porta traseira.

Como mostra a Figura 6-4, um jogador na ala (3) geralmente recebe um passe na jogada de porta traseira. Se o jogador marcando quem vai receber tenta impedir o passe, então o recebedor avança na ala como se fosse na direção do jogador que está driblando. Quando o jogador de defesa se move para impedir o passe, o recebedor muda sua direção e vai para a cesta. Isso é conhecido como "Corte em V". O "V" refere-se ao caminho feito na quadra: movendo-se em uma direção, e de repente mudando. "V" também significa vitória, que é mais fácil para aqueles que se movem com inteligência sem a bola nas mãos.

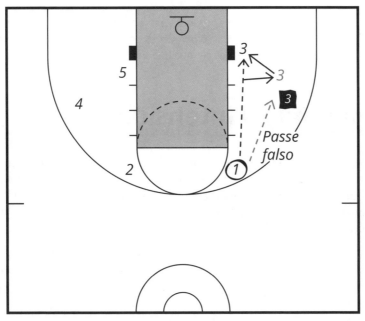

FIGURA 6-4: A jogada de porta traseira.

DICA DE JOGADOR

Como um jogador de defesa, você não tem nenhuma desculpa para permitir essa jogada. O conceito fundamental da defesa homem a homem é manter você entre o jogador que você deve marcar e a cesta. Se a jogada de porta traseira funcionar, o jogador de defesa assume um risco — tentar uma roubada de bola —, e o ataque dá o devido fim a ele.

Fique Alerta no Ataque

DICA DE JOGADOR

Ficar em alerta pode fazer uma grande diferença entre uma posse de bola do ataque resultar em uma cesta ou não. Algumas coisas que jogadores de ataque inteligentes devem incluir:

» Preste atenção no jogador de defesa que não está prestando atenção no jogador que deve marcar e na bola ao mesmo tempo. Se ele está prestando atenção só na bola, o jogador que está sendo marcado por ele deve procurar uma posição para ficar livre. Se ele está prestando atenção apenas no jogador que deve marcar, você pode passar a bola para esse jogador a qualquer momento.

» Se você está com a bola e está sofrendo marcação dupla, alguém está livre. Passe a bola!

» Se você precisa saltar para pegar um passe, caia com os dois pés ao mesmo tempo. Não estou falando isso por razões de segurança. Caindo com os dois pés no chão, você pode estabelecer qualquer um dos pés como seu pé de base.

Determinando a Intensidade

Talento precede a intensidade. Os times mais intensos são melhores no ataque — e certamente mais atléticos — do que times menos intensos. Se você acha que seu time está em melhor forma ou é mais atlético do que seu adversário, acelere o jogo. (Nós raramente tivemos um time assim em Notre Dame, então eu preferia manter o jogo concentrado na metade da quadra.)

DICA DE FÃ

Se tiver a chance, leia o livro de Jack McCallum: *07 Seconds or Less* (*07 Segundos ou Menos*, em tradução livre). É uma crônica sobre a temporada de 2005–2006 do Phoenix Suns, que liderou o quadro de pontuação da NBA com 108,4 pontos por jogo. O título vem da crença do treinador Mike D'Antoni de que nenhuma posse de bola do ataque deveria durar mais que sete segundos antes de alguém ficar livre para tentar um arremesso.

PALAVRAS DO AUTOR

Em 2010, Notre Dame perdeu seu melhor jogador e líder de pontos, Luke Harangody, para uma doença no meio da temporada. O treinador Mike Brey instituiu o que acabou se tornando o ataque de Queimadura Lenta. A ideia era explorar o relógio em cada posse de bola do ataque, para deixar o jogo mais lento.

Funcionou para que o Irish ganhasse seis dos sete jogos restantes e conseguisse se qualificar por pouco para o torneio da NCAA. Na temporada seguinte, o Irish visitou o segundo colocado no ranking Pittsburgh, que vinha em uma sequência de 20 vitórias seguidas em casa. Novamente, usando a Queimadura Lenta, o Irish ganhou.

"A única coisa em ser paciente e deixar acontecer é que você precisa ter uma equipe que acredite nisso", disse Brey. "A concentração mental disso é subestimada. Felizmente nós ganhamos no ano passado fazendo isso, então esse é um bom argumento."

Ataque Homem a Homem

Como disse no início deste capítulo, os times fazem um ataque homem a homem quando a defesa está jogando contra eles do mesmo modo. Um ataque homem a homem envolve muitos cortes, corta-luzes, passar e sair e bloqueios com giro. (Para saber mais sobre bloqueios com giro, veja o Capítulo 7.) Por quê? Porque os jogadores de ataque precisam trabalhar para escapar da marcação e ficar livres.

ALGUMAS DIRETRIZES DO ATAQUE

Nem todo mundo consegue arremessar como Kevin Durant, mas isso não quer dizer que você não possa ser um jogador de ataque perigoso. Se você for fiel a essas regras, será conhecido como o jogador mais inteligente do ataque, o que é igualmente valioso para seu treinador.

1. Após passar a bola, mova-se. Ou vá em direção à cesta, ou vá para longe de onde você fez o passe para fazer um corta-luz para um companheiro.

2. O lugar mais perigoso da quadra é a linha de lance livre. Se você pode passar a bola para seu pivô ou ala na linha de lance livre (também conhecida como poste alto, nessa situação), você tem muitas opções. O jogador pode girar, e porque ele está no centro da meia quadra, a defesa precisa se atentar, pois ele pode passar a bola em qualquer direção.

3. É fácil marcar uma estátua. Se você não tem a bola, faça um bloqueio para alguém ou mova-se para ficar livre. Se você correr para um lugar onde está um companheiro, faça um bloqueio. Senão, corra para uma posição onde não há ninguém, mas um lugar de onde você consiga arremessar.

4. Quando alguém passar a bola para você, não drible, a não ser que ou até que você tenha um plano. Você é mais perigoso segurando a bola, porque nesse momento você ainda tem três opções: passar, driblar ou arremessar. Grandes jogadores de ataque não precisam driblar até estarem seguindo em direção à cesta para marcar.

5. Se você não está com a bola, não corra na direção do jogador que está com ela. Mexa-se para ficar livre ou para fazer um corta-luz para um terceiro companheiro ficar livre.

CAPÍTULO 6 **Ataque** 103

Padrões e continuidade

Existem vários tipos de ataque na meia quadra para fugir de uma defesa homem a homem. Mas o princípio primordial, entretanto, é que cada jogador é mais como um padrão de repetição de si que inclui muitas opções. É como um gráfico, ou um algoritmo. Por exemplo, se o armador está na frente do garrafão, ele deve passar a bola para o jogador na ala ou para o pivô que aparece no poste alto. Dependendo de quem receber o passe, passa a existir um novo conjunto de escolhas.

A diferença entre o ataque no basquete e no futebol americano

No ataque do futebol americano, o jogador faz uma jogada específica em que cada jogador sabe exatamente aonde deve ir, quem deve bloquear, que rota de passe deve seguir, e assim vai. Uma jogada de futebol americano dura menos de oito segundos.

As jogadas de basquete, entretanto, são bem diferentes. Algumas vezes, como na hora de montar a jogada ou no arremesso no último segundo, a jogada do basquete é igual à do futebol americano. Na maior parte das vezes, um ataque na meia quadra é mais como uma dança coreografada que precisa de improvisação.

Cada jogador deve ter uma posição determinada na quadra quando a jogada começa, mas daí por diante depende de quem está livre, onde um passe é feito, ou como a defesa é quebrada. A melhor maneira de saber onde estar ou o que fazer em um ataque na meia quadra é simplesmente jogar mais basquete. Logo isso se tornará natural para você.

HALL DA FAMA

LSU VERSUS KENTUCKY, 1994

Quando você tem um ataque potente, como o ex-treinador do Kentucky, Rick Pitino, tinha, você nunca está fora do jogo. Em 15 de fevereiro de 1994, o time de Pitino, 11º colocado no ranking, Wildcats, viajou para Baton Rouge para jogar contra Louisiana State. Eram os cansativos dias de luta da tabela da SEC (Conferência Sudeste), mais tarde na temporada regular, e Kentucky saiu para a quadra sem interesse.

Perdendo no primeiro tempo de 48 a 32, o Wildcats levou 18 pontos consecutivos no início do segundo tempo, chegando a 68 a 37. Apenas outro time na história da NCAA (Duke, em 1995, versus Tulane) se recuperou de um déficit de 31 pontos para ganhar um jogo. Pitino pediu tempo.

Ele juntou o time para mostrar seu caráter. Também disse aos membros da equipe para fazerem apenas arremessos de três pontos. Kentucky tentou 23 arremessos de três pontos no segundo tempo, acertando 12 deles. Um 24 a 4 diminuiu a liderança para oito pontos com mais seis minutos de jogo restando, e o Wildcats ganhou de 99 a 95, para empatar com Duke em uma grande virada na história da NCAA.

No basquete, o ataque é mais filosofia (Princeton, por exemplo, aplica o *ataque do movimento*, em que todos os cinco jogadores se movem constantemente e conseguem manipular a bola de qualquer lugar da quadra). É menos sobre onde você deve estar e mais sobre como você deve jogar em relação a seus companheiros.

O passe no poste alto da North Carolina (Four Corners) foi um dos ataques mais devastadores já inventado com a intenção de *não* marcar. Colocado em ação pelo incrível armador Phil Ford em meados dos anos 1970, o ataque Four Corners do North Carolina nada mais era do que uma formação para se manter afastado, quase impossível de parar. Ou devo dizer começar?

O Tar Heels simplesmente se espalhava na quadra, colocando cada jogador em uma das quatro zonas mortas da quadra de ataque, e o quinto, Ford, no meio. Ford driblava pela quadra como uma mosca até o segundo jogador de defesa deixar de marcar para ir atrás dele. Quando isso acontecia, Ford passava a bola para o jogador livre em uma das zonas mortas. Esse jogador segurava a bola até alguém se aproximar dele; então ele driblava até o meio, e Ford assumia seu lugar na zona morta. A ideia era que a bola ficasse nas mãos de Ford quanto tempo fosse possível. UNC não tinha o objetivo de pontuar, e sim gastar o tempo de relógio. Se a UNC tivesse a liderança e a posse de bola com apenas quatro minutos restantes, o jogo estava acabado.

Talvez a única coisa capaz de parar o Four Corners era ele mesmo. Esse ataque era tão eficiente que ele apressou a invenção do relógio de arremesso. Os torcedores ficavam entediados com essa jogada, e os técnicos adversários, muito frustrados.

DICA DE FÃ

Os times fazem mais de uma jogada de ataque em um jogo. Se você por acaso tem ingressos para o alto da arquibancada, use a altura como uma vantagem para observar como o ataque se desenvolve. Veja quais jogadores fazem o corta-luz, quem se move em direção à bola, quem vai na direção contrária e quem fica na linha de fundo. Pegue um bloco de notas e uma caneta e desenhe a formação do ataque que você vir repetidamente.

Se por acaso você sentar no nível da quadra, assista ao jogo pelos olhos dos jogadores de ataque. Que jogador está livre no garrafão? O jogador deve avançar na ala para receber a bola ou ele deve voltar pela porta traseira? Ele deve arremessar a bola, driblá-la ou fazer um passe?

Zona de Ataque

As defesas de zona (aquelas em que os jogadores defendem áreas da quadra, e não jogadores específicos) forçam o ataque a mudar seu estilo. Por que os adversários defenderiam uma zona contra você?

- » Eles não acreditam que seu arremesso no perímetro ou fora do garrafão seja preciso o suficiente para ganhar a zona. (Arremessar fora da zona normalmente força-a a se desfazer, porque o adversário precisa sair e marcar o jogador.)
- » Você tem um ótimo pontuador que não pode ser detido por apenas um jogador de defesa. Na zona, seu adversário pode cercá-lo com mais três companheiros.

Como a zona atrapalha o ataque

Uma defesa por zona disciplinada praticamente anula corta-luzes, jogadas de porta traseira e bloqueios com giro, porque os jogadores de defesa marcam as áreas, e não os adversários. Para encarar uma defesa por zona, o ataque deve trabalhar passando a bola, encontrando aberturas na defesa e penetrando na cesta.

Como atacar uma zona

A defesa por zona funciona melhor quando a bola está no perímetro. Se você consegue entrar para seu pivô, particularmente no posto alto, você força a defesa a convergir para ele, o que cria um novo espaço para entrar no garrafão e companheiros livres. É muito importante que seu pivô entenda que ele pode girar em qualquer direção e procurar por companheiros livres com uma visão de 360°.

Tim Duncan, do Wake Forest, era um valioso jogador universitário por uma única razão: um grande alvo no garrafão, ele também era perito em fazer passes contra a zona.

Uma defesa por zona sempre tenta manter suas posições. Logo, passes rápidos pegam a defesa por zona de guarda baixa, e eventualmente alguém se superesforça ou falha na hora de se recuperar a tempo. Seis passes rápidos antes de um arremesso não é muito — você quer manter a defesa se movendo.

Lembre-se, não se trata apenas de passar a bola. Trata-se de pegar a bola e fazer o próximo passe antes que a defesa tenha tempo de recuperar sua posição.

Os passes de basquete são mais rápidos do que você pode driblá-los. Um passe de bola também se move mais rápido do que o jogador de defesa. Passes ganham a zona, não dribles.

Outra tática a se tentar: comece a fazer cestas de três pontos, ou pelo menos arremessos de fora do garrafão. Você força a defesa por zona a sair para jogar com você. Isso, por sua vez, abre espaços de dentro para fora, não apenas para pivôs, mas também para *penetração com drible* (driblar até a cesta, forçando um segundo jogador a marcar você, e passar para um companheiro livre).

Jogando contra uma zona 2-3

A zona 2-3 (explicada no Capítulo 7) é a zona mais comum que os times empregam. Contra uma zona 2-3, a maioria dos ataques usa um alinhamento 1-3-1. Como mostra a Figura 6-5, o armador (1) deve passar para um dos alas (2 ou 3) ou para o pivô (4). (Então, no alinhamento 1-3-1, você tem o armador representando "1", dois alas e um pivô representando "3".) Se o ala recebe o passe, ele pode olhar para o jogador correndo para a linha de fundo (5, que é o outro "1" do alinhamento 1-3-1) ou passar a bola para o pivô (4).

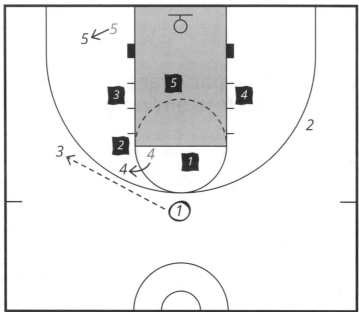

FIGURA 6-5: A jogada 1-3-1 inverte a defesa por zona 2-3.

No passe do armador para o ala, o jogador posicionado no posto alto mergulha para o baixo no lado da bola, e o jogador da linha de fundo assume seu lugar. É como um movimento em X, de baixo para cima, de cima para baixo.

Se o ala devolve a bola para o armador, este pode considerar penetrar no garrafão. Um armador talentoso e de pensamento rápido força a zona a entrar em colapso ou se esforçar demais. Isso significa que mais alguém está livre.

Jogando contra uma zona 1-3-1

Quando enfrentam uma defesa por zona 1-3-1 (descrita no Capítulo 7), os treinadores normalmente colocam dois armadores fora do perímetro e mantêm três na linha de fundo (dois jogadores grandes e um bom arremessador). O ataque então é um esquema 2-1-2 ou 2-3. Alguns times deixam o pivô bem perto da tabela. Outros deixam dois jogadores embaixo da cesta, com dois fora do garrafão (dois armadores), e mantêm o arremessador se movimentando de linha lateral a linha lateral.

O passe forçado é uma arma efetiva contra defesas em zona. O passe forçado é um passe que normalmente necessitaria de dois passes para ser executado. Por exemplo, se um jogador tem a bola na ala direita, a maneira mais segura de levar a bola até a ala esquerda terá dois passes: o primeiro para o armador no topo do garrafão, que então repassa a bola para a ala esquerda. Um passe forçado levaria a bola diretamente de uma ala a outra.

É um passe arriscado, mas se funcionar, a defesa em zona começará a desmoronar. Assim que a defesa em zona perde sua formação, encontrar uma posição de arremesso se torna muito mais fácil.

Levando a bola para dentro do garrafão contra uma defesa em zona

Alguns times enviam um infiltrado, mas fazem um corta-luz em seu defensor perto de seu grande jogador, para que ele possa dar a volta pela tabela e receber a bola. Em uma defesa 1-3-1 (porque a marcação por zona realiza alguns ajustes) ou em uma 1-2-2, o meio fica aberto. Quando você consegue um passe forçado e a zona se reajusta, o pivô percebe o espaço perto da tabela, vai para aquele espaço e pede a bola.

Perceba o que acontece após o passe forçado. A bola deixa a mão do passador e vai para a ala oposta. O pivô segue o passe. Antes que o recebedor segure a bola, o pivô já está na ala oposta. Essencialmente, o pivô segue o passe, lê o passador, percebe que a bola irá para a outra ala, procura pelo espaço perto da tabela e se posiciona. Como consequência, o passe é um passe de um toque na bola.

O recebedor repassa a bola para o garrafão. O pivô precisa se movimentar para estar em condições de receber a bola. Às vezes ele precisa sair do garrafão para receber a bola pelo alto, e outras vezes ele precisa se manter abaixado para pegar uma bola baixa. Ele não pode ficar parado dentro do garrafão, senão marcá-lo fica muito fácil.

LEMBRE-SE

Pivôs precisam se mover e trabalhar para estar em condições de receber a bola, mas os passadores do perímetro precisam ser pacientes, ler a jogada e esperar. Um dos pontos fracos do ataque por zona, não importa se é contra uma zona 2-3 ou qualquer outra defesa em zona, é que os alas não olham para as linhas de fundo ou para a linha de lance livre antes de inverterem o lado da jogada. Lembre-se, usar o pivô para distribuir a bola é irmão do ataque em zona. Utilizar o pivô para distribuir as bolas torna seu ataque muito difícil de ser marcado; alguém estará livre, seja no lado oposto da linha de fundo ou na ala oposta, e o pivô ainda pode retornar a bola para quem começou a jogada.

Contra-Ataque

Contra-atacar é simplesmente ir para o ataque rapidamente antes que a defesa tenha a chance de se posicionar. A chave para realizar um contra-ataque perfeito é levar a bola para longe das laterais. Assim, o defensor precisa se defender de três jogadas: um passe para a esquerda, um passe para a direita, ou o jogador continuar com a bola.

DICA DE JOGADOR

O jogador com a bola precisa decidir o que fazer até o momento em que ele chega na linha do lance livre: passar a bola, continuar em direção à cesta ou parar e arremessar. Não force arremessos em um contra-ataque. Bons times transformarão um arremesso errado em um contra-ataque contra você.

HALL DA FAMA

ATAQUE DE PAUL WESTHEAD E LOYOLA MARYMOUNT

Quando Paul Westhead estava treinando em Loyola Marymount (LMU), ele impôs uma regra para seus jogadores: quando estiverem no ataque, cheguem até a outra quadra em três segundos e arremessem em sete.

A pré-temporada na LMU lembrou o campo de preparação da Marinha, já que Westhead impôs todos os tipos de exercícios de condicionamento físico para moldá-los para a correria (e muitos arremessos) que eles fariam. Um exercício envolvia jogadores correndo com pequenos paraquedas em suas costas, para maximizar a resistência do vento, uma tática que vários outros treinadores de basquete universitário e profissional adotaram depois.

Na partida de abertura da temporada, LMU não fez nada além de contra-ataques e cestas de três pontos. Westhead recrutou jogadores que podiam correr e arremessar do perímetro. Em 1989–1990, seu terceiro ano na instituição de Los Angeles, ele tinha seus atletas na mão. Naquela temporada, LMU venceu Louisiana State por 148 a 141. (Os velocistas de Westhead ainda desperdiçaram um montão de ataques.) O jogo foi temporariamente interrompido, pois o botão utilizado para alterar o placar quebrou, aparentemente por exaustão.

A média de pontos da LMU naquela temporada foi de 122,4 por jogo. Uma olhada no livro dos recordes revela o impacto da LMU durante o grande experimento de Westhead. Enquanto ele foi treinador lá (1987 a 1991), Loyola emplacou cinco dos dez maiores placares já alcançados na história da NCAA. Cada uma de suas quatro temporadas está entre as dez maiores em termos de pontuação na história da NCAA

DICA DO TÉCNICO

Quando Sonny Allen estava treinando em Old Dominion, ele numerou certos pontos da quadra e designou jogadores individualmente para correrem para cada ponto — como a zona morta ou uma ala — nos contra-ataques. Mesmo após deixar o adversário marcar, Sonny fazia seus jogadores fazerem isso. Esse exercício ficou bastante famoso.

Por que os contra-ataques funcionam?

Esse geralmente acaba tendo mais jogadores do que a defesa, seja três contra dois, três contra um, ou dois contra um. A tarefa do carregador de bola no contra-ataque, especialmente nos dois últimos cenários, é forçar o defensor a escolher um lado e então passar para seu companheiro livre.

O exercício de entrelaçar três homens

Esse exercício não envolve nenhum drible. Três jogadores, separados por aproximadamente 4,5 metros, começam em uma das linhas de fundo. O jogador no meio passa para uma das alas e então corre em direção àquele jogador e corre *atrás* dele. O jogador que recebeu o passe joga a bola para o terceiro jogador, correndo em sua direção e atrás dele também. E assim continua. Faça isso até que algum jogador receba a bola logo após a linha de lance livre, e então trate a situação como se fosse um contra-ataque: o recebedor passa para um de seus companheiros nas alas (um passe picado, eu diria), ou fica com a bola e arremessa, ou vai em direção à cesta.

O benefício desse exercício é que os jogadores aprendem a passar a bola em velocidade e entendem o conceito de preencher os lados da quadra em jogadas de contra-ataque.

O exercício três contra dois, dois contra um

Posicione dois defensores no final da quadra — um na linha de lance livre e outro no garrafão. Então faça com que seus três jogadores de ataque subam a quadra, seja entrelaçando os três homens ou passando a bola para simular um contra-ataque. Quando eles se aproximarem do final da quadra, se encontrarão em uma situação de três contra dois. O ataque tem de converter a cesta imediatamente.

Quando a defesa recupera a bola, seja em um rebote ou após uma cesta convertida, os dois defensores iniciam um contra-ataque contra o antes jogador de ataque que estava mais perto da cesta, quando o ataque perdeu a posse de bola. Os outros dois jogadores permanecem na defesa para quando o exercício for reiniciado.

Pressão Ofensiva

A pressão ofensiva não é feita para se marcar pontos, mas simplesmente conseguir atravessar o meio da quadra antes que cometam uma violação. (Na NBA e na FIBA, as equipes têm apenas oito segundos para ultrapassar com a bola o meio da quadra.) Esse tipo de ataque é utilizado quando a defesa emprega uma pressão de quadra inteira, o que geralmente envolve uma marcação dupla no jogador com a bola, com o objetivo de forçar um turnover em sua própria quadra.

DICA DE JOGADOR

Quando for colocar a bola em jogo de sua linha de fundo contra uma pressão de quadra inteira, o que você precisa saber?

» Se você for colocar a bola em jogo após uma cesta convertida (seja um arremesso de quadra ou um lance livre), você pode se movimentar ao longo da linha de fundo. Você não pode fazer isso após uma violação, entretanto, ou após a bola ter saído de quadra. Nessas situações, você precisa manter pelo menos um pé fixo, como se tivesse parado de driblar com a bola.

» Vislumbre essa situação. Você coloca a bola em jogo após seu adversário fazer a cesta e começar uma pressão de quadra inteira. Seu passe é desviado, e a bola sai de jogo. Entretanto, seu time ainda tem a posse, e você deve colocar a bola em jogo novamente a partir da linha de fundo. Você ainda pode se movimentar ao longo da linha de fundo? Resposta: Não.

» A tabela pode te bloquear. Tome cuidado com a tabela, principalmente se tentar dar a saída de bola com um passe para depois do meio da quadra. Se você estiver embaixo da tabela, seu passe pode atingi-la.

» Os cantos são lugares mortais. Se você vai receber a saída de bola, mantenha-se longe dos cantos. A defesa pode facilmente encurralá-lo com dois jogadores. Se você está tentando ficar livre para receber a saída de bola, evite os cantos.

» Faça um corta-luz para um companheiro e então corra para o espaço aberto.

» Não espere o passe chegar até você. Seja agressivo.

» Após ter a posse de bola e começar a driblar, não interrompa o drible (em outras palavras, não pare de quicar a bola) até saber para quem você passará a bola. Se você driblar em direção a uma armadilha, recue e arqueje seu drible — tente dar a volta na armadilha. Ou recue e procure por um companheiro livre. Passar ou driblar para trás na quadra de defesa não é um pecado. Às vezes você precisa dar um passo atrás para dar dois à frente (veja também em *Filosofia Para Leigos*).

» Muitas vezes, um ataque fica tão obsessivo em ultrapassar a metade da quadra, que para de trabalhar assim que a bola passa dela. Se você vencer a pressão e obtiver uma vantagem numérica na quadra de ataque (é isso, se você consegue ultrapassá-los na quadra de defesa, terá mais jogadores do que eles na quadra de ataque), a situação não é diferente de um contra-ataque. A não ser que seu treinador tenha ordenado que não arremesse, leve a bola até a cesta.

Escapando de Armadilhas de Meia Quadra

Defesas realizam armadilhas de meia quadra por várias razões. Eles talvez estejam atrás no marcador no final de um jogo e tentando forçar um turnover. Ou talvez simplesmente estejam tentando dar a seu ataque letárgico um choque. Em um jogo entre o Lakers e o Rockets alguns anos atrás, por exemplo, Del Harris, à época treinador do Los Angeles Lakers, ordenou uma marcação de meio da quadra no segundo quarto. Harris esperava que, se ele pudesse acordar seu time defensiva-mente, aquilo faria com que o time acordasse também ofensivamente. Sua estra-tégia funcionou.

DICA DE JOGADOR

Para se livrar de uma armadilha de meia quadra, o ataque precisa se espalhar, quase como se estivesse jogando nos quatro cantos da quadra. Algumas outras dicas incluem:

» **Priorizar passes fingidos a passes diretos.** A defesa está jogando tão agressivamente, que geralmente acredita nos passes fingidos.

» **Dê passes picados quando o defensor tiver os braços esticados para cima.** Um passe picado é muito mais difícil de interceptar e muito mais fácil de realizar.

» **Não pare de driblar.** Você tem menos liberdade para se mover contra uma marcação de meia quadra, porque você não pode mais se aventurar na quadra de defesa. A defesa precisa marcar apenas metade do espaço de que precisava na pressão de quadra inteira.

» **Sempre tenha alguém aparecendo na linha de lance livre.** Em um jogo de meia quadra, a linha de lance livre é o epicentro. Se você posicionar um jogador em cada canto da quadra de ataque e o quinto como curinga, a linha de lance livre é uma zona livre. Oferece a melhor combinação para passes curtos — caso o jogador com a bola seja encurralado em um dos cantos — com espaço adequado. A área que ficou vaga pelo jogador que apareceu na linha de lance livre deve ser preenchida pelo curinga.

NESTE CAPÍTULO:

Entendendo os princípios da defesa falada

Utilizando marcação homem a homem

Utilizando marcação por zona

Armadilha, pressão e outros truques legais

Capítulo 7
Defesa

B ons jogadores de defesa são bons jogadores de defesa porque querem ser. Jogar na defesa é difícil — não vou enganá-lo — e raramente é glamouroso. Com que frequência você vê o *SportsCenter* da ESPN dedicar pelo menos um dos dez melhores lances da rodada para um ala interceptando um passe na lateral de quadra? Ou para um pivô enfrentando seu oponente embaixo da tabela? Simplesmente não acontece.

PALAVRAS DO AUTOR

Entretanto, a defesa é literalmente metade do jogo. É tão importante para as vitórias — talvez até mais — quanto o jogo ofensivo. O objetivo do basquete, lembre-se, não é apenas marcar pontos, mas marcar mais pontos do que seu adversário. Quanto menos seu oponente pontuar, menos pontos você precisará para vencer. Duas razões para que a defesa talvez seja mais importante do que o ataque são:

> » **Uma grande defesa gera ataques instantâneos.** Jogadas defensivas, como roubos e tocos, geralmente levam a contra-ataques fáceis para seu time.
> » **A defesa é pautada em atitude, e não em aptidão.** Em alguns jogos, seus arremessos simplesmente não entrarão na cesta. Uma boa defesa, entretanto, é tão confiável quanto as marés, pois é pautada no esforço. Você pode contar com essa parte de seu jogo toda vez que colocar o uniforme.

Então, como você joga na defesa? Um antigo treinador uma vez disse: "Você joga na defesa com três coisas — sua cabeça, seu coração e seus pés." Isso é engraçado, considerando a frequência com que os treinadores dizem a seus jogadores para manter suas mãos para o alto quando estão na defensiva, mas é verdade. Você joga com sua cabeça, pois um bom defensor consegue ludibriar seu adversário; . Você joga com seu coração, pois um bom defensor deixa seu adversário sem fôlego; E você joga com seus pés, como este capítulo explicará. Jogar na defesa é, em sua maior parte, estabelecer posições. Você estabelece posições com seus pés, não com suas mãos.

Jogando com a Cabeça

Para jogar com a cabeça, você precisa conhecer seu adversário. Jogadores de ataque são criaturas com hábitos. Por exemplo, um jogador pode sempre driblar para sua direita ou procurar arremessos na altura da linha de lance livre. Assim como maus jogadores de pôquer, esses oponentes podem ser "lidos". Esteja ciente das tendências no jogo de seu adversário e você será um defensor melhor.

LEMBRE-SE

Mas lembre-se de que a defesa é um conceito coletivo. Por causa de corta-luzes e marcações dobradas (quando dois defensores marcam um oponente ao mesmo tempo), você marcará (atrapalhar um adversário; não confundir com marcar pontos) vários jogadores na quadra. Bons jogadores de defesa conhecem os pontos fortes e fracos de pelo menos alguns jogadores do time adversário.

A lista de qualidades de um defensor inteligente inclui:

> » **Agilidade:** Seu oponente é mais ágil do que você? Se sim, dê o espaço de um passo entre você e ele a sua frente — você quer ser capaz de recuar rapidamente e reestabelecer seu posicionamento.
> » **Posicionamento:** Seu adversário é um arremessador acima da média? Tão importante quanto, *a partir de que distância* ele é um bom arremessador? Quando

um grande arremessador entrar em sua zona de arremesso, você não pode dar espaço a ele.

» **Fraquezas:** A maioria dos jogadores ofensivos — inclusive você, quando seu time tem a bola — tem falhas em seu jogo. Talvez o jogador que você esteja marcando não goste de driblar para a esquerda. Se for o caso, vá para seu lado direito, forçando-o a ir para a esquerda. Ou, se ele não tem muita confiança nos arremessos à distância, desafie-o para que ele te supere com arremessos longos. Bons jogadores de defesa sempre aproveitam os pontos fracos de seus adversários.

Jogando com Seu Coração

Em 1996, em um artigo da revista *Sports Illustrated Presents*, o famoso armador Latrell Sprewell, na época jogando pelo Golden State Warriors, culpou a indiferença por sua pobre atuação defensiva na temporada de 1994–1995. Sprewell, que havia estabelecido uma reputação de um defensor tenaz quando calouro, admitiu que a troca de seu melhor amigo de equipe, Chris Webber, afetou suas atuações. "Eu admito que meu coração não estava naquela temporada", disse Sprewell, "e é isso que a defesa é em grande parte — coração e dedicação."

PALAVRAS DO AUTOR

Quando assisto aos jogos de Duke dos estúdios da ESPN em Bristol, Connecticut, percebo que o treinador Mike Krzyzewski faz seus jogadores realizarem um gesto que, apesar de simbólico, serve como um lembrete para jogar com uma defesa dura. Quando o Blue Devils precisa de uma grande jogada defensiva, isso é o que ele faz enquanto recua após o meio da quadra para defender: cada jogador se agacha e bate com as duas mãos no chão da quadra. Abaixar-se requer um esforço extra, o que pode ser o ponto do Treinador K: defender requer esforço extra.

Jogando com Seus Pés

O mais importante aspecto da defesa é ter certeza de que seus pés façam com que seu corpo se mantenha equilibrado. Se você se mantiver equilibrado com as pontas dos pés, penderá para a frente. Isso é ruim. Se você usar seu calcanhar para se equilibrar, penderá para trás. Isso é ruim também.

Equilíbrio, portanto, é a chave.

A postura defensiva, como conhecida no basquete, é o posicionamento básico que um defensor deve assumir. Seus pés estão tão separados quanto seus ombros. Seus joelhos estão flexionados, mas suas costas não. Você se move usando quase a ponta dos pés. Seus braços estão para baixo, não pendendo para os lados, mas levemente dobrados — com seus cotovelos flexionados e as palmas da mão para cima, quase como se estivesse pronto para segurar um bebê.

Exercício no garrafão

Posicione três jogadores em postura defensiva no garrafão: um na linha de fundo, um no meio do garrafão, e o terceiro logo após a linha de três pontos. Todos eles o observam, o treinador, parado no topo do garrafão com a bola. Por que três jogadores? Competição. Se você só tiver um jogador, ele não tentará superar ninguém.

Assopre o apito e aponte a bola para uma direção. Todos os três jogadores se movimentam lateralmente (deslizam os pés suavemente sem cruzá-los) pela quadra até chegarem à linha lateral; então eles se movimentam lateralmente para a outra linha lateral e retornam. Faça-os se movimentar por 15 a 30 segundos e então apite e faça com que outros três jogadores participem do exercício. O objetivo é a velocidade.

DICA DE JOGADOR

Nunca cruze seus pés enquanto estiver na defesa. N-U-N-C-A. Se o oponente perceber que você está fazendo isso, ele mudará de direção e passará por cima de você. Ao mover-se lateralmente, mova sua perna da frente para o lado. Faça com que esse seja o impulso de seu movimento, mantendo a perna de trás parada. Somente então mova sua perna de trás para a direção desejada, fazendo com que suas pernas se encontrem. Por "encontrar" não estou dizendo que os dois pés precisam se tocar. Quanto mais rápido você precisar se mover, maior será seu chute com a perna da frente e mais perto sua perna de trás deve ficar da outra ao terminar o movimento.

Exercício na diagonal

O defensor se prepara no canto direito da quadra, olhando para o meio desta. Ele se move lateralmente até o lado direito da linha de lance livre, com sua perna esquerda à frente. Nesse momento, ele gira o quadril para o lado oposto da linha, dirigindo-se para a linha de fundo em uma diagonal. Quando chega lá, gira novamente o quadril, para que a perna direita seja a perna da frente do movimento lateral. Ele, então, se movimenta lateralmente para o ponto imaginário onde a linha lateral se encontra com a linha de lance livre. O objetivo aqui não é a velocidade, e sim a forma.

LEMBRE-SE

A abertura de seu posicionamento defensivo é o aspecto mais importante ao se determinar o equilíbrio. Como os fundamentos de arremessos explicados no Capítulo 5, se você deixar os dois pés juntos e alguém te empurrar no peito, você cairá. O mesmo se aplica à defesa. Afastando a largura de seus ombros entre seus pés, você terá um equilíbrio melhor.

Marcação Homem a Homem

Dos dois tipos de estratégias coletivas de marcação, a marcação homem a homem é aquela que os puristas mais respeitam — todos os ingredientes naturais, marcação sem preservativos. É a *marcação acústica*, se você preferir — a maneira que o jogo foi feito para ser jogado. Você marca um adversário, assim como cada um de seus companheiros. Teoricamente, caso todos os jogadores vençam suas batalhas individuais, a defesa evita que o oponente marque pontos.

LEMBRE-SE

Você precisa se lembrar de duas regras simples sempre que estiver marcando homem a homem:

» **Se seu oponente tem a bola:** Posicione-se entre seu adversário e a cesta a todo momento. Se seu adversário tem a bola, o objetivo dele é chegar o mais perto possível da cesta para um arremesso mais fácil. Seu objetivo tem de ser evitar isso.

» **Se seu oponente não tem a bola:** Posicione-se entre seu adversário e a bola a todo momento. Sem a bola, ele não pode marcar pontos. Mantenha-o assim, negando-lhe a posse de bola.

Simples, certo?

Os três estágios de um jogador ofensivo em posse da bola

Como um jogador de defesa jogando com marcação homem a homem, você precisa estar atento aos três estágios da posse de bola de um jogador ofensivo: o estágio pré-drible, o estágio do drible, e o estágio pós-drible. Ajuste sua técnica de marcação de acordo com o estágio.

O estágio pré-drible

O momento mais perigoso de um jogador é quando ele acaba de receber a bola, pois é quando tem mais opções: ele pode passar, driblar ou arremessar. Faça o seguinte ao marcar um jogador que acabou de receber a bola e ainda não começou a driblar:

» **Assuma sua postura defensiva** (a não ser que esteja marcando um jogador embaixo da cesta, o que será discutido mais à frente neste capítulo). Você deve se manter abaixado. Quanto mais baixo seu centro de gravidade, mas fácil é para você conseguir se mover rapidamente, assim como mudar de direção. Ao defender, você se move muito mais lateralmente do que dá piques para a frente.

CAPÍTULO 7 **Defesa** 117

> **Mantenha seus olhos na cintura de seu adversário.** Você não ganha nada enquanto defensor por olhar nos olhos de seu adversário, para qualquer um de seus membros ou para a bola. O jogador ofensivo usa a cabeça, os membros e pés, assim como a bola, para te enganar — ou seja, para te fazer acreditar que fará alguma coisa, enquanto faz outra. Entretanto, a cintura de um jogador ofensivo é como sua sombra: ele nunca pode balançá-la. A cintura nunca te engana, por isso, mantenha os olhos nela.
>
> **Conheça seu adversário.** Caso ele seja mais rápido do que você — esta não é a hora para se manter orgulhoso —, dê um passo atrás, para que ganhe vantagem quando ele for tentar te driblar. Novamente, caso seja um bom arremessador à distância, você deve marcá-lo mais de perto. Caso ele seja tanto mais rápido como ótimo arremessador... bom, esse é o motivo de alguns jogadores serem chamados de "imparáveis".

LEMBRE-SE

No basquete universitário (mas não na NBA, nem na FIBA), o jogador com a posse de bola tem cinco segundos para realizar, no julgamento dos árbitros, um movimento ofensivo. Ele não pode simplesmente ficar parado com a bola por seis segundos. Lembre-se disso ao marcá-lo. Se ele está chegando à marca dos cinco segundos, prepare-se, pois ele começará a driblar ou passará a bola.

Estágio do drible

Após receber a bola, o jogador que você está marcando talvez decida começar a driblar, na tentativa de ir em direção à cesta. Ele ainda pode passar a bola ou arremessar, mas, a menos que continue driblando na sua frente, ele não é a ameaça tripla que era antes de quicar a bola no chão. Marque-o mais de perto.

DICA DE JOGADOR

A maioria dos jogadores, até mesmo nos níveis escolar e universitário, prefere driblar com uma das mãos, portanto, são mais perigosos quando vão para essa direção. Por exemplo, um canhoto preferirá driblar para a esquerda. Por isso, vá em frente e proteja esse lado quando estiver marcando o drible. Force o canhoto a driblar para a direita.

LEMBRE-SE

As linhas de fundo e lateral são suas melhores amigas como defensor. Sempre tente forçar o oponente para uma das linhas laterais, caso ele esteja no meio da quadra — ou para a linha de fundo, caso ele esteja driblando a partir da zona morta ou da ala. Se o adversário te ultrapassar pelo meio, ele pode passar a bola em qualquer direção. Caso ele te drible perto da linha lateral, você consegue pelo menos forçar por onde ele passará a bola.

Estágio pós-drible

Após um jogador segurar a bola novamente depois começar a driblar, ele pode somente passar a bola ou arremessar. A partir desse momento, ele só pode mover um dos pés, enquanto mantém o outro parado. Marque-o o mais de perto possível sem cometer faltas.

DICA DE JOGADOR

Caso seu oponente tente um arremesso, lembre-se do princípio da verticalidade. Você pode, legalmente, saltar verticalmente com os braços retos acima de sua cabeça quando estiver marcando um arremesso.

O princípio da verticalidade é especialmente importante para um defensor manter em mente quando marcando um jogador embaixo da tabela (veja a Seção "Marcando Embaixo da Tabela", mais à frente neste capítulo). Você não apenas pode alterar a trajetória do arremesso, mas, caso o árbitro perceba que você está pulando verticalmente e com os braços esticados para cima, é muito menos provável que ele marque uma falta sua.

Tendo dito isso, devo avisá-lo que a maioria dos árbitros conhece essa regra, mas não a respeita. Caso você pule verticalmente, e o jogador de ataque inicie o contato, os juízes tendem a marcar uma falta sua... mesmo que seja permitido que você pule dessa maneira.

O primeiro dia de treinos

DICA DO TÉCNICO

Caso você queira provar para seus jogadores a importância da defesa, comece todos os treinos com exercícios de marcação homem a homem. Não dê à defesa uma atenção superficial que você daria a, digamos, postar cartas de agradecimento no correio. Dê ênfase à defesa e insista que os jogadores realizem cada exercício de maneira correta.

Exercício de drible em zigue-zague

Este deve ser seu principal exercício homem a homem — vai direto para os fundamentos do bom trabalho de pés. Exercite-o em três velocidades: caminhando, em meia-velocidade, e então em velocidade total.

Os jogadores se dividem em pares, com um deles tendo a bola. O jogador com a bola dribla de uma linha de fundo a outra, em movimentos de zigue-zague, alternando a direção a cada passo. (Tenha certeza de que ele faça o zigue antes do zague; nunca faça o zague primeiro. Estou só brincando.)

A tarefa do defensor é assumir uma postura defensiva, usando a movimentação lateral para marcar o driblador e forçá-lo a trocar de direção. Quando o jogador com a bola driblar para a direita, o defensor "recua" sua perna esquerda e se movimenta para a esquerda. Quando o driblador mudar de direção, o defensor recua a perna direita e se movimenta para a direita. (Veja a Figura 7-1.) O defensor não tenta roubar a bola, e o driblador não tenta ultrapassar o defensor. Quando eles chegarem à outra linha de fundo, eles trocam de papéis e retornam.

FIGURA 7-1: O exercício de drible em zigue-zague.

Após uma ida e volta do zigue-zague, os jogadores devem realizar o exercício em meia-velocidade. O trabalho do defensor é manter seu adversário a sua frente (entre ele mesmo e a cesta) e forçar alternâncias de direção alternando o pé da frente na movimentação lateral. Finalmente, os jogadores realizam o exercício a toda velocidade. Se o driblador ultrapassar o defensor — o que ocorre recorrentemente —, este deve se virar e perseguir o jogador com a bola.

Poucos, se é que algum, jogadores conseguem vencer na velocidade, utilizando a movimentação lateral, um jogador que está driblando com a bola a toda velocidade. Então, se o jogador com a bola ultrapassar o defensor, o defensor abandona a movimentação lateral, virando-se e dando um pique para interceptá-lo — conhecido como o *vire* e *volte*. Um defensor dando pique deveria ser mais rápido que um jogador driblando a bola. A intenção do defensor é encontrar um lugar na quadra onde ele possa surpreender o driblador, mais ou menos forçando-o a fazer o passe. Se ele conseguir fazer isso, pode sair da postura defensiva ou da movimentação lateral.

LEMBRE-SE

Não deixe o driblador te ultrapassar pelo meio da quadra; em vez disso, force-o para a linha lateral. Quando você o "força para a lateral", você busca ajuda defensiva, pois a linha lateral funciona como uma parede — o jogador com a bola não pode ultrapassá-la. Se você vai tentar proteger alguma das direções, proteja o meio.

Defesa é defesa EM EQUIPE

Para jogar defensivamente muito bem, cada defensor precisa saber onde está a bola a todo momento. Apenas cobrir seu adversário em uma defesa homem a homem não é o suficiente. Caso você só preste atenção no adversário sozinho, rapidamente será vítima de um corta-luz (explicado no Capítulo 6). Se você souber onde está a bola, ao contrário, você pode conjecturar qual será o próximo movimento de seu adversário. Ele cortará na direção da cesta? Ele realizará um bloqueio para um companheiro? Antecipar seu próximo movimento é metade da batalha.

O princípio do triângulo na marcação homem a homem

O princípio do triângulo, mostrado na Figura 7-2, é simples: imagine que você é um dos vértices de um triângulo, os outros dois vértices são o jogador que está marcando e a bola. Agora use sua visão periférica para ver ambos, o homem e a bola.

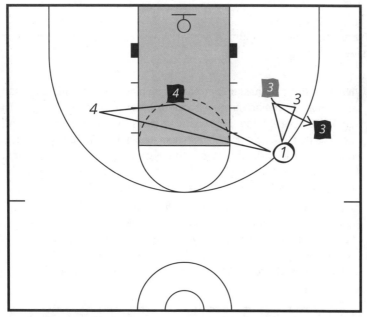

FIGURA 7-2: Princípio do triângulo em uma marcação homem a homem.

LEMBRE-SE

Quando você está marcando o jogador com a bola, você se mantém entre o jogador e a cesta. Seu trabalho é evitar que o jogador de ataque chegue até a cesta. Quando você está marcando um jogador sem a bola, ao contrário, você está marcando tanto a bola quanto o jogador que deveria estar marcando. Para manter uma defesa sólida, voltemos à visão periférica: marcar seu adversário de perto em uma posição onde você também possa ver a bola.

Fazendo marcação homem a homem como armador

Estatística-chave: Roubos

Um armador que está marcando um jogador com a bola deve manter uma postura defensiva baixa. Por quê? Seu adversário é uma ameaça maior para chegar à cesta do que os jogadores sendo marcados por alas ou pivôs. E, como discutido anteriormente, quanto mais baixo seu centro de gravidade, mais ágil você será. Além disso, o adversário de um armador provavelmente tem a bola mais longe da cesta do que os adversários de alas e pivôs.

São três as grandes atribuições defensivas de um armador:

> » Não seja batido no drible.
> » Não deixe de marcar um arremesso de três pontos, mesmo que improvável.
> » Force seu adversário do meio para uma das laterais.

Um armador marcando um adversário sem a bola tem dois comportamentos possíveis:

> » **Negue a linha de passe:** O armador que marca adversários sem a bola várias vezes marca o melhor arremessador de longa distância da equipe adversária, então ele deve escolher uma postura defensiva *apertada*. Seu pé principal fica na linha de passe (o caminho pelo qual a bola deveria viajar para chegar ao oponente), e ele deve marcá-lo de perto e atrapalhar o passe, sabendo que seus companheiros irão cobri-lo, caso seu adversário vá para a linha de fundo ou passe em suas costas na direção da cesta. (Veja a Figura 7-3.)
> » **Ajude o restante da defesa:** Aqui ele utiliza uma postura aberta, o que significa que ele está em posição para reagir tanto à bola quanto ao homem. Seu pé não fica na linha de passe. (Veja a Figura 7-4.) Você usa esse método se não considera seu oponente uma grande ameaça arremessando de longa distância. Você quer estar em posição de ajudar um companheiro, se necessário.

FIGURA 7-3: Negando a linha de passe.

FIGURA 7-4: O armador na zona morta: ajudando contra a penetração (esquerda) e reposicionando-se para cobrir o adversário que recebe a bola (direita).

LEMBRE-SE

Os armadores não recebem crédito suficiente por serem grandes defensores, porque as estatísticas que os torcedores associam à defesa, rebotes e tocos não são relacionadas a armadores. Apenas um armador de verdade, Gary Payton, do Seattle SuperSonics (uma franquia que nem existe mais), foi nomeado o Jogador de Defesa do Ano da NBA desde a temporada 1988–1989. O apelido de Payton era "A Luva", devido a quão bem ele cobria seus oponentes.

Tendo dito isso, Michael Jordan era um marcador homem a homem fora de série, assim como Kobe Bryant. Chris Paul é muitas vezes lembrado como um excelente pontuador e assistente, mas o armador foi o líder de roubos da NBA em várias temporadas.

Rotatividade defensiva

Rotatividade defensiva é uma das melhores inovações da última década. Em qualquer discussão sobre o porquê de os placares estarem diminuindo, alguém geralmente menciona as melhoras defensivas — e a rotação é a frente dessa revolução. A ideia por trás da rotação defensiva é deixar seu oponente para ajudar o defensor que foi superado, entendendo que um de seus companheiros marcará o jogador que você estava marcando. A regra da rotação é deixar seu adversário (quando necessário) e encontrar um jogador que mais provavelmente possa receber o próximo passe.

DICA DE FÃ

O time do Detroit Pistons do final da década de 1980, que ganhou dois títulos da NBA sob o comando de Chuck Daly, foi o primeiro praticante da rotatividade defensiva, e eles a elevaram a uma arte. Presenteado com defensores atléticos e ferozes — como Isaiah Thomas, Joe Dumars e Dennis Rodman —, o Detroit sempre parecia ter seis homens na defesa. Veja um jogo da NBA ou de basquete universitário hoje e verá que todo time utiliza esse tipo sofisticado de defesa.

A rotatividade defensiva é mais fácil de ser entendida se você a vir acontecendo. Dê uma olhada na Figura 7-5, em que você tem dois armadores (1 e 2) e dois alas (3 e 4). Se o armador com a bola (1) passar para o ala do lado da bola (3), o armador de defesa do lado oposto ao da bola (D2) recua e passa a marcar o ala que está do lado oposto ao da bola (4), e o ala defensor do lado oposto ao da bola (D4) se desloca para ajudar a marcar o 3. O armador da defesa (D1) tem o trabalho de fechar a linha de passe com uma marcação cerrada.

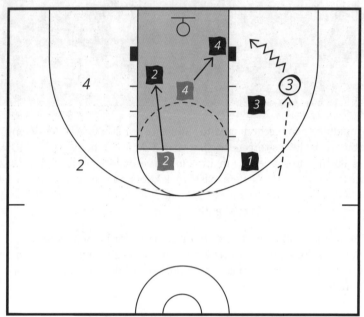

FIGURA 7-5: Rotatividade defensiva.

DICA DE JOGADOR

Essa é uma rotação difícil para o armador D2, porque ele acaba marcando um ala mais alto. Assim que a bola deixa a ponta dos dedos do passador, o armador D2 deve reagir defensivamente, apesar de não estar marcando a bola. Após a bola ir do armador para o ala, o defensor tem que se antecipar, trapaceando um pouquinho em direção à linha de fundo. Ele pode fazer isso, pois agora a bola está a dois passes de distância de seu adversário.

Defesa fechada

Quando o jogador com a bola a segura após driblar, ambos os armadores instantaneamente mudam para o modo defesa fechada, o que significa que ambos marcarão o jogador com a bola, negando-lhe o passe e também uma visão mais livre da quadra. No basquete universitário, caso o jogador pare de driblar e não passe a bola em cinco segundos, isso resulta em um turnover. Algumas vezes um defensor gritará "morte" para alertar seus companheiros da situação.

Fazendo marcação homem a homem como ala

Estatística-chave: Rebotes

As responsabilidades de um ala em uma defesa homem a homem são bastante diretas (veja a Figura 7-6):

FIGURA 7-6: Se o armador parar de driblar a bola, todos os defensores jogam com a defesa fechada, negando todas as linhas de passe.

> » **Defender o passe para o jogador embaixo da tabela:** Caso o adversário que você está marcando vá para perto da tabela, você ou tenta evitar que o passe chegue a ele ou o força a receber a bola mais longe da tabela do que ele gostaria.
>
> » **Defender as mudanças de direção rápidas:** Como um ala-pivô, você precisa antecipar onde seu adversário tentará receber um passe. Tente frustrar seus avanços, seja quando ele corta para perto ou longe da cesta. Tome cuidado com movimentos em falso para então cortar para a outra direção.

Não cometa o erro de dar ao ala que você está marcando a opção de ir para um lado após fingir que ia para o outro. (Você talvez prefira não deixar ele chegar mais perto da tabela, pois talvez ele enterre a bola em cima de você!) Esteja em uma posição de defesa equilibrada quando estiver marcando um ala com a bola. (Veja a Figura 7-7.)

FIGURA 7-7: O ala do lado da bola (3) precisa ajudar a marcar o jogador com a bola, mas também precisa estar pronto para negar o passe ao jogador que está marcando.

Quando estiver marcando homem a homem um ala, aplique os mesmos princípios de quando está marcando um armador. Saiba seus pontos fortes e fracos. Se o ala é um bom arremessador, mantenha a mão levantada em sua cara; caso ele não seja uma ameaça arremessando, marque duro, mas tenha cuidado para não cometer faltas e levá-lo para a linha de lance livre. Lembre-se, especialmente quando marcando um ala, de se virar e defender o garrafão (veja o Capítulo 8) após ele arremessar — ele está em posição de pegar o rebote.

Quando estiver marcando um jogador da zona morta da quadra (lado oposto àquele onde está a bola), um ala precisa estar pronto para se deslocar para dentro e ajudar o outro ala ou o pivô. Algumas vezes o adversário do outro ala o vence no duelo. Por outro lado, o pivô talvez precise de ajuda em uma marcação dupla (em que dois jogadores marcam um adversário), porque os dois defensores o pressionam fisicamente.

DICA DE FÃ

Observe quando os times tentam marcar o musculoso Dwight Howard que pode se sobrepor fisicamente a qualquer um não alérgico a criptonita. (Howard uma vez usou uma camisa e capa de Super-Homem durante o concurso de enterradas da NBA.) O ala da zona morta geralmente se desloca para fechar a porta de Howard — o ala pelo menos tenta.

Quando o ala se desloca, ele deixa seu adversário e grita "Rodar!". Normalmente, o armador da zona morta também se desloca para marcar o adversário que o ala deixou livre. Ele faz isso, pois o ala livre representa uma ameaça maior de marcar pontos do que o armador que está mais longe da tabela.

BEN WALLACE

Em mais de 11 temporadas na NBA, Ben Wallace, um ala-pivô de 2,05 metros cujos braços são do tamanho de troncos de árvores, provou que não sabe arremessar. Wallace converteu apenas 41,5% de seus lances livres e somente 47% de seus arremessos de quadra, um número abominavelmente baixo, que explica por que ele raramente arremessava qualquer coisa diferente de enterradas e pontos de rebote. Então por que ele participou quatro vezes do All-Star Game da NBA? Porque ninguém é um melhor defensor no garrafão. Wallace foi quatro vezes Jogador Defensivo do ano da NBA, sendo líder de rebotes da liga duas vezes, e de tocos, uma vez. Foi assim que ele sobreviveu durante tantos anos ao lado dos maiores jogadores de basquete do planeta.

Fazendo marcação homem a homem como pivô

Estatística-chave: Tocos (Bloqueios)

Pivôs precisam de ajuda — mais do que a maioria de nós, na verdade. O pivô geralmente é o jogador mais alto do time. Inerente a isso, existem menos pivôs no basquete do que armadores ou alas, o que significa que algumas vezes existe uma grande disparidade de talentos na posição de pivô.

Alguns pivôs são muito bons ofensivamente — pense em Pau Gasol, do San Antonio Spurs —, enquanto outros são entendidos como jogadores para apenas cometer as seis faltas durante a partida. Na maioria dos times em qualquer nível, o jogador menos habilidoso é o pivô (na verdade, o pivô reserva), mas mesmo um jogador do Hall da Fama, como John Stockton, que mal media 1,85 metro, nunca poderia marcar um pivô reserva.

Portanto, algumas vezes os treinadores mantêm no time o jogador mais alto a participar dos testes para fazer parte da equipe simplesmente porque ele precisa se defender do jogador mais alto do outro time. Na pior das hipóteses, ele pode fazer faltas no jogador adversário e obrigar que ele consiga marcar seus pontos da linha do lance livre. Aqui está uma lista de malandragens defensivas para pivôs:

» Não reaja a passes fingidos. Isso quer dizer, não mexa seus pés.

» Não se incline sobre o pivô adversário; em vez disso, mantenha a mão ou o antebraço nas suas costas.

» Assim que seu adversário começar um movimento, tente vencê-lo e chegar primeiro ao local que você antecipou que ele gostaria de ir.

> » Mantenha seus braços esticados para cima quando tentar defender um arremesso.
> » Após um jogador arremessar, garanta o posicionamento para o rebote.

Garantindo uma posição para o rebote

De maneira simples, garantir uma posição para o rebote é como você deve impedir que o jogador que está marcando consiga pegar o rebote. Quando a bola é arremessada, seja por seu adversário ou qualquer outro jogador, você faz a mesma coisa. Primeiro, vire-se e olhe para a tabela, e coloque seu corpo na frente do adversário. Mantenha seu corpo abaixado e estique seu quadril o mais longe que conseguir, mantendo contato com o adversário. Por quê? Dessa maneira você sabe onde ele está, mesmo sem precisar olhá-lo. Você pode manter seus olhos na cesta, esperando a bola.

Estabelecer um bom posicionamento faz com que você consiga mais rebotes do que ser alto ou ter uma maior impulsão.

DICA DE JOGADOR

Caso o pivô tente jogar à frente de um pivô mais forte ou mais alto, o ataque recorrentemente tentará usar passes por cima da cabeça do pivô. Para interceptar esse passe, um ala precisa se deslocar da zona morta, ou um armador precisa se deslocar do bico do garrafão. Essa jogada defensiva muitas vezes funciona, pois um bom passe pelo alto requer muita precisão.

Marcação dupla no pivô

A maioria dos pivôs não são bons passadores. Quando recebem marcação dupla, eles geralmente entram em pânico e têm dificuldades de encontrar um companheiro livre. O pivô defensivo geralmente usa marcação dupla contra o pivô adversário com a ajuda de um ala, e os outros três jogadores marcam os quatro companheiros do pivô adversário.

Marcação dupla deixando o passador livre

Outra maneira de neutralizar o jogador embaixo da cesta é deixar o perímetro livre (ou seja, o armador deixa seu adversário fora do garrafão para fazer uma marcação dupla contra um ala ou um pivô embaixo da cesta). Você vê isso o tempo inteiro na NBA. O jogador marcando o passador no perímetro segue o passe e chega ao pivô, que se encontra com um corpo grande em suas costas e um ágil armador ou ala à sua frente, tentando roubar a bola. (Veja a Figura 7-8.) A melhor jogada para o pivô ofensivo é devolver a bola para o jogador que lhe passou em primeiro lugar.

Nota: Deixar o perímetro livre pode resultar em uma avalanche de arremessos de três pontos para o jogador deixado livre fora da linha dos três pontos. Você tem de entender o quão perigoso como arremessador esse jogador é quando estiver considerando fazer uma marcação dupla ou uma rotação defensiva para marcar esse pivô.

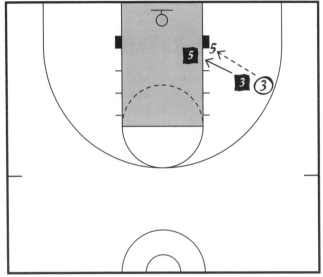

FIGURA 7-8: Deixando o passador livre para fazer uma marcação dupla no jogador embaixo da tabela.

LEMBRE-SE

Sendo você o jogador que saiu do perímetro para fazer a marcação dupla no pivô, nunca perca de vista o jogador que você deixou livre e que deu o passe para o pivô. Jogadores inteligentes se deslocam para outro ponto da quadra assim que você os deixa livres para dobrar a marcação. Quando você for ajudar, mantenha-se em um triângulo entre você, seu oponente e a bola. Se seu adversário correr em direção à cesta ou à zona morta da quadra, ou você o segue ou grita "Rodar!", assim, algum de seus companheiros pode te ajudar.

Toco: o último recurso de um pivô

Quando todo o restante falhar para o pivô — quando ele tiver permitido que seu adversário receba a bola embaixo da tabela e o arremesso é iminente —, ele tem uma última linha de defesa: o toco. Claro, armadores e alas também podem dar tocos, mas, com raras exceções, o líder de tocos de uma equipe é o pivô.

DICA DE FÃ

Alguns bloqueadores de arremessos são inteligentes, e outros nem tanto. O bloqueador de arremessos inteligente simplesmente altera a trajetória da bola para que ela fique consigo ou com algum companheiro de equipe. Ninguém fazia isso melhor do que Bill Russell, do Boston Celtics. "Russ" interromperia um arremesso adversário no alto e o redirecionaria a um companheiro para começar o contra-ataque. O bloqueador de arremessos menos inteligente tenta jogar a bola na terceira fileira de torcedores (enquanto começa a gritar uma frase de efeito como "Não na minha casa!"). A torcida se incendeia, o defensor dá uma trombada em um companheiro, e... o oponente continua com a posse de bola.

DICA DO TÉCNICO

Mesmo que você não tenha um talento natural para dar tocos, ainda é importante desafiar o adversário quando for arremessar. Pule alto e coloque uma das mãos no ar para atrapalhar o adversário. Se você não tiver nenhuma chance de bloquear o arremesso, a próxima coisa a fazer é garantir seu posicionamento para o rebote assim que o arremesso for feito.

Marcando embaixo da tabela

Jogadores ofensivos jogam de costas para a marcação (ficam de costas para a cesta e então giram e arremessam) caso eles entendam que podem vencê-lo usando a força ou arremessar por cima do defensor. Alguns jogadores preferem jogar de costas para a cesta. A maioria desses jogadores são pivôs, mas armadores e alas também podem ocasionalmente usar esse artifício, caso achem que essa possa ser uma vantagem. Charles Barkley, com seu, grande traseiro saía na frente de qualquer jogador de sua altura (1,95 metro), e adorava jogar de costas para a cesta.

Marcar dentro do garrafão é diferente de marcar o perímetro, pois seu adversário está de costas para você. Mantenha uma das mãos ou antebraço nas costas do adversário e não faça força, ou talvez os árbitros marquem uma falta sua. Entretanto, nunca encoste seu corpo contra o dele. Por quê não? Porque assim ele sabe exatamente para que lado você está pendendo — informação vital para que ele decida para que lado girar e tentar chegar à cesta.

DICA DE JOGADOR

Quando um jogador recebe a bola embaixo da tabela, sua primeira opção é arremessar. Quando ele tentar arremessar, não pule. Jogadores de garrafão muitas vezes fingem um arremesso para que seus marcadores fiquem no ar e assim possam driblar ao redor de seu defensor ou buscar contato — e uma falta. A melhor dica é esperar até que o jogador de ataque tire seus pés do chão antes de você tirar os seus. Também não é uma má ideia manter seus pés plantados e esticar os braços para cima. Logo depois, garanta o posicionamento para o rebote.

Marcando o passe de entrada

O passe de entrada é aquele que está a um passe de distância — é o passe que o jogador com a bola pretende fazer para o jogador que você está marcando. A explicação a seguir se aplica basicamente a qualquer um marcando um jogador no perímetro.

Como defensor, você tenta negar a linha de passe (a linha por onde o jogador com a posse de bola pode passar a bola para seu adversário), mas você precisa estar ciente de que, se você se precipitar ao negar a linha de passe, seu adversário pode escapar por suas costas em outra direção.

Quando estiver marcando o passe de entrada, mantenha seu pé guia (aquele mais próximo a seu oponente) para a frente e estique seu braço correspondente, com seu cotovelo dobrado.

Você quer sua mão — mas não seu pé — na linha de passe para interceptar o passe picado ou o passe no peito.

Por que colocar sua mão, e não seu pé, na linha de passe? Por duas razões:

» O jogador com a posse de bola vai mirar o passe no peito de seu companheiro, não na parte inferior de seu corpo.

» Ao deixar seu pé para trás, você minimiza a chance de o jogador escapar por suas costas e receber o passe.

Um passe de entrada a partir, digamos, da cabeça do garrafão para a ala incorpora vários dos elementos defensivos que eu descrevi. O jogador marcando o jogador com a bola está entre o jogador e a cesta. O defensor que está a um passe de distância está entre seu oponente e a bola.

Outro elemento a ser considerado: o jogador com a posse de bola ainda está driblando, ou já segurou a bola de novo? No segundo caso, o jogador que está marcando um possível recebedor de passe pode marcá-lo mais de perto, sabendo que o jogador com a posse tende a fazer o passe.

LEMBRE-SE

Defensores muitas vezes se equivocam ao colocar ambas as mãos e pés para negar a linha de passe. Um jogador esperto fará com que você se envergue para a frente e então escapará em direção à tabela para receber um passe que resultará em uma bandeja muito fácil.

Defendendo-se do corta-luz: trocar ou não trocar?

Trocar na defesa significa trocar, com um companheiro de time, durante uma jogada, o jogador que você deveria marcar. Ou seja, você passa a marcar o adversário dele, e ele passa a marcar o seu.

Trocar é uma opção quando um jogador de ataque prepara um corta-luz para algum de seus companheiros, o que faz com seu marcador se distancie dele. Os dois defensores podem trocar, quer dizer, passar a marcar o jogador que seu companheiro estava marcando, para que nenhum dos jogadores de ataque fique livre.

O resultado, entretanto, é muitas vezes um confronto favorável ao ataque. Digamos que seu time está enfrentando um time x. Observe enquanto o jogador A, que mede 2,08 metros, prepara um corta-luz para um jogador B, medindo 1,82 metro. O defensor que marcava o jogador A provavelmente é muito lento para marcar o jogador B; enquanto isso, o jogador que marcava o jogador B provavelmente é muito pequeno para marcar o jogador A.

O benefício de trocar é que os defensores não ficam perdidos tentando encontrar seu adversário após um corta-luz. A desvantagem é que, como dito anteriormente, pode criar confrontos individuais desfavoráveis.

Como você se defende de um corta-luz? Primeiro, antecipe um corta-luz antes que ele aconteça. Antecipar um corta-luz é como se você estivesse olhando o tráfego a sua frente em uma linha expressa e sentisse quando um carro trocará de pista.

Os treinadores treinam seus jogadores para avisar — treinadores diferentes usam termos diferentes — a um jogador que ele receberá um corta-luz. Então os dois defensores envolvidos têm duas opções: o defensor recebendo o corta-luz pode gritar "Troca!" e trocar de adversários (veja a Figura 7-9), ou o defensor recebendo o corta-luz pode tentar ultrapassá-lo e continuar marcando o mesmo oponente.

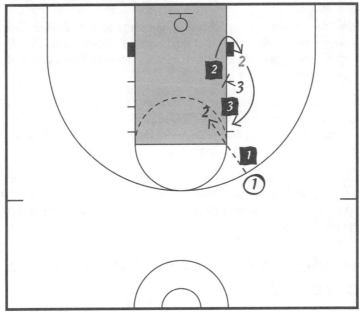

FIGURA 7-9: Os defensores podem trocar de oponentes quando um deles recebe um corta-luz.

DICA DE JOGADOR

O corta-luz funciona porque ele cria um momento de indecisão para a defesa. Não existe fórmula para evitá-lo. Os defensores precisam aprender a trabalhar bem juntos e começar a entender o que cada um dos jogadores gosta de fazer. O elemento mais importante para se defender do corta-luz com sucesso: comunicação entre os dois jogadores. A defesa precisa falar.

Marcando o pick and roll

Um pick and roll é simplesmente um corta-luz feito para o jogador que está com a bola, como mostra a Figura 7-10. O jogador que realizou o corta-luz termina o contato, escapa em direção à tabela e recebe um passe do jogador que estava com a bola. Como você consegue marcar essa jogada?

Digamos que o pivô ofensivo se desloque no garrafão para fazer um corta-luz para um armador que está com a bola. O pivô defensivo precisa ajudar atrapalhando o jogador com a bola. Fazendo isso, a velocidade do armador diminui, dando mais tempo ao armador que está na marcação para escapar do corta-luz e continuar marcando o jogador com a bola. O pivô defensivo, tendo auxiliado o armador momentaneamente, recua e se desloca de volta para marcar o pivô que realizou o corta-luz, que está indo em direção à tabela. Caso o pivô seja ultrapassado, o ala da zona morta precisa estar preparado para se deslocar para ajudá-lo.

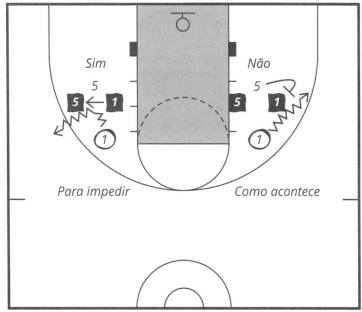

FIGURA 7-10: O pick and roll é um corta-luz montado para o jogador que está com a bola (1).

LEMBRE-SE

Nunca vá por trás (ao redor) de um corta-luz para encontrar seu adversário. A qualquer momento que você faça isso, tendo ou não a bola, seu adversário terá espaço e tempo suficientes para realizar um arremesso sem marcação. Sempre vá por cima do corta-luz, entre os jogadores de ataque. Na linguagem do basquete, o termo é "lutar contra o corta-luz". Esse é um bom termo, porque realmente é uma luta conseguir realizar esse movimento, mas também é a melhor defesa.

Lutar contra o corta-luz é uma excelente metáfora para a defesa em geral. Grandes defesas exigem esforço extra e tenacidade.

A regra para trocar do Digger

Caso você troque de adversário com um companheiro e se encontre em uma batalha injusta ("Senhor Boykins [que mede 1,67 metro], encontra o Senhor Garnett [que mede 2,10 metros]"), fique na frente do jogador que você está marcando (isso quer dizer, fique entre seu adversário e a bola, e continue olhando para a bola). Jogue na frente dele, e espere a cavalaria (seus companheiros de equipe) fornecer ajuda com jogadores da zona morta marcando o passe por cima de sua cabeça. Se jogar atrás dele, você torna fácil o passe de entrada, e ele pode facilmente marcar por cima de você.

Aqui estão alguns princípios básicos da troca na marcação homem a homem:

- » **Não troque, caso você consiga efetivamente escapar do corta-luz, usando ajuda dos seus companheiros para se recuperar.** O defensor que está livre do corta-luz abre espaços para seu companheiro para se deslocar através do corta-luz e chegar mais perto da bola.
- » **Caso a troca ocorra, o jogador que realizou o corta-luz geralmente é o que fica livre.** Pule na frente dele assim que conseguir.
- » **O jogador que está marcando o que faz o corta-luz deve tentar se antecipar a ele e plantar os pés, para que consiga uma falta de ataque por carga ilegal.**
- » **Comunique-se.** Os jogadores precisam falar uns com os outros para que saibam quando trocar e de onde está vindo o corta-luz.

Trocar em um pick and roll? Nunca. O jogador que está no garrafão deve deixá-lo e ir marcar o jogador que realiza o corta-luz, ou tentar enganar o jogador com a posse de bola. A razão para que o pick and roll realizado por Amar'e Stoudemire e Steve Nash seja o mais letal desse milênio é que era impossível Nash ser encurralado, mesmo com dois marcadores. Entretanto, é provável que o jogador que você está marcando não seja Steve Nash. Encurralar o armador é uma boa e proativa defesa contra o pick and roll.

LEMBRE-SE

Sempre realize a troca quando o pick and roll for realizado na linha dos três pontos. O tamanho não é o fator primordial no perímetro; o arremesso é. Armadores geralmente tentam arremessos de três, então, se um ala está marcando o bloqueio, trocar é uma vantagem da defesa. O armador agora encara um defensor mais alto. Se você for o armador que trocou com seu companheiro para marcar um ala, não se preocupe. Um pick and roll a sete metros de distância é inofensivo.

A Última Palavra em Marcação Homem a Homem

Algumas vezes, mesmo com toda sua tenacidade defensiva, o ataque conseguirá um arremesso. Posicione-se para o rebote! Pegue o rebote. Dois segundos de preguiça podem estragar 24 ou 35 segundos de uma defesa sólida. A recompensa por uma marcação bem-feita é ter a posse de bola, e não mais marcação. (Veja o Capítulo 8 para mais informações sobre como pegar rebotes.)

E mais uma coisa: você sempre pode fazer a falta. Em teoria, um jogador não deveria nunca fazer uma falta intencionalmente, mas isso acontece o tempo todo. Você faz a falta em um jogador intencionalmente (fazendo parecer sem intenção) sob duas circunstâncias:

» O jogador terá uma cesta muito fácil, e você prefere vê-lo tentar ganhar seus pontos da linha de lance livre, em vez de deixá-lo converter o arremesso.

» O jogador recebendo a falta é um conhecido mau arremessador da linha de lance livre. Se algum dia você tiver Shaquille O'Neal jogando em sua liga, lembre-se disso.

Alguns dos melhores defensores na história da NBA quase nunca foram excluídos de um jogo por exceder o limite de faltas. O pivô Moses Malone, por exemplo, jogou 20 temporadas e só excedeu o limite de faltas cinco vezes. Wilt Chamberlain *nunca* excedeu o limite de faltas em suas 1.205 partidas disputadas ao longo de 14 temporadas. Essa estatística é tão impressionante como qualquer outra que faz saltar os olhos, atribuída ao "Will, o Pernilongo".

Marcação por Zona

A palavra "zona" é um sinônimo de "área". Em uma marcação por zona, cada defensor cobre uma área, em vez de um jogador. Quando um jogador de ataque se movimenta de uma área para outra, o jogador defensivo daquela área não o segue; ele se mantém em sua zona (área).

DICA DE FÃ

Como você sabe quando um time está marcando por zona? Observe um jogador de ataque se mover pela quadra. Se um jogador defensivo não o acompanha o tempo inteiro, a defesa está marcando por zona.

Por que marcar por zona?

» A equipe adversária arremessa muito mal do perímetro. Você pode agrupar uma defesa em zona dentro do garrafão, fazendo com que passar a bola para dentro seja muito difícil para seu adversário, forçando-o a arremessar de fora.

» Seu time é mais lento e seu adversário irá te superar usando mudanças de direção e corta-luzes (explicado no Capítulo 6).

» Um dos seus jogadores já cometeu muitas faltas. A zona o protege de marcar um jogador mano a mano, reduzindo suas chances de cometer faltas.

» Sua zona faz com que seu adversário deixe de usar seu ataque homem a homem.

PALAVRAS DO AUTOR

Por exemplo, durante uma partida em 1984 de Notre Dame contra a Universidade de Washington, nós usamos uma marcação pressão por zona (uma defesa por zona de quadra inteira) para combater o jogador de UW Detlef Schrempf (que teve uma frutífera carreira de 16 temporadas na NBA). Detlef gostava de pegar a bola na quadra de defesa e jogar mano a mano o tempo inteiro contra seu marcador, e ele ficou frustrado, pois não conseguia fazer isso contra nossa defesa em zona.

CAPÍTULO 7 **Defesa** 135

DEFESA ILEGAL

PALAVRAS DO AUTOR

Durante muito tempo, jogar marcando por zona era ilegal na NBA. A sabedoria popular dizia que marcar por zona inibia os ataques, e os torcedores não pagam os ingressos para assistirem às defesas.

Em 2001, a NBA transformou a defesa ilegal em... espere... ilegal. Quer dizer, a liga permitiu que os times utilizassem marcações por zona. Por causa da popularização do arremesso de três pontos e do aumento do número de jogadores com essa carta na manga, a marcação por zona já está ultrapassada, de qualquer maneira.

Atualmente, a defesa ilegal foi desmantelada em favor da "Regra dos Três Segundos". Essa regra diz que um defensor não pode permanecer no garrafão por mais de três segundos, a não ser que esteja a um braço de distância de um adversário e em posição de marcação. As marcações em zona geralmente têm seus nomes associados às suas configurações, começando com o defensor posicionado mais perto do meio da quadra/longe da tabela. Portanto, uma marcação por zona 2-3, a forma mais comum de marcação por zona, apresenta dois jogadores perto da linha de lance livre e três atrás (perto da tabela). Outras marcações por zona conhecidas são a 1-3-1 e a 1-2-2. Se a soma dos números for diferente de cinco, você tem um problema.

Zona 2-3

A maioria dos times joga com uma marcação por zona 2-3 (mostrada na Figura 7-11) quando precisa se defender de um jogador potente jogando embaixo da tabela. A marcação por zona 2-3 permite que mais de um jogador se aproximem desse adversário a todo momento. O que você cede ao ataque utilizando uma zona 2-3 são os arremessos do perímetro. (Veja o Capítulo 5 para detalhes desse tipo de arremesso.)

Responsabilidades do armador em uma marcação por zona 2-3

Os dois armadores em uma marcação por zona 2-3 são responsáveis por marcar os três jogadores que ficam no perímetro. "Espere um segundo", você deve estar dizendo. "Eu pensei que você tinha dito que os defensores marcam uma área, não pessoas!" Está correto. Os dois armadores são responsáveis pela área na qual se posicionam esses três jogadores — que é o perímetro. Se dois desses três jogadores entrarem no garrafão, eles não são mais responsabilidade dos armadores (porque saíram do perímetro).

136   PARTE 2 **Os Fundamentos do Basquete**

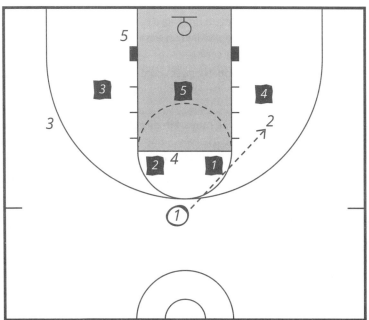

FIGURA 7-11: Marcação por zona 2-3.

Os armadores trabalham muito em uma marcação por zona, e marcar três jogadores no perímetro requer muito trabalho de pernas. Os armadores devem perseguir a bola pelo perímetro, e nunca desistir de atrapalhar um arremesso de três pontos.

Aqui estão algumas dicas para armadores jogando em uma marcação por zona 2-3:

PALAVRAS DO AUTOR

» **Derive para o centro.** Quando a bola estiver na ala oposta, você deve derivar para a metade da linha de lance livre, mas nunca ultrapasse a linha imaginária que divide a quadra em duas.

» **Evite os dribles que penetram a defesa.** O pecado capital para os armadores marcando por zona é permitir que o jogador com a posse de bola se infiltre entre eles driblando-a, o que se chama *Separando a Zona*. Permitir essa infiltração faz com que outros defensores tenham que se mover em direção à bola, deixando um (ou mais) adversário livre para um arremesso fácil.

Responsabilidades do ala em uma marcação por zona 2-3

Os alas devem fazer o seguinte quando estiverem marcando por zona em um 2-3:

» **Defender as alas.** Se a bola for passada para uma das alas, o defensor deve marcar o jogador com a bola até que o armador de seu lado chegue para ajudar.

CAPÍTULO 7 **Defesa** 137

Normalmente, a bola chega a uma ala a partir da cabeça do garrafão, o que significa que o armador desse lado precisa de tempo para se deslocar após o passe, para ajudar na marcação.

» **Defenda a linha de fundo.** Ninguém com a bola deveria conseguir dar a volta no ala pela linha de fundo. A ideia é forçar o jogo pelo meio, onde um companheiro pode ajudar.

» **Marque o pivô caso ele se mova em direção à linha de fundo.** Caso o pivô receba um passe próximo à linha de fundo e não tenha como arremessar, ele procura o jogador mais próximo da tabela. O trabalho do pivô defensivo é proteger essa rota.

Responsabilidades do pivô em uma marcação por zona 2-3

Os pivôs têm as seguintes responsabilidades quando estiverem marcando por zona 2-3:

» **Defenda o garrafão.** O pivô, o jogador do meio da linha de três defensores, é o responsável pela área embaixo da cesta.

» **Feche os caminhos.** Se um armador penetrar entre os dois armadores de defesa ou um ala enganar o defensor e for em direção à cesta (dribla à velocidade máxima ao longo da linha de fundo em direção à cesta), o pivô deve evitar as penetrações.

» **Rebotes.** O pivô raramente precisa se preocupar com coberturas sozinho em uma marcação por zona. Mesmo quando está embaixo da tabela, há um companheiro para ajudá-lo. Por isso, ele precisa colaborar com mais rebotes.

Marcação por zona 1-3-1

A marcação por zona 1-3-1, demonstrada na Figura 7-12, força o ataque para um dos lados da quadra. Também tenta forçar os arremessos da zona morta. Para essa marcação ser efetiva, você precisa ser muito cauteloso com os passes forçados. O ala da zona morta defende tão bem quanto o armador "1" consegue antecipar os passes forçados.

Se o armador pontuador adversário não for uma ameaça de penetração ou arremessos longos, a zona 1-3-1 também é efetiva. Se o armador adversário for capaz de passar pelo jogador mais avançado, o "1", fazendo com que um dos homens da segunda linha de defesa tenha que se deslocar para marcá-lo, essa marcação falhará.

FIGURA 7-12: A marcação por zona 1-3-1.

Marcação por zona mista

PALAVRAS DO AUTOR

Bill Green, o treinador bem-sucedido durante muito tempo da Marion High School, em Marion, Indiana, era um mestre da marcação por zona mista. Antes da temporada de 1976–1977, o convidei para ir a South Bend para ensinar a marcação por zona mista para meus jogadores. Naquela temporada, tivemos um início de sete vitórias e nenhuma derrota, e vencemos alguns dos times que estavam entre os dez melhores da liga, como Indiana, Maryland e UCLA, utilizando a marcação por zona mista. Nós terminamos a temporada com 22 vitórias e sete derrotas antes de sermos eliminados nas oitavas de final do torneio da NCAA.

A marcação por zona mista é uma combinação da marcação por zona com a marcação homem a homem. Talvez faça mais sentido de ser explicada no *Basquete para Especialistas*, mas caso ouça um narrador usar o termo, saiba que os pivôs marcam individualmente um jogador, e os outros quatro defensores marcam por zona.

Truques defensivos

Os truques defensivos podem não ser grandes soluções de longo prazo, mas podem ser efetivos em situações especiais ou contra times em que um dos jogadores marca a maioria dos pontos. Um truque defensivo raramente é utilizado durante toda a partida.

PARANDO STEPHEN CURRY

Em 25 de novembro de 2008, Davidson enfrentou Loyola. O armador de Davidson, Stephen Curry, um jogador com 1,90 metro de altura e arremessador excelente de várias distâncias, terminou aquela temporada como cestinha do país. Nessa partida ele não marcou pontos.

Sempre que Davidson tinha a posse de bola, o treinador do Loyola, Jimmy Patsos, decidiu colocar dois marcadores em Curry, não importando para onde ele fosse. Após algumas posses de bola, Curry percebeu a tática, e então ele passou a buscar os cantos da quadra — com dois marcadores o acompanhando —, permitindo que seus companheiros explorassem a situação de quatro contra três.

Davidson ganhou por 30 pontos de diferença. Entretanto, Curry não marcou pontos pela única vez em sua carreira; como sabemos, ele, mesmo assim, foi o cestinha da temporada. Algum tempo depois, Patsos defendeu sua estratégia duvidosa dizendo: "Eu entrei para a história. Eles se lembrarão que o mantivemos sem marcar pontos por uma partida inteira ou que perdemos por 30 pontos?"

Quadrado e um

Jogue com o quadrado e um quando o adversário tem um único pontuador monstruoso de quem eles dependem quase exclusivamente. No quadrado e um, você faz com que quatro defensores montem um quadrado ao redor do garrafão (uma marcação por zona 2-2, para fins de efeito). Você separa seu quinto jogador para acompanhar — e por "acompanhar" quero dizer que ele tem que ser capaz de dizer quantos canais o adversário tem em cada dente — o pontuador do adversário. (Veja a Figura 7-13.) Em outras palavras, quatro jogadores marcam por zona, e o quinto jogador persegue o grande pontuador por toda a quadra, em uma marcação homem a homem.

Utilize seu melhor marcador como o "um" do quadrado e um. Caso o jogador adversário seja perigoso o suficiente, você talvez queira até transformar um reserva em titular para marcá-lo, caso o reserva seja seu melhor marcador.

DICA DO TÉCNICO

Tenha em mente que o "um" tem grandes tendências a: (a) ter problemas com quantidade de faltas, e (b) ficar muito cansado. Ele é um pontuador valioso para seu time? Caso seja, avalie o quão importante é sacrificar o trabalho ofensivo — que sofre devido a (a) e (b) referidos anteriormente — para tê-lo marcando o craque adversário.

Triângulo e dois

No triângulo e dois, três defensores (3, 4 e 5) marcam por zona no garrafão — um armador mais longe da tabela e dois jogadores grandes mais perto da cesta — no formato de um triângulo, como mostra a Figura 7-14. Os outros dois defensores (1 e 2) marcam homem a homem. O armador do triângulo joga logo acima da linha de lance livre, e os outros dois se posicionam perto da tabela e da linha de fundo.

DICA DO TÉCNICO

Esse tipo de marcação deve ser feito por períodos *curtos* de tempo. Utilize-a em uma posse de bola importante para recuperá-la; o ataque não estará preparado para ela. Utilize essa defesa somente até o ataque encontrar um jeito de superá-la.

FIGURA 7-13: A marcação quadrado e um.

DICA DE JOGADOR

SUPERANDO O TRIÂNGULO E DOIS

Sim, você está no capítulo sobre Defesa, mas este é o único lugar onde comento sobre o triângulo e dois, então também tenho o direito de dizer como você deve superá-lo. Siga estes passos:

1. Isole os dois jogadores marcados homem a homem no mesmo lado da quadra. Um deles deve estar com a posse de bola.

2. Tenha um terceiro jogador fazendo um corta-luz na zona morta contra o armador do triângulo. O jogador que está na ala oposta à da posse de bola deve conseguir um arremesso sem marcação.

Nesse caso, como em todas as zonas, a melhor maneira de quebrar o triângulo e dois é fazendo arremessos de longa distância.

CAPÍTULO 7 **Defesa** 141

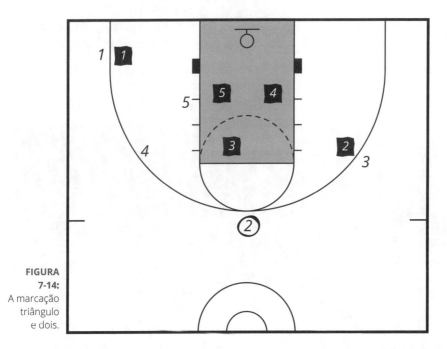

FIGURA 7-14: A marcação triângulo e dois.

E assim terminamos nossa lição de geometria. Não se preocupe, não existem marcações por zona com losangos nem pentágonos — pelo menos não por enquanto.

Conheça a Pressão

A marcação por pressão, como diz o nome, tem a intenção de pressionar a equipe adversária. A marcação por pressão (também chamada de pressão de quadra inteira) é uma marcação ofensiva, empregada na quadra de defesa de quem está com a bola, em que o objetivo não é bem evitar cestas adversárias, mas, sim, forçar turnovers. A marcação por pressão só é utilizada após arremessos convertidos ou após jogadas de bola morta (como quando o time com a bola precisa colocá-la em jogo). A marcação por pressão incomoda os adversários em sua quadra de defesa.

No basquete universitário masculino, o time com a bola precisa ultrapassar a metade da quadra em até dez segundos. Na NBA e na FIBA, são oito segundos. No basquete feminino, essa regra não existe (mas houve uma proposta para alterar isso em 2011).

Caso o ataque consiga avançar com a bola até a metade da quadra (o que chamamos de *quebrar a pressão*) sem cometer turnovers ou violar a regra dos dez segundos (ou oito segundos), também conhecida como violação da quadra de defesa, o time que está pressionando geralmente recua e volta a ter uma defesa normal. A estratégia para pressionar o adversário é forçar o jogador com a bola a tomar uma decisão antes do que ele gostaria.

Por que pressionar? A resposta curta seria "Para criar turnovers". Mas há um pouco mais do que isso.

>> **Porque o time adversário não controla bem a bola.** Um jogador que cuida mal da bola é qualquer um que comete turnovers. Tem menos a ver com as habilidades de drible do que com capacidade de tomar boas decisões.

>> **Porque você pretende quebrar o ritmo de ataque do time adversário.** Alguns times preferem jogar deliberadamente com um ataque de meia quadra (o ataque "Queimadura Lenta" de Notre Dame, por exemplo, sobre o qual falamos no Capítulo 6). Os times adversários talvez os pressionem para que acelerem o jogo, mas o Irish geralmente desacelera o jogo assim que passa da metade da quadra.

>> **Porque você quer aumentar a intensidade do jogo.** Quando jogando contra um time lento e metódico, seu ataque talvez precise de um empurrão. Ao alterar a intensidade do jogo com a pressão, seu ataque tem mais possibilidades de roubar bolas e conseguir cestas fáceis, o que ajuda a aumentar sua confiança.

>> **Porque seus jogadores acreditam nela.** Ex-treinador do Arkansas, Nolan Richardson usava o termo "40 minutos de inferno" para descrever como era jogar contra seu time. Seus jogadores incorporaram o conceito de pressão do início ao fim — transformando o jogo em uma guerra de atrito. Se seus jogadores adoram pressionar e você tem profundidade no plantel para fazer isso, essa é uma ótima maneira de se jogar. Pressão de quadra inteira tem como resultado muitos turnovers e, por isso, cestas fáceis. Mas pressionar também demanda muito fisicamente e pode cansar os jogadores rapidamente.

>> **Porque é algo diferente.** Poucos times de basquete têm a capacidade atlética e profundidade no plantel para conseguir fazer pressão o jogo todo; por isso, a maioria dos times não dedica muito tempo a treinamentos que quebrem a pressão.

As figuras 7-15 e 7-16 mostram duas formações comuns quando se utiliza a pressão: a 2-2-1 quadra inteira e a 1-3-1 meia quadra.

CAPÍTULO 7 **Defesa** 143

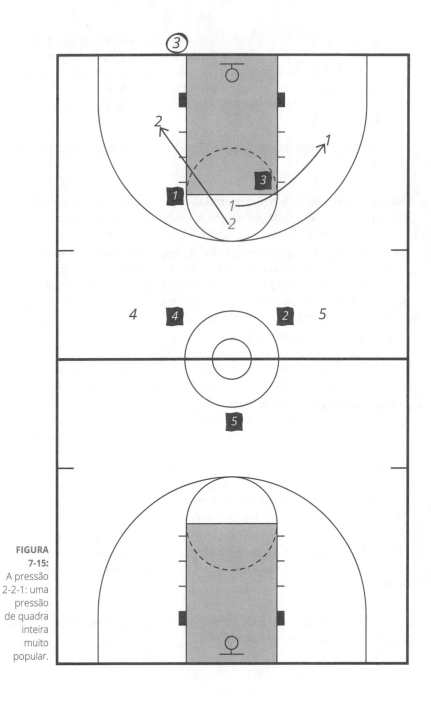

FIGURA 7-15: A pressão 2-2-1: uma pressão de quadra inteira muito popular.

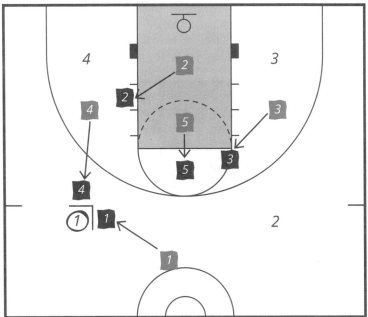

FIGURA 7-16: A pressão 1-3-1 de meia quadra.

A armadilha da pressão

O propósito da pressão é fazer uma marcação dupla, ou armadilha, em um jogador usando a linha lateral como um terceiro defensor. As áreas de armadilha (mostradas na Figura 7-17) são:

» A primeira área de armadilha é o ponto onde um jogador recebe a reposição de bola.
» A segunda área propícia para armadilhas é a área entre as linhas de lance livre e o meio da quadra em ambos os lados da quadra.
» A terceira área de armadilhas fica em qualquer um dos cantos da quadra de ataque.

A armadilha da pressão envolve três passos:

1. Faça a armadilha na bola

Após seu oponente colocar a bola em jogo, pressione o jogador que recebe o passe. Dois jogadores o atacam (não literalmente), forçando-o em direção à linha lateral. Não dê a oportunidade de o jogador procurar um companheiro livre; ataque a bola imediatamente.

E quanto ao defensor marcando o jogador que pôs a bola em jogo? Ele não deve largar seu oponente para ajudar na armadilha até que o jogador que recebeu o passe comece a driblar. Caso ele deixe seu adversário livre, o jogador com a bola pode simplesmente devolver a bola para o jogador que a colocou em jogo.

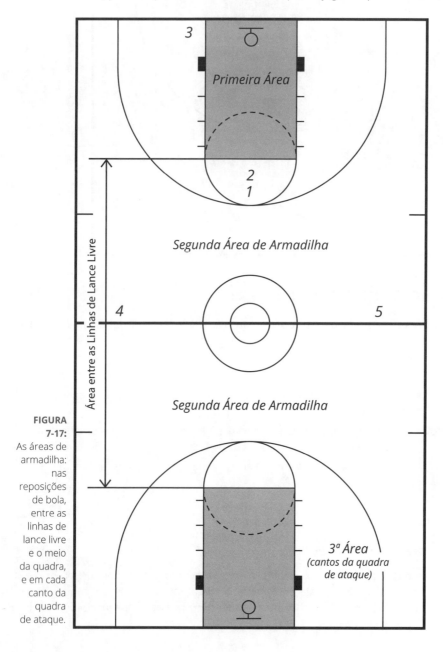

FIGURA 7-17: As áreas de armadilha: nas reposições de bola, entre as linhas de lance livre e o meio da quadra, e em cada canto da quadra de ataque.

146   PARTE 2 **Os Fundamentos do Basquete**

DIGGER E AS PRESSÕES

PALAVRAS DO AUTOR

Eu aprendi sobre as pressões pela primeira vez em 1965-1966, quando estava treinando na St. Gabriel High School. No verão de 1965, eu estava trabalhando na clínica de basquete de Bill Foster, em Poconos. John Wooden visitou a clínica naquele verão. Seu Bruins havia ganhado o título da NCAA naquele ano com um time pequeno, que utilizava pressão. O mago de Westwood nos explicou todo o sistema.

Quando cheguei em St. Gabriel, os torcedores locais me disseram que os times só marcavam por pressão quando estavam perdendo o jogo no último quarto. Então decidi fazer algo diferente. Nós marcamos por pressão durante 32 minutos (o jogo inteiro) em St. Gabriel e fomos campeões estaduais.

Quando cheguei em Fordham, também tinha um time com estatura baixa; nenhum de meus jogadores media mais do que 1,95 metro. Então meus jogadores marcavam por pressão o jogo inteiro — 40 minutos de inferno. Naquele ano, minha única temporada na escola do Bronx, Fordham teve 26 vitórias e três derrotas. Por que fizemos o trabalho de pressão tão bem naquele ano? Sim, eu tinha jogadores rápidos. Mas aqueles jogadores acreditavam na marcação por pressão e no treinador que os estava ensinando. Essa é metade da batalha

2. Mantenha o jogador cercado na armadilha

Depois de o jogador com a bola começar a driblar, o defensor à sua frente precisa forçá-lo em direção a uma das linhas laterais. O jogador que marcava a reposição de bola se aproxima por trás para colocar a armadilha em prática. Se o jogador parar o drible, cheguem junto e o cerquem.

PALAVRAS DO AUTOR

Quando ele parar de driblar, deve segurar a bola com as duas mãos. O jogador com a bola a segura pelos lados para realizar um passe. Se você conseguir se aproximar, segure a bola com uma mão por cima e outra por baixo; não tente dar um tapa na bola, ou correrá o risco de cometer uma falta. Se a oportunidade de colocar as duas mãos na bola — seja para roubá-la ou para conseguir uma bola presa — não surgir, não arrisque. É melhor tentar forçar uma violação dos cinco segundos.

3. Antecipe o passe desesperado

Mas *não* cometa falta no jogador encurralado.

DICA DO TÉCNICO

Ensine a seus jogadores de defesa todos os pontos da quadra propícios para realizar a armadilha. Quando estiverem familiarizados com cada ponto, eles começarão a sentir onde cada um deveria estar posicionado defensivamente, e saberão quando fazer a interceptação. Os jogadores têm mais confiança no que seus companheiros estão fazendo, e você pode substituir seus jogadores por qualquer outro durante a partida.

CAPÍTULO 7 **Defesa** 147

Defendendo-se do contra-ataque

Todo time adoraria ter jogadores altos e com talentos atléticos, mas, na realidade, a maioria dos times precisa jogar com pelo menos um pivô, que não é tão rápido, enquanto faz a marcação por pressão. Se você é o homem mais recuado da defesa — ou um dos dois —, normalmente se posiciona na linha de lance livre da quadra de ataque. Se nenhum jogador ofensivo se encontrar atrás de você, arrisque. Suba até o círculo central. A não ser que o ataque te ameace, aperte a pressão subindo até onde estiver o jogador mais adiantado da equipe adversária. Mas tenha cuidado: um jogador encurralado em uma armadilha de canto de quadra, tentará um passe muito longo para um companheiro rápido. Não leve uma bola nas costas.

DICA DE JOGADOR

Se você é um pivô enfrentando um contra-ataque de dois contra um, aponte para seu companheiro que está voltando para defender o lado para o qual ele deve ir. Dessa maneira, você transforma o dois contra um em um equilibrado dois contra dois.

SUPER DEFESAS

Menor número de pontos sofridos em um jogo da NBA: 49. O Miami Heat venceu o Chicago Bulls por 82 a 49 em 10 de abril de 1999. Isso aconteceu durante a temporada da NBA encurtada pela greve. Foi também, como todo torcedor do Bulls sabe, o ano em que Michael Jordan deixou o time.

Menor número de pontos sofridos em um quarto em um jogo da NBA: 2. Aconteceu duas vezes. No mais recente deles, o Toronto Raptors segurou o Golden Staten Warriors e o fez converter apenas um de 13 arremessos no último quarto de partida. O Raptors se recuperou de uma diferença de 16 pontos no início do período, levou o jogo para prorrogação e então ganhou.

Menor número de pontos sofridos em um jogo masculino de primeira divisão da NCAA antes do relógio de arremessso: 6. Tennessee ganhou de Temple por 11 a 6, em 15 de dezembro de 1973.

Menor número de pontos sofridos em um jogo masculino de primeira divisão da NCAA desde 1986 (com o relógio de arremesso): 20. Universidade George Washington ganhou de St. Louis por 49 a 20 em 20 de janeiro de 2008.

Menor número de pontos sofridos em um jogo feminino de primeira divisão da NCAA: 11. Georgia Tech venceu Mercer por 82 a 11 em 30 de dezembro de 2010.

> **NESTE CAPÍTULO:**
>
> Examinando as estratégias de ataque e defesa
>
> Praticando com exercícios de rebote
>
> Imitando grandes pegadores de rebote da história do basquete

Capítulo 8
Rebote

Quão valioso é o rebote? Em 1956, Red Auerbach, treinador do Boston Celtics, chamou no canto seu pivô novato, Bill Russell, e deu a ele as seguintes instruções: "Sua tarefa é pegar a bola e jogá-la para os arremessadores."

Então Auerbach, que sabia que estava pedindo a Russell para sacrificar seu desempenho individual em benefício do time, ofereceu algo em troca para seu talentoso jogador. Auerbach disse: "Nós vamos contar os rebotes como cestas para você."

HALL DA FAMA

Se as estatísticas da NBA tivessem conspirado com o plano de Auerbach, Russell, apenas por pegar os rebotes sozinho, teria a maior pontuação de todos os tempos da NBA, com 43.240 pontos. Em vez disso, ele teve que se satisfazer em liderar o Celtics em seu 11º campeonato da NBA (incluindo oito seguidos), ganhando o prêmio de Jogador Mais Valioso cinco vezes e se aposentando com 21.620 rebotes — atrás apenas de Wilt Chamberlain na lista de carreira.

Mesmo passados 35 anos da aposentadoria dos dois jogadores do Hall da Fama, Chamberlain e Russell continuam sendo os dois primeiros da lista.

Quão valioso é um rebote? Considere isto: com exceção de Michael Jordan, apenas três jogadores na história da NBA receberam o prêmio de Jogador Mais Valioso da liga quatro ou mais vezes. Eles são Chamberlain (quatro vezes), Russell (cinco vezes) e Kareem Abdul-Jabbar (seis vezes). Seria apenas uma coincidência que Chamberlain, Russell e Abdul-Jabbar ocupem o primeiro, segundo e terceiro lugares, respectivamente, no ranking de Mais Rebotes da NBA? Ou que os times em que eles jogavam ganharam 17 títulos da NBA? Acho que não.

PALAVRAS DO ÁRBITRO

Pegar rebotes é trabalhar muito. Porque muitos rebotes ricocheteiam na tabela (refere-se tanto ao *quadro* quanto ao *vidro*), as frases "apagando o quadro" e "limpando o vidro" tornaram-se gírias para pegar o rebote. Os dois termos implicam em trabalhos manuais; o segundo dá a entender que alguém bom de pegar rebotes, assim como uma boa funcionária doméstica, limpa as janelas.

Reino da Tabela: Um Glossário

Antes de falar sobre as técnicas para pegar um rebote, preciso definir alguns termos:

PALAVRAS DO ÁRBITRO

» **Bloqueando um jogador:** Estabelecer uma posição entre seu adversário e a cesta enquanto a bola está no ar.

» **Rebote de ataque:** Ganhar a posse de bola com um arremesso malsucedido que você ou um de seus companheiros fez.

» **Rebote de defesa:** Ganhar posse de bola com um arremesso perdido de seu adversário.

Rebote: A Chave para a Vitória

Kareem Abdul-Jabbar uma vez disse que se seu time pegasse mais rebotes que o adversário, venceria. Era realmente simples assim. Assim como no futebol, em que o time com menos erros geralmente vence, times vencedores no basquete pegam mais rebotes que seus oponentes. Considere isto: você tem quatro maneiras de recuperar a posse de bola jogando na defesa:

» Seu time pega o rebote de um arremesso errado.
» Seu time rouba a bola.
» O ataque recupera a bola por meio de uma violação (Veja o Capítulo 3 para mais informações sobre violações de ataque).
» O ataque faz uma cesta.

Claramente, seu trabalho como um jogador de defesa é impedir que o adversário faça pontos. Roubadas de bola acontecem, assim como violações de ataque, como andar com a bola, mas roubadas de bola são menos comuns do que arremessos perdidos. Quanto mais rebotes de defesa você pegar, menos arremessos seu adversário tenta. Isso se traduz em menos oportunidades para marcar pontos. Você está certo, Kareem; vencer um jogo *é* simples assim.

LEMBRE-SE

Pegar um rebote envolve todos os cinco jogadores na quadra. Todo jogador pode pegar um rebote em um arremesso perdido. Então, para pegar mais rebotes que o time adversário, cada jogador deve neutralizar aquele que está sendo marcado. Mesmo que você não pegue o rebote, você está fazendo seu trabalho se o jogador marcado por você também não pegar.

O Conceito do Time para Pegar o Rebote

Como um jogador, você precisa trabalhar individualmente, mas para pegar o rebote é preciso trabalhar em equipe. Aqui está como a jogada em equipe deve acontecer em cada ponta da quadra:

» **Na defesa:** Todos os jogadores da linha de frente (isto é, os dois alas e o pivô) devem marcar homem a homem seus jogadores. Use seu quadril para saber onde o adversário está e faça uma base ampla para impedir que ele dê a volta em você.

» **No ataque:** Se todos os jogadores forem para a tabela e não ficar ninguém na cabeça do garrafão, a defesa fará você pagar pelo erro se pegar o rebote. Um jogador de defesa, logo após pegar um rebote, fará um passe rápido (conhecido como *passe de saída*) para um companheiro. É assim que contra-ataques, que levam a uma fácil transição para a cesta, nascem.

DICA DE JOGADOR

Como você se previne de uma separação? Se está na cabeça do garrafão e seu time faz um arremesso, sua primeira obrigação é recuar para a defesa. Vá para o rebote apenas se a bola rodopiar no aro e vier em sua direção e você tiver uma excelente chance de ser o primeiro a recuperá-la.

Se está perto da cesta, pense naquele arremesso perdido como o seu, e de mais ninguém. Se está pegando mais rebotes que o adversário, não deixe que quem tenha pegado o rebote faça o passe de saída imediatamente. Encare esse jogador com seus braços levantados.

A Física do Rebote

Jogadores bons de rebote entendem os arremessos e conseguem se antecipar a eles. Por exemplo, quanto mais longo o arremesso, mais a bola perdida quicará. Isso é simplesmente física. Um arremesso mais longo tem mais velocidade *e* um arco mais alto que um arremesso feito perto da cesta. Então os jogadores provavelmente terão mais rebotes de arremessos feitos de longe da cesta.

> **DAYTON**
>
> A Universidade de Dayton tinha os aros mais duros que já vi como treinador. Em uma quadra como aquela, não importa de onde o arremesso é feito; a bola sai do aro em longa distância. Minha estratégia era ter nossos jogadores de linha de frente bloqueando 30 ou 60 centímetros a mais do que seu perímetro normal quando jogando na defesa. Ao contrário de ficar bloqueando a 1,83 metro da cesta, nós ficávamos a 2,13 metros ou 2,44 metros, porque a bola voltava com uma distância longa. Cestas de três pontos perdidas costumavam quicar de volta direto para a linha de três pontos.
>
> Em 1973–1974, Notre Dame chegou em Dayton como um dos times que mais pegava rebotes no país, com um recorde de 24 a 1. Apesar de termos jogado lá um ano antes, esqueci de lembrar a meus jogadores sobre os aros duros do ginásio. Dayton pegou mais rebotes do que nós, e perdemos de 97 a 82.

Aros podem ser duros ou macios. Não estou falando do ferro do aro especificamente; quando digo duro ou macio, refiro-me a quão apertado o aro está fixado na tabela. Um aro bem apertado na tabela não cede e é considerado *duro*. Um aro mais frouxo cede bastante e é conhecido como *macio* (ou generoso). Isso varia de lugar para lugar. Aros mais apertados resultam em arremessos errantes que quicam para mais longe do aro, mas também resultam em mais arremessos perdidos.

Por mais estranho que pareça, você arremessará melhor se puder praticar em um aro duro, ou um aro "que não perdoa". Isso te obriga a arquear mais seus arremessos.

Verifique os aros do local onde você jogará. Você pode checar os aros durante o aquecimento antes do jogo. Assista aos arremessos do adversário com duas coisas em mente:

» Descobrir o quão duros os aros são.
» Observar quais jogadores, especialmente armadores, fazem arremessos com arcos mais baixos, que quicam para fora do aro mais longe e mais rápido.

Rebote de Defesa

Na defesa, o rebote perfeito bate no chão. *Uh oh, Digger está ficando louco.* Não, é sério — pense um pouco. Como um jogador de defesa, seu trabalho é impedir que o jogador adversário, sendo marcado, pegue o rebote. Essa parte de seu trabalho é mais importante do que pegar o rebote. Por quê? Imagine que a bola quique para fora do aro e você não tem como pegá-la. Contanto que o jogador marcado por você também não consiga pegar, seu trabalho está feito.

Se todos os cinco jogadores de defesa não conseguirem pegar o rebote, e cada jogador de defesa impedir os jogadores de ataque marcados de pegar a bola, então a bola cairá no chão. Teoricamente, a bola rola para fora do alcance e a defesa a pega. Perfeito.

Não me entenda mal: os jogadores devem tentar pegar o rebote. Meu ponto é que sua *maior* prioridade é impedir que o adversário faça isso. Se os cinco jogadores fazem isso, a bola cai no chão. Na vida real, isso quase nunca acontece, mas novamente professores de física gostam de discutir sobre superfícies sem atrito. Faz-me rir.

DICA DE JOGADOR

A chave para um rebote de defesa começa praticando arremessos no aquecimento do jogo. Para ser bom em pegar rebote de defesa é necessário assistir a como o outro time arremessa. Alguns arremessam de maneira mais suave (arremessam com um arco mais alto); outros arremessam no limite (com um arco mais baixo). Seu trabalho é conhecer os jogadores que arremessam, especialmente aquele que marcará. Aqui está o que você deve procurar nos dois tipos de arremesso:

» **Arco alto:** Um arremesso perdido não deve quicar para tão longe do aro, mas pode quicar mais alto. A bola tem a tendência de quicar mais uma vez no aro ou na tabela.

» **Arco baixo:** Adiante! Esse arremesso geralmente sai mais em linha reta e tem menos chance de quicar uma segunda vez no aro. Mais importante que a distância é a velocidade com que a bola viaja. Seus reflexos devem ser mais rápidos para esse arremesso do que para um com o arco mais alto.

Escute Kevin Love falar sobre sua habilidade. Em um artigo de 2010 na *Sports Illustrated*, o ala de dois metros de altura do Cleveland Cavaliers disse ao repórter Lee Jenkins: "Bate um sentido diferente em mim quando a bola está no ar. Eu sei onde ela baterá e onde ela cairá. Estou jogando com porcentagens, mas não é um jogo de adivinhação. Na maior parte do tempo estou certo."

Use seu tempo com sabedoria

A maioria dos arremessos feitos do perímetro viaja no ar por dois segundos, do momento em que o arremessador solta a bola até ela bater no aro ou na tabela e sair (ou entrar). Dois instantes: um-mil-um, um-mil-dois. O que você deve fazer durante esses dois segundos?

Encontre alguém

Digamos que seu time está jogando com uma defesa homem a homem. Depois que o arremesso deixar as pontas dos dedos, seu trabalho é simples: encontre o jogador que você deve marcar — com sorte ele estará perto, ou terá problemas. Se seu time está em uma *defesa por zona* — em que cada jogador defende uma área, em vez do adversário —, encontre o jogador próximo a você que está indo em direção à cesta.

CAPÍTULO 8 **Rebote** 153

LEMBRE-SE

Todos na defesa devem lutar pelo rebote com a mesma intensidade. "Pegadores de rebote designados" não existem na defesa; pegar o rebote é trabalho de todo mundo.

Faça contato

Pegar o rebote é o aspecto mais físico do basquete. Se você fica um pouco inseguro com alguns empurrões e machucados, não será bom em pegar rebote. Mas se você coloca pegar a bola acima de sua segurança pessoal, você pode ser ótimo em pegar rebotes.

Existem dois métodos para fazer contato: o *método reverso* ou o *método fique no meio do caminho*.

O método reverso: Por *reverso*, quero dizer que quando você olha para o jogador de defesa, você sempre encara quem está marcando. Entretanto, após a bola ser arremessada, ela se torna prioridade em relação a seu adversário: você deve saber para onde a bola está indo, mas não quer perder seu adversário também — então reverta sua posição. Vire seu corpo para que você fique de frente para a cesta. Agora seus olhos podem seguir o caminho da bola. (Veja a Figura 8-1.)

Use sua retaguarda — e por retaguarda eu quero dizer seu traseiro — para continuar com seu adversário. Encoste seu corpo nele e use seu quadril para dois propósitos:

» Bloquear seu adversário.
» Saber os movimentos do seu adversário.

FIGURA 8-1: O método reverso.

O método fique no meio do caminho: Você pode estar distante do jogador que deve marcar no momento do arremesso. (Talvez você estivesse ajudando em uma marcação dupla ou simplesmente fora de sua posição.) Por isso, quando o arremesso for feito, você pode não ser capaz de fazer o método reverso. Em vez disso, você deve antecipar o caminho de seu adversário até a cesta, para impedi-lo de pegar o rebote. Encontre o local onde você poderá interceptar aquele jogador enquanto ele segue para a cesta e corra para aquele ponto.

DICA DE JOGADOR

Pense no jogador que está marcando como um míssil em direção a um alvo e finja que você é um míssil antiataque. Sua trajetória não é em direção ao alvo; seu alvo é interceptar o míssil *no caminho dele* para o alvo.

Mantenha contato

Após você bloquear com sucesso o jogador de ataque, mantenha contato até encontrar a bola, então vá pegá-la. O jogador de ataque tenta se esquivar, porque você tem uma posição mais vantajosa. Quando você perde contato, a tarefa do jogador de ataque se torna muito mais simples.

O nome do meio de Kevin Love é Wesley. Love, o primeiro jogador dominante em pegar rebotes na NBA desde Dennis Rodman, recebeu esse nome em homenagem a Wesley "Wes" Unseld, um ex-companheiro de time de seu pai, Stan Love, quando os dois jogaram no Washington Bullets. Wes Unseld é atualmente um dos líderes em rebotes de todos os tempos da NBA. Ele também fez os melhores passes de saída que qualquer um já viu... até Kevin Love chegar.

Tirando vantagem

PALAVRAS DO ÁRBITRO

Você escuta com frequência treinadores gritando para seus jogadores "Bloqueie!" — uma frase que condensa as três regras anteriores (encontre alguém, faça contato e mantenha contato). Com tantas habilidades no basquete, você deve usar a forma apropriada de bloquear. Manter a forma apropriada é uma questão de tirar vantagem.

HALL DA FAMA

Charles Barkley foi um dos melhores em pegar rebotes na NBA por mais de uma década, apesar do fato de ele ter apenas dois metros de altura (ele, na verdade, tinha 1,98 metro sem o cabelo, o que é interessante, já que Sir Charles ficou careca a maior parte de sua carreira). Os problemas de altura de Barkley diminuíram a potência de seu salto, mas ainda assim ele conseguiu pegar 33 rebotes em um único jogo em 1996. (Com dez rebotes por jogo você entra no ranking dos Top 6 melhores jogadores em pegar rebotes da NBA atualmente.) Por quê? Porque ninguém — nem mesmo Arquimedes — entendia melhor como tirar vantagem do que Barkley, que tinha o apelido, que caía melhor, de "A Montanha Redonda dos Rebotes".

Tente fazer este experimento: fique reto o máximo possível e peça para alguém te desequilibrar. Veja como você se move. Agora dobre os joelhos e estabeleça uma base ampla. Mantenha o tronco reto, mas se incline levemente para a frente. Peça para alguém te empurrar novamente. Note como sua base mais ampla te dá mais estabilidade, que você não é fácil de mover.

CAPÍTULO 8 **Rebote** 155

Você precisa se agachar e se colocar mais na horizontal quando estiver bloqueando. Fazer com que você seja mais baixo para pegar um rebote pode parecer paradoxal, mas não é. Barkley tinha um airbag em seu traseiro, e ele usava seus glúteos ao máximo para maximizar sua vantagem. Na essência, ele estava dizendo a seus adversários para "cair fora".

Mantenha seus joelhos dobrados, estabeleça uma base ampla, levante os braços e incline os cotovelos em um ângulo de 90°. Suas palmas devem estar viradas para o aro. O ideal é que seu traseiro esteja sentado nos joelhos do jogador de ataque.

Pense desse jeito: você pega um rebote com suas mãos. Então elas devem estar o mais à frente possível do jogador que você está bloqueando. Se ele tentar pular por cima de suas costas para pegar o rebote, ele cometerá uma falta. Ele pode ser mais alto que você e ser capaz de pular mais alto, mas não pode pular por cima de você.

LEMBRE-SE

Se existe um pecado imperdoável em um rebote de defesa, é permitir que o arremessador pegue o rebote de seu próprio arremesso. Se você está marcando o arremessador e tenta bloquear o arremesso, isso é ótimo. Mas não perca o controle de seu corpo. Use o método reverso descrito anteriormente para bloquear seu adversário, que deve estar ocupado com a sequência do arremesso antes de se concentrar no rebote.

Pegando o rebote na zona de defesa

Quando estiver jogando na zona de defesa, você marca uma área e não um jogador. Você não pode literalmente marcar uma área. Por isso, na zona, a prioridade é formar um *três triângulos de defesa* em volta da cesta, não importa em que tipo de zona você esteja jogando. O triângulo protege o meio dos três segundos no garrafão e as duas áreas de bloqueio da invasão do ataque. (Veja a Figura 8-2.)

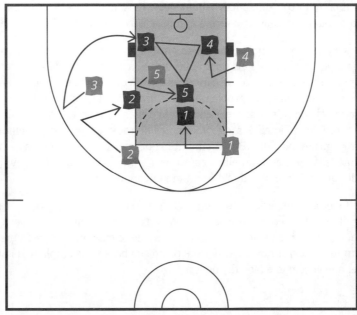

FIGURA 8-2: Formando um triângulo em volta da cesta quando for pegar o rebote na zona de defesa.

Mesmo na zona, entretanto, você deve encontrar alguém para bloquear. Você tem uma área para bloquear no triângulo, e alguém tentará se infiltrar nela. Quando esse jogador vier, bloqueie-o.

Rebote de Ataque

HALL DA FAMA

No campeonato de 1995 da NCAA, UCLA derrotou o favorito pelotão do Arkansas, que defendia o campeonato nacional, por 89 a 78. Apesar de o time ser composto por jogadores pequenos, o Bruins ganhou o jogo, porque seus jogadores pegaram mais rebotes que o Razorbacks, 50 contra 31. UCLA atingiu a tabela do ataque especialmente com força, pegando 21 rebotes de ataque, o que resultou em 27 pontos. Se você é o treinador do outro time, esses números podem te dar úlceras.

Um jogador bom de rebote de ataque faz quatro coisas:

» Antecipa onde a bola perdida cairá
» Procura pela rota mais rápida até a bola
» Evita contato com o jogador de defesa, sendo ágil
» Sabe que tem dois segundos para recuperar a bola após o adversário arremessá-la

As chaves para um rebote de defesa são posicionamento e vantagem; a chave para um rebote de ataque é rapidez.

DENNIS RODMAN: PRESIDENTE DO CONSELHO

HALL DA FAMA

Dennis Rodman, um jogador essencial no time em cinco campeonatos da NBA (duas vezes no Detroit Pistons, três no Chicago Bulls), foi apresentado ao Hall da Fama em Springfield, Massachussetts, em setembro de 2011. As habilidades de arremesso e drible de Rodman eram, no máximo, as mesmas daqueles jogadores que estão no meio da faculdade (e eu estou sendo generoso).

Por outro lado, "o Worm", como ele era conhecido, liderou o ranking da NBA em rebotes por sete anos consecutivos (terminando em 1997-1998), e ninguém mais pode falar que fez isso.

O que exatamente fez Rodman, com seus dois metros de altura, que jogou 14 temporadas, ser presidente do Conselho pela metade de sua carreira? Primeiro, ele era um espécime com um físico fabuloso, uma impressionante combinação de rapidez com força, sem mencionar que ele foi abençoado com desproporcionais braços longos.

(continua...)

(continuação...)

> Rodman também saltava como em um pula-pula — ele era capaz de saltar dois ou três palmos acima de seus adversários. Essa habilidade geralmente o ajudava a dar um tapa na bola para jogá-la para uma direção em que ele pudesse pegá-la primeiro.
>
> A maioria dos jogadores que pega rebotes tenta pegar a bola com as duas mãos, o que soa normal. Mas se você pode chegar perto o suficiente para desviar a bola para uma área vazia, e se é mais rápido que seu adversário, vá em frente e faça isso. Quando Rodman desviava a bola para a zona morta, ele ia pegá-la, porque Worm era mais rápido que seus adversários.

DICA DE JOGADOR

Sempre siga seu arremesso. A partir do momento em que a bola sai da sua mão, você deve se preparar para um rebote. Não estou tentando transmitir pessimismo aqui, mas você não ajuda muito seu time ficando parado assistindo à trajetória da bola. Como arremessador, você geralmente está perto do rebote, e porque foi você quem arremessou a bola, você deveria descobrir antes de qualquer um se esse arremesso será longo, curto, mais para um lado, ou — com sorte — na mosca.

LEMBRE-SE

Rebote de ataque tem uma predeterminação: quando a bola está no ar é uma bola livre. Se você é do ataque, assuma que todo arremesso é um arremesso perdido. Vá pegar o rebote!

Exercícios de Rebote

Rebotes não estão disponíveis para treinar como outras habilidades, como arremessos e dribles. Primeiro, você precisa de alguém para arremessar a bola — e errar. Depois, você nunca sabe para onde a bola irá. O melhor treino de rebote, na verdade, são combates de verdade.

DICA DO TÉCNICO

Como treinador, nunca tenha medo de trocar ideias. Lembre-se de exercícios — especialmente aqueles que você testemunha nas clínicas. Anote-os e inclua em seu repertório. Eles serão úteis por anos. E quando outro treinador perguntar sobre seus exercícios, compartilhe com boa vontade.

LEMBRE-SE

Durante o treino, mantenha o rebote simples. Enfatize que seus jogadores precisam trabalhar por dois segundos para pegá-lo. Costumava dizer a meus jogadores: "Seus pais trabalham 40 horas por semana. Estou pedindo a vocês que trabalhem por dois segundos." Se você trabalha com afinco na defesa por 24 segundos e força o ataque a fazer um arremesso ruim, dois segundos de desleixo no jogo podem anular aqueles 24 segundos: o ataque pega o rebote e converte o erro em uma cesta. Se isso acontecer, não quero ouvir desculpas, você vai para o banco.

Exercício de circular os vagões

Circular os vagões é um exercício quatro a quatro. Quatro jogadores de ataque ficam parados fora do arco de três pontos, enquanto o treinador segura a bola. Os quatro jogadores de defesa se alternam no quadrado em volta do garrafão (veja a Figura 8-3). Enquanto os jogadores de defesa se movem em volta do quadrado, o treinador arremessa a bola. Os jogadores de defesa devem encontrar e bloquear os jogadores de ataque. Os jogadores de ataque podem fazer o que quiserem — empurrar, agarrar, qualquer coisa — para pegar a bola. A ideia é ensinar rebotes de defesa. Faça a defesa pegar três rebotes seguidos. Se a defesa perder um rebote antes de fazer o terceiro, eles devem começar do zero (ou pagar alguns suicídios).

Então, troque os jogadores de ataque com os de defesa.

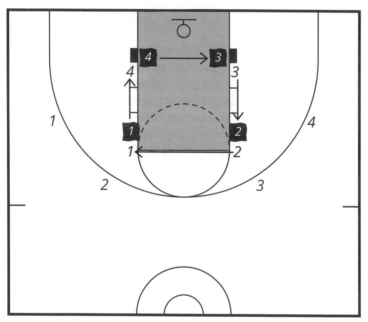

FIGURA 8-3: O exercício de circular os vagões.

Exercício de rebote mano a mano

O arremessador conquista o perímetro para um arremesso com um salto em cima de um jogador de defesa em uma situação mano a mano. Você deve fazer o arremessador começar da ala ou da cabeça do garrafão, e permitir não mais que dois dribles em qualquer direção. Ele não pode tentar passar direto pelo jogador de defesa. O jogador de defesa deve manter suas mãos para o alto enquanto o arremessador salta. Assim que a bola deixar as pontas dos dedos do arremessador, o jogador de defesa deve bloquear o arremessador, fazendo e mantendo contato. Quem for pegar o rebote deve usar todos os princípios nesse exercício: ir para a direita e esquerda, ficar no caminho, e reverter para o adversário. Ele deve fazer contato, manter a posição e procurar pela bola.

Esse é um exercício fantástico tanto para o rebote de ataque quanto para o de defesa. O jogador de defesa deve treinar sua habilidade de bloquear com o método reverso. Porque essa é uma situação mano a mano, o arremessador deve usar sua agilidade para perseguir a bola perdida.

HALL DA FAMA

O ala Bob Pettit pegou 12.948 rebotes em 11 temporadas da NBA, com Milwaukee e depois com o St. Louis Hawks (1954–1965). Esse total não o deixa nem perto dos Top 10 melhores de todos os tempos, mas em termos de rebote por jogo (16,22), o ala de 2,1 metros de altura fica em terceiro lugar no ranking, atrás apenas de Chamberlain (22,89) e Russell (22,45). Aqueles que assistiram a Pettit jogar dizem que foi por causa de sua determinação, maior que a de qualquer um.

Exercício Dan Mara

Dan Mara, um ex-treinador de sucesso do time júnior feminino do nível universitário (veja o Capítulo 13 para saber mais sobre equipes juniores de basquete universitário) desenvolveu esse exercício. Divida o grupo em três times, cada um com o número igual de jogadores. Cada time se alinha fora do círculo de três pontos e manda um representante para a linha de lance livre, ou para o garrafão. O treinador faz um arremesso. Quem quer que pegue o rebote, arremessa de volta para o treinador. Esse jogador vai até a linha de seu time, e o próximo jogador daquela linha entra na disputa. Os outros dois jogadores continuam na linha até que peguem um rebote. O primeiro time a ter seus três jogadores pegando rebotes ganha; os outros dois times devem dar voltas na quadra.

Exercício Manhattan

Aprendi este exercício com Jack Powers, o ex-treinador do Manhattan College, quando fui a um de seus treinos nos anos 1960. Esse exercício sobrevivente dos anos 1950 é muito útil para descobrir quais jogadores são verdadeiros guerreiros.

DICA DO TÉCNICO

Este exercício não é adequado para crianças pequenas.

Pegue três jogadores e coloque-os na linha. O treinador vai para a linha de falta com a bola e arremessa. Os três jogadores tentam pegar o rebote; quem quer que consiga pode arremessar para a cesta. Permita que os outros dois jogadores façam falta em quem for pegar o rebote, embora sem flagrante — elas devem ser físicas. Quando um jogador faz um arremesso, a bola se torna viva novamente assim que entra na cesta. O primeiro jogador a fazer três cestas seguidas pode deixar o jogo, e então um novo jogador se junta aos outros dois, que começam do zero.

Esse exercício é ótimo para ensinar uma jogada convencional de três pontos: o jogador sofre a falta, então ele consegue dois pontos para a cesta e mais um lance livre. Você quer que seus jogadores se acostumem a sofrer faltas e fazer cestas na mesma jogada. Você quer que eles evoluam com força e esperem contato.

> **DICA DO TÉCNICO**
>
> ## A BOLHA
>
> Nos anos 1970, Notre Dame liderou nacionalmente os rebotes três vezes e foi ranqueada entre os Top 10 nacionais por três temporadas. Uma razão para esse sucesso foi a bolha.
>
> Durante o treino, especialmente na pré-temporada, fazíamos um exercício de rebote em que colocávamos um plástico bolha em volta da cesta. A bolha impedia que os arremessos entrassem na cesta, então todo arremesso precisava de rebote. Arremesso atrás de arremesso, era preciso pegar o rebote, o que nos levou a uma ação feroz durante o rebote.
>
> Se você escolher usar o plástico bolha com seu time, nunca o deixe na cesta por um período longo. Isso desanima seus jogadores, que precisam fazer arremessos que não têm a menor chance de entrar. Para resolver o problema, tenha um treinador ou um ajudante para colocar os arremessos.

Como você deve ter percebido, isso é um exercício suportável, assim como testa a energia dos jogadores. Ninguém pode relaxar após um arremesso, mesmo que ele seja bom. Eu já vi jogadores que ficaram presos nesse exercício por dez minutos parecerem que haviam acabado de completar um triatlon. Com alguma sorte, o cansaço os motiva a ser um pouco mais determinados na próxima vez.

HALL DA FAMA

O quão dominantes eram Chamberlain e Russell em rebotes? Em apenas 28 vezes na história da NBA um jogador pegou 40 rebotes em um único jogo. Em 26 dessas vezes, esse jogador era Wilt ou Bill (Chamberlain tem o recorde de 55 rebotes em um único jogo, estranhamente contra o Celtics, de Russell, em 24 de novembro de 1960).

Os únicos outros dois jogadores a pegar pelo menos 40 rebotes em uma única noite foram Nate Thurmond, do San Francisco Warriors (42, em 1965, contra o Detroit Pistons), e Jerry Lucas, do Cincinnati Royals (40, em 1964, contra o Philadelphia 76ers).

Exercício do jogador quatro pegando rebote

Aqui está um treino para garantir que o coração disparará. Jogue quatro contra quatro e finja que está em um jogo real, como se fosse um contra-ataque. O jogador arremessa a bola, e os jogadores continuam até que a defesa pegue o rebote. Então a defesa se torna o ataque e corre para o contra-ataque. A partida continua até que o time jogando como defesa pegue o rebote ou até que o grupo contra-atacando faça cesta.

Por que quatro contra quatro e não cinco contra cinco? O número reduzido deixa mais espaço na quadra.

Pegando Mais Rebotes que o Jogador Mais Alto

Você pode fazer um ótimo trabalho de posicionamento, bloqueio e manter contato, mas o outro jogador ainda consegue pegar o rebote. Por quê? A pessoa alcança por cima de você e pega a bola do alto antes que você possa alcançá-la. O que você pode fazer para evitar isso? Vá encontrá-lo com suas costas; não espere que ele venha até você. (Você neutraliza os centímetros extras do jogador mais alto começando o contato mais longe da cesta.) Use seu quadril. Após se posicionar contra ele (usando o método reverso), empine seu quadril para manter o oponente o mais longe possível da cesta.

Se você estava usando suas mãos para impedir os movimentos de seu adversário, o árbitro poderia apitar uma falta contra você. Mas nenhum árbitro apitará uma falta contra seu quadril. Considere esse seu arsenal contra o jogador mais alto.

Seu quadril é a parte mais importante de sua anatomia em termos de pegar mais rebotes que um jogador mais alto.

Grandes Jogadores de Rebote para Imitar

Pegar rebotes determina muito o resultado do ano. O rebote é o principal deste livro para mim e o fundamento do jogo no qual mais acredito. Em minhas 19 temporadas em Notre Dame, nós lideramos a margem nacional de rebotes — isto é, a diferença entre o número de rebotes que pegamos contra a de nossos adversários — quatro vezes. Nenhuma outra universidade liderou a margem nacional por mais do que três anos diferentes. Eu tenho orgulho disso.

Você não precisa ter mais de dois metros de altura (e duvido que tenha) para ser bom em pegar rebotes. Veja a Tabela 8-1, que lista os líderes em rebotes de todos os tempos da história da NBA. Apenas três dos dez melhores têm mais de 2,13 metros de altura; quatro têm 2,10 metros ou menos. Na Universidade George Washington em 1997, por exemplo, um armador chamado Shawnta Rogers tinha 1,65 metro de altura e ainda assim pegou 11 rebotes em um jogo.

TABELA 8-1 Líderes de Rebotes de Todos os Tempos da NBA

Nome	Altura	Rebotes	Anos	Média
Wilt Chamberlain	2,16m	23.924	14	21,9
Bill Russell	2,1m	21.620	13	22,5
Kareem Abdul-Jabbar	2,19m	17.440	20	11,2
Elvin Hayes	2,1m	16.279	16	12,5
Mose Malone	2m	16.166	20	12,3
Karl Malone	2,1m	14.968	19	9,8
Nate Thurmond	1,86m	14.464	14	15
Robert Parish	2,13m	14.715	20	9,1
Walt Bellamy	2m	14.241	14	13,7
Wes Unseld	2,04m	13.769	13	14

HALL DA FAMA

NO REBOTE

O Dia dos Namorados (Valentine's Day — 14 de fevereiro nos Estados Unidos) tornou-se o melhor dia para rebotes tanto para homens solteiros quanto para mulheres solteiras. No Dia dos Namorados, em 1953, Bill Chambers, do William & Mary, conquistou um recorde de rebotes em um único jogo universitário, pegando 51 em uma vitória contra Virgínia. Trinta anos depois, novamente no dia dos namorados, Deborah Temple, do Delta State, pegou 40 rebotes em uma vitória conta a Universidade do Alabama Birmingham. Os dois recordes permanecem.

> **NESTE CAPÍTULO:**
>
> Movimentos para pivôs, alas, armadores e arremessadores de três pontos
>
> Escolhendo uma jogada de último segundo
>
> Decidindo quando pedir um tempo com poucos segundos restantes
>
> Preparando seu time para um jogo importante

Capítulo 9

Movimentos, Jogadas e Estratégias

Shaquille O'Neal e Ray Allen eram jogadores-chave para o sucesso do Boston Celtics na temporada de 2010–2011. Ambos estão entre os 25 maiores cestinhas da história da NBA, mas eles marcam seus pontos de maneiras diferentes.

Shaq encerrou sua carreira após a temporada de 2010–2011 com 28.596 pontos, o oitavo na história da NBA. Ele teve mais de 11.300 arremessos de quadra, mas apenas um deles foi um arremesso de três pontos (ele tentou 22, e o único que converteu foi em sua terceira temporada, em 1995–1996).

Allen é o vigésimo nono cestinha na história da NBA, com mais de 22 mil pontos. Ele tem mais de 7.800 arremessos de quadra, porém tem mais de 2.600 arremessos de três pontos, mais do que qualquer jogador na história da NBA.

O lugar onde Shaq mais marcou pontos foi perto da cesta. Já o lugar favorito de Allen se situava a mais de sete metros da cesta. Porém, ambos são muito efetivos, cada um a sua maneira.

O conto de Shaq e Allen é a versão da NBA para a letra do musical *Showboat*: "Os peixes têm que nadar/ os pássaros devem voar." Você posiciona seus jogadores no ataque nos locais onde eles têm mais chances de fazer pontos. Esse posicionamento geralmente é determinado pela posição do jogador (pivô, ala ou armador), que é quase sempre estabelecido pela altura. Disse *quase* sempre. Kobe Bryant, ex-jogador do Los Angeles Lakers, era um armador com 1,98 metro que podia marcar pontos do perímetro, mas muito de seu sucesso veio de arremessos feitos embaixo da cesta, onde ele podia se aproveitar de seu porte contra jogadores menores. Channing Frye, na época do Cleveland Cavaliers, é um pivô com 2,10 metros que ficou entre os dez melhores arremessadores de três pontos da liga na temporada de 2009–2010 (veja o box).

HALL DA FAMA

AS TORRES GÊMEAS

O jogo, em todos os níveis, se desenvolveu com a implementação do arremesso de três pontos. Tem se tornado cada vez mais um jogo de perímetro, já que os jogadores têm ficado maiores e mais rápidos, fazendo com que a quadra fique mais disputada no garrafão, forçando os jogadores em direção ao perímetro para conseguirem realizar arremessos sem marcação.

Mas houve algumas escalações ao longo dos anos, até mesmo recentemente, em que usar dois pivôs, ou "torres gêmeas" tem sido efetivo. Em 1984, o Houston Rockets chegou à final da NBA muito graças aos pivôs Ralph Sampson (2,23 metros) e Hakeem Olajuwon (2,16 metros). Ambos eram jogadores jovens que foram uma das primeiras escolhas de seus drafts.

A combinação de torres gêmeas de David Robinson (2,16 metros) e Tim Duncan (2,10 metros) foi o mais longe possível em 1999 e 2003, vencendo a NBA nos dois anos. Robinson havia sido o astro do San Antonio entre 1991 e 1998, levando a equipe aos playoffs quase todos os anos. Mas alguma coisa estava faltando.

A peça final do quebra-cabeça era Duncan que, assim como Robinson, foi a primeira escolha do draft (1998) e foi eleito o Calouro do Ano em sua temporada de estreia. No segundo ano de Duncan, em uma temporada encurtada por uma greve, San Antonio foi campeão. Eles repetiram o feito quatro anos depois, e ambos foram indicados para o prêmio de Esportista do Ano da *Sports Illustrated*.

> Os dois jogadores tinham muito em comum também fora das quadras. Ambos não foram estrelas que chegaram à NBA direto do ensino médio, já que Robinson teve um crescimento tardio, crescendo de dois para 2,13 metros durante sua estadia na Academia Naval. Duncan cresceu nas Ilhas Virgens, onde seu objetivo era disputar os Jogos Olímpicos de 1992... na natação, não no basquete. Isso mudou quando um furacão destruiu a piscina local e ele não queria treinar no oceano por causa de seu medo de tubarões.

DICA DO TÉCNICO

Como treinador, você precisa saber onde seus jogadores preferem estar, mantendo em mente que você também precisa espalhá-los bem. Você precisa de bons arremessadores no perímetro e pelo menos um jogador no garrafão que consiga jogar de costas para a cesta. O ataque mais produtivo tem uma variedade de armas em seu arsenal.

Jogando como Pivô

Caso seu pivô seja um profissional com 2,10 metros, um estudante com 1,5 metro, ou, mais provável, em algum lugar entre esses dois, ele precisa entender três conceitos para exercer seu papel de jogar de costas para a tabela. Esta seção esboça esses conceitos.

Trabalhar para ficar livre dentro do garrafão

PALAVRAS DO ÁRBITRO

Um pivô no ataque se posiciona ao longo do garrafão de costas para a cesta. Ele não se posiciona dentro do garrafão, pois se permanecer lá por três ou mais segundos, será penalizado com uma violação e sua equipe perderá a bola. Caso ele se posicione perto da cesta, normalmente dentro do limite de três metros, ele está adiantado no garrafão. Caso se posicione mais acima no garrafão ou até mesmo na linha de lance livre, ele está recuado no garrafão. (Veja o Capítulo 3 para uma ilustração dessas áreas.)

Ao jogar adiantado no garrafão, o pivô se encontra em um espaço apertado. Para "ficar livre" ele não precisa se livrar de seu marcador e conseguir demonstrar para a equipe qual lado seu marcador está favorecendo. Raramente um defensor joga exatamente atrás do pivô. Em vez disso, o marcador escolhe um lado na esperança de desviar um passe forçado — isso quer dizer um passe direto para o pivô a partir do perímetro. Dwight Howard, do Charlotte Hornets, é especialmente eficiente roubando bolas em passes forçados. Se você é o pivô, use seu corpo para saber onde seu marcador está. Dessa maneira, quando for receber um passe, você pode usar suas costas, seu traseiro e seus braços para evitar que o defensor intercepte o passe.

Abrindo espaço contra seu defensor

Imagine que a bola está em uma ala e que você, o pivô, está buscando um passe forçado. Você precisa abrir espaço contra seu defensor para ficar livre. Use seus cotovelos ou o traseiro para criar espaço entre você e seu defensor. Com seu corpo, crie uma base, separando suas pernas e flexionando os joelhos. Como o passe forçado geralmente é um passe picado, prepare-se para receber a bola o mais baixo possível.

Movendo-se sem a bola

Talvez seu marcador tenha escolhido ficar à sua frente — isso quer dizer, posicionar-se entre você e a bola, em vez de entre você e a tabela — ou, por alguma outra razão, o jogador com a bola não pode se conectar a ele. *Não se torne uma estátua.* Quando os torcedores se referiam a Hakeem Olajuwon e Ralph Sampson como as Torres Gêmeas, eles não queriam dizer literalmente. Um jogador de garrafão não deve nunca se manter na mesma posição de quadra por mais de três segundos. Mova-se pelo garrafão. Chris Bosh, ex-Miami Heat, era muito bom quando se tratava de se movimentar sem a bola.

DICA DE JOGADOR

Pense no garrafão como um retângulo — afinal de contas, ele é. Você está posicionado em um dos quatro cantos. Quando alguma coisa não funcionar, mova-se para um dos outros três cantos. Você pode:

- » Se deslocar para trás
- » Cruzar o garrafão
- » Se mover lateralmente

Movimente-se, plante os pés, espere alguns segundos e então movimente-se novamente. Caso consiga, faça um bloqueio para um companheiro quando se deslocar para um novo lugar — caso ele possa fazer um para você, melhor ainda. Mas fique dentro ou ao redor do garrafão. Esse é seu habitat enquanto pivô.

DICA DO TÉCNICO

Durante anos, "homens grandes" nunca foram ensinados a se movimentar sem a bola. Muitas vezes, treinadores apenas estacionavam jogadores grandes embaixo da cesta e torciam para que vencessem a batalha física com seu marcador. Isso mudou nos últimos anos, assim que os jogadores grandes ficaram mais eficientes ao arremessar de fora e os ataques passaram a utilizar muito mais o perímetro.

AS OITO COISAS QUE VOCÊ PODE FAZER NO ATAQUE ENQUANTO NÃO TEM A BOLA, POR JOHN WOODEN

John Wooden é o padrão pelo qual todas as faculdades são medidas. Em um intervalo de 12 anos (1964–1975), seu UCLA Bruins ganhou dez títulos da NCAA. Aqui estão oito dicas do "Mago de Westwood" para o que fazer no ataque quando a bola não está em suas mãos:

1. Esteja preparado para fazer um corta-luz caso a jogada ou situação exija isso.

2. Faça com que seu marcador corra em direção a um corta-luz caso a jogada ou situação exija isso.

3. Mantenha seu marcador tão ocupado que ele não seja capaz de ajudar um companheiro defensivamente.

4. Faça seu marcador tirar os olhos da bola no momento certo.

5. Constantemente tente se desmarcar para poder dar a chance de o jogador com a bola realizar um bom passe.

6. Constantemente trabalhe para ficar livre e conseguir receber um passe onde você seja uma ameaça tripla. Em outras palavras, tente receber a bola onde seja uma ameaça como arremessador, um infiltrador ou um passador.

7. Esteja pronto e em posição para cobrir o território propício como reboteiro ou como protetor caso alguém tente um arremesso.

8. Pense constantemente, porque seus movimentos provavelmente se conjugarão com os movimentos do jogador com a bola ou o jogador que acabou de passar a bola.

Fonte: Jerry Krause, ed., *Coaching Basketball* (National Association of Basketball Coaches).

Movimentos para um Pivô

Você trabalhou duro para conseguir receber a bola, e agora? Por sorte, para os pivôs, a primeira opção é arremessar a bola. Ei, você está perto da tabela, então por quê não? Quanto mais arremessos você acertar, mais frequentemente seus companheiros lhe darão a bola no futuro. Esta seção mostra alguns movimentos para te ajudar a converter suas cestas.

DICA DE JOGADOR

A regra capital para homens grandes com a bola: *Não* drible, a não ser que você precise muito. Seu tamanho é uma desvantagem enquanto você dribla. Quando você coloca a bola no chão, dá a oportunidade a um defensor menor de roubá-la. Você só quica a bola para manter seu equilíbrio ou continuar se movimentando.

Girando sobre o pé de apoio (pé de pivô)

Quando você recebe a bola perto da tabela, tenha certeza de que tem os dois pés plantados; pule ao receber a bola. Dessa maneira, você pode usar qualquer um dos pés como pé de apoio. (**Nota**: Se você é um pivô famoso, não se preocupe com isso; os árbitros nunca marcarão uma andada sua.) Lembre-se, você está de costas para a tabela.

Digamos que você se situa no lado direito do garrafão perto da tabela, e seu pé esquerdo está perto da linha de fundo. Com as duas mãos, segure a bola longe e acima de seu ombro, com suas costas para a tabela e seu marcador. Assim que você mostra a bola, arraste seu pé esquerdo chamando a atenção de seu marcador, para que ele fique em posição defensiva para conseguir te parar. "Espere", você diz. "Se o meu pé já está plantado, como posso arrastá-lo?" Boa pergunta.

Quando digo "arrastar", quero dizer mova seu pé esquerdo mais para perto da linha de fundo e para dentro. Seu pé direito é seu pé de apoio, ele fica preso. Seu pé esquerdo pode se mover. Você está dando um passo para o lado e para trás, mas como você está de costas para a cesta, você está dando, na verdade, um passo em direção à *cesta*. (Veja a Figura 9-1.)

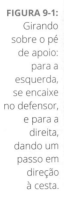

FIGURA 9-1: Girando sobre o pé de apoio: para a esquerda, se encaixe no defensor, e para a direita, dando um passo em direção à cesta.

170   PARTE 2 **Os Fundamentos do Basquete**

Após você mover seu pé, perceba que já fisgou seu marcador e está usando suas costas como escudo para se mover em direção à cesta. Agora dê a volta com seu pé direito para a esquerda e olhe para a cesta, se der sorte, perto o suficiente da tabela para fazer uma bandeja ou uma enterrada.

DICA DE JOGADOR

Estabeleça sua posição no *bloco inferior* (o pequeno quadrado ao longo da linha de três segundos perto da linha de fundo, usada para se posicionar para os rebotes dos lances livres) perto o suficiente da cesta para que consiga realizar uma bandeja após girar sobre seu pé de apoio sem ter de driblar.

Movimento de força em direção à tabela

Algumas vezes você perde a batalha de posicionamento e recebe o passe forçado mais longe da tabela do que gostaria. Você ainda pode girar sobre seu pé de apoio, mas continua a jogada com um drible de força. Assim que você gira, leve a bola com você — com as duas mãos — e então comece a driblar. Use seu ombro mais próximo do marcador para proteger a bola dele.

Agora você está mais perto da cesta. Na verdade, muitos pivôs gostam de driblar com a bola para estabelecer o ritmo enquanto vão em direção à tabela. O perigo é que você dá a chance para os armadores ágeis lhe tirarem a bola.

LEMBRE-SE

Termine a jogada firme. Você se esforçou como um leão para conseguir esse arremesso tão perto da cesta; não se torne um cordeiro agora. Se você é capaz de enterrar a bola, faça isso com as duas mãos. Se não pode, pule o mais alto que puder — exploda em direção à cesta — e faça a bandeja no ponto alto de seu salto. Ninguém leva a bola até a cesta com mais raiva do que Shaquille O'Neal fazia em seus 18 anos de carreira na NBA. Imite-o.

O arremesso com salto

Suponha que o defensor antecipou seu giro sobre o pé de apoio e está te marcando a um passo de distância. Em outras palavras, ele não está com o corpo colado atrás de você, em vez disso, está jogando um passo mais perto da tabela do que ele normalmente jogaria, para que você tenha mais dificuldade em ultrapassá-lo. Para enganar o defensor, iluda-o saltando exatamente onde você recebeu a bola e converta um arremesso a três metros de distância.

DICA DE JOGADOR

Você recebe o passe de costas para a tabela, mas aconselho a não arremessar dessa maneira. Você precisa se virar e manter a parte da frente de seu tronco na direção da cesta. Mas girar em que direção? Se você garantir que tem os dois pés plantados no chão ao receber a bola, pode usar qualquer um dos pés como pé de apoio. Treine para que você seja apto a girar para a direita ou esquerda com a mesma facilidade. Se você conseguir, o defensor não consegue antecipar seu movimento. Também pratique fingir o giro em uma direção e depois ir para outra: use sua cabeça para fingir em uma direção, e então vá para o outro lado.

Se você for um jogador grande, devo alertá-lo caso vá utilizar muitos fingimentos de giro. Os árbitros rapidamente marcarão andadas suas, especialmente em níveis não profissionais, e muitas vezes estarão corretos.

A maioria das faltas em momentos de arremesso é marcada no garrafão. Como um jogador de força, busque contatos quando for arremessar. Não seja tímido. Se o defensor fizer contato o suficiente, os árbitros quase nunca marcarão falta sua. Esteja preparado para receber faltas quando for arremessar — e se ouvir o apito, *sempre* continue o movimento do arremesso. Você talvez converta o arremesso e ganhe um arremesso livre.

Ninguém é melhor nisso do que Dwight Howard, do Charlotte Hornets (veja a Figura 9-2). Ele usa sua força para forçar um arremesso quando o apito soa. Se ele converter um arremesso em 20, é um a mais caso ele não tentasse.

FIGURA 9-2: Dwight Howard.

Gancho

Este era o melhor movimento do maior cestinha da história da NBA, Kareem Abdul-Jabbar. O motivo de mais pivôs não o usarem é um mistério para mim. Quando você o executa corretamente, especialmente se for com qualquer uma das mãos, é impossível de ser parado. Um jogador que o usa atualmente é Pau Gasol. Já no Brasil vemos com frequência J.P. Batista (Flamengo e Seleção Brasileira) executando esse tipo de arremesso.

O up-and-under (finta com movimento de arremesso)

Para o up-and-under, você *simula* um arremesso — isso quer dizer, você move seus braços como se fosse arremessar, mas na verdade não solta a bola. Essa ação faz com que o defensor fique no ar. Você então passa ao redor do defensor — o que é muito constrangedor para o marcador. Siga esses passos:

1. **Pegue a bola.**
2. **Gire 180 graus para encarar o defensor.**
3. **Finja o arremesso com ambas as mãos.** Quanto mais rápido o movimento, mais provavelmente o marcador será enganado por ele. Lembre-se de levantar os dois braços acima da cabeça para "encenar" melhor o arremesso.
4. **No segundo que o defensor tirar os pés do chão, passe por ele.**

DICA DE FÃ

O movimento "Dream Shake" ainda-não-patenteado-mas-será, de Hakeem Olajuwon, era o melhor up-and-under na liga quando ele jogava pelo Houston Rockets, nos anos 1990.

Passe para o jogador livre

Se você receber a bola perto da tabela e se encontrar com uma marcação dupla, faça as contas: um de seus companheiros está livre. Passe a bola para esse companheiro. É uma ótima maneira de conseguir uma assistência — e cultivar amigos.

Nota: Tim Duncan foi um dos melhores jogadores de garrafão da NBA e manteve esse título por muitos anos. Se você quiser ver como se livrar da marcação dupla e encontrar um arremessador livre, procure seus vídeos na internet.

O PIVÔ ATÍPICO

Existem exceções para todas as regras da vida, e isso se aplica ao basquete. Channing Frye, do Cleveland Cavaliers, não é o típico pivô. Com 2,10 metros e 110 quilos, das proximidades da Universidade do Arizona, tem muito de seu jogo na linha de três pontos e não na linha de fundo.

Durante a temporada de 2009-2010, ele se tornou o primeiro pivô em 13 anos a ser convidado para o concurso de arremessos de três pontos durante o final de semana do All-Star Game. Naquela temporada, ele converteu 172 de 392 arremessos de três pontos, 82 a mais do que qualquer outro pivô da NBA. Sua média de 44% em arremessos de três pontos foi a sexta melhor entre os jogadores elegíveis para a estatística em toda a liga.

A qualidade do arremesso de três pontos de Frye é um dos pontos fortes do seu ataque, que encoraja todos os cinco jogadores a arremessar praticamente de qualquer lugar da quadra.

Frye não entrou na NBA com a reputação de um grande arremessador. Ele converteu apenas seis arremessos de três pontos em toda sua carreira na Universidade do Arizona, e somados converteu apenas seis em seus primeiros quatro anos na NBA. Mas ele se beneficiou do estilo de jogo implementado no primeiro ano do treinador Alvin Gentry em 2009-2010, quando o Suns chegou à final da Conferência Oeste da NBA.

Movimentos para um Armador

Diferente do pivô, o armador já tem a posse da bola durante a transição da defesa para o ataque. Sua especialidade é *fintar seu marcador* — isso quer dizer, driblar através do marcador em direção à cesta para marcar pontos e realizar uma assistência.

DICA DE JOGADOR

Dicas para o mano a mano com um marcador:

» **Posicione-se no local ótimo: a cabeça do garrafão.** Daqui, você pode ir para qualquer lado: direito ou esquerdo. Grandes armadores (e eles são raros) são bons driblando e fazendo bandejas com qualquer uma das mãos. Se você só pode ir para a direita, começar da cabeça do garrafão perde eficácia. O defensor protegerá esse lado.

» **Leia as mãos do defensor.** Se as mãos de seu marcador estão para baixo, posicione-se e faça um arremesso com salto. Bons armadores treinam arremessos com salto rápidos, bem da cabeça do garrafão. A diferença entre um bom armador pontuador para um ruim: um bom arremessador para (planta os dois pés no chão), posiciona seus pés embaixo de seu tronco e pula para cima, não para a frente. Um arremessador ruim para sem se preocupar com o equilíbrio, forçando seu pulo para a frente, e não para cima. É muito mais difícil ter o equilíbrio para realizar um bom arremesso dessa maneira. Ben Hansbrough, que liderou Notre Dame como um armador veterano em 2011, era especialmente bom nessa jogada em nível universitário.

» **Entenda a agilidade do defensor.** Se você pode ultrapassar seu marcador, faça isso. Você ainda pode saltar e arremessar a qualquer momento, mas se você consegue ir até a cesta, terá um arremesso mais fácil.

DICA DE JOGADOR

Defesas não entregam bandejas a armadores de graça. Espere ter companhia — ou seja, um segundo marcador — caso você drible o seu primeiro. Quando isso acontecer, esteja preparado para servir um passe ao pivô embaixo da cesta, que agora está livre, pois seu marcador se deslocou para te marcar. Observe Fúlvio, do Brasília; ele é um gênio nesses passes de último segundo.

Crossover (mudança de direção em drible)

Você acabou de receber um passe na ala e está encarando seu marcador. Caso suas mãos estejam para baixo, faça o arremesso imediatamente. Caso contrário, você pode fingir ir em uma direção e então ir para a outra. Enquanto faz isso, você cruza a bola rapidamente na frente de seu oponente, indo da direita para a esquerda. O nome é crossover, porque você começa com seu pé de apoio em uma direção, mas, assim que começa o movimento, segue em outra.

Por exemplo, digamos que você está do lado direito da quadra e acabou de se virar para (encarar) o defensor. Você decide fintar para a direita e ir para a esquerda (em direção ao centro da quadra). Para fazer isso, posicione seu pé direito para a direita; o defensor reagirá. Assim que ele fizer isso, dê o próximo passo com seu pé *direito* para a frente de seu corpo — drible com sua mão esquerda usando seu corpo para se proteger do marcador — enquanto se dirige ao meio da quadra. Allen Iverson tornou o crossover famoso entre os armadores. Mas tenha cuidado — não seja pego por conduzir a bola.

O pick and roll (bloqueio)

Como armador controlando a bola durante um pick and roll (veja o Capítulo 6), você tem três opções:

» **Dê a volta por trás do bloqueio e faça o arremesso.**
» **Interrompa o drible.** Para interrompê-lo, espere a bola atingir seu ponto mais alto durante um drible, e, em vez de quicá-la de novo, segure em sua mão por um breve momento. Então atravesse o bloqueio para uma bandeja ou uma assistência.
» **Passe a bola para o bloqueador.** Se o defensor que está marcando o jogador que lhe fez o bloqueio o largar para te marcar, passe a bola para o bloqueador.

DE STOCKTON PARA MALONE

Não existem dois jogadores de basquete mais identificados com uma jogada do que John Stockton e Karl Malone. Como companheiros de equipe por 18 anos no Utah Jazz, eles levaram o pick and roll à perfeição, levando o Utah Jazz para os playoffs em todos os 18 anos, incluindo duas idas à final da NBA, quando tiveram que enfrentar o Chicago Bulls de Michael Jordan.

A chamada de Stockton para Malone, criada pelo narrador do Hall da Fama Jazz Hot Rod Hundley, falada musicalmente, criou essa lenda durante os anos 1980. Hundley era um grande amigo e transmitiu a vitória de Notre Dame sobre UCLA em 1974, que quebrou a série de 88 partidas invictas. Ele começou uma carreira de 35 anos com o Utah Jazz na temporada seguinte.

Malone terminou sua carreira como o segundo maior cestinha da história da NBA, com 36.928 pontos. Apenas Kareem Abdul-Jabbar marcou mais pontos do que esse monstruoso ala-pivô. Stockton estabeleceu o recorde de assistências da história da liga, com 15.806 — quatro mil a mais do que qualquer outro jogador — e roubos, com 3.265 — 700 a mais do que Michael Jordan. Ambos foram indicados ao Hall da Fama Naismith em primeiras seleções, Stockton em 2009 e Malone em 2010, e ambos estavam no Dream Team dos Estados Unidos de 1992.

A lenda continuou por anos. A "Stockton to Malone" da Honda é uma famosa revendedora de carros em Utah. Você também pode se tornar um membro da De Stockton para Malone fanpage no Facebook.

Eles sempre serão uma parte da história do Utah Jazz, e têm estátuas lado a lado erguidas na entrada da Energy Solutions Arena, a casa do Jazz. As estátuas ficam no cruzamento entre as ruas Stockton e Malone.

Montando bloqueios para armadores

Uma maneira comum de deixar um armador livre para um arremesso é montar uma série de bloqueios para ele, primeiro pelo pivô e depois pelo outro armador.

Um movimento para um ala

DICA DE FÃ

Para essa jogada, chamada de *um bloqueio para um bloqueador*, o ala-pivô se posiciona na linha de lance livre. O pivô está embaixo da cesta, do lado direito, de frente para a tabela, e o armador espera perto da cesta do lado oposto (nesse caso, do lado esquerdo).

O armador dribla em direção à ala esquerda. O ala-pivô se desloca para o lado direito do garrafão para preparar um corta-luz, para que o pivô consiga recuar um pouco. Você talvez ache que o pivô fará o arremesso da linha de lance livre, mas, em vez disso, o outro armador se move pelo garrafão do lado esquerdo para o direito, e faz um corta-luz para o ala-pivô na linha de fundo. Esse corta-luz feito pelo armador é chamado de *bloqueio para um bloqueador,* porque o ala-pivô montou o primeiro corta-luz. Agora você pode passar a bola para o ala-pivô.

O ala-armador

O ala-armador é um jogador único que compartilha os atributos de um armador com os de um ala. Ele é alguém com bom controle de bola e visão de quadra, que pode recuar com a bola e iniciar o ataque.

Por que um treinador usaria um ala-armador? Equipes que têm excelentes arremessadores das alas podem ter formações ofensivas um pouco diferentes e se espalhar melhor na quadra.

O grande ala-armador atualmente na NBA é LeBron James. Ele teve média de sete assistências por jogo em 2011 e tem a capacidade de criar espaços para Kyrie Irving no perímetro e Kevin Love no garrafão.

O primeiro ala-armador foi John Johnson, que jogou pelo Seattle SuperSonics nos anos 1970.

PARA TRÁS, PARA A FRENTE

O para trás, para a frente é a jogada característica do jogador do L.A. Clippers, oito vezes eleito para o All-Star Game, Paul Pierce. O jogador ex-Kansas é mestre em parar durante uma boa chance, fingir um arremesso se encurvando um pouquinho para trás para trazer o marcador para mais próximo de si, e então pular para a frente, em direção ao marcador, para conseguir a falta. Como o marcador pula em Pierce com um ângulo, Pierce sempre consegue a falta quando pula para a frente.

Pierce usou essa jogada para se tornar o terceiro maior cestinha na história do Boston Celtics (somente John Havlicek marcou mais pontos). Ele tem uma média de 21,8 pontos por partida ao longo de 15 anos, e muitos deles vieram da linha de lance livre, onde tem ótimo aproveitamento.

Mas essa não é a única jogada de Pierce; ele é um excelente arremessador de três pontos, tendo ganhado o concurso de arremesso de três pontos do fim de semana do All-Star Game em 2010

Jogadas de Último Segundo

Você está em casa, sentado no sofá com os pés para cima, o saco de batatas chips ao alcance de um braço. Dez segundos restando no cronômetro, seu time tem a bola e está perdendo por um ponto. Tudo bem, talvez seus pés não estejam para cima. Talvez você esteja inclinado para a frente roendo suas unhas.

Nesse momento, provavelmente não inveja o treinador de seu time. Você não está resmungando: "Como eles podem pagar isso tudo para um treinador de basquete universitário quando um professor recebe um décimo disso?" Você com certeza está feliz por não precisar decidir qual jogada utilizar. Eles não poderiam pagar o suficiente para você aguentar esse tipo de pressão. Você apenas espera que o treinador consiga tirar uma grande jogada da cartola durante o tempo.

O fato é que ele desenhou uma jogada há muito tempo. Os treinadores incluem jogadas de último segundo em seus planos de jogo para momentos como esse. Esta seção descreve algumas das minhas favoritas.

Jogadas de último segundo de quadra inteira

LEMBRE-SE

Você precisa estar preparado para jogadas de último segundo, e a preparação começa na pré-temporada. Em Notre Dame, praticávamos nossa jogada de último segundo uma vez por semana, e revisávamos em momentos aleatórios apenas para refrescar a memória dos jogadores. Duvido que qualquer um dos jogadores realmente acreditava que algum dia precisaríamos desse "paraquedas de emergência".

PALAVRAS DO AUTOR

Em 1989–1990, treinava Notre Dame contra Syracuse. Nos segundos finais de partida, Syracuse virou o placar. Nós pedimos um tempo. A jogada de último segundo que utilizamos foi praticada durante o outono. Nosso pivô, Keith Robinson, colocou a bola em jogo a partir da linha de fundo direto para o meio da quadra, para LaPhonso Ellis, que se deslocou desde a linha de lance livre. Ellis passou a bola para Elmer Bennett na cabeça do garrafão, que converteu o arremesso de três pontos que ganhou o jogo. O segredo para a execução dessa jogada foi ter Keith e LaPhonso trabalhando essa reposição de bola na pré-temporada.

Dica do Digger em jogadas de último segundo

Em qualquer temporada, pelo menos alguns jogos serão ganhos ou perdidos nos últimos dez segundos. (Esse período de tempo é geralmente conhecido por "último segundo".) Nesses momentos, uma equipe precisa de todo o equilíbrio e maturidade possíveis. Para evitar asneiras épicas — pelo menos parecerão épicas quando as fizer — deve-se estar preparado. Lembre desses pontos:

» **Vá para a cesta.** Fico furioso quando um time, perdendo por apenas um ponto, escolhe fazer um arremesso de longe nos últimos segundos. *Por quê?!?* O time que está na defensiva, ganhando por um ponto, tem um medo enorme de fazer a falta. Então leve a bola para dentro. Você consegue um arremesso de mais perto, você tem a chance de sofrer a falta, e as chances de complementar para a cesta um arremesso errado são maiores. Se você tentar um arremesso de longe, por outro lado, a defesa tem mais facilidade em se posicionar para o rebote e consegui-lo.

» **Não espere muito para arremessar.** O placar está empatado, e você tem a bola para um último arremesso. A maioria dos treinadores pede que o arremesso seja feito com tão pouco tempo restando, para que, caso a defesa pegue o rebote, não tenha a chance de pedir tempo e tentar um arremesso.

DEFESA DE ÚLTIMO SEGUNDO

PALAVRAS DO AUTOR

Existem livros e clínicas inteiras dedicadas a jogadas ofensivas de último segundo. Mas, algumas vezes, a estratégia que decide o jogo é defensiva, e está do outro lado da quadra.

Esse era o caso quando fui a Louisville para um jogo de Notre Dame em South Bend no dia 9 de fevereiro de 2011. Louisville tinha a bola com 25 segundos restantes no cronômetro, e o placar estava empatado em 74. Então Rick Pitino pediu tempo para preparar a jogada de último segundo com seus jogadores.

O Cardinals colocou a bola em jogo para o excelente armador Kyle Kuric, que já havia feito 28 pontos na partida e estava sendo marcado pelo armador estrela de Notre Dame, Ben Hansbrough, que tinha quatro faltas. Com seu pensamento nas quatro faltas, seria difícil para Hansbrough conseguir marcar bem, pois ele sabia que com mais uma falta estaria fora da partida.

Percebendo que Pitino tentaria um arremesso perto do estouro do cronômetro, o treinador da Notre Dame, Mike Brey, montou seu time para se posicionar para uma marcação homem a homem. Com apenas dez segundos restantes, sua equipe mudou para uma marcação por zona. Hansbrough recuou até a cabeça do garrafão e se posicionou junto a seu companheiro armador, Eric Atkins.

Agora, quando Kuric começou seu movimento em direção à cesta, ele se encontrou em uma marcação por zona com marcação dobrada sobre ele na cabeça do garrafão. Ele passou a bola para Preston Knowles, que não estava preparado nem mentalmente nem fisicamente para converter a cesta da vitória. Seu arremesso de três pontos foi errado, e o jogo foi para a prorrogação. Notre Dame marcou os primeiros 14 pontos da prorrogação e ganhou a partida por 89 a 79.

Notas do Treinador: Essa não é uma troca defensiva fácil, e você precisa ter uma equipe experiente para conseguir realizá-la com sucesso. Brey tinha o luxo de ter cinco jogadores com pelo menos quatro anos de faculdade em quadra no momento decisivo.

PALAVRAS DO AUTOR

Mas discordo. As equipes esperam muito para começar uma jogada que pode ganhar a partida. Por que esperar até ter somente sete segundos no cronômetro para começar a se movimentar em direção à cesta? Você deveria começar com pelo menos 12 segundos de relógio. Dê a você mesmo tempo para um ou dois rebotes ofensivos. Mais importante, tenha tempo para tentar um bom arremesso caso sua primeira opção falhe, o que acontece bastante. Muitos times forçam arremessos porque o tempo está acabando.

Nota: Conheça os árbitros. Alguns árbitros engolem os apitos em jogadas de último segundo. Eles têm a teoria "Deixe os jogadores decidirem o jogo". Se o árbitro principal de sua partida tem essa característica, leve isso em conta na hora de formular a estratégia.

Tempo: pedir ou não pedir? Eis a questão

Este é o cenário: você está perdendo por um ponto com dez segundos restantes, e seu time acabou de pegar um rebote defensivo. Você pede um tempo, ou apenas deixa os jogadores tentarem um contra-ataque? Se você pedir tempo, pode preparar uma jogada. Mas o tempo acaba ajudando mais a defesa?

PALAVRAS DO AUTOR

Minha reação instintiva como treinador diz: vá para a cesta. O ataque sabe para onde está indo, e a defesa tem de reagir. O basquete é um jogo de combinações, e um tempo antes da última posse de bola é uma vantagem da defesa. Além disso, um treinador pode preparar uma marcação por zona mista ou alguma defesa que você não tenha visto antes, e seu ataque não terá a oportunidade de reagir a ela. Sem o tempo, o cenário é muito caótico para seu adversário preparar qualquer coisa além de sua marcação básica. Você também corre o risco de não colocar a bola em jogo ou cometer um turnover.

DICA DO TÉCNICO

Em seu último pedido de tempo, planeje mais adiante. Se você pedir o tempo faltando trinta segundos ou menos, defina o que você fará no ataque e também na defesa que utilizará para a jogada de último segundo.

Preparando-se para um Grande Jogo

Todos os treinadores conscientes se preparam o melhor que podem para cada jogo. Mas todo calendário inclui jogos que são um pouco mais importantes do que o resto. Seja contra um grande rival, o time número um em sua conferência ou liga, ou time número um do país, esses jogos pedem uma preparação especial.

Meus jogadores de Notre Dame sempre sabiam quais eram os grandes jogos. Como treinador, você não quer que seus jogadores olhem o passado dos times menores, mas você os quer preparados para os grandes jogos. No nível universitário, esses encontros determinam sua chave no torneio da NCAA, para não mencionar a moral de seu elenco.

Espione seu adversário — e a você mesmo

Eu normalmente assistia a três vídeos de meu próximo adversário e então me reunia com meus assistentes para montar o plano de jogo. Hoje em dia os treinadores têm vídeos disponíveis de todas as partidas, mas eles ainda tentam assistir somente aos cinco jogos mais recentes, quando estão no meio da temporada.

Claro, você precisa conhecer o inimigo. Mas você também precisa dar uma olhada sincera em seu próprio time. Fazer isso é tão importante, se não mais, como a preparação para enfrentar um adversário em particular.

PALAVRAS DO AUTOR

Antes de um grande jogo durante a temporada de Notre Dame, nós pagávamos um serviço externo para espionar nosso time e identificar as áreas onde precisávamos trabalhar. Por mim mesmo, gostava de revisar nossas duas ou três últimas derrotas (o que, esperançosamente, requeria memória de longo prazo e não curto prazo) e ver o que precisávamos consertar. Se não conseguíamos levar a bola para perto da cesta, por exemplo, eu tentava entender o por quê.

Desafie a estrela do time adversário

Um grande jogo quer dizer um oponente difícil, que provavelmente tem pelo menos um jogador fora de série. É por isso que é um bom time. Na maioria das vezes, é assim que eles conseguiram se tornar um bom time.

DICA DO TÉCNICO

Entenda a mentalidade do time adversário, do treinador adversário e do craque adversário; então decida se você pode desafiá-lo. Fazer isso tem seus benefícios. Primeiro, diga a seus jogadores que você tem confiança de que eles podem parar a estrela adversária. Segundo, muitas vezes isso forçará seu adversário a encontrar outras alternativas no ataque, o que pode trazer problemas em qualquer nível de jogo.

PALAVRAS DO AUTOR

Por exemplo, em 1978, meu elenco de Notre Dame venceu o número 1 do ranking, Marquette, porque colocamos nosso ala de dois metros, Bill Hanzlik, contra Butch Lee, o armador All-American de Marquette. Hanzlik não conseguia marcar um armador de maneira natural, mas era o melhor defensor que nós tínhamos. Além disso, com seus longos braços e alcance, ele encaixou a marcação em Lee. Hanzlik parou Lee (que acertou apenas três de 15 arremessos de quadra), e seus companheiros de Marquette não conseguiram corresponder à altura.

Crie um clima de rivalidade

Falar sobre vingança parece um tabu nos esportes hoje em dia — pelo menos publicamente. Dentro de um vestiário, entretanto... Bem, digamos que os treinadores são menos politicamente corretos. Vingança é um grande motivador.

Algumas vezes, a melhor coisa que um treinador tem a dizer para seus jogadores é ficar quieto. No jogo de 1987 contra North Carolina, em South Bend, por exemplo, eu sabia que David Rivers estava pronto. Dois anos antes, como novato em seu primeiro torneio da NCAA, Rivers teve a bola tomada pelo jogador de North Carolina Kenny Smith, que se dirigiu à tabela para a cesta vencedora. Placar final: 60 a 58.

Eu sabia que não precisava motivar Rivers para esse jogo. Em vez disso, deixei que seus companheiros se alimentassem da energia de seu líder. Rivers de fato deu o troco, e nós até vencemos pelo mesmo placar de 60 a 58.

É claro, o problema da vingança é que, após você consegui-la, você se torna o alvo de novo. Seis semanas depois, Carolina nos venceu no torneio da NCAA para encerrar nossa temporada.

Prepare seu time mentalmente

Existem muitas histórias sobre os intangíveis aspectos da preparação mental. Um dos estratagemas psicológicos que utilizei em Notre Dame aconteceu em 1974, quando cortamos as redes do aro na *véspera* do jogo contra UCLA.

Após uma grande vitória, como em um jogo valendo título, é um hábito cortar as redes do aro. Os jogadores as guardam como um troféu pessoal. Eu queria que os rapazes entendessem o que eles fariam no dia seguinte. Como estava com menos medo de estarem arrogantes do que estarem tímidos, senti que precisava fazer alguma coisa que mostrasse que seu treinador acreditava realmente que eles podiam encerrar a maior série invicta do basquete universitário americano. Eles talvez tenham me achado maluco também, mas eu não ligo.

Alguns anos depois, Gary Brokaw, que marcou excelentes 25 pontos na partida, me disse que termos cortado as redes fez a diferença em sua preparação mental para aquela partida.

Nota: Se você é um treinador de escola, garanta que ela tenha outra rede para colocar no aro antes de tentar essa estratégia!

Engaje sua torcida

Os estudantes são a base de qualquer torcida de faculdade ou escola, e eu nunca esqueci isso. Quando vencemos San Francisco em 1977, por exemplo, os estudantes de Notre Dame foram muito importantes. O Dons entrou em quadra com 29 vitórias e nenhuma derrota e como líderes do ranking nacional. Na véspera do jogo, montamos um encontro para descontrair (adoro esses encontros!), e eu disse aos estudantes para chegarem meia hora antes da partida, e começarem a cantar "29 e 1". Nós dissemos a eles que San Francisco sairia de Notre Dame com o placar de derrotas diferente de zero.

Essa estratégia parece frágil agora, mas criou uma atmosfera. O lugar estava cheio meia hora antes do aquecimento, e eu penso que os jogadores de USF ficaram de alguma maneira intimidados.

Notre Dame ganhou aquele jogo por 93 a 82. Pela primeira e única vez na história, a NBC nomeou a torcida como jogador da partida — isso mostra o quão entusiasmados os estudantes estavam naquele dia.

184   PARTE 2 Os Fundamentos do Basquete

O Jogo

3

NESTA PARTE...

Há muitas maneiras de você ser um fã. Esta parte se aventura pelo mundo do basquete organizado, do jogo em sua garagem para o mundo. Para quem está na escola, na faculdade ou é um entusiasta do basquete profissional, estes capítulos te mostrarão tudo o que você precisa saber para curtir o jogo durante todo o ano.

> **NESTE CAPÍTULO:**
>
> **Jogando com as regras**
>
> **Entendendo os termos e os costumes**
>
> **Escolhendo os melhores ambientes para jogar**
>
> **Jogando basquete de rua e arremessos**

Capítulo 10
Basquete de Rua

"Faça a cesta, fique com a bola." "Vencedores." "Melhor de dois?" "Vai fugir?"

O basquete de rua tem sua própria linguagem, que cruza divisas de estado e fronteiras. Soda pode ser popular em algumas partes do país, e europeus podem dirigir do lado contrário da rua, mas a linguagem e a etiqueta do basquete de rua são universais.

Basquete de rua — jogos espontâneos que parecem surgir em qualquer lugar onde haja uma cesta — devem ser o melhor exemplo de exercício sadio. Sem serem organizados ou marcados, jogos de rua não só aparecem em qualquer lugar, mas seus entusiastas aderiram a códigos de regras, gírias e até mesmo moda únicos (esta última muito bem capturada no filme de 1992, *Homens Brancos Não Sabem Enterrar*).

Não existe nenhum órgão governamental nacional, graças a Deus. Mas você pode ir a qualquer parque, ginásio ou garagem nos Estados Unidos e dizer "Tô na de fora!" ou pedir "Vencedores!" (que significa que os vencedores continuam com a posse de bola), e tudo será entendido. Essa é a beleza do basquete de rua: uma sociedade do basquete existe através da paixão compartilhada pelo jogo.

As Características do Basquete de Rua

Se você considerar o quão pouco definida é a sociedade do basquete de rua, as regras e as características do jogo são surpreendentemente padronizadas. A seção a seguir descreve o que você vê e ouve em um típico jogo de rua.

Me passe a bola

PALAVRAS DO ÁRBITRO

Nenhum jogador lembra quantas assistências fez ou quantos rebotes pegou ao final de um jogo de rua; todo mundo quer fazer cestas. Na quadra, o melhor elogio para um jogador é falarem que ele "tem a manha" — o que significa que ele tem habilidade para jogar e fazer cestas.

Como David Letterman diria ao final de uma lista com as dez Melhores Coisas que Você Não Ouvirá Após uma Partida de Basquete de Rua, "A primeira frase que você não vai ouvir após um jogo de basquete de rua é: 'Nossa, sua defesa estava incrível hoje'".

Passe — ou arremesse — a bola!

Não tem relógio de arremesso em uma quadra de rua, mas isso não quer dizer que você pode fazer o jogo ser mais lento. Prender a bola por muito tempo é um pecado capital; os jogadores querem jogar. Qualquer time que faz mais de cinco passes quando está com a posse de bola poderá ser vaiado, no mínimo, e provavelmente será agredido pelos jogadores que estão de fora.

Trash talk (Provocação)

O próprio título do filme de Ronnie Shelton, *Homens Brancos Não Sabem Enterrar*, é uma provocação — uma parte permanente do basquete de rua. Sua masculinidade (ou feminilidade) é posta à prova quando você pisa na quadra. Provocar é uma maneira de ganhar vantagem.

A *trash talk* não é politicamente correta, mas não precisa ser profana. A melhor forma é ser meio marrento, colocando o adversário para baixo e exaltando a si mesmo, e — o mais importante — sendo engraçado.

Por exemplo, em *Homens Brancos Não Sabem Enterrar*, Billy Hoyle (Woody Harrelson) diz, após ver seu adversário errar arremessos seguidos: "Por que não pegamos todos esses tijolos (arremessos perdidos) e construímos um abrigo para os sem-teto, para sua mãe ter um lugar para ficar?" Essa é uma ótima piada, porque implica com as habilidades do adversário e com a mãe dele (sem pegar pesado) em uma única sentença.

HALL DA FAMA

KEVIN E KOBE

Mesmo que os jogadores da NBA compitam por muito mais que respeito, eles ainda provocam uns aos outros. Para mim, isso mostra que, apesar de serem bem-sucedidos, eles jogam porque amam o esporte. Larry Bird e Michael Jordan, indiscutivelmente os melhores jogadores dos anos 1980 e 1990, respectivamente, eram também os dois mais notáveis em falar besteira no basquete.

Kobe Bryant, ex-Lakers, e Kevin Garnett, ex-Boston Celtics e Nets, são os que mais falavam besteira na quadra. É claro que, porque cada um deles liderou respectivamente seus times a ganhar um campeonato da NBA (Kobe venceu com o Lakers duas vezes), eles ganharam esse direito.

"Trash Talk é legal", disse Bryant antes de o Lakers visitar o Celtics em fevereiro de 2011. "Eu adoro falar. E provavelmente sou o único de meu time que gosta disso, então provavelmente vou tagarelar com todos eles. É divertido."

Bird. Jordan. Kobe. K. G. Você consegue encontrar mais quatro jogadores da NBA competitivos nos últimos 30 anos? Talvez essa seja a chave para o sucesso deles e o talento para provocar.

O garrafão — Onde os fracos não têm vez

PALAVRAS DO ÁRBITRO

Então você acha que a NBA é difícil! Se você tentar driblar para o garrafão para uma bandeja (ou "levar seu jogo para dentro do garrafão"), espere ser machucado (ou sofrer uma falta). No basquete de rua, ninguém é expulso por falta ou faz arremessos de lance livre. Se você sofre uma falta, simplesmente pegue a bola de volta. Não espere que os caras que estão na defesa se rendam facilmente a um arremesso sem te empurrar (isso mesmo, fazer falta).

Argumentos

Você também não encontrará nenhum árbitro no basquete de rua. Qualquer questão, desde quem tocou na bola por último até qual é o placar atual, é contestada. ("Nós estávamos ganhando por dois pontos *antes* desta cesta!") A lição aqui é: basquete de rua não *constrói* o caráter do mesmo jeito que o *revela*.

Não espere pôr em prática o ataque de seu treinador

Na maior parte do tempo, você mal conhece quem é seu companheiro até minutos antes de o jogo começar. Não vão haver jogadas planejadas. Entretanto, quanto mais basquete de rua você joga, mais você aprende sobre os princípios fundamentais, como ter espaço, bloqueios pela porta de trás ou fazer corta-luz.

É muito esperar que todos os jogadores de seu time formarão um ataque coeso. Por outro lado, ninguém quer jogar com um fominha também. Não seja esse tipo de pessoa.

Outros termos e costumes do basquete de rua

Mais um: Um jogador diz isso quando ele sofre falta e faz a cesta. Por mais que na verdade ele não faça um arremesso de lance livre (o "mais" a que se refere), é um jeito de fazer a defesa saber que não pode pará-lo, mesmo fazendo falta nele.

Craque: Outro nome para um jogador fora de série.

Fominha: Nome pejorativo para alguém que nunca passa a bola depois que a recebe ("leva a bola para casa").

Aro: A cesta.

Banheira: Em um jogo na quadra inteira, isso se refere à prática de não voltar para o final da quadra de defesa ou simplesmente correr em direção à quadra de ataque no momento em que seu adversário faz um arremesso. Em teoria, seu time pegará o rebote e passará para você, para uma bandeja fácil.

Cortesia: Esteja você se aquecendo antes do jogo ou simplesmente arremessando com outros, o jogador continua arremessando a bola até errar. Isso é conhecido como cortesia. Bandejas não contam, entretanto.

Cada um com um: É um alerta para seus companheiros encontrarem um adversário para marcar. Você "dá o alerta" antes da abertura de posse, geralmente baseado no tamanho e/ou nível de habilidade.

BASQUETE NA MADRUGADA

Em Chicago, Gil Walker, do Chicago Housing Authority, tem usado o basquete para reduzir a criminalidade. Walker fundou o programa Midnight Basketball, em que ginásios abrem nas noites de fim de semana para que os jovens possam jogar, em vez de ficarem pelas ruas. A ideia de Walker é que o basquete é como uma religião, e que ele pode introduzir alguns dos mesmos benefícios, como criar laços de amizade e construir uma comunidade.

PALAVRAS DO ÁRBITRO

É minha: Sem um árbitro, os jogadores devem definir uma maneira de determinar uma situação de bola ao alto. A não ser que alguém traga uma flecha para a quadra, os jogadores decidem quem fica com a bola após um empate gritando "É minha". Quem tiver a presença de espírito de gritar "É minha" primeiro fica com a posse de bola.

Saída de bola livre: Nas quadras com pouco espaço fora de área, algumas pessoas jogam usando a regra de *free-in*. De acordo com essa regra, os jogadores de defesa não devem interceptar passes que colocam a bola em jogo.

PALAVRAS DO ÁRBITRO

Game: Quando a cesta que ganha o jogo é feita, o time vencedor diz "Game", como em "Nós acabamos de marcar o ponto da vitória".

Hack: Outro termo para falta.

Hacker: Um jogador que comete faltas indiscriminadamente. Ninguém gosta de marcar esse tipo de jogador.

Rei da mesa: É um termo que se refere ao time que continua na quadra nos jogos de rua por conquistar vitórias consecutivas.

Faça a cesta, fique com a bola: Em um jogo de meia quadra, o que normalmente envolve três ou menos jogadores por time, você mantém a posse de bola após acertar um arremesso.

Foi mal: Isso é o que um jogador diz após cometer um turnover ou um erro.

Linha de fundo: É a área, geralmente atrás da linha de falta ou da linha de três pontos (se ela existir), onde os jogadores *verificam* a bola (quando um jogador de defesa está com a bola) antes de lançá-la para a quadra.

Tijolo: É um termo para a bola, como em "arremesse a rocha".

Elimina: É um termo para um jogo que acaba com uma diferença gritante no placar — 11 a 0, 15 a 0, 21 a 0, ou qualquer que seja o total de pontos quando o jogo começar. Por exemplo, você pode cancelar um jogo antes de o time atingir o placar final. Em um jogo de 15, você pode cancelar a partida quando estiver 7 a 0. Não há uma regra de quem pode cancelar o jogo; muitas vezes o time derrotado fica grato pela eliminação do jogo.

Meia quadra ou quadra inteira?

Dois fatores determinam se você vai jogar em meia quadra ou na quadra inteira: a falta de jogadores e jogadores demais.

Você precisa pelo menos de oito — geralmente dez — para valer a pena jogar na quadra inteira. Entretanto, se você tem dez jogadores e por acaso existem mais 12 esperando para jogar, a quadra geralmente é dividida em duas metades com jogos de três contra três ou quatro contra quatro. Assim, mais jogadores podem jogar simultaneamente.

CAPÍTULO 10 **Basquete de Rua** 191

"TÔ NA DE FORA!"

Durante os playoffs da NBA em 1997, a WNBA, que estava se preparando para lançar sua liga inicial, usou astutamente um termo de basquete de rua como slogan: "Tô na de fora!" Na cultura do basquete de rua, os jogadores dizem isso para os outros jogadores saberem que seu time tem preferência no próximo jogo.

Devido ao fato de o termo ser familiar aos praticantes do esporte em escala nacional, a WNBA espalhou que, assim que acabasse a temporada da NBA, as mulheres entrariam na quadra. Foi uma amostra para uma audiência masculina cética que essas mulheres, por conhecerem esse termo, eram craques genuínas — quase como se a WNBA estivesse avisando aos garotos que sua liga não era uma charlatã. Pegando emprestado outra frase do basquete de rua, as mulheres diziam "Nós temos a manha".

Os dois tipos de jogo têm muito a oferecer aos maníacos por basquete. O jogo na meia quadra beneficia bons fundamentos, particularmente no jogo de três contra três. Os jogadores aprendem a bloquear, fazendo corta-luz ou bloquear em dupla de jogadores sem a bola, com o objetivo de ficarem livres. Além disso, você também tem o simples prazer de passar a bola e bloquear. Na defesa, você aprende a trocar, enfrentar o corta-luz e se comunicar.

Os jogos na quadra inteira usam menos fundamentos e mais esforço físico. Jogos na quadra inteira são bem divertidos para quem está em forma. Senão, o jogo logo perde o ritmo, já que os jogadores cansam de ficar correndo de um lado para o outro a cada posse de bola. Você não pode fugir disso na NBA, na FIBA ou na universidade... ou até mesmo no ensino médio. Mas em um jogo de rua, bem, quem vai para o banco agora?

O Código de Cavalheiros do Basquete de Rua

Como disse antes neste capítulo, não existem evidências de que já houve algum Congresso Continental sobre basquete de rua. Há muito tempo, Thomas Jefferson fez a Declaração dos Direitos para os jogos no parque. Os costumes e as regras que existem são produtos de milhões e milhões de jogos de rua que já aconteceram; os jogadores gradualmente concordam com as ideias que fazem mais sentido. As regras do basquete de rua a seguir são as mais aceitas universalmente.

192   PARTE 3 O Jogo

Até 11, 15 ou 21 por cestas de um

O primeiro time a fazer 11, 15 ou 21 cestas ganha. Cada cesta vale um ponto em jogos de rua. Se você tem muito tempo, uma partida de 21 pontos é satisfatória. Se há outros jogadores esperando para jogar ou se o tempo é curto, 15 ou 11 é melhor. Às vezes o jogo vai só até sete cestas. Não sei por que esses números são conhecidos universalmente ou por que são todos números ímpares, mas é assim que é.

Com a introdução do arremesso de três pontos, a pontuação mudou, entretanto. Algumas pessoas preferem contar a cesta de três pontos como dois pontos. Outros preferem usar o mesmo sistema de pontuação como em um jogo regulamentado, então a cesta pode valer dois ou, se for de trás do arco, três pontos.

Vencedores

PALAVRAS DO ÁRBITRO

Além de se referir à *posse de bola*, vencedores também se aplica apenas em um jogo de meia quadra. Não tenho certeza de como essa regra começou, mas ela força o time a jogar na defesa. Se você não jogar na defesa em um jogo de posse de bola, você nunca verá a bola no ataque.

Essa regra mantém o jogo divertido. Vamos dizer que seja um jogo de 15 pontos e que o placar está em 14 a 9. Se você pegar a bola, você pode marcar vários pontos em sequência sem ter que devolver a bola para seu adversário.

Tem de ganhar por dois pontos

Não há cronômetro no basquete de rua. O jogo acaba quando um dos times alcança o total de pontos combinados.

Além disso, o time deve vencer por uma margem de duas cestas de diferença. Se você está jogando até 21 e o placar está 20 a 20, por exemplo, você deve marcar dois pontos seguidos para ganhar. (Se você está perdendo de 20 a 19, você precisa marcar três pontos seguidos.) Essa regra é divertida porque permite que o jogo dure uma eternidade — apesar de que da última vez que vi, ninguém estava jogando desse jeito.

Marque suas próprias faltas

Quando digo para *marcar suas próprias faltas*, não quer dizer para confessar cada falta que você cometeu. Algumas vezes um jogador faz isso, mas é um gesto tão nobre que faz com que os demais jogadores duvidem de sua sanidade. Marcar suas próprias faltas quer dizer que apenas você marca uma falta quando ela é cometida contra você.

LEMBRE-SE

Se você sofrer uma falta na hora do arremesso, grite "Falta" *imediatamente*. (Às vezes você escuta o jogador dizer "Eu sei", o que é tranquilo.) Não espere para ver se a bola vai entrar e marcar a falta apenas se você errar. Você não merece cobrar a falta se fizer isso.

Limpar o garrafão

PALAVRAS DO ÁRBITRO

Limpar o garrafão é uma expressão usada nos jogos de rua de meia quadra. Essa regra é para quando a posse de bola muda por causa de um rebote ou um turnover, o time que ganha a posse deve levar a bola de volta para depois do arco de três pontos. O jogador com a bola deve manter os dois pés atrás do arco antes que o time dele comece um ataque.

A regra é uma forma de organizar a troca dos times do ataque para a defesa em um jogo de meia quadra. Em trocas rápidas de posse de bola, você precisa ter uma regra que permita identificar uns aos outros como entidades de ataque ou de defesa na posse. Limpar o garrafão permite que os jogadores recuperem o fôlego também. Mas, na maioria dos jogos de rua, você não precisa levar a bola de volta em um turnover; você pode ir direto para a cesta. Essa é a recompensa para a defesa que força um turnover.

Tô na de fora

DICA DE JOGADOR

Vamos dizer que dez jogadores estejam jogando cinco contra cinco, e você e seu amigo chegam. "Tô na de fora!", você grita. O que acontece a seguir é que, se ninguém mais aparecer, o time que ganhar continua na quadra. Três jogadores do time perdedor se juntam a você e seu amigo para desafiar o time vencedor. Como você decide quem serão os três? Normalmente, uma competição de lances livres determina isso: os primeiros três jogadores a acertarem um arremesso de lance livre jogam.

Uma quadra no Upper West Side de Nova York fica lotada de jogadores quando o clima fica mais quente. Assisti-los acompanharem quem está na próxima é como assistir à troca de cavalos ao soar o sino. É por isso que você deve gritar alto que é o próximo, e não pode ser tímido quando for sua vez de jogar.

Limitar

PALAVRAS DO ÁRBITRO

Limitar simula o que acontece em uma partida oficial. Quando o juiz pega a bola antes de devolver para o time colocá-la em jogo, ele está limitando a jogada — isto é, dando à defesa um tempo razoável para unir o time e se preparar. Como eu disse antes, entretanto, juízes não trabalham em jogos de rua. Quem vai ficar triste?

Então, como você libera a bola? O jogador de defesa marca o jogador que colocará a bola em jogo após uma cesta ser feita, e isso é chamado de "limitar". (O jogador vai para a frente do garrafão.) O jogador com a bola lança para o jogador de defesa, que deve ter certeza de que seus companheiros estão prontos. Quando ele tem certeza de que estão prontos, ele devolve a bola para o jogador de ataque, e o jogo começa.

Sem arremessos de lance livre

Você não verá nenhum arremesso de lance livre em um jogo de basquete de rua. Os jogadores marcam suas próprias faltas, mas arremessar lances livres está fora de questão. O time cujo jogador sofreu a falta coloca a bola em jogo na frente do garrafão. (Lembre-se de conferir a bola antes.)

Encontrando Bons Lugares para Jogar

Cachinhos Dourados se encaixaria perfeitamente no perfil de um jogador de basquete de rua por ter uma natureza absolutamente mimada e sozinha. Jogadores de basquete de rua procuram pelo jogo perfeito (me refiro ao local, não à partida em si). Quando encontram, ficam relutantes em dar a chance para outro lugar. Tente sugerir outra alternativa e eles enumerarão qualquer número de razões por que não será bom: "O cimento é escorregadio", "Os aros são muito frouxos", "Não tem bebedouro", "Muitos homens de idade".

Uma boa regra, se você estiver visitando ou se realocando para algum lugar, é ir à universidade ou escola local. Na maioria das vezes eles têm quadras ao ar livre. Às vezes, o ginásio também fica aberto e disponível para jogadores procurando por uma partida. Esses são os melhores lugares para viciados em basquete para encontrar seus iguais. No Brasil, os lugares mais indicados para jogar são clubes ou quadras públicas.

Enquanto você procura por seu lugar perfeito para jogar, leia esta seção para manter algumas coisas em sua lista.

Um bom número de quadras

Você precisa de um lugar com várias quadras para ter mais chances de jogar. Se existem vinte jogadores esperando para jogar em uma quadra, você pode ficar esperando durante uma hora entre os jogos se seu time perder. No Brasil, um grupo de pessoas apaixonadas pelo esporte se reúnem em um local e horário marcados previamente para jogar.

Saiba que, enquanto as quadras de ginásio têm 28,65 metros de comprimento, a maioria das quadras ao ar livre tem no mínimo três metros a menos.

Uma boa variedade de quadras e jogos

O lugar ideal tem alguns jogos de meia quadra e mais alguns jogos na quadra inteira. Ele também tem um ou dois espaços laterais onde você pode treinar arremessos para se aquecer ou relaxar. Por aqui, se conseguir uma quadra para jogar será algo bem interessante. E quando conseguir, será difícil que ela tenha espaços laterais.

DICA DE JOGADOR

Muitos jogadores arremessam em uma cesta enquanto esperam sua vez de jogar em uma partida na quadra inteira quando a ação está no lado oposto da quadra. Faça isso por sua própria conta e risco. Nada irrita mais um jogador do que quando alguém que nem está jogando atrapalha sua enterrada em um contra-ataque.

Quando um lugar tem muitas quadras, você encontra facilmente pessoas jogando em diferentes níveis de competição. Alguns lugares têm uma quadra A e uma quadra B, ou uma quadra de nível universitário e uma quadra de nível escolar. Esse é mais um motivo para lugares com um número maior de quadras serem os melhores locais para jogar basquete.

DICA DE JOGADOR

Quando você chegar em um ambiente novo, apenas curta e observe os níveis de competição para determinar onde você deve jogar.

Cestas com rede de nylon e tabelas retangulares

Muitas quadras ao ar livre são vítimas de aros tortos. Todo mundo adora enterrar — ou pelo menos tentar —, e com o passar dos anos, enterradas perdidas equivalem a aros tortos. A quadra ideal (e não acho que é muito a se pedir!) tem aros retos a três metros do chão.

O lugar perfeito também tem redes de nylon. Jogar sem rede acaba com um jogo na quadra inteira, porque os arremessos perfeitos rolam para longe da quadra, e você tem de ir atrás da bola como se tivesse sido um arremesso para fora. Você não vai reconhecer o propósito da rede até jogar com uma. Ela também ajuda o olho do jogador, dando noção de profundidade.

E sobre as tabelas? A maior parte dos jogos tem tabelas feitas por fãs, que são menores. Como resultado, arremessos contra a tabela são mais difíceis — tabelas menores te dão menos espaço para trabalhar.

Algumas quadras ao ar livre têm a tabela retangular perfeita, mas são feitas de material de tela. Esse tipo de tabela não dá um bom balanço para seu arremesso. O aro preso em uma tabela de tela também tende a ser solto. Um aro assim é mais benevolente; mais arremessos ruins entram, porque a bola não ricocheteia para longe. Desse modo, você ganha um falso senso de confiança em seu arremesso.

Luzes

O lugar perfeito ao ar livre tem luz. Um local iluminado ao ar livre significa basquete por mais três horas no verão, ou até mesmo à noite.

Por causa do calor do verão, as melhores partidas são as jogadas à noite. Posso confirmar pessoalmente que, ao longo da costa de Nova Jersey, jogadores são como mosquitos: ficam inativos durante o dia e de repente aparecem aos montes enquanto o sol se põe. De todas as coisas que adolescentes podem fazer nas noites de verão, eu prefiro que eles joguem basquete.

Bebedouro

O bebedouro é longe? A água é gelada? Quase não tem pressão ou a água jorra a um metro no ar? Jogadores dedicados sabem exatamente onde os bebedouros ficam em seu lugar favorito de jogar e podem discutir as virtudes e os defeitos dos bebedouros das quadras da área.

Preocupe-se com o espaço fora da quadra

Você pode deixar seu relógio, celular ou chave do carro perto da quadra sem temer que eles sejam levados ou esmagados? Existe alguma lagoa ou estrada adjacente à quadra — as duas apresentam perigo de a bola ser isolada? Tem um estacionamento perto da quadra? Tem um lugar legal para você sentar e assistir ao jogo que está rolando? Essas são características indispensáveis no mundo do basquete.

O BASQUETE DE CAMERON

Alguns dos melhores jogos no verão das Carolinas acontecem no Cameron Indoor Stadium. Na maior parte do verão, os jogadores de Duke, North Carolina e North Carolina State (as três escolas ficam separadas por 40km) jogam basquete nessa arena lendária. Jogadores do passado aparecem para desafiar as novas estrelas de cada escola. E em alguns fins de semana, os jogadores de Wake Forest (a apenas 64km de distância) aparecem lá.

Uma grade cercando a área da quadra também é algo bom de se procurar. Cercas têm duas vantagens diferentes:

» **Você sobrevive após esbarrar na grade.** Se você está perseguindo uma bola isolada e esbarra na cerca, pelo menos você vive para contar a história. O que não acontece se for uma parede de concreto.

» **Passes errados não vão para tão longe.** Nada acaba mais com o clima de um jogo do que um passe ruim que sai da quadra para o infinito. Lembre-se, jogos de rua não têm gandulas.

CAPÍTULO 10 **Basquete de Rua** 197

Suporte da cesta acolchoado

Você deve levar em consideração dois aspectos do suporte da cesta:

PALAVRAS DO AUTOR

» **O poste deve ser acolchoado.** Contra-ataques em jogos de rua fazem os jogadores se importarem com o poste como se tivessem sido atirados de um carro após uma batida. Você não quer que os postes (e os jogadores) pareçam ter sido arremessados de um carro também. Colocar um acolchoamento no suporte resolve o problema.

Durante o torneio Bookstore, em 1977, em Notre Dame, Jeff Carpenter, um dos armadores de Notre Dame, deslocou o ombro quando bateu em um poste. Isso aconteceu em abril, então ele não perderia nenhum tempo no time principal, mas seu ferimento destacou o fato de que os postes deviam ser acolchoados — não só para o time principal jogar, mas para todo mundo no *campus*. No ano seguinte, o time de Jeff ganhou o torneio Bookstore, derrotando nas semifinais um time que tinha o grande jogador de futebol americano Joe Montana.

» **O suporte de cesta deve ser colocado em um nicho no final da quadra.** Em muitas quadras, os suportes das cestas ficam na linha de fundo. Quanto mais longe o suporte puder ser encaixado, melhor. Quando o poste fica na linha de fundo, você fica sem espaço para manobrar pelo fundo da quadra.

Quadra nivelada

Você não precisa trazer um perito, mas a quadra deve ser nivelada o suficiente para que seu arremesso seja consistente de qualquer lugar da quadra. Apesar de cada quadra ter sua própria característica que dá vantagens a quem é da área — como um desnível por causa das raízes de uma árvore —, é melhor ter uma quadra lisa e nivelada.

Em quadras desniveladas, poças de água aparecem após uma tempestade. Assistir a crianças que gostam de jogar mesmo com uma grande poça na quadra é muito divertido. A poça serve como uma terra de ninguém durante o jogo. É o mais próximo que o basquete pode chegar do golf em miniatura.

É claro que ter uma quadra com algo como um lado mais escorregadio pode te ajudar quando alguém de fora vem jogar. Há grandes chances de que o cara novo precise de tempo para se acostumar. Mas, com o tempo, uma quadra desnivelada não trará nenhum benefício para seu jogo.

Direção norte-sul (se ao ar livre)

A quadra perfeita está na direção norte-sul. Se você jogar em uma quadra direcionada para leste-oeste, terá problemas em enxergar o aro e fazer arremessos com salto quando jogar de manhã ou no fim de tarde, quando tentar arremessar no aro que está na direção do sol. Se a quadra está virada para o norte-sul, você não terá problemas no fim de tarde, a não ser nos passes de ala para ala.

Banheiros disponíveis

A maior parte dos lugares ao ar livre não tem banheiros externos. É aí que ginásios fechados fazem a diferença. Apesar de que você provavelmente vá ficar desidratado e não vai usar tanto o banheiro, ainda assim serve como um lugar para trocar de roupa após o jogo.

Ventilação apropriada no ginásio

Ar-condicionado não é absolutamente necessário em um ginásio, mas ele deve ter pelo menos janelas e portas o suficiente para manter o lugar habitável. As pessoas suam nos ginásios. Mas você também não precisa jogar em uma sauna.

Jogos de Arremesso

Você pode fazer competições de arremesso, em vez de jogar basquete de verdade. Pode fazer isso para passar o tempo enquanto espera mais jogadores chegarem, se alguém de seu grupo não tem energia para jogar de verdade ou apenas por diversão.

H-O-R-S-E

Número ideal de jogadores: 3 a 5

H-O-R-S-E é um jogo simples e popular. Estabeleça uma ordem para arremessar; então comece o jogo. Toda vez que um jogador acertar um arremesso, os próximos jogadores devem acertar o mesmo arremesso (em estilo e localização na quadra) até que alguém erre. Sendo o "dono" do arremesso, você pode definir se deve ser um arremesso contra a tabela ou se deve cair direto na rede. Apenas tenha certeza de que conseguirá fazer o arremesso como você disser. (Se disser que deve cair direto na rede e isso não acontecer, você não ganha o crédito pelo arremesso.) O jogador que errar vira o H em seu primeiro erro, e então o próximo jogador faz um novo arremesso. Se todos acertarem, o jogador que começou a rodada faz outro arremesso.

Em seu segundo erro, você vira um O, até que você soletre todas as letras H-O--R-S-E. O último jogador que restar após todos soletrarem todas as letras ganha. Lembre-se, você só recebe uma letra se errar um arremesso após um arremesso ser feito. Se você é o primeiro jogador após um arremesso errado (ou após todos terem acertado o arremesso que você fez), você não é penalizado.

Se um dos jogadores sabe enterrar e outro não, você estabelece uma regra para não valer enterradas.

DICA DE JOGADOR

Aqui estão algumas dicas para te ajudar a derrotar aquele seu amigo de muito tempo:

» Quando você não está tentando repetir um arremesso feito, faça seus arremessos favoritos. Contanto que você controle o arremesso, alguém eventualmente errará.

» Em seu próprio tempo, desenvolva uma habilidade ou duas para arremessar.

» Treine sua outra mão. Em outras palavras, se você é destro, treine sua mão esquerda e arremesse com ela. Diga "mão oposta" — assim, se alguém for canhoto, terá que arremessar com a mão direita.

» Conheça seus adversários. Que arremesso eles têm dificuldade em fazer quando vocês jogam basquete? Se eles não conseguem arremessar da zona morta, por exemplo, explore essa fraqueza.

» Faça um arremesso da linha de fundo atrás da cesta — em outras palavras, um arremesso que precise passar por cima da tabela para cair na cesta. Esse arremesso é mais fácil do que você pensa, contanto que você faça um arco bem alto.

» Adicione algo especial em um arremesso básico. Por exemplo, um arremesso com salto é mais desafiador se você o fizer de olhos fechados.

» Faça da ala um arremesso usando a tabela.

» Faça um arremesso direto na rede ou "só na rede e em mais nada" quando estiver se sentido confiante.

» Faça um arremesso por trás da cabeça. Vá para o garrafão e fique de costas para a cesta. Incline as costas e arremesse a bola por cima da cabeça.

» Faça um gancho. Poucas pessoas praticam esse arremesso — e fazer isso quando você estiver com H-O-R-S não é uma boa hora para começar.

21

Número ideal de jogadores: 3

No 21, seus arremessos de lance livre, sua agressividade e seu ataque individual são testados. Apesar de o jogo ser ideal para três jogadores, você pode jogar com dois ou quantos quiser. Arremessos de lance livre valem um ponto, e cestas feitas durante o jogo valem dois pontos.

O jogo começa com um jogador fazendo um arremesso de lance livre. Os outros devem ficar onde quiserem, preparados para o rebote. Se o arremesso de lance livre entrar, o jogador arremessa novamente. Se ele errar, a bola está livre para quem pegar o rebote tentar fazer uma cesta. Todas as regras oficiais se aplicam, exceto quando a bola é isolada. Nesse caso, ela fica com o jogador mais perto da bola, mesmo que ele tenha sido o último a tocá-la. E não existem faltas.

Após um jogador fazer uma cesta durante o jogo (dois pontos), ele vai para a linha de lance livre e faz três arremessos seguidos, até errar. (Cada arremesso de lance livre vale um ponto, exceto o que começa o jogo, que vale dois pontos.) Se ele acertar três seguidos (três pontos), ele lança a bola, da frente do garrafão, para o jogo novamente.

O vencedor é o primeiro a marcar exatamente 21 pontos. Se você tem 20 pontos e erra um arremesso de lance livre, seu placar cai para 11 pontos, e você deve começar daí. Você pode encontrar assim a verdadeira pressão em arremessos de lance livre.

Volta ao Mundo

Número ideal de jogadores: 2 a 5

Os jogadores arremessam de diferentes lugares determinados em um semicírculo em volta da cesta. Se você acerta um arremesso, vai para a próxima posição. Se você erra, escolhe entre *tentar* — ou seja, tentar um segundo arremesso do mesmo lugar ou ficar de fora até chegar sua vez novamente. Se você tentar e acertar o arremesso, você vai para a posição seguinte. Se você errar, deve voltar do início.

O jogo é chamado de Volta ao Mundo porque você dá a volta no círculo da cesta quando se move de uma posição para outra. Aqui está a ordem determinada das posições. (Veja o Capítulo 3 para uma ilustração dessas posições.)

» Bandeja do lado direito (arremesse com a mão direita)
» Zona morta direita
» Ala direita
» Cabeça do garrafão
» Linha de falta
» Ala esquerda
» Zona morta esquerda
» Bandeja do lado esquerdo (arremesse com a mão esquerda)

Mas isso não é tudo. Os jogadores devem voltar na direção oposta — o que significa outra bandeja, zona morta esquerda, ala esquerda, e por aí vai. O último arremesso do jogo, que vence o jogo, é a bandeja do lado direito.

DICA DE JOGADOR

Dependendo de sua idade e/ou nível de habilidade, mude a órbita dos arremessos, assim como as da zona morta, alas, cabeça do garrafão, para mais perto da cesta.

5-3-1

Número ideal de jogadores: 2 a 5

Esse jogo é divertido para crianças com menos de dez anos — e ele ensina adição também. Cinco, três e um são os valores dos pontos de três diferentes arremessos que são feitos em cada turno. Você começa seu turno com um arremesso de falta (que vale cinco pontos). Você faz um segundo arremesso de onde pega o rebote de um arremesso de lance livre (que vale três pontos). O último arremesso é de onde você quiser (vale um ponto). O primeiro jogador a alcançar um determinado número de pontos — digamos, cinquenta — vence.

Duas regras extras: Se você acertar os três arremessos em sequência, pode arremessar novamente. Se errar os três arremessos em sua vez, sua pontuação volta para zero.

Das Garagens para os Torneios

A escola provavelmente é o último lugar onde vestimos um uniforme e jogamos basquete em um time competitivo. O basquete de rua satisfaz a urgência de jogar dos viciados no esporte, mas ainda é divertido quando há mais do que afirmar que você venceu apenas mantendo seu time na quadra para o próximo jogo.

E se você pudesse criar um torneio que permitisse craques do basquete de rua jogarem, gerando aquela animação que você sente quando faz parte de algo maior do que um jogo? No centro-oeste norte-americano, dois torneios desse tipo foram desenvolvidos nas últimas décadas.

Basquete Bookstore

Basquete Bookstore é um torneio no *campus*, cinco contra cinco, eliminatório, que anima a comunidade de Notre Dame a cada primavera. São mais de 700 times competindo em quadra inteira ao ar livre, e tornou-se uma forma de integrar a vida no *campus* como são as noites de sábado de futebol americano. O nome do torneio veio do lugar original, um par de quadras adjacentes atrás da livraria (bookstore) do *campus*. Esse torneio é único, porque o campo é aberto para qualquer um envolvido na comunidade de Notre Dame de alguma maneira.

Basquete Bookstore é uma competição na quadra inteira sem substituições durante o jogo. A partida dura até 21 cestas. Ao contrário da maioria dos jogos de rua, as faltas do time são acompanhadas por um árbitro, e depois que o número de competidores é reduzido a 64 times, arremessos de lance livre são liberados para times que sofrem falta.

Por causa do número incrivelmente alto de jogos que precisam acontecer em um número limitado de dias, a competição acontece independentemente das condições do tempo, e realmente quero dizer de forma independente. O campeonato de 1975 foi jogado sob ameaças de tornados. E em um ano, uma das primeiras rodadas do torneio aconteceu durante uma nevasca. Havia tanta neve na quadra que os jogadores não podiam driblar; eles tinham que passar a bola pela quadra.

Gus Macker

Em 1974, Scott McNeal organizou um torneio de três contra três com 17 amigos na garagem dos seus pais, em Lowell, Michigan. O preço original era de US$18.

Com o passar dos anos, McNeal (conhecido como "Gus Macker") continuou a realizar o torneio. Primeiro ele deixou a garagem de seus pais. Depois se expandiu para a torre de Lowell, até que se expandiu por Michigan.

Hoje os torneios de três contra três de Gus Macker acontecem em diversas cidades todas as primaveras e os verões. Os times que se inscrevem são garantidos pelo menos em três jogos de eliminação dupla, e as divisões começam dos oito anos de idade para cima. Enterradas não são permitidas.

204   PARTE 3 **O Jogo**

NESTE CAPÍTULO:

Descobrindo onde está o basquete escolar atualmente

Entendendo o verdadeiro significado da "Hoosier Hysteria"

Aprendendo como o basquete escolar se diferencia dos basquetes universitário e profissional

Indo "da formatura para o profissional"

Capítulo 11
Basquete Escolar

Em 2009–2010, de acordo com National Federation of State High School Associations (NFHS — Federação Nacional das Associações Estaduais de Ensino Médio), mais escolas ofereceram o basquete do que qualquer outro esporte, tanto para meninos quanto para meninas. A pesquisa afirmou que 17.969 escolas ofereceram basquete masculino e 17.711 escolas ofereceram basquete feminino. Apesar de o atletismo ter mais participantes do que o basquete, e o futebol americano ter mais participantes do que qualquer esporte masculino, nos Estados Unidos, o basquete ainda é o esporte mais popular no ensino médio em termos de número de equipes montadas.

Caso você esteja se perguntando, Texas — com 1.478 e 1.425 escolas, respectivamente — é o líder entre os 50 estados americanos, tanto em participação masculina quanto feminina. Mais de 145 mil estudantes de ensino médio do Texas jogaram basquete escolar em 2009–2010. Engraçado, porque o Texas é conhecido por sua forte paixão pelo futebol americano, como o programa de TV *Friday Night Lights* ilustrou tão bem.

CAPÍTULO 11 **Basquete Escolar** 205

Se você pensar em termos de talentos esportivos, o basquete é o mais popular também em termos de participantes individuais. Atletismo e futebol americano, que têm muitos praticantes, são esportes em que se precisa de muitas pessoas para se completar uma equipe. Raramente alguém é cortado de um time de futebol americano, e mais ainda no atletismo.

No basquete, entretanto, especialmente nos melhores programas, no máximo um a cada quatro estudantes que tentam conseguem entrar no time. O basquete escolar está florescendo em todo o país.

E isso é só o começo. Desde a última vez que revisamos este livro, a AAU (Amateur Athletic Union — União Atlética Amadora de basquete) decolou. Nos Estados Unidos, um jogador do ensino médio com aspirações de jogar em nível universitário, é provável que acabe também jogando para um time da AAU. Nós discutimos isso mais profundamente mais tarde, mas os times da AAU não são afiliados a nenhuma escola, e praticamente qualquer um com o desejo e alguns adolescentes talentosos podem montar um programa da AAU.

No Brasil, a realidade do basquete é bem diferente. Temos pouco fomento dessa modalidade em nossas escolas e muito menos nas universidades. O basquete de base é praticado em algumas escolinhas de clubes ou poucas escolas. Conforme ficam mais velhos, esses atletas vão sendo puxados automaticamente para as equipes de alto rendimento dos clubes ou ganham oportunidades de testes.

Uma Escola, Três Times

Nos Estados Unidos, dependendo do tamanho e dos recursos de um colégio de ensino médio, cada gênero pode ter de um a quatro times. Os times mais comuns são os de calouros, juniores e veteranos.

Calouros

Nos Estados Unidos, o Ensino Médio vai do nono até o décimo segundo ano, o time de calouros é exclusivo para alunos do nono ano. É o único dos três times em que os jogadores têm a restrição de que ano estão cursando. Em alguns sistemas de escolas públicas, o ensino médio tem também alunos do sétimo ao nono ano, então, comparando ao sistema escolar brasileiro, a equipe de calouros pode ter alunos do ensino fundamental II. Para não complicar, lembre-se de que basquete de calouros significa nono ano.

Além disso, em algumas escolas com um grande número de estudantes ou onde o basquete seja muito popular, existirão os times de calouros A e B. Os melhores jogadores estão no time A. Por que dois times? Porque nessa idade — mais ou menos entre 13 e 15 anos — o corpo, os interesses e o nível de maturidade de um adolescente variam muito de pessoa para pessoa. Um aluno de nono ano com 1,70 metro pode se tornar um veterano com 1,90 metro em apenas dois anos. Entretanto, caso esse aluno de nono ano seja cortado do time de calouros, ele se sentirá desencorajado a praticar basquete novamente, e isso seria uma pena.

Juniores

O time de juniores é composto em sua maioria por alunos de décimo e décimo primeiros anos, apesar de que um ou dois calouros preciosos possam aparecer no elenco. Veteranos quase nunca se encontram no time de juniores, porque a função desse time é justamente preparar os jogadores para o time de veteranos. Na maioria dos programas escolares que desenvolvem alguma fórmula de sucesso, o treinador do time de juniores é também um auxiliar do time de veteranos e executa o mesmo conjunto de jogadas ofensivas e defensivas.

Veteranos

Estes geralmente são os grandes homens no *campus*, e também os homens mais altos. O time de veteranos é o time de primeira linha da escola, e geralmente é composto por alunos do décimo segundo, décimo primeiro e alguns alunos muito talentosos do décimo ano. Caso um calouro faça parte do time de veteranos, isso significa que ou a escola não tem muitos talentos disponíveis ou esse calouro é alguém que ganhará uma bolsa universitária em quatro anos.

M.J. NOS JUNIORES

É uma história famosa no basquete que Michael Jordan, indiscutivelmente o maior jogador da história, foi cortado de seu time escolar em Wilmington, Carolina do Norte. Jordan sente muito prazer em contar a história ele mesmo. Entretanto, muitos torcedores só conhecem metade da história. Sim, M.J. foi cortado do elenco enquanto estava no décimo ano, mas ele foi cortado do time de veteranos. Estudantes do décimo ano quase nunca jogam pela equipe de veteranos. Ainda assim, é divertido saber que um dos colegas de classe de Jordan, um menino chamado Harvest Leroy Smith, conseguiu entrar para o elenco do time de veteranos naquela temporada.

Jordan tinha apenas 1,80 metro de altura quando era estudante do décimo ano; ele eventualmente cresceria até 1,98 metro. Mas mesmo com 1,80 metro teve uma média de quase 40 pontos por jogo na equipe de juniores.

CAPÍTULO 11 **Basquete Escolar** 207

O Basquete Escolar Está Espalhado por Todo o Mapa

Onde nos Estados Unidos o basquete escolar faz mais sucesso? A resposta depende de como você enxerga o basquete:

» **É um jogo rural.** Nos estados do Vale de Ohio, como Indiana, Kentucky e Ohio, o basquete é uma religião, e o basquete escolar é considerado o primeiro estágio da iluminação. Nesses estados e em estados agrícolas desprovidos de equipes da NBA, as cidades muitas vezes são reconhecidas pelos seus programas de basquete. Dirija ao longo de uma rodovia nacional em Indiana: qualquer cidade que tenha um time que venceu o campeonato estadual faz propaganda disso nas placas de boas-vindas aos motoristas.

» **É um jogo urbano.** Em ginásios de escolas de cidades grandes, as torcidas talvez não igualem aquelas paradas — literalmente, em procissões de carros com meio quilômetro — para os jogos em Indiana nas sextas à noite, mas a qualidade dos jogos em cidades é excepcional. Crianças das cidades são criadas em selvas de asfalto, onde grades de beisebol e traves de futebol americano são raras, mas quadras de basquete — que em sua maioria possuem aros sem redes — estão sempre disponíveis. Além disso, as cidades inerentemente produzem mais talentos do que a zona rural, simplesmente porque o número de praticantes do esporte é maior.

» **É um jogo de subúrbio.** Os subúrbios são o lar das escolas particulares, que, diferentemente das escolas públicas, podem cortejar estudantes — e em muitos casos, oferecer bolsas escolares — enquanto proveem uma educação melhor. Dê uma olhada em alguns programas que de vez em quando aparecem entre os melhores do ranking nacional, como Oak Union Academy (Virgínia), Mater Dei (Califórnia), Findlay Prep (Las Vegas), e St. Anthony's (New Jersey), e perceberá que existem escolas particulares com programas respeitados nacionalmente.

Não importa se a escola está em uma cidade grande ou pequena, o basquete continua sendo um dos esportes escolares mais populares do país. A Tabela 11-1 mostra a popularidade do jogo entre os esportes escolares masculinos; a Tabela 11-2 mostra o mesmo para meninas.

TABELA 11 **Esportes Colegiais Masculinos nos Estados Unidos, 2009–2010**

Ranking	Esporte	Times	Participantes
1.	Basquete	17.969	540.207*
2.	Atletismo	16.011	572.123
3.	Beisebol	15.786	472.644

208   PARTE 3 **O Jogo**

| 4. | Futebol Americano | 14.226 | 1.109.278 |
| 5. | Cross country | 13.942 | 239.608** |

* Basquete é o terceiro lugar em número de participantes individuais, atrás de futebol americano e atletismo.
** Cross country é o sétimo lugar em termos de participantes individuais, atrás de futebol e wrestling. Fonte: NHSF, 2010

TABELA 11 ## 2 Esportes Colegiais Femininos nos Estados Unidos, 2009–2010

Ranking	Esporte	Times	Participantes
1.	Basquete	17.711	439.550
2.	Atletismo	15.923	469.177*
3.	Vôlei	15.382	403.985
4.	Softball	15.298	378.211
5.	Cross country	13.809	201.968**

* Mais meninas participam do atletismo do que do basquete.
** Futebol é o sexto lugar em termos de times, mas é o quinto (356.116) em termos de número de participantes. Fonte: NHSF, 2010

MORGAN WOOTTEN

O melhor treinador na história do basquete universitário se chama Wooden. A segunda maior vitória como treinador na história do basquete do Ensino Médio masculino se chama Wootten. Por 46 anos, de 1956 até 2002, Morgan Wootten era o treinador da DeMatha High School, em Hyattsville, Maryland. Os times de Wootten ganharam 1.274 jogos, um recorde no basquete escolar.

Wootten treinou seus elencos de DeMatha para cinco místicos títulos nacionais e 31 títulos de conferência enquanto conseguiu manter uma sequência de 42 temporadas consecutivas com 20 vitórias ou mais. Doze ex-jogadores, incluindo Adrian Dantley, o jogador mais talentoso que já treinei em Notre Dame, seguiram carreira até a NBA. O feito dentro das quadras mais memorável de Wootten aconteceu em 1965, quando DeMatha jogou contra Power Memorial da cidade de Nova York. Power Memorial, liderado pelo talentoso (e muito, muito alto) pivô Lew Alcindor (hoje em dia Kareem Abdul-Jabbar), entrou em quadra com uma sequência de 71 vitórias seguidas. DeMatha a encerrou.

Mas talvez tenham sido os feitos infatigáveis de fora da quadra — ele passou por um transplante de fígado em julho de 1996 e estava no banco de reservas na primeira partida da temporada — que fizeram com que seus jogadores o reverenciassem tanto. Entre 1961 e 1990, por três décadas inteiras, todo jogador que jogou para Wootten e se formou recebeu uma oferta de bolsa universitária para praticar esportes.

Wootten se aposentou em 2002, com 1.274 vitórias e 192 derrotas, lhe dando uma incrível marca de 86,9% de vitórias.

CAPÍTULO 11 **Basquete Escolar** 209

A Escola É a Nova Faculdade

Na temporada de 2010–2011, o time de veteranos de Mater Dei, uma escola católica de Orange County, na Califórnia, jogou partidas em Phoenix, Arizona, Washington, D. C. e Springfield, Massachusetts (lar do Hall da Fama do Basquete). Esse era o time *feminino* de veteranos de Mater Dei. O time masculino viajou apenas para a Flórida.

Todo ano, a nata do basquete escolar ultrapassa fronteiras que teriam sido inimagináveis há menos de duas décadas. Os programas colegiais de elite viajam para fora de seus estados para jogos e torneios, têm patrocínios para tênis e às vezes até aparecem na televisão.

A GRANDE VITÓRIA DE DUNCANVILLE

Em 28 de dezembro de 1998, o time feminino da Academia ChristWay em Duncanville, Texas, perdeu por 103 a 0. "Eu pedi alguns poucos tempos", recorda a treinadora da ChristWay, Jennifer Marks, na época com 23 anos, relembrando seu calvário, "mas não havia muita coisa que pudesse fazer". Foi a maior diferença de pontos em uma partida de basquete escolar desde que Logan venceu Sugar Grove Berne-Union em Ohio com um placar de 106 a 0, em 1972.

Após os desastres do 103 a 0 e derrotas nas duas partidas seguintes por 86 a 7 e 76 a 15, uma coisa engraçada aconteceu para as meninas da ChristWay: Ninguém desistiu. Ninguém ficou reclamando. Ninguém, incluindo Marks, culpou ninguém. "Sete das minhas nove jogadoras nunca jogaram basquete antes dessa temporada", disse a treinadora. "Claro, elas gostariam de ganhar um jogo. Mas a maioria delas simplesmente está aprendendo a jogar."

Em 22 de janeiro, ChristWay jogou contra o Gospel Lighthouse, de Dallas, um time com uma temporada de uma vitória e 19 derrotas. O Lady Chaparrals de Marks na verdade tinha uma vantagem: Gospel se aprontou com apenas cinco jogadoras. No intervalo, entretanto, Gospel vencia por 21 a 13.

No início do terceiro quarto de um jogo bastante físico, Bethany Wall, do Gospel, recebeu uma falta técnica por empurrar Anna Saucedo, com 1,47 metro e 36 quilos como se ela fosse uma boneca de pano. Então as jogadoras do Gospel começaram a ser excluídas por faltas, e sua vantagem começou a escorregar pelos dedos. A primeira jogadora foi excluída no início do quarto, com Gospel vencendo por 31 a 17. Mais tarde, uma segunda foi excluída. Com menos de um minuto para o fim da partida, Wall chutou uma jogadora da ChirsWay como sinal de frustração, recebendo sua segunda falta técnica, e foi expulsa. Com 17 segundos restantes, Gospel vencia por 43 a 40, mas tinha somente duas jogadoras em quadra.

PARTE 3 **O Jogo**

Então uma das duas restantes cometeu sua quinta falta e foi excluída. O silêncio preencheu o ginásio. "Fim de jogo!", gritou o árbitro, balançando suas mãos. Gospel ficou com apenas uma jogadora e não era capaz de colocar a bola em jogo. Oficialmente o Lady Chaparrals teve uma vitória por 2 a 0 — sua primeira e, como saberíamos mais tarde, única vitória naquela temporada. "Não foi bonito", disse Marks, "mas quem, mais do que nós, merecia uma vitória?"

O maior aspecto da evolução está no talento. O jogo McDonald's All-American, um concurso anual que acontece toda primavera e apresenta alguns dos melhores jogadores colegiais do país, lembra um jogo do torneio da NCAA, em termos de talento em quadra. O jogo McDonald's, a propósito, é televisionado nacionalmente em primeira mão pela ESPN. A partida geralmente acontece em uma arena da NBA.

O basquete, na maioria das escolas, ainda é paroquial. Hoje em dia, entretanto, já existe uma elite nacional de programas, escolas cujos calendário e nível de talento parecem mais de faculdades do que de escolas. Por quê? Porque é mais fácil ser um atleta precocemente talentoso no basquete do que, por exemplo, no beisebol ou futebol americano. Além disso, um time de basquete tem menos membros no plantel, então viajar para jogos fora do estado não tem custos proibitivos.

Finalmente, porque existe um mercado para isso. Um mercado televisivo. Em uma era em que os melhores jogadores de basquete escolar estão a um ano de distância de jogar na NBA (atualmente eles precisam jogar um ano de basquete universitário ou esperar um ano após a escola), existirão um monte de fanáticos por basquete que querem vê-los agora.

Da Formatura para os Profissionais

Nada ilustra o quão rapidamente o basquete escolar evoluiu na última década como o draft da NBA. Entre a temporada inaugural da NBA em 1946–1947 e 1994, apenas três jogadores foram draftados diretamente da escola para a NBA — Reggie Harding, um pivô de 2,13 metros, pelo Detroit Pistons, em 1962; Darryl Dawkins, um ala de 2,10 metros, pelo Philadelphia 76ers, em 1975; e Bill Willoughby, um ala de 2,03 metros, pelo Atlanta Hawkins, em 1977.

E então vieram Kevin Garnett e Kobe Bryant, e esses dois mudaram tudo. Em 1995, Garnett, um pivô de 2,13 metros, foi selecionado na primeira rodada (número cinco no total) pelo Minnesota Timberwolves. No ano seguinte, Bryant, um armador com 1,98 metro, foi selecionado na primeira rodada como a décima terceira escolha pelo Charlotte Hornets e prontamente trocado com o Los Angeles Lakers.

Pode parecer bobo agora, mas, na época, mentes muito respeitadas do basquete se perguntavam se algum estudante do ensino médio poderia pular direto para a NBA.

CAPÍTULO 11 **Basquete Escolar** 211

Harding, Dawkins e Willoughby perderam alguns anos de suas carreiras por terem entrado na liga antes de estarem maduros o suficiente.

Kevin e Kobe mudaram tudo isso. Ambos estão destinados a entrar no Hall da Fama e foram estrelas da NBA com 21 e 20 anos de carreira, respectivamente. Garnett tem um anel de campeão da NBA; Bryant tem cinco.

Começando por Kevin e Kobe, 40 jogadores foram draftados diretamente da escola para a NBA entre 1995 e 2005. Lembre-se: três jogadores nos primeiros 37 anos da liga; então 40 jogadores nos próximos 11, com 30 desses sendo selecionados na primeira rodada.

Alguns desses jogadores que pularam a faculdade são hoje alguns dos melhores jogadores da liga: Dwight Howard, do Hornets; e, é claro, LeBron James, do Cavaliers. A Tabela 11-3 mostra quem ficou entre os primeiros escolhidos do draft da NBA.

TABELA 11-3 Jogadores do Ensino Médio que Mais se Destacaram no Draft da NBA

Nome	Time	Round, Ano da Seleção	Anos na NBA
Kwame Brown	Washington Wizards	1,1 2001	12
LeBron James	Cleveland Cavaliers	1,1 2003	14
Dwight Howard	Orlando Magic	1,1 2004	13
Tyson Chandler	L.A. Clippes	1,2 2001	16
Darius Miles	L.A. Clippes	1,3 2000	9

Em 2006, a NBA encerrou essa prática, até pelo menos um futuro próximo. No acordo coletivo de barganha (CBA) com a associação de jogadores da NBA, a liga e os jogadores concordaram que um jogador precisa ter jogado pelo menos um ano de basquete universitário ou ter pelo menos 19 anos para ser elegível para uma lista da NBA.

Isso foi feito ostensivamente com a ideia de que tanto os times quanto os jogadores se beneficiariam por aquele jogador ter se desenvolvido por pelo menos um ano, tanto físico quanto emocionalmente. Naquele momento, muitos jogadores com idade para estar na escola e que claramente não estavam prontos para jogar na NBA estavam sendo escolhidos no draft. Se um jogador do ensino médio assinasse com um agente, ele rejeitava qualquer oferta de bolsa de estudos universitária. Então, caso ele não entrasse na NBA, não tinha opção, a não ser jogar em uma liga estrangeira ou uma de segunda linha nos Estados Unidos.

Parecia tolo, e o basquete universitário não gostava de perder tantos talentos sem necessidade. Então isso passou a ser conhecido como a regra "Um-e-pronto" (um ano de basquete universitário e pronto, vamos para a NBA).

212   PARTE 3 O Jogo

Entendendo a Hoosier Hysteria

Em 1978, Notre Dame abrigou as oitavas de final do torneiro estadual de Indiana de basquete escolar. Nós emitimos mais credenciais de imprensa para aquele jogo do que para nosso jogo contra a melhor equipe do país, Marquette. Por que o Hoosiers ama o basquete escolar tanto assim?

» **Por um longo período, era o único jogo na cidade.** Nenhuma franquia de basquete profissional existia em Indiana desde que o Ft. Wayne Pistons se mudou para Detroit e até que o ABA Indiana Pacers (hoje da NBA) fosse formado, em 1967. Basquete escolar era a NBA, a NFL e a Major League Baseball para o hoosiers fã de esportes. As 500 milhas de Indianápolis talvez sejam o evento mais famoso do estado, mas só ocupa a atenção dos fãs durante o mês de maio. O hoosiers precisava de alguma coisa a mais para preencher o noticiário esportivo vazio nos outros 11 meses do ano.

» **Times universitários de Indiana.** A Universidade de Indiana, Purdue, Notre Dame, e agora Butler têm programas viáveis, que disseminam a aura do basquete no estado. As crianças em Indiana crescem querendo jogar nesses times.

» **Hinkle Fieldhouse.** Durante anos, o ginásio cavernoso da Universidade de Butler, na zona norte de Indianápolis — como visto em *Momentos Decisivos* —, era o local das semifinais e finais estaduais. Todo fã de basquete de Indiana sonhou em jogar lá. Alguns anos atrás, as finais estaduais passaram a acontecer no RCA Dome, o então estádio de futebol americano da cidade, que agora foi substituído pelo Lucas Oil Stadium. Ainda bem que a sanidade foi recobrada e os jogos (falaremos mais sobre isso mais tarde) passaram a acontecer no Bankers Life Fieldhouse, casa do Pacers. Ainda assim, especialmente devido ao sucesso do filme *Hoosiers,* assim como o do Butler Bulldogs, adoraria que as finais voltassem para Hinkle.

» **Infraestrutura fantástica.** Indiana abriga 13 dos 14 maiores ginásios colegiais dos Estados Unidos. (Entenderam o que quero dizer? Eles são realmente fanáticos por basquete escolar.) New Castle Chrysler High School, por exemplo, tem o maior ginásio escolar do mundo. O The New Castle Fieldhouse, que foi construído em 1959, abriga 9.325 pessoas e sempre vende todos os seus ingressos. A Tabela 11-4 mostra alguns dos maiores ginásios colegiais.

Tabela 11-4   Maiores Ginásios de Escolas dos Estados Unidos

Estado	Cidade	Escola	Local	Capacidade
Indiana	New Castle	Chrysler	New Castle Fieldhouse	9.325
Indiana	East Chicago	Central	Baratto Athletic Center	8.296
Indiana	Seymour	Seymour	Scott Gymnasium	8.110
Indiana	Richmond	Richmond	Tiernan Center	8.100

(continua...)

CAPÍTULO 11 **Basquete Escolar** 213

(...continuação)

Texas	Dallas	várias	Loos Fieldhouse	7.500
Indiana	Elkhart	várias	North Side Gymnasium	7.373
Indiana	Michigan City	Michigan City	The Wolves' Den Gym	7.304
Indiana	Gary	West Side	West Side High School Gym	7.217
Indiana	Lafayette	Jefferson	Jefferson High School Gym	7.200

O filme *Momentos Decisivos* mostra tudo isso. Gene Hackman, interpretando o novo treinador do Hickory, visita a barbearia e cai em uma emboscada montada pelos bem-intencionados, se não diplomáticos, torcedores locais. (Rapaz, eu entendo o que ele passou.) Um dos moradores diz: "Nós achamos que você devia jogar com essa defesa por zona." Hackman diz: "Eu não gosto dessa defesa por zona. Vou jogar como eu quiser."

Essa cena me transporta direto para Hazelton, Pennsylvania, em 1964. Eu me lembro de me encontrar com algumas pessoas na cidade e dizer a elas que eu queria pressionar mais na defesa, de alguma maneira algo diferente do que o time vinha fazendo. Também me lembro da resistência que encontrei. Então quando vi aquela cena no filme, encolhi. Já estive em sua posição, Gene.

FESTIVAL DE FILMES DE BASQUETE ESCOLAR

Muitos críticos de cinema colocam *Momentos Decisivos* no topo da lista de melhores filmes de esportes já feitos. Aqueles que não colocam, geralmente listam um ou dois filmes de boxe, como *Rocky — Um Lutador* e *Touro Indomável,* à sua frente.

Independentemente disso, *Momentos Decisivos* é a UCLA Bruins da era Wooden dos filmes de basquete. Mas não é o único. Existem dois excelentes documentários que usam o basquete escolar como pano de fundo.

O primeiro, *Basquete Blues*, foi lançado em 1994 e indicado ao Academy Award. O filme conta a saga de dois meninos das proximidades de Chicago, Arthur Agee e William Gates, dos seus anos como calouros na escola até seu primeiro ano de faculdade, enquanto perseguem o sonho de se tornarem o próximo Michael Jordan ou Isaiah Thomas.

O segundo, *Mais do que um Jogo*, foi lançado em 2008. Segue os passos de LeBron James e seus quatro talentosos companheiros de equipe por seus anos de escola em Akron. Ambos os filmes nos mostram heróis e vilões enquanto ilustram o que faz o basquete ser um jogo tão incrível: todo o talento do mundo não será suficiente a não ser que você trabalhe em equipe e se mantenha disciplinado.

The White Shadow

Finalmente, mesmo não sendo um filme, *The White Shadow* foi o melhor programa de televisão centrado em esportes colegiais até a criação de *Friday Night Lights*. *The White Shadow* foi ao ar por três temporadas (54 episódios), de 1978 até 1981. A história se passava em volta de um jogador do Chicago Bulls aposentado, Ken Reeves, (interpretado por Ken Howard), que era branco e aceitou um emprego para treinar um time de ensino médio da cidade de Los Angeles.

O conjunto de personagens que fazia parte do elenco de basquete da Carver High School era formidável. As histórias eram cativantes e muito verossímeis (o que era raro na TV dessa época, quando suas opções eram *The Love Boat* e *Mork & Mindy*), e as cenas de basquete eram inacreditáveis. Nenhum time do ensino médio tinha uniformes mais feios e, mesmo assim, jogadores mais inesquecíveis (Coolidge, Salami, Goldstein e outros).

A parte mais legal sobre *The White Shadow* é que você nunca se sentia assistindo atores. Sempre parecia que você estava bisbilhotando um time de basquete escolar de verdade e seu treinador deslocado, mas, mesmo assim, muito esperto. Se você é muito jovem para ter visto quando foi originalmente ao ar, faça um favor a si mesmo e pegue os DVDs de *The White Shadow*.

WES LEONARD

PALAVRAS DO AUTOR

Em uma sexta, 5 de março de 2011, um par de escolas da parte rural de Michigan, Bridgman e Fennville, disputava um jogo elétrico dentro de um ginásio superlotado de torcedores. Essas cenas são comuns, especialmente em cidades menores, nas sextas à noite por todos os Estados Unidos.

Entretanto, essa noite seria diferente. Inesquecível e trágica. Com menos de um minuto a jogar, Wes Leonard, de Fennville, foi em direção à cesta e marcou a bandeja vencedora da partida. Os Blackhawks venceram por 57 a 55, e Leonard, que foi o cestinha de sua equipe, com 21 pontos, foi carregado nos ombros por seus companheiros de equipe.

Alguns momentos mais tarde, Leonard desmaiou. Enquanto torcedores, amigos e família atordoados olhavam, Leonard ficava no chão. As tentativas de ressuscitar o jovem de 16 anos não tiveram sucesso. Leonard, que tinha um problema no coração sem saber, morreu de ataque cardíaco.

A morte de Leonard se tornou notícia nacional, e você não precisa ser um fã de basquete para perceber o forte contraste entre um momento de euforia, seguido quase imediatamente de uma morte precoce. Foi tudo tão público e capturado em vídeos e telefones celulares que os elementos trágicos foram até exacerbados.

Os companheiros de Leonard bravamente continuaram com a temporada, vencendo três jogos de temporada sem seu amigo, antes de perderem na semifinal regional.

Basquete da AAU: Basquete Universitário com Gorilas de 270 quilos

HALL DA FAMA

A União Atlética Amadora (AAU) é mais antiga que o próprio basquete. Fundada em 1888 sob o lema "Esportes para todos, para sempre", a AAU se tornou uma rede de programas por meio de vários tipos de esportes. Muitos atletas olímpicos americanos devem seu sucesso às orientações que receberam em algum programa da AAU associado a seu esporte ou evento.

Na última década, entretanto, a AAU tem atraído muita atenção e escrutínio por seus programas de basquete. Virtualmente, qualquer pessoa pode iniciar um time de basquete da AAU.

Equipes da AAU podem promover uma atmosfera maravilhosa para meninos e meninas, especialmente aqueles que crescem em áreas empobrecidas. Por outro lado, alguns dos adultos que treinam esses times veem os jovens meninos e meninas como um potencial ganho financeiro para o futuro. O mesmo adulto pode treinar um time da AAU desde quando os meninos têm por volta de dez anos até seu último ano de escola. Durante esse tempo, o treinador talvez assuma o papel de uma figura paterna, particularmente se o menino desse time não tem um pai. Portanto, se e quando um desses jogadores se tornar um jogador do ensino médio de primeiro nível, aquele treinador pode exercer grande influência sobre qual faculdade esse jogador deve escolher. Treinadores assim, especialmente em times que volta e meia têm talentos com potencial para o basquete universitário, têm um enorme poder de barganha quando se trata de negociar com técnicos universitários. Alguns, infelizmente, usam esse poder de barganha para conseguir empregos e/ou dinheiro para si mesmos.

Da perspectiva dos jogadores, entretanto, o basquete da AAU oferece muitas oportunidades. Digamos que você é um jogador de elite em Chicago. Seu time da escola pode ser muito bom, mas talvez você seja o único jogador com potencial para jogar basquete universitário no time. Imagine se você pudesse formar um time com alguns dos outros extraordinários jogadores da cidade. E imagine que o treinador desse time não fosse um professor da escola, e sim seu irmão mais velho. Ou alguém que pareça mais um irmão mais velho ou um tio.

Agora, imagine que seu time poderia viajar para torneios e enfrentar outros times de elite da AAU de outras cidades. De repente, o basquete escolar parece claustrofóbico.

O problema então não é a AAU em si. O problema está no fato de a AAU falhar em estabelecer um código de ética entre seus treinadores, ou algum tipo de parâmetro para licenciamento.

Os Times Escolares All-America

Eu vejo poucos jogos colegiais por ano, agora que meu sustento não depende mais disso; geralmente fico muito ocupado o tempo inteiro acompanhando os times universitários da Divisão I 345 como comentarista para a ESPN. Muitos serviços de notícias, como *USA Today* e *Parade Magazine*, acompanham o basquete escolar, selecionando os times All-America e/ou ranqueando os times em um nível nacional.

HALL DA FAMA

Apesar de essas listas e rankings afiarem o apetite dos torcedores — mais ou menos como ver o catálogo de sua loja favorita um mês antes do Natal —, entender que o estrelato escolar não garante sucesso em nível universitário é importante. Na temporada de 1974–1975, um jogador de basquete escolar vindo de French Lick, Indiana, não entrou na seleção desse estado, que supostamente sabe muito de basquete, muito menos na seleção nacional. Mas Larry Bird acabou se tornando um dos melhores jogadores de todo o mundo na história do jogo e foi nomeado para o Hall da Fama em seu primeiro ano elegível.

HEATER PEGANDO FOGO

Cheryl Miller, que recentemente treinou o time da WNBA Phoenix Mercury, uma vez marcou 105 pontos em um jogo de basquete escolar. Sua escola, Riverside Poly, marcou 179 pontos naquele jogo, em 26 de janeiro de 1982.

Entretanto, a história de Miller não é a mais inacreditável. Em 26 de janeiro de 1960 — exatos 22 anos antes da maravilha de Miller —, Danny Heater, um veterano na Burnsville High School, em West Virgina, marcou 135 pontos em uma vitória por 173 a 43 sobre Widen High.

Heater era um protótipo de rato de ginásio. O filho de um mineiro de carvão desempregado, Heater driblava com a bola de basquete entre suas aulas e uma vez quebrou os dois pulsos correndo em direção ao muro do ginásio.

Na noite do jogo contra Widen, o treinador do Heater, Jack Stalnaker, decidiu ajudar Heater a tentar bater o recorde de pontos em uma só partida de West Virginia, que era de 74 pontos. Stalnaker esperava que Heater recebesse uma oferta de bolsa, já que sua família não teria condições de mandá-lo para a faculdade.

"Quando o treinador nos contou, disse, 'Não'", relembra Heater. "Mas conversei com todos os meus companheiros, e eles disseram, 'Faça isso'."

(continua...)

(continuação...)

Usando uma marcação por pressão de quadra inteira e passando a bola quase exclusivamente para Heater, Burnsville foi para o intervalo com uma vitória por 75 a 17. Heater tinha 50 pontos a essa altura. No começo do segundo tempo, Heater quebrou o recorde do estado. Seus companheiros pediram ao treinador Stalnaker que o mantivesse no jogo para que quebrasse o recorde nacional de 120 pontos. Stalnaker relembra: "Todos os meninos se levantaram e disseram, 'Treinador, você já fez papel de bobo mesmo'."

Heater continuou na partida, marcando 55 pontos nos dez minutos finais. Sua box score ao final da partida mostrava: 53 de 70 arremessos de quadra, 29 de 40 lances livres, 32 rebotes (!), e até mesmo sete assistências. "Eu estava feliz e triste ao mesmo tempo", diz Heater, que nunca recebeu a oferta de bolsa. "Estava envergonhado. Não havia sido criado para envergonhar as pessoas."

NESTE CAPÍTULO:
NCAA, NAIA, NIT e mais sopa de letrinhas
Jogadores, treinadores e outras pessoas importantes
Jogos de pré-temporada, torneios de pós-temporada e todos os jogos entre eles
As forças perenes do basquete universitário masculino e feminino
O salto da faculdade para o basquete profissional

Capítulo 12

Basquete Universitário

É ingênuo falar que o basquete profissional é um negócio e o basquete universitário é um jogo. No final de contas, o basquete universitário é um grande negócio. Mas os jogos são jogados e assistidos por algumas das pessoas mais vivazes, resilientes e simplesmente divertidas que conheço: estudantes universitários.

O jogo universitário tem caráter, como mostrado pela prática de jogar basquete de madrugada para iniciar a pré-temporada em muitas instituições por todo o país. Ou a intensidade e atmosfera de qualquer jogo no Cameron Indoor Stadium, na Duke University. Em janeiro de 2010, a ESPN realizou uma de suas transmissões de College Gameday na Rupp Arena da Universidade de Kentucky, e mais de 23 mil pessoas apareceram... nove horas antes do começo do programa!

O que Faz o Basquete Universitário Especial?

A grande diferença entre o basquete profissional e o universitário (além da quantidade de imposto de renda pago pelos jogadores) talvez seja o entusiasmo dos torcedores. Apesar dos torcedores violentos do Boston Celtics, o entusiasmo no nível universitário deriva de sua natureza amadora. Estudantes de Duke acampam por dias em frente ao Cameron Indoor Stadium — em Krzyzewskiville — para assegurar os melhores lugares na seção destinada a estudantes, que na verdade possui os melhores assentos do estádio.

Em suma, quase todo mundo torcendo para um time universitário tem uma conexão real com ele. Eles talvez tenham frequentado a instituição, têm familiares que frequentaram ou ensinam na instituição, ou conhecem alguém com vínculos à instituição. A maioria dos fãs que torcem para um time profissional simplesmente o faz por morar perto.

ESPN COLLEGE GAMEDAY

A ESPN teve um importante impacto no basquete universitário desde que as transmissões começaram, em 1979, e tenho o prazer de fazer parte delas desde 1993. Esse impacto, de um ponto de vista colorido e pomposo toma forma no ESPN College Gameday. É um programa que viaja pelo país por oito sábados no coração da temporada regular e inclui estrelas do basquete, comentaristas especializados, um apresentador e eu. Durante nossas duas horas no ar, o show é uma parte animada da reunião, outra parte é um noticiário sobre o basquete universitário nacional, e há muitas partes de diversão. O programa começou em Kansas, em março de 2008. Milhares de pessoas compareceram ao Phog Allen Fieldhouse, e a atmosfera era elétrica.

O College Gameday tem adicionado exposição ao basquete universitário em nível nacional, mas também fomentou o basquete em várias regiões do país. Nos últimos anos, temos tentado visitar *campus* que não são normalmente considerados como os de elite nacional. Tais peregrinações trouxeram exposição a programas como Clemson, Virginia Tech, Baylor e Kansas State. É uma das novas tradições do basquete universitário; nós fazemos o programa bem na quadra, e é um show para todo o corpo estudantil.

Chegou a um ponto em que o *campus* não consegue esperar a gente chegar. Nós planejamos para que cada *campus* saiba com meses de antecedência que estamos indo, para que o pessoal e estudantes possam prepará-lo e promovê-lo.

Uma de minhas tarefas é aquecer as torcidas. Vou lá e converso com os estudantes uma hora antes de a transmissão começar. Amo isso; parece que estou treinando novamente. Falo sobre o próximo jogo, o programa do time da casa, e algumas vezes até danço com as líderes de torcida.

Loucura de Março

Muitos fãs de esporte consideram o torneio da NCAA as duas semanas mais excitantes do calendário. Obviamente, concordo com eles. O torneio da NCAA, também conhecido como "Loucura de Março" ou "O Grande Baile", é diferente de qualquer campeonato no esporte americano e transforma todo mundo em um fã de basquete universitário enquanto o inverno vira primavera.

Eu falo mais sobre a Loucura de Março mais à frente neste capítulo, mas um elemento charmoso de cada ano é o potencial para histórias de Cinderela.

O azarão é conhecido como Cinderela, e o torneio, com 32 jogos na primeira rodada (hoje conhecido como segunda rodada), não tem escassez desses tipos de time. Por agora, toda referência à Cinderela da Disney tem sido usada em manchetes de jornal.

Dê uma olhada nessas recentes histórias de Cinderela. Esse é o motivo de tanta excitação ser gerada na segunda metade de março:

2006 Universidade George Mason

George Mason era o quarto colocado da Conferência Colonial em 2005–2006 e estava listado como décimo primeiro cabeça de chave do torneio da NCAA. Mas o Patriots, liderado pelo treinador Jim Larranaga, teve uma incrível jornada na Regional Leste, derrotando Michigan State, o campeão da NCAA North Carolina, Wichita State, e o cabeça de chave número 1, UCONN, para avançar até as semifinais.

2010 e 2011 Butler University

Butler tornou-se a primeira instituição de fora das seis maiores conferências a alcançar a final do torneio em anos consecutivos desde a temporada de 1958–1959. O time do treinador Brad Stevens venceu jogo apertado atrás de jogo apertado em ambas as temporadas. Alguns lembram a campanha de 2010 como a verdadeira história de Cinderela, mas esse time era cabeça de chave número 5. O time de 2011 era cabeça de chave número 8 e teve vitórias de parar corações contra Old Dominion e Pittsburgh para chegar às semifinais. Butler perdeu o título nos dois anos, por um ponto para Duke, em 2010, e por uma larga vantagem para UCONN, em 2011.

2011 Virginia Commonwealth

O time de Virginia Commonwealth, de Shaka Smart, teve que jogar cinco jogos para chegar às semifinais da temporada de 2011, a primeira instituição na história a fazer isso. Muitos membros da mídia contestaram sua seleção para participar do torneio em primeiro lugar. O Rams foi o único semifinalista a receber um convite para jogar, e por isso teve que jogar a repescagem em Dayton para entrar no torneio. Eles derrotaram a Southern Cal do Pac 10 em Dayton, e depois derrotaram times do Big East (Georgetown), Big Ten (Purdue), ACC (Florida State), e Big 12 (cabeça de chave número 1, Kansas), para chegar às semifinais. Ironicamente, sua campanha foi encerrada quando enfrentaram outro time de uma conferência mediana — Butler.

Diversidade no tamanho dos jogadores

Desde que a NCAA adotou o arremesso de três pontos em nível nacional, ouve um crescimento da importância dos jogadores menores no basquete universitário. Dito isso, na temporada de 2010–2011, o time Wooden All-American teve jogadores de todos os tamanhos e posições. Havia jogadores grandes e dominantes — Jared Sullinger, de Ohio State; JaJuan Johnson, de Purdue; e Derrick Williams, de Arizona. Havia o ala Kawhi Leonard, com dois metros de altura, de San Diego State, e os armadores Jacob Pullen, de Kansas State, e Jimmer Fredette, da BYU. Fredette foi o jogador do ano, de acordo com o Wooden Award Committee. (Dê uma olhada no Capítulo 1 para mais informações sobre John Wooden.)

Então, se você prefere acompanhar um time com um pivô dominante, um pequeno ala que pode fazer pontos dentro e fora do garrafão, ou o rápido armador que pode acertar um arremesso a 7,5 metros da cesta, você pode encontrar seu jogador favorito no basquete universitário.

Diversidade na personalidade dos jogadores

Um grande percentual dos torcedores de basquete universitário acompanha seus times porque eles foram para essas instituições, mas alguns acompanham porque gostam de alguma história de bastidores particular sobre algum jogador. E existem muitas histórias fascinantes para se acompanhar no basquete universitário. Dê uma olhada em três da temporada universitária de 2010–2011.

Delvon Roe, de Michigan State, de alguma maneira encontrou um time para atuar em uma peça Shakeasperiana no Pasant Theatre, na escola Wharton Center for Perfoming Arts. Em dezembro de 2010, ele atuou como Charles The Wrestler na peça "As You Like It", uma performance que começou às 19h30. Mais tarde naquela noite ele marcou 15 pontos, e teve seis rebotes e cinco assistências em uma de suas melhores atuações pelo Spartans na vitória sobre South Carolina.

Tanner Smith estava em seu último ano em Clemson na temporada de 2011–2012. Jogador titular de três times que chegaram ao torneio da NCAA, ele é um dos mais respeitados atletas do *campus* pelo seu trabalho fornecendo cestas de presentes para crianças lutando contra o câncer. Smith teve a ideia enquanto visitava seu pai no hospital enquanto ele lutava contra a doença. Ele viu muitas crianças de sua idade e pensou que seria uma boa ideia fornecer alguns mantimentos básicos para elas. Sua ideia, Tanner's Totes, hoje fornece cestas de presente para crianças em centros de tratamento de câncer por todo o país.

Kemba Walker liderou a UCONN para o título da NCAA de 2011. A campanha do Huskies começou com cinco vitórias em cinco noites no Madison Square Garden no torneio Big East. Walker mostrou um espírito indomável marcando 130 pontos nesses jogos. O terceiranista que se tornou profissional no final da temporada de 2011 já havia se apresentado na frente de multidões como um jovem dançarino no famoso Apollo Theatre, no Harlem. Ele se formou na UCCON em três anos.

222 PARTE 3 **O Jogo**

LOUCURA NA MADRUGADA

Os treinos do basquete universitário na Divisão I começam no primeiro sábado mais próximo do dia 15 de outubro. Costumavam começar exatamente no dia 15.

Antes da alteração da regra, vinha se tornando uma moda elegante os times marcarem seus primeiros treinos da temporada na virada da meia-noite daquele dia. Essas sessões de loucura na madrugada são uma celebração do basquete, festas disfarçadas de treinos de basquete abertos para todos os estudantes. Então a NCAA instituiu a regra do "próximo sábado" em 1997, para que os estudantes não ficassem acordados até tão tarde em dias de aula. (Você tem a sensação de que as pessoas na NCAA nunca pisaram em um *campus* universitário?)

O que acontece em uma sessão de loucura na madrugada? Algumas instituições realizam alguns exercícios, fazem algumas bandejas e enterradas, fazem um concurso de arremessos ou dois, e então os jogadores vão dar autógrafos. A loucura na madrugada se tornou mais efetiva como uma ferramenta de relações-públicas do que como um treino legítimo. Muitos programas, como Kentucky e Kansas, tiveram a lotação de suas arenas esgotadas para loucuras na madrugada.

Diversidade no estilo de jogo

Existem mais de 330 times de basquete na Divisão I, se considerarmos os times femininos e masculinos (veja a Tabela 12-1), o que resulta em 650 treinadores diferentes que não chegaram e nunca chegarão a um consenso sobre como o jogo deve ser jogado. O cardápio da NBA se parece com o do White Castle em questão de variedade, não importa quais sejam os times que estejam jogando. O menu do basquete universitário, ao contrário, é uma miscelânea.

TABELA 12-1 **Times de Basquete Universitário de Quatro Anos por Categoria**

NCAA	Masculino	Feminino
Divisão I	345	333
Divisão II	275	294
Divisão III	402	441
Total de times da NCAA	1.013	1.068

Nota: Totais das temporadas 2010–2011.

Quando você ouve alguém dizer Princeton, logo pensa em movimentações nas costas da defesa em direção à cesta. (Se você não tem ideia do que estou falando, veja os Capítulos 7 e 8 e comece a assistir a esses times jogar.) Quando você ouve Syracuse, pensa logo em uma ótima marcação por zona. Quando ouve Maryland, pensa em um ataque flexível. Os treinadores de basquete universitário não podem depender de talento e/ou profundidade do plantel a cada ano como os treinadores da NBA podem, porque seus jogadores se formam ou se tornam profissionais.

Algumas das mais fascinantes histórias passam por mudanças de estilo de jogo quando há uma troca de treinadores, como a que os fãs viram quando Clemson contratou Brad Brownell após Oliver Purnell ir para DePaul, em 2010–2011. Purnell havia levado Clemson a três torneios da NCAA seguidos com um estilo de marcação por pressão e alta intensidade, mas Brownell preferia seu time jogando em meia quadra, tanto ofensiva quanto defensivamente. Os jogadores de Clemson acreditaram no novo sistema, e quando a temporada acabou, o programa estava novamente no Grande Baile para um recorde da instituição de quatro participações consecutivas, muito pelo delírio dos torcedores mais fiéis de Clemson.

O TORNEIO DA NCAA — O OBJETIVO FINAL

Os 68 times são divididos em quatro regiões e organizados em uma chave de eliminação direta, que determina qual time você enfrentará no próximo jogo após uma vitória. Cada time recebe seu número de cabeça de chave, ou ranking, dentro de sua região. Após quatro jogos iniciais entre os oito times de menor ranking (feito pela primeira vez em 2011), o torneio acontece ao longo de três semanas, em localidades neutras pré-selecionadas ao redor dos Estados Unidos. Os times com menor ranking são posicionados na chave de maneira a enfrentarem os times de maior ranking. Cada fim de semana elimina três quartos dos times, de 64 para 16, no primeiro fim de semana, de 16 para os semifinalistas no seguinte. E dos semifinalistas para o campeão.

As semifinais geralmente são jogadas no primeiro sábado de abril. Os quatro times, um de cada região, jogam as semifinais sábado à noite. Duas noites depois, os dois vencedores se encontram para decidir quem será o campeão nacional.

Trinta e um times se qualificam a serem campeões de suas conferências. Todos, exceto um, se qualificam vencendo o torneio de pós-temporada da conferência. O campeão da Ivy League é decidido pela temporada regular. Os outros 37 times recebem ofertas, o que na prática são convites que tendem a ser feitos para os melhores times restantes que não venceram seus torneios de conferência.

Na história do torneio da NCAA, vinte times receberam ofertas, apesar de terem mais derrotas do que vitórias. Apenas uma vez, em 1955, um desses times conseguiu vencer um jogo. Bradley, um dos dois primeiros times convidados com um recorde negativo, ganhou dois jogos antes de ser eliminado. Desde 2005, apenas uma instituição, Coppin State, em 2008, chegou ao torneio da NCAA com mais derrotas do que vitórias.

DICA DE FÃ

Se você é novo no jogo, dê uma olhada na internet nas estatísticas da NCAA. Esses números te mostram os times que marcam mais pontos, os que mais fazem arremessos de três pontos, os times que têm uma grande defesa (baseado na porcentagem de arremessos livres convertidos contra, não em pontuação contra), os times que melhor arremessam e os que mais pegam rebotes — em outras palavras, os times a serem acompanhados nessa temporada. Veja o Capítulo 4 para mais detalhes sobre como ler estatísticas.

Órgãos Governadores

Os órgãos governadores para o basquete universitário fazem as regras da competição, recrutamento e muitas outras coisas mais simples que dão organização e estrutura ao jogo. Sem a NCAA e a NAIA, órgãos governadores de faculdades juniores, seria um caos.

A NCAA

A National Collegiate Athletic Association (NCAA) é o órgão governador de esportes universitários, incluindo basquete. Instituições da NCAA são divididas em três níveis de basquete universitário: Divisão I, Divisão II e Divisão III (sem bolsas). Esses níveis (os quais são sempre referidos em algarismos romanos) são baseados de maneira solta, mas as instituições podem decidir em que nível querem competir.

A maioria das instituições são membros da mesma divisão em todos os esportes, apesar de algumas escolas competirem na Divisão I em alguns esportes e nas Divisões II e III em outros. Instituições da conferência Big East como Providence, Seton Hall, e DePaul não são times de futebol americano, mas todas elas já chegaram entre os quatro melhores times em um torneio da NCAA de basquete em sua história.

A NAIA

Mas, como dizem nos programas de TV, isso não é tudo. Ainda existe uma outra, menor, associação de esportes entre universidades: a National Association of Intercollegiate Athletics (NAIA — Associação Nacional de Atletismo Interuniversitário), que representa cerca de 290 instituições que não se adere aos mesmos padrões acadêmicos que as instituições da NCAA.

Você talvez nunca tenha ouvido falar da instituição da NAIA Southeast Oklahoma State, mas provavelmente sabe tudo sobre um ex-aluno chamado Dennis Rodman, que foi nomeado para o Hall da Fama Naismith em 2011. Outros ex-alunos de instituições da NAIA incluem Scottie Pippen, que jogou no Chicago Bulls e também nos times do Campeonato Mundial, e Elgin Baylor, que foi votado como um dos 50 jogadores da NBA de todos os tempos. Pippen jogou na Central Arkansas, e Baylor começou sua carreira na Faculdade de Idaho antes de terminar os estudos em Seattle. Todo ano a NAIA organiza um excelente torneio de basquete masculino composto por 32 times em Kansas City. O torneio é disputado ao longo de uma semana entre o final de fevereiro e o início de março, com os jogos acontecendo entre 21h e 22h.

Faculdades juniores

PALAVRAS DO ÁRBITRO

Faculdades juniores são faculdades de dois anos que constituem outra associação. Existem aproximadamente quinhentas faculdades juniores nos Estados Unidos. *Jucos*, como são conhecidas. Essas faculdades se tornaram o paraíso para estudantes que têm problemas em se qualificar academicamente como calouros em faculdades de quatro anos, ou que não se sentem prontos para o basquete universitário da Divisão I assim que saem da escola.

Danielle Adams, a pivô estrela do time feminino do Texas A&M, frequentou a Faculdade Missouri Junior antes de se transferir para a College Station e liderar o Aggies ao campeonato nacional de 2011.

Estrutura das conferências

A afiliação às conferências dentro da estrutura da NCAA forma a hierarquia básica no basquete universitário. Uma instituição se coloca em uma conferência com outras instituições por algumas razões. Primeiro, isso ajuda a dar estabilidade no calendário ano após ano. Também ajuda a criar rivalidades amigáveis entre instituições, o que aumenta o interesse no esporte. Por exemplo, Duke e North Carolina eram membros da conferência Atlantic Coast Conference (ACC — Conferência da Costa Atlântica), e são rivais desde os anos 1950. Elas se situam a apenas aproximadamente 12 quilômetros de distância uma da outra.

Dentro da Divisão I do basquete universitário, existem 32 conferências, com uma média de dez instituições cada.

Apesar de o torneio da NCAA ser provavelmente o evento mais famoso dos esportes universitários, o futebol americano é o ganha-pão para as 120 instituições de Divisão I que têm equipes famosas de futebol americano. Como resultado, é o futebol americano que direciona a confecção das conferências, e o basquete entra de carona.

Em 2004, a ACC decidiu expandir de nove para 12 instituições quando adicionou Boston College, Miami, e Virginia Tech. Esse movimento criou duas divisões de seis times para a temporada de futebol americano, para que a conferência pudesse ter um jogo final.

É discutível como esse movimento afetou o basquete da ACC. Em 2011, a conferência teve apenas quatro times no torneio da NCAA e foi ranqueada em quinto pelos computadores. Mas ela seguiu firme e forte e teve três times entre os 16 melhores do torneio, mais do que qualquer outra conferência. E a liga teve dois campeões seguidos da NCAA, em 2009 (North Carolina) e 2010 (Duke).

A liga perdeu um pouco de sua tradição, e um ingresso para o torneio da ACC não é mais uma commodity querida. Os fãs da ACC costumavam ser capazes de trocar ingressos do torneio da ACC por ingressos para torneios Masters de golfe, mas esse não é mais o caso.

A conferência Big East anexou a Texas Christian University (TCU) em 2012, um movimento que fez com que o futebol americano da Big East fosse um dos maiores do país. Mas transformou o basquete da Big East em uma liga de 17 times. Alguém precisará inventar um novo programa de computador para conseguir montar o calendário de basquete da conferência. Boa sorte ao basquete da TCU, tendo que viajar mais de mil milhas a cada rodada fora de casa.

Tamanho do Time

A maioria dos times de basquete universitário masculino tem entre 12 e 14 jogadores em seus elencos. Times femininos têm a partir de 15 jogadoras. A diferença é resultado das bolsas de estudo por rendimento atlético. Times femininos têm direito a 15 bolsas na Divisão I, e os times masculinos, apenas 13. (Isso acontece por causa de uma lei federal chamada Title IX, que estabelece guias para equidade entre gênero quando se tratam de participações atléticas.)

PALAVRAS DO ÁRBITRO

Alguns jogadores do time talvez não tenham uma bolsa de estudos. Eles são conhecidos como *figurantes* e normalmente se tornam os favoritos dos torcedores, porque os estudantes se identificam mais com eles. Figurantes raramente, se alguma vez, jogam — alguns não chegam nem a se vestir para o jogo —, mas eles têm muito valor durante os treinamentos.

Em 2011, Clemson chegou ao torneio da NCAA em parte graças ao figurante Zavier Anderson. Com algumas transferências, o Tigers teve apenas nove jogadores com bolsa durante a maior parte da temporada, e Anderson jogou 306 minutos no caminho da instituição até o torneio da NCAA.

Treinadores

Cada time de Divisão I tem um treinador principal, dois assistentes de tempo integral e um assistente de meio período. Muitos programas também têm um diretor de operações de basquete que assume tarefas como viagens do time, interpretação das regras da NCAA e gerenciamento do orçamento. O treinador principal e os dois assistentes de tempo integral podem recrutar fora do campus, mas o assistente de meio período não. Ele pode se envolver em todas as outras atividades de treinador — observar adversários, se corresponder com jogadores recrutados, treinamentos de quadra durante os treinos etc.

Os papéis do treinador universitário

Todos os treinadores lidam com a mídia, assistem filmes, se preparam para os treinamentos, executam os treinamentos e treinam durante os jogos. Quando são demitidos, todos eles vão trabalhar para a ESPN (pelo menos parece ser dessa maneira). Alguns, como meu amigo Steve Lavin, que foi demitido da UCLA e depois trabalhou por sete anos na ESPN, voltam a treinar equipes. Lavin foi contratado por St. John em 2010 e levou o Red Storm para o torneio da NCAA em seu primeiro ano.

Os treinadores da NBA nunca precisam se preocupar com levantamento de dinheiro ou com um de seus jogadores sendo reprovado em cálculo. Um novo problema que os treinadores da NBA têm que enfrentar e com o qual os treinadores universitários têm que lidar há muito tempo: jogadores menores de idade consumindo álcool.

Aqui estão algumas responsabilidades que treinadores universitários têm:

» **Monitorar a performance acadêmica de seus jogadores.** Assuntos acadêmicos são uma preocupação constante para treinadores universitários em todos os níveis. Phil Jackson nunca teve que se preocupar se Kobe Bryant estaria elegível academicamente para jogar pelo Lakers. Em 2009, Ken Mink, o mais velho jogador universitário da nação, com 73 anos, foi reprovado em espanhol e declarado inelegível academicamente para jogar pelo Roane State Junior College, no Tennessee.

» **Conversando com grupos de ex-alunos.** Os ex-alunos podem ajudar um programa, como também criar um clima negativo. A maioria dos treinadores (especialmente aqueles que estão tendo uma temporada medíocre) faz excursões fora de temporada para várias conversas com ex-alunos.

» **Conversando com grupos do *campus*.** Assim como os ex-alunos, os treinadores podem aumentar sua torcida fazendo esforços com grupos de estudantes. Por exemplo, costumava passar os meses de abril e setembro discursando no *campus* no lobby de vários dormitórios de Notre Dame. Falava sobre tudo, algumas vezes até sobre basquete, em um formato de perguntas e repostas. Se nada mais funcionar, se envolver com os estudantes cria interesse do *campus* pelo programa.

» **Ajudando os jogadores.** Treinadores universitários muitas vezes fazem o papel de pai substituto para seus jogadores. É na faculdade que muitas vezes os jovens se veem morando fora de casa pela primeira vez, e é natural que seus treinadores se tornem o modelo adulto mais forte em suas vidas.

» Nolan Smith, o jogador da ACC do ano, perdeu seu pai, ex-jogador famoso do basquete universitário e da NBA, Derek Smith, de ataque cardíaco em um cruzeiro com sua família. Johnny Dawkins, que estava no Washington Wizards e era um companheiro de equipe de Derek, se tornou um pai substituto para Nolan. Dawkins mais tarde se tornaria assistente técnico em Duke, e isso teve muito a ver com Nolan ir para Durham.

> **Promovendo o time.** A maioria dos departamentos atléticos universitários não tem os mesmos orçamentos de marketing que as franquias da NBA, então muitas vezes eles usam os treinadores para comparecer aos eventos. Os treinadores podem ser convidados para discursar para pequenos grupos cívicos, servir como mestre de cerimônia em uma parada, ou simplesmente aparecer em um shopping local. Dica para treinadores reservados: quanto mais você vencer, mas fácil é dizer "não" para esses pedidos.

A identidade de um time de basquete universitário é a instituição e seus treinadores. Os jogadores mudam a cada, no mínimo, quatro anos — e os melhores, aqueles de quem os fãs decoram as estatísticas, geralmente saem antes disso. O jogo na NBA, ao contrário, é muito sobre os jogadores, não sobre os treinadores ou as franquias. Na verdade, quando eu era criança, me lembro de ir ao Madison Square Garden para ver o New York Knicks enfrentar o Minneapolis Lakers. O letreiro na entrada dizia: "O Knicks enfrenta George Mikan hoje à noite às 20h." (Mikan era o pivô de Minneapolis.)

Talvez por esse motivo, os treinadores universitários têm um trabalho mais seguro do que os treinadores da NBA. Em média, 35% dos treinadores da NBA são demitidos toda temporada, enquanto no basquete universitário esse número cai para 16% (54 trocas de treinador em 345 equipes em 2010).

Jogos

Cada equipe da NCAA, esteja na Divisão I, II ou III, pode ter no máximo 28 partidas de temporada regular. Entretanto, os times acabam jogando de 28 a 40 jogos por temporada. Os números variam de acordo com o sucesso na pós-temporada da conferência, torneios nacionais (se você ganha, você joga de novo; se você perde, não) e do calendário montado em cada instituição pelo diretor atlético. Alguns torneios na Divisão I (como o torneio de pré-temporada National Invitation Tournament, NIT) não contam com o máximo de 28 jogos de temporada regular permitido pela NCAA. Não me peça para explicar o porquê. Um jogo é um jogo, no final.

HALL DA FAMA

O recorde de vitórias na Divisão I masculina foi de 38, obtido por Kentucky na temporada 2011/2012, ano em que ganhou o campeonato nacional. Vale ressaltar que Memphis ganhou 38 jogos em 2007–2008, mas sua temporada foi anulada devido ao uso de um jogador inelegível.

Olhando para a liga feminina, Tennessee e UCONN conseguiram temporadas com 39 vitórias e nenhuma derrota ao longo dos últimos 15 anos.

Outros torneios de pós-temporada

Além do torneio de NCAA, existem outros três torneios de pós-temporada na Divisão I para o basquete masculino e um para o basquete feminino.

NIT

O National Invitation Tournament (NIT) é o torneio de pós-temporada mais antigo do basquete universitário. Sim, mais antigo que o torneio da NCAA. O NIT data de 1938, quando seis times foram convidados para o Madison Square Garden, em Nova York. Todos os jogos do NIT eram jogados em Nova York até 1977, quando as primeiras rodadas passaram a ser disputadas nos *campi*.

Em seu começo, o NIT era de verdade um evento maior do que o torneio da NCAA por muitos anos. Antes de 1975, quando o torneio da NCAA levou um time por conferência, o NIT teve encontros entre alguns dos 20 melhores times do país durante a competição.

Em meu segundo ano em Notre Dame, nós jogamos contra North Carolina nas semifinais no Madison Square Garden, e o time de Dean Smith estava ranqueado em décimo primeiro na seleção Sunday. Mas eles não venceram o torneio da ACC e, portanto, não puderam ir ao torneio da NCAA. Hoje em dia, aquele time de North Carolina provavelmente seria cabeça de chave três do torneio da NCAA.

O NIT tem 32 times hoje em dia e é organizado pela NCAA, o que tem acontecido desde 2007. Para se qualificar, um time precisa ter pelo menos o mesmo número de vitórias e derrotas segundo a seleção Sunday. Os times são distribuídos em quatro chaves diferentes, com os quatro vencedores avançando para as semifinais nacionais no Madison Square Garden. Wichita State ganhou o torneio em cima de Alabama em 2011. Também existe o NIT feminino todo ano. É um torneio com 64 equipes.

CBI

O College Basketball Invitational (CBI) começou em 2008 e é um evento com 16 times que é disputado nos *campi*. As equipes podem ser selecionadas mesmo tendo mais derrotas do que vitórias na temporada.

As equipes disputam jogos eliminatórios até sobrarem apenas dois finalistas. Os dois finalistas disputam então uma série de melhor em três jogos. Oregon ganhou o evento em 2011 sobre Creighton em um arremesso de último segundo de E.J. Singler, o irmão da estrela de Duke Kyle Singler.

CIT

O College Insider.com Tournament (CIT — Torneio Universitário Insider.com) começou em 2009. É um evento com 26 times que também é disputado na quadra de uma das equipes participantes. É um torneio de eliminação direta no qual quatro times não precisam disputar a primeira rodada. Equipes com mais derrotas do que vitórias podem ser selecionadas.

O CIT não mantém uma chave. Após a segunda rodada, um comitê pareia novamente as equipes na esperança de manter os times próximos uns dos outros geograficamente (e com a intenção de reduzir custos). Santa Clara ganhou o CIT de 2011 sobre Iona, por 76 a 69.

PALAVRAS DO AUTOR

Então por que acompanhar os jogos nesses torneios? Muitas vezes os times que são bem-sucedidos nesses torneios têm plantéis jovens, e podem dar um bom indicativo de quem fará estragos no basquete universitário na temporada seguinte. VCU é um exemplo perfeito. Em 2010, em seu primeiro ano como treinador principal, Shaka Smart guiou o time ao título do CBI com cinco vitórias consecutivas. Essa experiência positiva deu confiança ao time para o ano seguinte e foi muito importante para sua caminhada surpreendente até as semifinais do torneio da NCAA em 2011.

Votações

Os Estados Unidos têm uma necessidade compulsiva de ranquear as coisas — pense apenas nas listas de *Dez Mais*, de David Letterman, ou os *American Top 40*, de Casey Kasem. É um passatempo nacional.

Votações são mais importantes no futebol americano universitário — elas determinam o campeão nacional, partindo do ponto de vista de que são grande parte da fórmula que determina quem jogará o Campeonato Nacional de futebol americano universitário —, mas elas têm seu papel no basquete universitário também. As votações são um barômetro, e a taxa de batimentos cardíacos para as equipes durante a temporada, logo antes de o campeão nacional ser coroado. Para torcedores e jogadores, as votações demonstram o interesse nos jogos.

Cada nível do basquete tem votações. Na Divisão I, existem duas: *Associated Press* (AP), que recebe votos da mídia por todo o país, e a *USA Today*, que é uma compilação da opinião de treinadores colegiais. Toda semana, a partir do início de novembro até o final dos torneios de conferência, essas votações fornecem uma escada para os times escalarem — e descerem — enquanto os fãs debatem sua acurácia. *USA Today* também realiza uma votação após as semifinais.

Times All-American

Você ouve falar menos das estatísticas individuais no basquete universitário do que no basquete profissional, porém mais sobre quais jogadores merecem estar no time All-American e vencer as honras de Jogador Nacional do Ano. Diferente da NBA, o basquete universitário não tem o mesmo grupo de adversários para todo mundo — ninguém quer jogar 300 jogos por temporada. E isso significa que a qualidade dos adversários no calendário pode variar muito de equipe para equipe. Portanto, uma média de 28 pontos por jogo de um jogador pode significar menos do que 20 pontos por jogo de outro, devido ao nível de competição que eles enfrentam.

Vários serviços e organizações escolhem os jogadores All-American. Você não precisa ser americano para ser selecionado; All-America é somente um termo para um time das estrelas. Diferente da NBA, não há apenas um time All-American. Qualquer organização pode escolher um time All-American, e dependendo do procedimento de seleção, a honra pode ser equivalente a ser eleito para um cargo público, ou não significar nada. Os times de basquete All-American são seleções de cinco ou dez jogadores selecionadas por pessoas de uma organização. Algumas organizações escolhem o primeiro e segundo time.

Prêmio de Jogador do Ano

Vários jogadores e jogadoras de basquete podem vencer o prêmio de Jogador do Ano.

O Wooden Award é selecionado por um comitê nacional de mil membros da mídia que selecionam um time All-American de dez jogadores. O Wooden Award é oferecido desde 1977 para homens e desde 2004 para mulheres. Seu nome é uma homenagem ao ex-treinador da UCLA John Wooden.

O Naismith Award é oferecido pelo Atlanta Tipoff Club e é nomeado em homenagem ao Dr. James Naismith, o inventor do jogo. Tem sido oferecido aos jogadores de basquete masculino desde 1969 e para as jogadoras de basquete feminino desde 1983.

O troféu Oscar Robertson é entregue ao jogador do ano escolhido por 900 jornalistas da United States Basketball Writers (USBWA). É oferecido desde 1959, quando Oscar Robertson, a grande estrela da Universidade de Cincinnati, foi o primeiro a recebê-lo. Era chamado de United States Basketball Writers Association Player of the Year até 1998, quando foi nomeado em homenagem a Robertson pela primeira vez.

Também existem prêmios de jogador do ano oferecidos pela *Associated Press*, *Basketball Times*, *Sporting News* e *CBS Sports*.

O troféu Wade vai para a melhor jogadora do ano no basquete universitário feminino. É nomeado em homenagem à ex-treinadora de Delta State, Margareth Wade, que ganhou três campeonatos nacionais. Tem sido oferecido desde 1978.

Basquete Feminino na NCAA

John Wooden uma vez foi citado pelo *USA Today* dizendo: "Para mim, o melhor basquete puro que vejo hoje em dia... está presente nos melhores times femininos."

Em meus primeiros sete anos em Notre Dame, não tínhamos um programa para time de basquete feminino. (Mas você precisa saber que, em meu primeiro ano lá, a faculdade nem aceitava mulheres.) A única competição que valia nota para as mulheres no *campus* era o anual "Jóqueis versus Meninas", um jogo de basquete de rua. Ver o time de basquete feminino de Notre Dame vencer o campeonato nacional em 2001 e alcançar a final do campeonato em 2011 me lembrou desses jogos e o quanto o basquete feminino de Notre Dame, em particular, e o basquete feminino em geral avançaram tanto em tão pouco tempo.

A bola menor

Em 1984–1985, a NCAA adotou uma bola menor para o basquete universitário feminino. A bola feminina é uma polegada menor em circunferência e 300 gramas mais leve do que a bola masculina. Essa modificação teve muito a ver com a popularidade do basquete feminino nacionalmente.

A NCAA pensou que a bola menor aumentaria os placares e percentuais de arremessos corretos, mas esse não foi o caso; nenhuma das duas estatísticas variou muito. Mas o que aconteceu foi que o controle de bola foi melhorado, os times passaram a cometer menos turnovers, e a qualidade dos jogos é muito melhor. A WNBA percebeu o benefício da bola menor e também a usa.

Um dos pontos positivos da bola menor no basquete feminino foram as enterradas.

A lista inclui a pivô de Baylor Brittney Griner (veja a Figura 12-1), uma segundanista em 2011–2012, que está destinada a quebrar vários recordes universitários (e não somente o de enterradas). Ela teve cinco enterradas durante sua segunda temporada (2010–2011), apenas duas a menos do que o recorde do basquete universitário feminino de sete pela All-American Candace Parker, ex-jogadora do Tennessee.

Houve muitas estrelas no basquete universitário feminino nos últimos anos, mas nenhuma como Griner (2,03 metros), que calça um tênis tamanho 43 e tem uma envergadura de 2,20 metros. Ela apareceu para o basquete feminino como uma veterana na Nimitz High School, em Houston, Texas, quando teve 52 enterradas em 35 partidas em sua temporada de veterana e foi nomeada a melhor jogadora do ensino médio da nação.

Ela levou Baylor à semifinal e às quartas de final em cada um dos dois anos de faculdade, tendo uma média de vinte pontos por partida, sete rebotes e acertando 55% dos arremessos de quadra e 78% dos arremessos livres. Esse aproveitamento de lances livres mostra o arremesso refinado que possui.

FIGURA 12-1: Brittney Griner.

Mas seu verdadeiro impacto no jogo é defensivo. Ela teve 232 tocos em sua temporada de caloura, um recorde em todos os tempos da NCAA. Isso inclui um jogo com 14 tocos contra Georgetown no torneio da NCAA, um recorde em partida única de pós-temporada.

A Tabela 12-2 mostra a lista de mulheres no basquete que enterraram em jogo de Divisão I de basquete universitário até a temporada de 2011. Tenho certeza de que muitas outras moças serão adicionadas à lista nos próximos anos.

TABELA 12-2 **Mulheres que Fizeram Enterradas em Jogos Universitários**

Jogadora	Instituição	Anos	Enterradas
Candace Parker	Tennessee	2005–2008	7
Brittney Griner	Baylor	2009–2011	5
Michelle Snow	Tennessee	2000–2002	3
Georgean Wells*	West Virginia	1984–1985	2
Charlotte Smith	North Carolina	1994–1995	1
Shaucho Lyttle	Houston	2003–2004	1
Sylvia Fowles	LSU	2007–2008	1

* Wells fez uma enterrada com uma bola masculina.

Aumento da atenção da mídia

Outra razão para o aumento no interesse no basquete universitário feminino é a atenção da mídia. O interesse vem crescendo desde os anos 1980, mas quando a mídia na Costa Leste se apaixonou pelo time feminino de Connecticut em 1995 e sua mágica temporada com 35 vitórias e nenhuma derrota, todo mundo passou a prestar atenção.

Quando Connecticut venceu o campeonato nacional para consumar a segunda temporada invicta na história do basquete feminino da NCAA, a mídia acolheu a estrela de Connecticut Rebeca Lobo em particular. Lobo apareceu no CBS *Morning News* e no *Late Night with David Letterman,* e se juntou a suas companheiras no *Live with Regis & Kathie Lee.* Ela pode ser lembrada como o Arnold Palmer do basquete universitário feminino.

A presença da torcida em jogos de basquete universitário feminino também está crescendo. As semifinais de 1997 em Cincinnati, por exemplo, tiveram seus ingressos esgotados em quatro horas. Nas semifinais de 1998 foi utilizado um sistema de loteria de ingressos pela primeira vez na história do basquete feminino. Desde 1993, todas as semifinais do torneio da NCAA de basquete feminino têm tido seus ingressos esgotados.

A SEQUÊNCIA DE 90 VITÓRIAS SEGUIDAS DE UCONN

Connecticut assombrou o mundo do basquete em novembro e dezembro de 2010, quando alcançou uma sequência de 90 jogos invicta. Foi a maior sequência na história do basquete universitário feminino e durou mais do que o recorde masculino de 88 vitórias pela UCLA de John Wooden, entre 1971 e 1974.

Muitos membros da mídia fizeram comparações entre as séries invictas da UCONN e da UCLA. Como treinador do time de Notre Dame que quebrou a sequência da UCLA em 1974, eu acompanhei a sequência da UCONN com interesse. Foi muito importante, pois trouxe atenção para o basquete universitário feminino, e isso é bom para o jogo.

Houve algumas comparações interessantes entre as duas sequências; o mais incomum é notar que a mesma instituição tinha a última vitória sobre o adversário antes de encerrar a série. Notre Dame possuía a última vitória sobre UCLA antes de encerrarmos a série invicta em 1974, e Stanford tinha a última vitória sobre UCONN antes da Cardinals ter encerrado a série de UCONN em 30 de dezembro de 2010, em Stanford. O que torna o fato ainda mais incomum é que ambos são oponentes de conferências diferentes.

Aqui vão algumas comparações que mostram o quão dominantes ambos os times eram durante suas respectivas séries.

Comparação de Séries	UCONN	UCLA
Vitórias seguidas	90	88
Anos	2008–2010	1971–1974
Dias entre as derrotas	998	1.092
Vitórias contra times Top 25	31	18
Vitórias por dois dígitos	88	72
Vitórias fora de casa	30	20
Média de vitória	33,4	23,5
Pontos permitidos no jogo que encerrou a série	71	71
Time que encerrou a série	Stanford	Notre Dame
Jogos como time número 1	88	86

Atualizações para o jogo

Alguns fatores-chave impulsionaram a excitação crescente sobre o basquete universitário feminino nos últimos anos:

> » **Um confronto em nível nacional.** A rivalidade entre UCONN e Tennessee fez para o basquete universitário feminino o que a rivalidade de Notre Dame com

UCLA fez para o basquete universitário masculino nos anos 1970. Nossas séries com a UCLA levaram a temporada regular do basquete universitário masculino para a televisão nacional e criaram um interesse que se espalhou pelo torneio. UCONN e Tennessee não têm jogado na temporada regular nos últimos tempos, mas essa rivalidade foi muito importante para o jogo na primeira década deste século. Em geral, há uma boa vontade de os melhores times se enfrentarem durante a temporada regular, muito mais do que no basquete masculino.

» **Maior visibilidade dos treinadores.** Graças à ESPN e outras redes, estamos vendo mais e mais jogos de basquete universitário feminino na televisão. Muitos dos treinadores de times femininos mostram o tipo de carisma que cativa os torcedores. O fã de basquete universitário feminino atento sabe quem são Pat Summitt, Vivian Stringer, Muffet McGraw, e Geno Auriemma.

» **Mais clínicas de verão e AAU para mulheres.** A Amateur Athletic Union (AAU) é uma organização nacional para esportes que operam fora da academia. Enquanto o basquete universitário masculino foi machucado pelo basquete da AAU devido à influência dos treinadores que estão atrás de ganho monetário, eu acho que os times femininos da AAU podem ser uma experiência importante para as jogadoras envolvidas. As clínicas de verão estão aumentando, e isso quer dizer que as mulheres estão jogando cada vez mais.

» **Influência positiva de jogadoras internacionais.** Enquanto o basquete feminino continua se desenvolvendo, os treinadores expandiram seus horizontes de recrutamento.

» **A WNBA.** A WNBA trouxe uma renovação ao basquete de interesse para os jovens dos Estados Unidos. Meninas ao longo de todo o país podem se imaginar jogando na NBC em uma tarde de sábado ou domingo. Elas não tinham esse sonho alguns anos atrás, e isso serve como motivador para os mais jovens. Isso significa que mais e mais meninas estão jogando o jogo em todo o mundo, o que levará a um aumento da quantidade de jogadoras talentosas.

O QUE FAZ DE GENO AURIEMMA UM TREINADOR DO HALL DA FAMA?

Geno Auriemma ganhou sete campeonatos da NCAA em sua carreira, atrás apenas de Pat Summitt, que tem oito. Ele levou o programa da UCONN para uma série de 70 vitórias seguidas e uma outra série recorde de 90 vitórias seguidas ao longo dos últimos cinco anos. Qual é o seu segredo?

Ele é um recrutador tenaz. Alguns anos atrás, eu estava viajando para Bristol para fazer um programa na UCONN. Na manhã da sexta anterior, eu estava no aeroporto de Cincinnati e encontrei Geno. Sabendo que ele tinha um jogo no sábado, eu disse: "O que você está fazendo aqui?" Ele havia voado para Middletown, Ohio, na quinta para ver um jogo de basquete do ensino médio e agora estava pegando um voo de manhã cedo para voltar para Storrs a tempo do treino.

CAPÍTULO 12 **Basquete Universitário** 237

> Geno tem a habilidade de extrair o máximo de suas jovens. Elas acreditam nele. As mulheres confiam nele, e isso lhe dá a habilidade de motivá-las a alcançar seus potenciais.
>
> Ele é um grande técnico estrategista. Não tem medo de misturar defesas nem de ajustar suas estratégias de acordo com o time que está enfrentando. Mesmo que ele tenha melhores jogadoras, ainda fará alterações baseadas no time que ele está enfrentando. De um ponto de vista ofensivo, algumas vezes isso significa levar a bola até o garrafão, ou algumas vezes fazer pontos do perímetro. Tantos treinadores têm um sistema e não o ajustam de acordo com seus adversários!
>
> Finalmente, ele privilegia o talento. Não tem medo de dar a bola para sua melhor jogadora. Em alguns anos, essa jogadora pode ser uma armadora, em outros, uma pivô.
>
> Geno e John Wooden têm muitas similaridades. A mais importante é a honestidade com suas jogadoras. Você nota isso todo dia. O que você é, é o que você tem.

Um e Pronto

Um dilema em curso no basquete universitário é a participação prematura de seus jogadores no draft da NBA. Jogadores universitários têm participado do draft da NBA antes do fim de suas faculdades desde 1971, quando Phil Chenier, da Universidade da Califórnia, se tornou profissional após seu terceiro ano.

Ao longo do tempo, a entrada prematura foi se tornando mais e mais prematura, incluindo Moses Malone, que se tornou profissional em 1974 diretamente da escola. Ninguém mais foi bem-sucedido durante duas décadas, mas então Kevin Garnett liderou uma onda de futuros jogadores All-Star, incluindo Kobe Bryant, LeBron James, e Dwight Howard, que foram direto de suas formaturas na escola para a NBA.

A NBA instituiu uma regra em 2006 segundo a qual um jogador deveria ter 19 anos de idade para poder participar do draft. Isso basicamente forçou os jogadores a irem para faculdade por um ano. Ou isso, ou, como Brandon Jennings fez, simplesmente esperar por um ano. Jennings escolheu jogar profissionalmente na Europa e retornou para ser escolhido pelo Milwaukee Bucks.

A NCAA está em uma situação difícil. É muito mais fácil identificar o talento no basquete do que é no futebol americano, especialmente em entender quem se tornará profissional ou não. Se alguém como Kobe Bryant é bom o suficiente para jogar na NBA sem ter frequentado uma faculdade, ou alguém como Kevin Love pode liderar a NBA em rebotes no que deveria ser sua temporada como veterano na UCLA (Love deixou o Bruins após uma temporada), quem sou eu para dizer a ele que recuse milhões de dólares?

Por outro lado, o basquete universitário sofre por isso. As forças tradicionais do esporte, instituições como Kansas, Kentucky, e North Carolina, ainda atraem os jogadores mais satisfatoriamente preparados da nação. Entretanto, muitos desses calouros estão jogando na NBA na temporada seguinte.

Essa perda de talentos tão turbulenta prejudica esses programas, mas também tem um lado positivo. Instituições consideradas medianas, como Butler, programas cujos jogadores raramente são talentosos o suficiente para jogarem profissionalmente — e especialmente não após apenas uma temporada —, diminuíram sua diferença com relação às maiores instituições do esporte. Ao manter jogadores menos talentosos por quatro temporadas, eles moldaram times que eram muito mais competitivos contra os Golias do esporte do que haviam sido em décadas.

240   PARTE 3 **O Jogo**

> **NESTE CAPÍTULO:**
>
> **Conhecendo a NBA e outras ligas profissionais dos Estados Unidos**
>
> **Descobrindo o impacto das mudanças de regras no basquete profissional**
>
> **Observando jogadas famosas de jogadores famosos**
>
> **Pagando e treinando os jogadores profissionais de hoje em dia**

Capítulo 13

Basquete Profissional

Em 1992, um time com 11 lendas da NBA (mais Christian Laettner, da Duke University) chegou à Barcelona como estrelas do rock e facilmente ganhou a medalha de ouro dos Jogos Olímpicos. Foi a primeira vez que os Estados Unidos utilizaram jogadores da NBA em Jogos Olímpicos.

Mais do que levar o ouro, o "Dream Team" involuntariamente incitou uma revolução. Àquela época, a NBA tinha apenas um punhado de jogadores estrangeiros na liga, e apenas um — Hakeem Olajuwon, da Nigéria — era um jogador importante e constantemente convocado para o All-Star Game. Além disso, não havia jogadores na NBA — e certamente nenhum All-Star — que havia pulado para a NBA direto da escola.

No começo da temporada 2010–2011, havia registrados 84 jogadores estrangeiros nos elencos da NBA. O All-Star Game contemplou cinco jogadores estrangeiros e mais cinco que nunca jogaram um minuto de basquete universitário. A liga, em termos de onde consegue seu principal recurso — os jogadores —, mudou dramaticamente em duas décadas.

Entretanto, ainda é a NBA. O Celtics e o Lakers vencem mais do que todo o mundo, e os árbitros ainda se recusam a marcar andadas sobre os jogadores mais populares da liga. A NBA nunca foi mais popular. Só que agora seu jogador favorito tem mais chances de ter um passaporte ou visto de trabalho do que um diploma da faculdade.

National Basketball Association (NBA)

Existem 30 times na NBA que estão divididos nas conferências Leste e Oeste. Cada conferência é dividida em três divisões com cinco times cada. A Conferência Leste contém as divisões Atlântica, Central e Sudeste. A Conferência Oeste tem as divisões Noroeste, Pacífico e Sudoeste. A Tabela 13-1 mostra todas as seis divisões nas duas conferências.

TABELA 13-1 Congresso de Divisões e Times da NBA

Conferência Leste		
DIVISÃO DO ATLÂNTICO	**DIVISÃO CENTRAL**	**DIVISÃO LESTE**
Boston Celtis	Chicago Bulls	Atlanta Hawks
Brooklyn Nets	Cleveland Cavaliers	Charlotte Hornets
New York Knicks	Detroit Pistons	Miami Heat
Philadelphia 76rs	Indiana Pacers	Orlando Magic
Toronto Raptors	Milwaukee Bucks	Washington Wizards
Conferência Oeste		
DIVISÃO NOROESTE	**DIVISÃO DO PACÍFICO**	**DIVISÃO SUDOESTE**
Denver Nuggets	Golden State Warriors	Dallas Mavericks
Minnesota Timberwolves	Los Angeles Clippers	Houston Rockets
Oklahoma City Thunder	Los Angeles Lakers	Memphis Grizzlies
Portland Trail Blazers	Phoenix Suns	New Orleans Pelicans
Utah Jazz	Sacramento Kings	San Antonio Spurs

Calendário

Desde 1968, cada time da NBA joga 82 jogos de temporada regular. Os times jogam 41 jogos em casa e 41 fora — algumas vezes jogam alguns jogos internacionais. Em 2011, por exemplo, o Nets e o Raptors jogaram dois jogos em Londres.

Cada time joga quatro jogos (dois dentro e dois fora de casa) contra cada time de sua divisão, e dois jogos (um em casa e um fora) contra cada time da outra conferência. Se você é bom em matemática, já calculou que até agora foram contabilizados 46 jogos ($4 \times 4 = 16$ e $2 \times 15 = 30$).

Por exemplo, o Golden State Warriors joga quatro jogos contra cada time da Divisão Pacífico e dois jogos contra cada franquia da Conferência Leste.

Assim, ainda restam 36 jogos. Para completar o calendário de 82 partidas, um time joga quatro vezes contra seis outros times de sua conferência, mas fora de sua divisão, e três jogos contra os quatro times restantes em sua conferência, mas que não são de sua divisão (6 × 4 = 24 e 4 × 3 = 12).

O primeiro jogo

O primeiro jogo na história da National Basketball Association aconteceu fora dos Estados Unidos. Em 1º de novembro de 1946, o New York Knickerbockers derrotou o Toronto Huskies por 68 a 66 no Maple Leaf Gardens. O preço dos ingressos variou entre US$0,75 e US$2,50, apesar de o Huskies ter feito uma promoção garantindo entrada grátis para quem fosse mais alto que o pivô George Nostrand, com 2,03 metros. Os registros mostram que Ozzie Schectman, do New York, marcou a primeira cesta na história da liga.

Elenco

Cada time da NBA tem permissão para ter 12 jogadores em seu elenco ativo, o que quer dizer que 360 jogadores estão inscritos no começo da temporada. Cada time também tem direito a um jogador em seu elenco inativo. Esse jogador treina com o time, mas nem se veste para os jogos. Você pode enxergá-lo como o membro "Em Caso de Emergência, Quebre o Vidro" do plantel. Caso um dos 12 jogadores ativos se machuque e não possa participar do jogo, esse jogador pode tomar seu lugar imediatamente.

Uma equipe pode substituir um jogador em caso de lesão, aposentadoria e/ou jogadores sendo dispensados durante a temporada. Por exemplo, em 2010–2011, o Phoenix Suns teve 19 jogadores diferentes sentando no banco em pelo menos um jogo. Uma boa regra popular é: quanto maior for o número de jogadores utilizados, menores as chances de sucesso.

PALAVRAS DO AUTOR

Um time precisa ter pelo menos oito jogadores elegíveis e aptos a jogarem uma partida. E algumas vezes isso não é o suficiente. Em janeiro de 2010, o Golden State Warriors levou oito jogadores saudáveis para um jogo contra o Milwaukee Bucks. No primeiro tempo, o armador Anthony Morrow se machucou, com um joelho torcido. Depois, no terceiro quarto, o ala Chris Hunter foi excluído por faltas.

Nesse momento eram apenas seis.

O pivô Andris Biedrins foi excluído por faltas no quarto quarto, deixando o Warriors com apenas cinco jogadores e travando quaisquer ideias que o treinador Don Nelson pudesse ter sobre algum padrão de substituições.

Finalmente, com quatro segundos restantes de jogo, o então armador calouro Stephen Curry cometeu a quinta falta. O árbitro Joey Crawford, em sua trigésima terceira temporada na liga, nunca havia se visto em tal situação. Entretanto, Crawford sabia o que fazer; ele invocou a regra de quatro jogadores. Curry poderia continuar no jogo, mas o Warriors teria uma falta técnica assinalada contra eles, o que resulta em um lance livre para o Bucks.

Caso a partida tivesse continuado, Golden State receberia uma falta técnica para cada falta adicional que Curry cometesse. Francamente, e considerando o quão raro é ver isso acontecer, teria sido mais divertido assistir ao Warriors jogar com quatro contra cinco. Eles são guerreiros, afinal.

Um time precisa de reparos rápidos para assinar com um jogador sem contrato por dez dias para substituir um jogador suspenso ou lesionado. A franquia pode renovar o contrato de dez dias de um jogador uma vez, mas após ele cumprir dois desses contratos (o que quer dizer 20 dias de serviço), a franquia precisa dispensá-lo ou assinar com o jogador pelo restante da temporada.

Os times podem trocar jogadores até a data limite de trocas, que sempre cai na décima sexta quinta-feira da temporada. Os times também podem fazer trocas de jogadores após a temporada regular, desde que não estejam nos playoffs. Após um time ser eliminado na pós-temporada, ele também pode fazer alterações em seu elenco.

PALAVRAS
DO AUTOR

As últimas 72 horas antes do prazo limite para trocas são as que deixam os jogadores mais ansiosos. Muitos ouvirão seus nomes envolvidos em rumores de troca, e por que não estariam nervosos? Um jogador trocado no prazo limite não apenas troca de uniformes no meio da temporada, mas também precisa se mudar para uma nova cidade e dizer adeus a seus companheiros de equipe e treinadores, as pessoas que provavelmente são mais próximas dele.

É quase como esperar para ver se você será cortado do time. Entretanto, a maioria dos jogadores da NBA nunca foi cortada de um time em suas vidas. No final de fevereiro de 2011, a liga estava mais ocupada do que a bolsa de Nova York. Nos últimos três dias antes do prazo limite, 21 dos 30 times da NBA, ou 70%, participaram de alguma troca envolvendo um total de 50 jogadores. Isso é quase 14% dos jogadores da liga sendo redistribuídos. Uma das trocas deve ter causado uma enxaqueca ou duas no quartel-general da NBA, em Nova York (porque a liga precisa aprovar todas as trocas). Denver Nuggets, Minnesota Timberwolves, e New York Knicks trocaram 13 jogadores entre os três times.

Playoffs

Dezesseis dos 30 times da NBA se qualificam para os playoffs, oito de cada conferência. Os 16 times são divididos em cabeças de chave de um a oito dentro de cada conferência. Um campeão de divisão tem um lugar garantido como no mínimo cabeça de chave número 4, mesmo que quatro outros times tenham tido uma temporada regular melhor que a dele.

Entre os quatro primeiros, entretanto, seu lugar como cabeça de chave é definido de acordo com os resultados da temporada. Portanto, se o Dallas Mavericks terminar a temporada regular com a segunda melhor campanha da Conferência Oeste, mas também terminar em segundo lugar em sua divisão, atrás do San Antonio Spurs, eles ainda são cabeça de chave número 2.

Resumindo, o cabeça de chave número 1 enfrenta o número 8; o cabeça de chave número 2 se encontra com o 7; número 3 contra número 6, e o número 4 enfrenta o número 5. Por que é importante ser um dos quatro primeiros cabeças de chave? Porque os quatro melhores times têm a vantagem de decidir o confronto em casa nas séries de sete jogos.

Com essas regras para chaveamento dos times nos playoffs, a vantagem vai para o time com o melhor desempenho durante a temporada regular, independentemente de ter sido campeão de divisão. Eu gosto desse método de chaveamento para os play-offs, pois dá mais valor às campanhas de temporada regular.

Cada série de playoff é uma melhor de sete partidas, independentemente de qual rodada. Existem três rodadas eliminatórias em cada conferência (de oito times para quatro, de quatro para dois, dois para um) antes das finais da NBA. Não muito tempo atrás, a primeira eliminatória era melhor de cinco partidas. Eu gostava mais dessa maneira, pois havia mais chances para zebras. Para ganhar um campeonato da NBA hoje em dia, um time precisa ganhar 16 jogos e pode terminar jogando 28. Isso quer dizer mais de um terço da temporada regular.

A NBA Percorreu um Longo Caminho

Em 1955, a NBA era uma liga muito diferente. O Syracuse Nationals jogou contra o Fort Wayne Pistons em uma série melhor de sete que foi absurdamente diferente dos espetáculos que estamos acostumados a ver.

Para começo de conversa, o Pistons não pôde jogar os jogos três, quatro e cinco em sua própria arena, o War Memorial Coliseum, pois essas datas estavam reservadas para um evento do American Bowling Congress. Os times tiveram de jogar em uma arena com capacidade para 13 mil pessoas em Indianápolis, com o jogo atraindo apenas 3.200 torcedores.

No jogo três, um indisciplinado torcedor do Pistons, por raiva, jogou uma cadeira na quadra, e foi em direção aos árbitros Mendy Rudolph e Arnie Heft para discutir. Não havia nada como a segurança da NBA na época. Não apenas o torcedor não foi expulso das arquibancadas, como passou o resto do jogo sentado atrás do banco de reservas de Syracuse, irritando os visitantes Nationals (se apenas o Ron Artest jogasse nessa época).

Heft, um dos árbitros, estava tão incomodado com a mentalidade mafiosa, que ele avisou que não apitaria mais na série. Ele se juntou ao Harlem Globetrotters, que estava excursionando pela região na época. Você consegue imaginar isso acontecendo hoje em dia?

Episódios como esse ilustram o comprometimento do basquete profissional nos últimos tempos. Mas as pessoas que cuidam do jogo instituíram mudanças de regras que foram desenvolvidas para animar o esporte. As seções a seguir descrevem algumas dessas mudanças salvadoras.

O relógio de arremesso: a regra que salvou a liga

HALL DA FAMA

Em 22 de novembro de 1950, o Fort Wayne Pistons derrotou o Minneapolis Lakers por 19 a 18 no jogo de menor placar na história da NBA. Cada time acertou quatro arremessos de quadra. No último quarto, Fort Wayne venceu Minneapolis por um placar de 3 a 1. Nesses primeiros anos da NBA, os jogos eram lentos, confrontos brutos em que os times *protelavam* (isso é, ficavam com a bola e não arremessavam), algumas vezes, por vários minutos de cada vez, no final da partida. Felizmente, alguém reconheceu que essa maneira mole de jogar era entedi... quer dizer *não animada*.

Cada jogador da NBA deve um pequeno percentual de seu salário a Danny Biasone (não é exatamente um nome que esteja na ponta da língua de todo fã da NBA). Em 1954, Biasone, então o dono do Syracuse Nationals, inventou o tempo máximo para arremesso de 24 segundos e mudou o jogo do basquete para sempre — e para melhor.

Como Biasone apareceu com esse número mágico? Primeiro, ele determinou que a quantidade média de arremessos que os dois times tentam durante uma partida é 120. Ele então dividiu a duração do jogo — 48 minutos ou 2.880 segundos — pela média de arremessos e chegou ao número 24.

Essa regra fez sua estreia em 30 de outubro de 1954. Durante sua primeira temporada, produziu resultados dramáticos:

» No jogo de estreia, o Rochester Royals derrotou o Boston Celtics por 98 a 95. Esse seria o sétimo jogo com mais pontos da temporada anterior.

» No ano em que a regra foi implementada, os times da NBA tiveram uma média de 93,1 pontos por jogo. Essa média sofreu um aumento de 13,6 pontos por partida com relação à temporada anterior.

» Nessa temporada, o Celtics se tornou o primeiro time na história da NBA a ter uma média de mais de 100 pontos por jogo.

Nenhum time foi mais grato ao impacto que Biasone teve no jogo naquele primeiro ano do que o seu próprio Nationals. No jogo sete das finais da NBA, Syracuse vencia

Fort Wayne por 41 a 24. Um ano antes o Pistons teria começado a enrolar com uma vantagem considerável de 17 pontos. Agora, graças a seu dono, o Nationals teve a chance de voltar para o jogo, e eles o fizeram, vencendo a partida e a NBA.

Em 2000, historiadores do basquete reconheceram a importância de Biasone para o jogo, indicando-o ao Hall da Fama de Basquete em homenagem póstuma.

Defesa ilegal: o que é?

Marcação por zona — a ideia de marcar uma área, em vez de uma pessoa — já foi uma grande negação na NBA. (Veja o Capítulo 7 para descobrir mais sobre marcações por zona.) A NBA não permitia marcações por zona porque elas diminuíam os placares, o que diminuía o entretenimento.

Entretanto, os esportes estão sempre evoluindo. No final dos anos 1990, os treinadores perceberam que podiam isolar seus dois melhores jogadores ofensivos em uma metade da quadra e colocar os outros três longe da bola. O resultado foi um glorificado jogo de meia quadra de dois contra dois enquanto os outros seis jogadores esperavam e assistiam. Os outros três defensores eram obrigados a marcar seus adversários, mesmo que eles estivessem deliberadamente posicionados longe da bola, e muitas vezes até mesmo da cesta.

Bem, isso era apenas tolice. Em 2001 a liga torceu a regra, instituindo o que é conhecido como a *regra de três segundos.* As equipes agora podem marcar em zona, mas um defensor não pode permanecer no garrafão por mais de três segundos, a não ser que esteja de fato marcando alguém. Para se considerar que um defensor está de fato marcando alguém, ele precisa estar a um braço de distância de um jogador ofensivo.

Ao falhar em cumprir a regra, um time tem marcada contra si uma falta técnica de um arremesso livre. Os árbitros raramente marcam essa falta, e quando o fazem, é normalmente marcada no primeiro tempo da partida, quase como um aviso para o treinador da equipe.

Apesar de os times poderem utilizar a marcação por zona, ela quase nunca é utilizada. Se acontecer, provavelmente será por apenas uma ou duas posses de bola na esperança de surpreender o ataque.

KOBE BRYANT VERSUS MICHAEL JORDAN

Antes mesmo de Michael Jordan se aposentar, a NBA já estava procurando para ver se a próxima geração produziria um talento tão etéreo. De fato, um pobre jogador que mostrou algumas habilidades parecidas com as de Jordan em início de carreira, Harold Miner, foi apelidado de "Bebê Jordan". Isso foi injusto. Seu treinador universitário na USC, George Raveling, disse: "Eu sempre achei que a pior coisa que poderia acontecer a Harold fosse o apelido de Bebê Jordan."

(continua...)

CAPÍTULO 13 **Basquete Profissional**

(...continuação)

Miner jogou cinco temporadas na NBA e ganhou o concurso de enterradas duas vezes — ele era um saltador espetacular —, mas sua carreira foi tudo menos espetacular. Viver sob a sombra do legado de Michael Jordan, isso é um fardo que nenhum jogador deveria carregar. Bem, quase nenhum jogador.

Quando entrou na liga, com 18 anos, Kobe Bryant não só achava bem-vindas as comparações com Michael Jordan, como ele as aspirava. Bryant, que tem mais ou menos a mesma altura de M.J., foi sem dúvida o jogador mais completo da liga desde que Jordan se aposentou, em 2003. Enquanto M.J. ganhou seis campeonatos, Kobe ganhou cinco. Enquanto Jordan marcou 69 pontos em uma partida, Kobe marcou 81 (apenas o jogo épico de cem pontos de Wilt Chamberlain é maior).

Mas isso são apenas números. O que se sobressai nesses dois homens é que, enquanto estão jogando, não há ninguém mais na NBA que se aproxime a seu grau de competitividade. E a NBA não é exatamente um refúgio pacífico para as pessoas. Esses dois foram os mais competitivos entre os ultracompetitivos. Em suas respectivas eras, não havia nenhum outro jogador que você preferiria que fizesse o último arremesso valendo a partida (quer dizer, a não ser que Michael ou Kobe estivessem jogando contra seu time).

	KOBE	JORDAN
Apelido	Mamba Negra	Air Jordan
Altura	1,98m	1,98m
Peso	93kg	97,5kg
Escolha no draft	1ª Rodada – 13ª Escolha	1ª Rodada – 3ª Escolha
Campeão de enterradas	1997	1987, 1988
Jogador mais valioso da NBA	1 vez	5 vezes
Cestinha da temporada da NBA	2 vezes	10 vezes
Jogos das estrelas	18	14
Jogador mais valioso do jogo das estrelas	4 vezes	3 vezes
Títulos da NBA*	5	6
Jogador mais valioso das finais da NBA	2 vezes	6 vezes
Média de pontos na carreira	25 pontos por partida	30,1 pontos por partida**

* Todos os 11 títulos foram sob o comando do treinador Phil Jackson.
** Jordan é o maior cestinha em média da história da NBA, apenas um décimo acima de Wilt Chamberlain.

Infusão Estrangeira

Tudo começou com um sonho. Na verdade, tudo começou com O Sonho, Hakeem "O Sonho" Olajuwon. O nigeriano de 2,13 metros encontrou seu caminho para a Universidade de Houston no início dos anos 1980. Olajuwon jogava não como se tivesse nascido em outro continente, mas em outro planeta.

Olajuwon era mais elegante, ágil e alto do que qualquer homem em sua posição, mas ele também tinha um excelente trabalho de pés. Quando criança, em Lagos, ele jogava futebol, e isso lhe deu uma grande vantagem em seu jogo.

Antes de Olajuwon entrar na liga, a ideia de estrangeiros serem bons o suficiente para jogar na NBA era ridícula. Mesmo tendo sido um estrangeiro, o canadense James Naismith, o inventor do jogo.

O Sonho entrou na liga em 1984 e foi convocado como titular para o All-Star Game oito vezes, durante sua carreira de jogador de Hall da Fama de 18 temporadas na NBA. Olajuwon não foi o primeiro jogador estrangeiro na NBA, mas foi o primeiro preponderante.

Nas duas décadas desde então, os olheiros da NBA aprenderam o quanto vale a pena observar fora das fronteiras. Somente na última década, cinco prêmios de Jogador Mais Valioso da temporada foram para três jogadores nascidos fora dos Estados Unidos. Dirk Nowitzki (Alemanha), Steve Nash (Canadá, ganhou duas vezes), e Tim Duncan (Ilhas Virgens, duas vezes).

Nove dos últimos dez All-Star Games apresentaram pelo menos dois estrangeiros como titulares. O elenco do Oeste em 2006 incluiu cinco portadores de green card: Duncan, Nash, Nowitzki, Pau Gasol, da Espanha, e Yao Ming, da China.

O San Antonio Spurs, que venceu cinco títulos da NBA desde 1999, montou seu time a partir de um trio de estrangeiros: Duncan, e os armadores Tony Parker, da França, e Manu Ginobili, da Argentina. Em 2006, o Toronto Raptors, uma franquia localizada fora dos Estados Unidos, tornou o italiano Andrea Bargnani a primeira escolha do draft da NBA.

Vários brasileiros têm tido papéis de destaque na NBA. Nenê, por exemplo, está na NBA desde 2002 e vem construindo uma carreira bem consolidada, com ótimas passagens pelas equipes que jogou. Outro nome de destaque é Tiago Splitter. Ele foi o primeiro brasileiro a conquistar um título da NBA na história na temporada de 2015–2016 pelos Spurs. Por fim, temos Leandrinho Barbosa, que na temporada 2006–2007 foi eleito o sexto homem do ano pela liga e foi campeão em 2014–2015 pelo Golden State Warriors.

O que me impressiona sobre esses jogadores é como eles têm os fundamentos apurados. Muitos dos jogadores americanos, que cresceram assistindo a *Sports Center*, são somente enterradas ou arremessos de três pontos. Entretanto, observe os estrangeiros. Eles arremessam lindamente e parecem jogar, por falta de uma melhor palavra, mais artisticamente. O único ponto negativo que percebo é que, como os jogadores de futebol estrangeiros, jogadores de fora dos Estados Unidos são mestres em cavar (fingir que sofreram faltas, quando na verdade não sofreram). Estou mirando diretamente em vocês, Vlade Divac e Manu Ginobili.

A infusão estrangeira tem ajudado muito a NBA, assim como a imigração sempre ajudou a moldar e revitalizar os EUA. "Deem-nos seus cansados, seus pobres…" foi substituído por "Deem-nos seus altos e seus arremessadores elegantes…".

A Economia da NBA

Orçamento Disponível é um dos muitos termos fiscais que, para o bem ou para o mal, os torcedores sabidos da NBA foram forçados a aprender durante a última década. Se você gosta de estatísticas, alguns termos como *rebotes* e *turnovers* provavelmente têm menos relação do seu time com o sucesso do que os números envolvendo orçamento disponível e taxa de luxo.

OS DEZ MELHORES JOGADORES ESTRANGEIROS NA HISTÓRIA DA NBA

10. Detlef Schrempf (Alemanha): Hoje em dia a visão de um jogador internacional com 2,05 metros acumulando arremessos de três pontos é senso comum, mas nos anos 1980 e 1990, o auge de Schrempf, era bizarro. Um jogador convidado três vezes para o All-Star Game, o terror Teutônico com os cabelos loiros, foi duas vezes eleito o melhor reserva da NBA.

9. Tony Parker (França): Mais ágil que a tomada da Bastilha, Parker faz com que alguns dos mais ágeis atletas do planeta pareçam estar se movendo em câmera lenta. Era o quarterback do Spurs, o time mais bem-sucedido não treinado por Phil Jackson (veja a seguir) que a liga viu nos últimos vinte anos.

8. Manu Ginobili (Argentina): A síntese de um cara que você odeia se ele estiver no outro time, mas ama se estiver no seu, o canhoto tem um estilo heterodoxo arrasador. Sua inteligência em quadra é muito acima da média, e ele faz tudo muito bem.

7. Pau Gasol (Espanha): O espanhol de 2,13 metros desistiu de cursar medicina para jogar na NBA. Com sua envergadura alongada, Gasol joga como se fosse um adolescente de 14 anos com um aro de brinquedo em seu quarto. O Lakers não conseguiu ganhar um campeonato da NBA com apenas Kobe Bryant, mas depois ganhou dois seguidos com a chegada de Gasol.

6. Yao Ming (China): O primeiro jogador asiático a ser convocado para o All-Star Game, Yao Ming, com 2,29 metros, poderia estar entre os três melhores dessa lista, se não tivesse se lesionado tanto durante a carreira. Um jogador convocado oito vezes para o All-Star Game, apesar de a introdução da votação online, junto ao fato de ele ser chinês ter contribuído para isso.

5. Dikembe Mutombo (Congo): Mutombo, com 2,18 metros, liderou a liga em tocos por cinco temporadas consecutivas e é o segundo jogador dessa estatística na história da liga. Convocado oito vezes para o All-Star Game, sua marca registrada de fazer o sinal de não com o dedo indicador após dar um toco está no Hall da Fama. Nome completo: Dikembe Mutombo Mpolondo Mukamba Jean-Jacques Wamutombo.

4. Steve Nash (Canadá): Nascido na África do Sul, Nash está no seleto grupo (ao lado de nomes como Larry Bird, Michael Jordan, Magic Johnson, LeBron James e outros) de jogadores que foram eleitos os mais valiosos da liga mais de uma vez. Com apenas 1,91 metro, Nash liderou a liga em assistências cinco vezes e se aposentou como um dos melhores arremessadores da linha de lance livre da história.

3. Dirk Nowitzki (Alemanha): Nenhum jogador de sua altura foi mais invencível fora do garrafão. Foi treze vezes convocado para o All-Star Game e jogador mais valioso da temporada de 2007. Tem uma média de 23,7 pontos por partida na carreira.

2. Tim Duncan (Ilhas Virgens): Muitos consideram "O Grande Fundamentalista" como o melhor ala-pivô que a liga já viu, apesar de os fãs de Karl Malone ficarem à vontade para discordar. Convocado 15 vezes para o All-Star Game e duas vezes eleito o jogador mais valioso da liga, o mais preponderante atributo de Duncan é que ele é um vencedor, levando o San Antonio Spurs a quatro títulos da NBA.

1 Hakeem Olajuwon (Nigéria): O maior distribuidor de tocos de todos os tempos da liga levou o Houston Rockets a um par de campeonatos em meados dos anos 1990. Ele é o décimo primeiro maior cestinha da NBA, décimo segundo em rebotes, e em qualquer debate sobre os melhores pivôs de todos os tempos, ele é citado.

Desde a temporada de 1984–1985, a liga tem um teto salarial que representa o quanto cada time pode gastar em salários com seu elenco. Por quê? Porque franquias de mercados maiores, como Nova York e Los Angeles, têm mais receita do que os times de mercados menores, como Milwaukee e Utah. Ao atribuir o mesmo padrão de gastos para todos os times, em teoria os times de mercados maiores não conseguiriam acumular todos os melhores jogadores.

Orçamento disponível, portanto, se refere à quantidade de dólares disponíveis que cada time tem abaixo de seu teto salarial. São feitas trocas na NBA tanto com a intenção de se enxugar orçamento como para obter melhores jogadores. Em

CAPÍTULO 13 **Basquete Profissional**

2010–2011, por exemplo, o Phoenix Suns adquiriu o veterano Vince Carter, que pode ter sido o jogador mais superestimado em termos de salário na NBA (Carter ganhava US$17,5 milhões, fazendo com que fosse o décimo jogador mais bem pago da liga).

Por que o Suns queria Carter, também conhecido como Vinsanidade, que, apesar de seu gigantesco salário, não tinha sido convocado para o All-Star Game nos últimos quatro anos? Porque ele estava em seu último ano de contrato. Quando a temporada terminou, o Suns não renovou com Carter, e então teve US$17,5 milhões livres em orçamento disponível para assinar com outro jogador que estivesse livre.

Aqui vão alguns fatos sobre os tetos salariais na NBA:

» O teto salarial era de US$94 milhões por equipe na temporada 2016–2017. Houve um aumento de quase 20%, se compararmos com o teto (US$49,5 milhões) de apenas cinco anos antes. Na primeira temporada do teto salarial, 1984–1985, o valor era de US$3,6 milhões. Na temporada de 2010–2011, 182 jogadores individualmente ganhavam mais do que isso.

» Sob o acordo coletivo (CBA), o contrato entre os donos de franquias e a Associação de Jogadores da NBA, o teto salarial é decidido pela CBA antes do início da temporada, usando as previsões de ganhos da próxima temporada.

» O que é uma taxa de luxo? Se um time exceder o teto salarial, ele precisa pagar uma taxa de luxo à liga baseado em quanto de dinheiro ele estourou seu orçamento. Não é tão simples assim — nunca é simples quando se trata de finanças esportivas —, mas você consegue entender o processo.

» Existem exceções ao teto salarial. Dispensas permitem a um time exceder o teto salarial. Por exemplo, um time pode exceder seu teto salarial na tentativa de assinar novamente com um jogador de seu elenco que acaba de ficar sem contrato. O Cleveland Cavaliers, por exemplo, era capaz de oferecer mais dinheiro no verão de 2010 para manter LeBron James do que qualquer outro time que o desejava. Quando LeBron, que tinha seu contrato encerrado no final da temporada de 2010, escolheu assinar com o Miami Heat, em vez de continuar em Cleveland, ele optou por jogar por menos dinheiro — mas ainda muito dinheiro — do que ele poderia ter ganho em Cleveland.

» Finalmente, e posso sentir seus olhos vidrados, você talvez já tenha ouvido o termo *assina-e-troca*. Usando o exemplo anterior, o Cavaliers poderia ter assinado com LeBron por mais dinheiro do que qualquer time e depois o trocado com outro time. Por que um time faria isso? Digamos que LeBron tenha dito ao Cavs que de maneira nenhuma continuaria em Cleveland, mas ele estava disposto a jogar em, por exemplo, Minnesota (pare de rir). O Timberwolves talvez estivesse disposto a pagar mais para LeBron, pois poderia ser a única forma de consegui-lo. E o Cav pelo menos teria recebido alguns jogadores em troca por ele.

252 PARTE 3 **O Jogo**

LEMBRE-SE

O teto salarial é calculado por temporada. Quando você ouve sobre jogadores assinando contratos de US$100 milhões, aquele contrato é para vários anos. Kevin Garnett, ex-estrela da NBA, assinou um contrato de US$126 milhões em 1998, mas esse dinheiro estava distribuído em um período de dez anos.

Um por dinheiro, dois pelo show: salários dos jogadores e o ranking da liga

O Los Angeles Lakers tirou o máximo proveito de seu dinheiro em uma equipe baseada em uma estrela durante a temporada de 2009–2010. O Lakers ganhou o título da NBA, apesar de ter apenas a décima terceira maior folha salarial (US$77 milhões, para ser exato). Esse valor era aproximadamente US$40 milhões menor do que a folha do Cleveland Cavaliers, a maior da NBA, que não chegou nem às finais da Conferência Leste.

Os salários dos jogadores nem sempre correspondem a seu valor. Por exemplo, durante a temporada 2010–2011, Kevin Durant, de Oklahoma City, foi o cestinha da liga; Kevin Love, de Minnesota, foi o líder da liga em rebotes; Steve Nash, de Phoenix, liderou a liga em assistências; e Matt Bonner, de San Antonio, foi o jogador com o melhor aproveitamento dos três pontos. E mesmo assim, porque alguns deles são novos na liga e outro (Nash) escolheu continuar em Phoenix a assinar por mais dinheiro em qualquer outro lugar, nenhum desses jogadores estava entre os 50 maiores salários da liga.

Alguns times são famosos por gastarem totalmente seu dinheiro. Desde a virada do milênio, o New York Knicks tem estado entre os times que mais gastam na liga, e nesse período não ganhou uma série de playoffs sequer. Em 2009–2010, por exemplo, o Knicks teve a segunda maior folha salarial da liga (US$114 milhões) e terminou com uma campanha de 29 vitórias e 53 derrotas.

Em diversos aspectos, portanto, a figura mais importante de uma equipe não é seu cestinha, mas, sim, seu gerente geral, ou GG. O GG é a pessoa que decide quais jogadores contratar, quem trocar ou quem escolher no draft, e o quanto uma franquia está disposta a pagar por alguém.

Barganhas e fracassos, 2010–2011

Aqui vai uma espiada em alguns valores de salários de uma das mais recentes temporadas encerradas da NBA. O jogador mais bem pago foi Kobe Bryant, do Los Angeles Lakers, com US$24,8 milhões por ano. Difícil discutir com isso. O Lakers ganhou dois campeonatos consecutivos tendo Kobe como líder.

E quem é o menos bem pago? Bem, vários jogadores ganham o piso da liga de US$473.604.

Sem dúvida, a melhor barganha tem de ser Kevin Love do Minnesota Timberwolves. O jogador em seu terceiro ano na NBA liderou a liga em rebotes (15,2, a maior média em oito anos) enquanto ganhava apenas US$3,6 milhões por temporada. Claro, isso é muito dinheiro, porém mais de 150 jogadores ganharam mais do que Love em 2010–2011.

Qual foi o pior negócio? Rashard Lewis, que jogou 31 partidas entre Orlando Magic e Washington Wizards, foi o segundo jogador mais bem pago (US$19,6 milhões por uma temporada). Lewis perdeu quase um quarto da temporada, 20 jogos. Quando ele jogou, o veterano com 12 anos de liga teve uma média sólida, mas nada extraordinária de 16,3 pontos e 5,6 rebotes por jogo, mas essas não são estatísticas de um jogador tão bem pago na NBA.

O MAIOR FEITO NO BASQUETE

Muitos historiadores do basquete apontam a partida de 100 pontos de Wilt Chamberlain em 1962 como um grande feito, um recorde que nunca será quebrado. Isso talvez seja verdade. O feito de Chamberlain pode ser comparado com os 56 jogos acertando uma rebatida de DiMaggio. Mas quando se trata de grandes realizações no basquete, eu voto para Oscar Robertson tendo uma média de um triplo-duplo por jogo durante uma temporada inteira.

Um triplo-duplo é realizado quando um jogador registra pelo menos dois dígitos em pontos, rebotes e assistências, tocos ou roubos. Essa estatística é um bom indicador sobre o quanto um jogador é completo.

Durante a temporada de 1999–2000, Jason Kidd, do Phoenix Suns, e Chris Webber, do Sacramento Kings, tiveram cinco triplos-duplos, e com esse número lideraram a liga. Durante a temporada de 1961–1962 (no mesmo ano em que Wilt marcou os 100 pontos em uma partida e teve uma média recorde de 50,4 pontos por jogo), Robertson teve um triplo-duplo de média em seus fundamentos durante a temporada. Pense só sobre isso!

O então jogador do Cincinnati Royal teve média de 30,8 pontos, 12,5 rebotes e 11,4 assistências naquele ano. Ele é até hoje o único jogador na história da NBA a atingir esse feito. Dois anos depois, teve médias de 31,4 pontos, 11 assistências e 9,9 rebotes por jogo, então ele quase fez de novo. Robertson, na verdade, teve uma média de um triplo-duplo por jogo, se contarmos seus primeiros 308 jogos na NBA.

Robertson já mostrava o quão completo ele era em sua carreira universitária. Jogando pela Universidade de Cincinnati, em seu primeiro jogo universitário, em 1959, Robertson marcou 45 pontos, pegou 25 rebotes e deu dez assistências em uma vitória sobre Indiana State. Ele terminou sua carreira universitária com dez triplos-duplos.

Durante sua carreira profissional, Robertson acumulou 181 triplos-duplos, 43 a mais do que Magic Johnson, do Los Angeles Lakers, o homem para quem a estatística foi inventada.

254   PARTE 3 O Jogo

A seguir estão os líderes da história da NBA em triplos-duplos:

Oscar Robertson	181
Magic Johnson	138
Jason Kidd	107
Russell Westbrook	79
Wilt Chamberlain	58

Treinando na NBA

O San Antonio Spurs ganhou cinco títulos da NBA desde 1999, todos eles com o futuro jogador do Hall da Fama Tim Duncan jogando como pivô e o treinador Gregg Popovich sentado no banco. Popovich é um dos homens mais respeitados da NBA, mas ele é carinhoso ao dizer: "Ao final de cada temporada agradeço a Tim Duncan por me deixar treiná-lo."

A NBA é uma liga de jogadores. Quando o futuro jogador do Hall da Fama Dennis Rodman assinou com o Dallas Mavericks perto do final de sua carreira, em 1999, ele colocou em seu contrato que os treinamentos seriam opcionais. (Dallas era um time bizarro. Quando o então treinador assistente Don Nelson disse ao novato Leon Smith para dar voltas na quadra no primeiro dia de treinos, Smith respondeu: "Dê as voltas você mesmo!")

Em 2001, Allen Iverson foi eleito o jogador mais valioso da liga. Na temporada seguinte, seu treinador, Larry Brown, criticou Iverson por estar sempre atrasado para os treinos. "Nós estamos sentados aqui, eu deveria ser o jogador da franquia, e estamos aqui falando sobre treinos", resmungou Iverson no que se tornaria um vídeo famoso do YouTube. No discurso, Iverson usou o termo "treino" mais de 20 vezes.

Mesmo com todos os problemas que uma estrela possa causar, caso ele consiga jogar bem, é mais provável que ele continue e o treinador perca o emprego. Em 2011, o treinador do Utah Jazz, Jerry Sloan, teve uma pequena desavença no vestiário com o melhor jogador do time, Deron Williams. Ninguém sabe ao certo o que aconteceu a seguir, mas parece que por trás das cortinas a diretoria da equipe questionou se Sloan teria autoridade para confrontar Williams.

No dia seguinte, Sloan entregou o cargo, bem no meio da temporada. Naquele momento, Jerry Sloan era o treinador de qualquer um dos três maiores esportes americanos a manter seu emprego por mais tempo, tendo estado em 23 temporadas seguidas à frente do Jazz. Estranhamente, duas semanas depois, o Jazz trocou Williams. Isso é ser treinador na NBA.

CAPÍTULO 13 **Basquete Profissional** 255

O NEGÓCIO DO SÉCULO

Em 1976, a NBA, ambiciosa por grandes talentos como Julius Erving e George Gervin, concordou em se fundir com a American Basketball Association (ABA — Associação Americana de Basquete), que era considerada uma pária pela liga mais bem estabelecida em seus dez anos de existência. A NBA concordou em adotar quatro dos seis times da ABA: o Denver Nuggets, o Indiana Pacers, o New Jersey Nets, e o San Antonio Spurs.

As duas outras franquias da ABA — o Kentucky Colonels e o Spirit de St. Louis — receberam ofertas de compensações financeiras, mas não puderam entrar na liga. Em troca de não atrapalhar a fusão, o dono do Spirits costurou um acordo que, na época, não parecia muito bom: eles recolheriam um sétimo da receita televisiva dos quatro times (Denver Nuggets, Indiana Pacers, New Jersey Nets e San Antonio Spurs) que entraram na liga. Nos termos do negócio, a NBA concordou que esse acordo seria perpétuo — em outras palavras, para sempre.

No primeiro ano do acordo, os donos do Spirits dividiram somente US$273 mil. Mas a liga logo se tornou o lar de Magic Johnson e Larry Bird, e começou a prosperar. Até 2016, os donos já haviam recolhido US$2,6 bilhões — com nenhum dólar gasto em despesas.

Os donos do Colonels, a propósito, aceitaram um acordo de US$3 milhões. Olhando o futuro, ao investir no futuro da NBA, o Spirits tomou uma decisão muito mais sábia.

Grandes treinadores exigem respeito de seus jogadores, o que faz com que esses jogadores joguem o jogo com um propósito. Na NBA, isso é algo difícil de se alcançar, por duas razões: a temporada é muito longa, e é difícil conseguir o respeito de jogadores que ganham milhões de dólares a mais por ano do que os treinadores. O treinador médio da NBA ganha US$3,5 milhões por ano, o que normalmente o deixa com salários menores do que os cinco jogadores titulares de seu time.

Phil Jackson, que se aposentou ao final da temporada 2010–2011, era um mestre na arte de se comunicar com seus jogadores. Um dos motivos é que ele nunca buscava publicidade. Quando ele treinava o Chicago Bulls, assim que a temporada terminava (normalmente com um título), ele viajava com sua motocicleta para Montana. Jackson não tem medo de ser ele mesmo, e acima de todas as suas outras excepcionais características, ele é honesto com seus jogadores. Ser honesto o ajuda a ser um grande comunicador. Ele vende água pura, não remédios mágicos.

Nas últimas duas décadas, Jackson foi o treinador mais bem-sucedido nos esportes profissionais. Ele levou suas equipes a 11 campeonatos da NBA. Nenhum treinador nem mesmo venceu mais títulos da NBA; apenas três ganharam mais jogos. Nenhum treinador tem um percentual de vitórias maior na temporada regular, ou nos playoffs.

Jackson seria o primeiro a concordar que ele teve uma sorte tremenda por treinar três dos maiores jogadores desse jogo: Michael Jordan, no Chicago Bulls, e depois

Shaquille O'Neal e Kobe Bryant, no Los Angeles Lakers. Mas ele também pode lembrá-lo de que é preciso um pouco de talento para conquistar o respeito e a confiança desses jogadores.

Em seus últimos anos de carreira, Jackson parecia vestir um sorriso irônico em sua cara. Esse típico caipira de Montana gostava de dividir a vista do mesmo lado da quadra com celebridades como Jack Nicholson. Ele nunca parecia estar muito irritado. Quando seu Lakers perdeu para o pior time da liga, o Cleveland Cavaliers, em seu último jogo antes do fim de semana do All-Star Game, Jackson não explodiu. Ele simplesmente disse: "Eu acho que nossos rapazes começaram sua folga para o All-Star Game mais cedo."

Enquanto os torcedores do Lakers entraram em pânico — a derrota havia sido a terceira seguida —, Jackson se manteve calmo. Após o fim de semana do All-Star Game, o Lakers venceu 15 de seus 16 jogos seguintes.

Não é coincidência que nem Michael Jordan (veja a Figura 13-1) nem Shaquille O'Neal tenham ganhado um título da NBA em seus primeiros sete anos na liga. Então cada um ganhou seu título, com Jackson como treinador, em suas oitavas temporadas.

FIGURA 13-1: Michael Jordan, o grande do basquete.

MAIS VITÓRIAS, TREINADORES DA NBA

1. Don Nelson, 1.355 (quatro times). Nelson nunca ganhou um título da NBA como treinador, apesar de ter ganhado cinco como jogador do Hall da Fama do Boston Celtics.

2. Lenny Wilkens, 1.332 (seis times). Levou o Seattle SuperSonics ao título da NBA de 1979. Suas 1.155 derrotas são um recorde da NBA, mesmo assim ele ainda ganhou mais de dois terços de seus jogos.

3. Jerry Sloan, 1.221 (Utah Jazz). Nenhum outro treinador ganhou mais jogos com o mesmo time, mas Sloan nunca levou o Jazz a um título. Seu time perdeu duas vezes a final da NBA para o Chicago Bulls de Michael Jordan.

4. Pat Riley, 1.210 (três times). Riley levou o Los Angeles Lakers a quatro títulos e o Miami Heat a um quinto. Ele forjou o termo "tripleta" como um desafio para seu Lakers conseguir vencer o terceiro título consecutivo — o que eles fizeram.

5. Phil Jackson, 1.154 (Chicago Bulls, Los Angeles Lakers). Onze anéis de campeão da NBA dizem tudo.

O'Neal tinha tanto respeito por Jackson desde o início, que ele foi para Montana no verão de 1999 para se encontrar com ele e conversar sobre a próxima temporada. Jackson foi direto. Ele disse que O'Neal precisava entrar em uma melhor forma e fazer alguns ajustes em seu jogo.

Essa citação de O'Neal, que foi publicada na edição de 14 de outubro de 1999 do *USA Today*, resume o que quero dizer sobre o respeito dos jogadores levar a títulos: "Ele é uma versão branca do meu pai. Grande cara. Conhece o jogo. Jogou o jogo. Entende o jogo. Ele espera muito de mim e não tem medo de me dizer. Eles são tão parecidos que chega a dar medo. As pessoas sempre dizem que existe alguém aí fora que parece com você e age como você. É assim com meu pai e ele" (Jackson).

Foram-se, Mas Não Foram Esquecidos: A ABA

Você poderia escrever um livro inteiro sobre a extinta Associação Americana de Basquete; na verdade, Terry Pluto escreveu um livro marcante e hilário chamado *Loose Balls*. Recomendo-o fortemente.

Entre 1967 e 1976, a ABA existiu de salário a salário — muitos deles pulados — como uma tentativa de tirar o trono da mais bem estabelecida NBA. O elenco da liga incluía os futuros jogadores do Hall da Fama Artis Gilmore, George Gervin, e Julius Erving.

A ABA era a liga da contracultura de uma época de contracultura. Usava uma bola de basquete azul, vermelha e branca e tentou vários artifícios que a NBA adotou como seus: o arremesso de três pontos, líderes de torcida ou dançarinas, e o concurso de enterradas do fim de semana do All-Star Game, só para falar de alguns.

Bob Costas começou anunciando jogos para o Spirits de St. Louis; Morton Downey Jr., ex-apresentador de TV, era dono de parte do primeiro campeão da liga, o New Orleans Buccaneers.

Entres seus personagens coloridos e sua inclinação a jogar fora do garrafão, você conseguiria muito mais facilmente ver uma enterrada em 1970 assistindo a um jogo da ABA do que a um jogo da NBA — a ABA talvez tivesse sobrevivido se a TV a cabo fosse difundida na época. Se você teve a sorte de ver um jogo da ABA, ou alguma vez assistiu a um VT, perceberá que a NBA de hoje é muito mais similar à ABA do que à NBA da época.

NINGUÉM COMO WILT

Coerentes com sua estatura em uma quadra de basquete — e fora dela —, os feitos estatísticos de Wilt Chamberlain continuam firmes e fortes mesmo 40 anos após sua aposentadoria. Chamberlain, com 2,16 metros, que jogou para o Philadelphia Warrios, Philadelphia 76ers e Los Angeles Lakers, era tão dominante e forte quanto a NBA nunca viu.

Leve em conta somente estas cinco estatísticas associadas a seu nome, além do famoso jogo de 100 pontos, e verá que ele era místico em escala:

- Mais rebotes, um jogo: 55, Philadelphia Warriors (versus Boston Celtics), 24 de novembro de 1960.

- Mais lances livres convertidos, um jogo: 28, Warriors (versus New York Knicks), 2 de março de 1962.

- Maior média de pontos, uma temporada: 50,4, Warriors, 1961–1962.

- Maior média de rebotes, uma temporada: 27,2, Warriors, 1960–1961.

- Mais minutos por jogo, uma temporada: 48,5, Warriors, 1961–1962. (Imagine isso! Um jogo normal sem prorrogação dura apenas 48 minutos.)

Basquete Profissional Feminino: A WNBA

O basquete feminino provavelmente nunca foi tão popular quanto o masculino, mas nos últimos anos o esporte conseguiu avanços, especialmente no nível universitário. A WNBA, liga profissional feminina, começou a deslanchar em popularidade após suas primeiras temporadas.

Inícios e pausas

PALAVRAS DO AUTOR

Ligas femininas já foram iniciadas no passado, mas todas falharam. A Women's Basketball League (WBL — Liga de Basquete Feminino) durou de 1979 a 1981, seguida da Women's American Basketball Association (WABA — Associação de Basquete Feminino Americana), que durou de outubro a dezembro de 1984. A National Women's Basketball (NWBA — Basquete Nacional Feminino) existiu entre outubro de 1986 e fevereiro de 1987, mas nenhum jogo foi disputado. A Liberty Basketball Association (LBA — Associação de Basquete Liberdade), que vestiu suas jogadoras com macacões de lycra e colocou os aros a 2,80 metros do chão, começou as vendas no inverno de 1991, antes de se extinguir após um jogo de exibição.

A evolução da WNBA tem sido uma série de ajustes e recomeços. Apenas três franquias — New York Liberty, Phoenix Mercury, e Los Angeles Sparks — continuam tanto intactas como nas mesmas cidades desde o começo da liga em 1997. Para ser justo, apenas duas franquias da NBA (New York Knicks e Boston Celtics) podem dizer o mesmo desde o início da liga em 1946–1947. Ou alguém se lembra do Providence Steamrollers?

Ainda assim, é um azar que o Houston Comets, que ganhou os quatro primeiros campeonatos sob o trio dominante de Cynthia Cooper, Sheryl Swoopes e Tina Thompson, não exista mais. O Detroit Shock ganhou três títulos e então se mudou para Tulsa.

Vinte franquias diferentes existiram nas 15 temporadas da liga, uma época marcada por constante subelevação. O conjunto de times em 2011 é mostrado na Tabela 13-2.

TABELA 13-2   **Times da WNBA em 2011**

Conferência do Leste	Conferência do Oeste
Atlanta Dream	Minnesota Lynx
Connecticut Sun	Los Angeles Sparks
Chicago Sky	Phoenix Mercury
Indiana Fever	San Antonio Stars
New York Liberty	Seattle Storm
Washington Mystics	Dallas Wings

CYNTHIA COOPER

Quem é o único jogador profissional de basquete a ser o jogador mais valioso da liga, o cestinha, e jogar no time campeão em cada ano entre 1997 e 1999? É a ex-armadora Cynthia Cooper.

Quando a WNBA começou, no verão de 1997, Cooper era uma entidade desconhecida. A máquina de relações-públicas da liga não usou Cooper em destaque nas campanhas até a semana final da temporada, quando notaram sua posição de estrela.

O que ela conquistou foi realmente incrível, pois Cooper não era uma jovem moça quando a liga começou. Ela havia jogado em dois times campeões da NCAA em Southern California com Cheryl Miller em 1983 e 1984. Ela era uma carregadora de piano nesses times; até mesmo as gêmeas McGee (Paula e Pam) recebiam mais atenção. Mais tarde, Cooper foi jogar na Espanha, onde foi cestinha da liga, com 45 pontos de média. Ela também jogou no time campeão olímpico dos Estados Unidos nas Olimpíadas de Seul, em 1988. Ela foi cestinha e campeã em algumas outras ligas estrangeiras, mas nunca ouvimos muito sobre isso. Não até, após os 30 anos, ela se tornar a melhor jogadora da WNBA em suas quatro primeiras temporadas.

A D-League

As menores ligas de basquete profissional masculino vêm e vão nos Estados Unidos. Você talvez se lembre da USBL ou da CBA. Atualmente, a única liga secundária digna de nota é a NBA Developmental League, ou D-League. Diferente das ligas mencionadas, a D-League é operada pela sua dona, a NBA, e serve de fato como uma liga secundária à NBA.

A D-League foi lançada no outono de 2001 com oito times. Atualmente tem 22 times, com alguns times legais, como o Fort Wayne Mad Ants e o Rio Grande Valley Vipers.

Diferentemente da liga de beisebol americana, mais de um time da NBA pode ser afiliado a uma única franquia da D-League. Por exemplo, um membro do Sioux Falls SkyForce pode ser chamado tanto pelo Miami Heat quanto pelo Minnesota Timberwolves. Esses dois times são afiliados com o Sioux Falls.

A D-League oferece a jogadores que esperam chegar à NBA uma opção sem ter que sair do país. Dito isso, muitos jovens jogadores têm passado uma ou duas temporadas em outros continentes e foram enriquecidos por novas culturas. Ainda assim, a D-League permite que esses jogadores continuem em casa.

Em 2009–2010, um recorde de 27 jogadores foram chamados em algum momento da temporada da NBA. A maioria recebeu não mais do que ofertas de um ou dois contratos de dez dias, mas alguns, como Sundiata Gaines do Utah Jazz, continuaram no elenco pelo resto da temporada. Em sua primeira semana com o Jazz, Gaines acertou um arremesso de três pontos que ganhou um jogo contra o Cleveland Cavaliers, que tinha a melhor campanha da liga.

Os Harlem Globetrotters

Os Harlem Globetrotters, que já existem há mais de 70 anos, uma vez caminharam na tênue linha entre basquete profissional e simplesmente brincadeiras. Eles ainda fazem shows antes e depois das partidas e durante os intervalos, mas na maior parte do tempo, os jogos são mais convencionais contra times de verdade.

Seu novo estilo recebeu o auge da atenção nas semifinais da NCAA de 2000, em Indianápolis, quando enfrentaram e venceram a seleção de estrelas do basquete universitário.

DICA DE FÃ

Historicamente, os Globetrotters têm sido os Embaixadores de Boa Vontade do Basquete nos Estados Unidos, jogando jogos de exibição ao redor do mundo. Os shows eram estruturados como um jogo de basquete; entretanto, o time jogava por suas próprias regras. Os oponentes em uma noite qualquer eram simplesmente homens comuns que estavam lá para sofrer com as palhaçadas do time. Os jogadores eram conhecidos por fazerem arremessos com o pé a partir da quadra de defesa, esconder as bolas dentro das camisas, ou subir nas costas uns dos outros para fazer enterradas. Mas seu estilo de jogo era (ou ainda é) entretenimento familiar verdadeiro — e o maior show de basquete na Terra.

Os pontos altos na história desse time singular incluem jogar para a maior plateia de basquete já vista — 75 mil torcedores, em 1951, no Estádio Olímpico de Berlim. Em 1954, o time jogou no evento de primeira noite do Wrigley Field; eles levaram seu próprio sistema de luzes portátil para uma exibição em uma tarde de verão. Nos anos 1940, os Globetrotters chegaram ao Peru enquanto estava estourando uma guerra civil. Os peruanos estavam tão ansiosos para ver os Globetrotters que um cessar-fogo de alguns dias foi declarado até que o time deixasse a cidade.

Enquanto o estilo de jogo dos Globetrotters é basicamente exibicionista, outros times desenvolveram estratégias a partir dele. Os Globetrottes foram o primeiro time a utilizar contra-ataques, e eles também desenvolveram os ataques entrelaçados que você vê alguns times utilizarem hoje em dia.

HALL DA FAMA

Três jogadores dos Globetrotters se destacam:

» O ex-armador Marques Haynes era um controlador de bola virtuoso. Até hoje você ouve narradores de TV se referirem a um bom driblador como se ele estivesse "imitando Marques Haynes".

» Goose Tatum se juntou ao time em 1942 e era um comediante lendário que trouxe vários truques para as exibições do time.

» Meadowlark Lemon se juntou ao time em 1954 e era o "Príncipe Palhaço do Basquete", trazendo um interesse sem precedentes ao time.

Hoje em dia os Globetrotters seguem a todo vapor, com um calendário que inclui mais de 20 jogos/performances por mês.

264   PARTE 3 **O Jogo**

> **NESTE CAPÍTULO:**
>
> **A influência da NBA na loucura pelo basquete internacional — e vice-versa**
>
> **Diferenciando o basquete americano do basquete internacional**
>
> **Entendendo por que o mundo se rendeu ao basquete dos Estados Unidos**
>
> **Assistindo ao basquete pelo mundo**

Capítulo 14

Basquete Internacional

Em janeiro de 2010, Troy Justice, um executivo da NBA, foi morar na Índia para disseminar o basquete no segundo maior país do mundo. A Índia, uma nação de 1,2 bilhão de pessoas, nunca gerou um jogador para a NBA ou WNBA. Nem chegou perto.

A primeira missão de Justice era cultivar o jogo entre essa imensa população, que, excluindo o críquete, era o país mais esquecido pelos esportes. Um mês após sua chegada, entretanto, ele encontrou um garoto de 14 anos que já media 2,13 metros de altura. Aquele rapaz, Satnam Singh Bhamara, recebeu recentemente uma bolsa de estudos integral em esportes na Flórida com o objetivo de se desenvolver para ganhar pelo menos uma bolsa na faculdade. Neste capítulo, exploro a sinergia entre o basquete americano e o jogo internacional. Nos últimos 20 anos, os Estados Unidos têm explorado o esporte agressivamente, especialmente na Europa, e como retorno, o resto do mundo está desenvolvendo jogadores em um nível que jamais foi visto. Há 25 anos, a ideia de um estrangeiro ter uma vaga, ou estrelar, em um time da NBA parecia ser uma falácia. Nas últimas duas décadas, três estrangeiros (Tim Duncan, Steve Nash e Dirk Nowitzki) ganharam o prêmio de Jogador Mais Valioso da temporada, e Nowitzki liderou o Dallas Mavericks ao título da NBA em 2011.

CAPÍTULO 14 **Basquete Internacional** 265

O intercâmbio é uma via de mão dupla. As ligas profissionais do exterior, principalmente da Europa, são um paraíso para os jogadores americanos que percebem que estão um degrau abaixo do nível da NBA. A NBA, por outro lado, providenciou empregos para jogadores de todas as partes do mundo. A infusão de talentos só vai acelerar conforme as crianças forem crescendo nas cidades natais dos jogadores — pioneiros, de verdade —, sendo inspiradas a duplicar seus feitos.

Como o Basquete Se Espalhou pelo Mundo

Arqueologistas alegam que os Maias, do México, jogavam uma forma rudimentar de basquete séculos atrás. O jogo era rudimentar não porque não tinha rede, mas porque os integrantes do time perdedor eram decapitados algumas vezes. Na última metade do século, entretanto, a invenção de James Naismith se tornou um vasto império. Postes de basquete são fincados no chão por todo o mundo, as tabelas e os aros são as bandeiras que marcam que aquela terra é um território do basquete. Esta seção explicará como o basquete se espalhou pelo mundo.

Nós seríamos negligentes se não lembrássemos a você que Naismith nasceu e foi criado no Canadá. O jogo sempre teve um tempero internacional.

A vitória nas Olimpíadas de 1960

As Olimpíadas de 1960, em Roma, geraram a centelha inicial do interesse pelo basquete além das fronteiras americanas. O time dos Estados Unidos, cuja dupla de armadores era composta por Jerry West e Oscar Robertson, foi uma das melhores equipes já convocadas — o primeiro "Time dos Sonhos", se você me permite.

Naquele verão, os Estados Unidos ganharam as Olimpíadas com uma média de 42,4 pontos de vantagem por jogo. Nenhum jogo terminou com uma margem menor do que 27 pontos, e esse foi o jogo pela medalha de ouro em que os Estados Unidos venceram o Brasil por 90 a 63. No jogo das preliminares contra o Japão, os Estados Unidos venceram por 125 a 66.

Os japoneses tentaram marcar o jogador Jerry Lucas, de 2,07 metros, com um jogador de 1,92 metro. Para dar crédito a Lucas, um homem brilhante que é conhecido internacionalmente por sua boa memória, ele decorou frases em japonês e em outras línguas para poder falar com seus adversários durante o torneio.

Muitos dos verdadeiros fãs do esporte consideram o time das Olimpíadas de 1960, treinado por Pete Newell, do Hall da Fama, como mostra a Tabela 14-1, a melhor equipe amadora de todos os tempos. Em 2010, na verdade, eles entraram para o Hall da Fama como uma única entidade.

266   PARTE 3 **O Jogo**

TABELA 14-1   Elenco do Time Olímpico de 1960 dos Estados Unidos

Nome	Posição	Instituição	Anos na NBA	Hall da Fama
Jay Arnett	Ala	Texas	2	Não
Walt Bellamy	Pivô	Indiana	13	Não
Bob Boozer	Ala	Kansas State	11	Não
Terry Dischinger	Ala	Purdue	9	Não
Burdette Haldorson	Ala	Colorado	--	Não
Darrall Imhoff	Pivô	Califórnia	12	Não
Allen Kelley	Armador	Kansas	--	Não
Lester Lane	Armador	Oklahoma	--	Não
Jerry Lucas	Ala	Ohio State	13	Sim
Oscar Robertson	Ala	Cincinnati	14	Sim
Adrian Smith	Armador	Kentucky	11	Não
Jerry West	Armador	West Virginia	14	Sim

As Olimpíadas de Roma foram a primeira a ser televisionada em uma escala global significante e, assim como o Time dos Sonhos de 1992, as pessoas foram cativadas pela excelência do grupo. Você não tem a oportunidade de testemunhar toda essa maestria no esporte com tanta frequência.

A derrota nas Olimpíadas de 1972

HALL DA FAMA

A final das Olimpíadas de 1972 entre os Estados Unidos e a União Soviética, em Munique, continua sendo o jogo internacional mais controverso que já existiu. Aquele jogo acabou com os 36 anos de vitórias dos Estados Unidos nas Olimpíadas. Até aquele ano, fazer parte da equipe olímpica de basquete significava ganhar uma medalha de ouro.

A controvérsia está nos últimos três segundos de jogo. Os soviéticos estavam atrás por um ponto nos últimos três segundos e precisaram lançar a bola de debaixo de sua própria cesta. Uma série de desentendimentos entre os árbitros, o juiz do relógio e os treinadores permitiu que a U.R.S.S. fizesse três arremessos em sua última jogada. No último arremesso, Alexander Belov marcou para dar à U.R.S.S. uma vantagem de 52 a 51. Os americanos, revoltados com a arbitragem, se recusaram a receber a medalha de prata.

A Iugoslávia derrota os soviéticos

Nas Olimpíadas de 1976, os iugoslavos estragaram uma revanche da Guerra Fria bem antecipada entre os Estados Unidos e a U.R.S.S. por derrotarem os soviéticos no jogo da semifinal.

Todo mundo queria ver o time americano treinado por Dean Smith, de North Carolina, e liderado por Adrian Dantley, de Notre Dame, executar sua vingança contra os russos. Apesar de os Estados Unidos ganharem a medalha de ouro, o sucesso da Iugoslávia deu esperança ao país e a outros que não eram considerados "potências mundiais", o que estimulou o interesse por basquete no mundo.

O turismo dos times americanos universitários

Nos anos 1970, os times universitários começaram a ir para a Europa; a NCAA adotou uma legislação que permitia que os times universitários fizessem viagens para o exterior uma vez a cada quatro anos. O turismo era uma troca cultural, no estilo do basquete, e todo mundo se beneficiava. Os times universitários passavam por uma experiência única para criar laços, ter a chance de jogar na presença de uma torcida verdadeiramente hostil e uma fantástica forma de relaxar. Na essência, os europeus estavam fazendo um curso em basquete com os melhores professores do mundo.

O GRANDE DRAZEN PETROVIC

Em 1980, estava ministrando uma oficina em Sibenik e apareceu um menino que parecia ser um Pete Maravich com 16 anos. Esse rapaz arremessava, arremessava e arremessava e parecia acertar na mosca todas as tentativas, sem esforço. Um intérprete me disse: "Esse é Drazen Petrovic, próximo grande jogador internacional."

Sabia desde a primeira vez que vi o arremesso de Drazen que eu o queria em Notre Dame. No outono de 1984, Notre Dame jogou em casa contra o time nacional da Iugoslávia. Depois daquele jogo, Petrovic deu a entender que estudaria em Notre Dame no próximo outono. Fiquei absorto. David Rivers e Drazen Petrovic teriam nos dado o melhor time de armadores amador do mundo, nem se importe com a NCAA.

Infelizmente, Petrovic assinou com um time profissional da Espanha, o Real Madrid, que pagava a ele algo em torno de US$350 mil por ano — US$350 mil a mais do que podia pagar a ele. Meu coração ficou partido.

> Petrovic acabou atravessando a poça no fim das contas, jogando por cinco anos na NBA no Portland Trail Blazers e no New Jersey Nets. No dia 7 de junho de 1993, entretanto, ele faleceu tragicamente quando seu carro derrapou na chuva em uma autoestrada na Alemanha.
>
> A morte de Petrovic foi uma tragédia nacional. No dia de seu enterro em sua cidade natal, Zagreb, mais de 100 mil pessoas se juntaram na praça. Seu país inteiro, que estava em meio a uma guerra civil na época, parou a guerra por um dia em luto pela morte prematura do jogador de basquete mais talentoso da Europa.

PALAVRAS DO AUTOR

Minha viagem com Notre Dame em 1979 foi inesquecível. Nós fizemos uma viagem de duas semanas para a Iugoslávia no final de maio. Na época, os iugoslavos haviam acabado de ganhar o Campeonato Europeu e 14 jogos seguidos contra os indomáveis soviéticos. Nós derrotamos os iugoslavos na primeira noite em Belgrado, deixando o país chocado. Bill Hanzlik fez o arremesso da vitória quando o alarme tocou. Julgando pela reação dos torcedores, você acharia que o arquiduque Ferdinando tinha sido baleado de novo e que a Primeira Guerra Mundial estava prestes a começar.

Primeira derrota dos Estados Unidos em casa

E foi logo em uma final. Em 1987, os jogos pan-americanos foram disputados nos Estados Unidos. Chegaram na final a favorita seleção norte-americana contra o Brasil, que não metia muito medo e tinha como destaque Oscar e Marcel. A seleção da casa contava apenas com jogadores universitários e mesmo assim era muito favorita. O Brasil, aproveitando os arremessos de 3 pontos, venceu por 120 a 115 impondo, além da primeira derrota norte-americana em seus domínios. Outra grande marca, foi a primeira vez que tomaram mais de 100 pontos em casa. Tendo caído uma invencibilidade de 34 partidas oficiais.

O primeiro Time dos Sonhos

O time olímpico de basquete dos EUA de 1992 — o primeiro a entrar nos Jogos Olímpicos composto apenas por jogadores profissionais — elevou os padrões do jogo em escala mundial. O portal para esse conjunto tão intangível foi aberto três anos antes pela FIBA (Federação Internacional de Basquete), quando uma vitória de 56 a 13 em uma votação permitiu uma "competição aberta" no basquete olímpico. O resultado (56 e 13) também era a margem média do primeiro tempo de um jogo típico do primeiro Time dos Sonhos, ou parecia ser.

A NBA SE TORNA INTERNACIONAL

HALL DA FAMA

O time de 1995-1996 do Chicago Bulls, um grupo que conquistou o recorde da NBA de 72 jogos ganhos em uma temporada, foi chamado merecidamente de melhor time de basquete do mundo.

Os oito melhores jogadores de Chicago daquele ano representaram quatro países e três continentes. O pivô Bill Wennington era canadense (ele ainda é, mas você entendeu). Toni Kukoc, vencedor do Sexto Prêmio Masculino da NBA na temporada de 1995-1996, era croata. O pivô Luc Longley era australiano. Apenas Scottie Pippen, Michael Jordan, Dennis Rodman, Ron Harper e Steve Kerr (que é americano, mas nasceu no Líbano) eram Yankee Doodle Dandies.

O time do treinador Chuck Daly era talvez o mais talentoso e famoso grupo de atletas já montado na história do esporte. Dos 12 jogadores que usaram vermelho, branco e azul em Barcelona, dez foram indicados à lista dos 50 Melhores Jogadores da NBA, que foi anunciada em 1996. A média do time era de 117 pontos por 40 minutos de jogo, que é o equivalente a 140 pontos por jogo na NBA (que dura 48 minutos).

A Tabela 14-2 mostra o elenco, incluindo a pontuação de cada jogador, no melhor e único time americano já montado.

TABELA 14-2   **Time dos Sonhos de 1992**

Jogador	Posição	Time na NBA	Pontos por jogo nos Jogos Olímpicos
*Charles Barkley	Ala	Phoenix Suns	18
*Larry Bird	Ala	Boston Celtics	8,4
*Clyde Drexler	Armador	Portland Trail Blazers	10,5
*Patrick Ewing	Pivô	New York Knicks	9,5
*Magic Johnson	Armador	L.A. Lakers	8
*Michael Jordan	Armador	Chicago Bulls	14,9
Christian Laettner	Ala-pivô	Duke University	4,8
*Karl Malone	Ala-pivô	Utah Jazz	13
Chris Mullin	Ala-armador	Golden State Warriors	12,9
*Scottie Pippen	Ala	Chicago Bulls	9
*David Robinson	Pivô	San Antonio Spurs	9
*John Stockton	Armador	Utah Jazz	2,9

* *Indicado à lista dos 50 Melhores Jogadores da NBA*

Infusão de Jogadores Internacionais nos Rankings Universitários dos EUA

Um aumento no número de jogadores internacionais também está se destacando — e marcando três pontos — nas universidades dos EUA. Em 1984, a última vez que um time amador totalmente formado por americanos ganhou uma medalha Olímpica, apenas 25 jogadores nascidos fora do país competiram na Divisão I de basquete da NCAA. Em 2010–2011, pelo menos quinhentos jogadores nascidos fora do país estavam no elenco da D-I masculina de basquete. (Um número similar ao de jogadoras nascidas fora do país que jogaram nos times da D-I feminina.)

O campeão nacional de 2011, Connecticut Huskies, tinha um pivô de 2,13 metros de altura, Charles Okwandu, de Lagos, Nigéria, e um ala, Niels Giffey, de Berlim, Alemanha. Mal começou, e eles foram dois dos três primeiros jogadores a sair do banco no campeonato de Jim Calhoun da NCAA.

Desde 1997 ate hoje, quando Tim Duncan, um nativo das Ilhas Virgens, foi o primeiro selecionado entre os que estavam no draft da NBA pelo San Antonio Spurs, nove jogadores nascidos em outro país foram escolhidos primeiro no total. Os outros oito são Michael Olowokandi (1998), da Nigéria, Yao Ming (2002), da China (veja a Figura 14-1), Andrew Bogut (2005), da Austrália, e Andrea Bargnani (2006), da Itália, Anthony Bennett (2013), do Canadá, Andrew Wiggins (2014), também canadense, Karl Anthony Towns (2015), da República Dominicana e Ben Simmons (2016) da Austrália.

Você notou que na lista existem jogadores de vários continentes? Não "do mesmo país", mas do mesmo continente? O basquete não estava apenas se espalhando em alguns lugares do mundo, mas em todo lugar em que o Sol toca. Com certeza, o basquete é mais popular em regiões onde as pessoas são mais altas e o atletismo é mais prevalecente (como na Europa Oriental e na África Central), mas ele é ecumênico. Em qualquer lugar onde haja uma cesta, há potencial para alguém se tornar um jogador da NBA.

FIGURA 14-1: Yao Ming.

O mundo está alcançando os Estados Unidos no basquete. Apesar de isso parecer ruim para o nacionalismo americano, é ótimo para o esporte. Durante o torneio da NCAA de 2010, jogadores carismáticos como o nativo da Venezuela Greivis Vasquez, de Maryland, e o australiano Matthew Dellavedova, do St. Mary's, foram lembrados por sua energia e estilos pouco ortodoxos. Os dois jogaram muito bem. O jogador mais alto do torneio tinha 2,23 metros, Greg Somogyi, um húngaro que jogava para o UC-Santa Barbara. O homem que acertou o maior arremesso do torneio, Ali Farokhmanesh, do Northern Iowa (seu arremesso de três pontos acabou com o número um do Kansas), é o filho de um jogador de vôlei Olímpico iraniano.

A infusão de jogadores internacionais, tanto homens quanto mulheres, nas universidades dos EUA só aumenta. Com os requerimentos acadêmicos para entrada mais rigorosos, agora elaborados pela NCAA, o número de jogadores elegíveis academicamente está diminuindo nos Estados Unidos. Enquanto isso, a popularidade mundial das estrelas da NBA acelerou o crescimento do esporte no exterior. O hiato entre os talentos dos Estados Unidos e internacionais continuará se estreitando a cada Olimpíada.

PERDIDO NA TRADUÇÃO: A SAGA DE ENES KANTER

Enes Kanter é nativo da Turquia e mede 2,11 metros. Nascido em 1992, Kanter provavelmente já será no mínimo um calouro proeminente ou um jogador do segundo ano no momento em que você estiver lendo isso. Ao contrário de muitas estrelas internacionais da NBA, Kanter veio para os Estados Unidos no ensino médio com a esperança de jogar basquete na universidade. Só que a NCAA não permitia.

O talento de Kanter não está nos gráficos. No Nike Hoop Summit em 2010, onde os melhores talentos do mundo a um ano de entrar na universidade se reúnem, Kanter marcou 34 pontos e pegou 13 rebotes contra a equipe dos EUA que incluía Kyrie Irving, Jared Sullinger e Harrison Barnes. Kanter assinou uma carta de confirmação para a bolsa de estudos de Kentucky durante a temporada de 2010–2011.

O problema? Alguns anos antes, Kanter havia jogado por alguns minutos em um time profissional, Fenerbahce Ulker, em seu país natal, a Turquia. Seu objetivo era simplesmente jogar para ganhar experiência, e sua família aceitou apenas o dinheiro suficiente — algo em torno de 33 mil em dólares americanos — para cobrir suas despesas com as viagens. Enes recusou ofertas muito melhores em times muito mais proeminente porque não queria colocar em risco sua possibilidade de ser escolhido na NCAA.

Kanter ainda está matriculado em Kentucky e passa a maior parte de seu ano acadêmico em Lexington como treinador estudante assistente. Ele trabalhou com o Wildcats, mas, claro, nunca apareceu em um jogo. Kentucky passou para as quartas de finais, mas perdeu para o campeão nacional atual UCONN nas semifinais. Tenho certeza de que o treinador John Calipari, de Kentucky, deve imaginar como as coisas seriam diferentes se a NCAA não tivesse rejeitado a escolha de Kanter.

Kanter foi a 3ª escolha no draft de 2011 do Utah Jazz.

É um jogo diferente

O basquete internacional não é jogado exatamente como o americano. Durante as Olimpíadas, as regras internacionais são aplicadas, regras que são usadas em todo lugar, menos nos Estados Unidos. Aqui está uma lista das maiores diferenças entre os dois tipos de basquete:

» **O garrafão em forma de trapézio:** O basquete internacional usa um garrafão em forma de trapézio, em vez do retangular. (O final mais largo do trapézio é a linha de fundo.) A ideia de usar o trapézio é que quanto mais perto da cesta em direção à linha de fundo um jogador de ataque chega da cesta, mais distante ele precisa ficar lateralmente — a não ser que ele queira receber um apito por violar a regra dos três segundos no garrafão. O trapézio na verdade é um formato mais inteligente para se usar.
» **A distância dos três pontos:** No basquete internacional, a distância dos três pontos é de 6,75 metros. É mais difícil arremessar do que no basquete universitário, porém é mais fácil do que na NBA.
» **O relógio de arremesso:** No basquete internacional, o tempo para arremessar é de 24 segundos, o mesmo tempo da NBA.
» **O tempo de jogo:** Na NCAA o jogo consiste em dois tempos de 20 minutos. No basquete internacional, em quatro tempos de 10 minutos.
» **Interferência no trajeto da bola:** Agora é permitido interferir no trajeto da bola até a cesta.

Intercâmbio Cultural de Basquete: A Influência Internacional no Jogo Americano

Por quatro anos, africanos, asiáticos e europeus jogaram basquete sem muita interferência dos americanos. O jogo se desenvolveu de forma diferente à medida que os jogadores de cada país foram colocando seu próprio tempero. Por isso, o basquete internacional tem algumas diferenças em relação ao estilo de jogo do americano.

DICA DE FÃ

O ataque, por exemplo, predomina. Os franceses tiveram uma defesa melhor contra a Alemanha na Segunda Guerra Mundial do que você vê hoje em dia nos campeonatos europeus fora de casa. Jogos de basquete internacionais me lembram uma arena de futebol americano: quem marcar por último geralmente ganha.

Assista a um jogo da NBA ou universitário. Se você comparar isso a um jogo de meados da década de 1970, por exemplo, terá uma visão ultramoderna do que discutirei nesta seção. Tudo isso deve um pouco de crédito à influência internacional do basquete, dos jogadores internacionais e suas ideias.

Arremesso do perímetro por jogadores grandes

Mais e mais jogadores de força universitários e da NBA são péssimos arremessadores de perímetro. Homens grandes no exterior não são conhecidos por bater os cotovelos dentro do garrafão. Como resultado, jogadores altos do exterior são mais afeiçoados por arremessar da linha de três pontos no basquete internacional, e agora também na NBA.

Dois grandes exemplos disso na NBA nos últimos anos são Dirk Nowitzki, do Dallas Mavericks, e Mehmet Okur, já aposentado. Os dois são europeus com mais de dois metros de altura. Nowitzki é da Alemanha, e Okur é da Turquia. Ambos tiveram cinco temporadas nas quais acertaram pelo menos oitenta arremessos de três pontos (aproximadamente um por jogo), e ambos têm aproximadamente um aproveitamento de 38% nos arremessos de três pontos. Esse é um aproveitamento excelente para um jogador de qualquer tamanho, e nunca visto antes para jogadores dessa altura.

Para comparação, Kevin Garnett, um americano dessa altura que gosta de jogar fora do garrafão, nunca acertou mais de 37 arremessos de três pontos em uma temporada. E tem um aproveitamento na carreira de 28% dos arremessos de três pontos.

PALAVRAS
DO ÁRBITRO

Passes forçados

O passe forçado é aquele feito de uma ala para a outra que pula um dos passes normalmente usados — como o passe para o armador na cabeça do garrafão — para fazer a bola chegar ao outro lado da quadra mais rápido.

O estilo de jogo internacional, em que o arremesso de três pontos e a zona de defesa são os padrões, apresenta esse tipo de passe (para que o ataque consiga fazer o arremesso de três pontos contra a zona de defesa). Esse passe é um modo eficiente de rodar a bola pelo perímetro, porque a defesa não consegue se mover tão rápido quanto a bola. Um arremesso da ala sem marcação geralmente é o resultado.

Passes melhores

Jogadores estrangeiros crescem em países onde o futebol é o esporte dominante. Jogadores que têm um histórico de futebol sabem apreciar melhor o espaço e também fazer passes para deslocar a bola e encontrar alguém livre para um arremesso. Kobe Bryant talvez seja capaz de fazer um-dois na NBA, mas ele nunca seria capaz de fazer isso com sucesso duradouro na English Premier League.

O arremesso de três pontos

O arremesso de três pontos foi o maior motivo para a queda de rendimento dos Estados Unidos em competições internacionais em meados dos anos 1980. Os Estados Unidos perderam jogos internacionais em 1986 e 1987 e depois nas Olimpíadas de 1988 porque não tinham arremessadores de três pontos tão bons quanto os de seus adversários. Não é coincidência que o basquete universitário americano não adotou o arremesso de três pontos até 1987. (A NBA havia adotado em 1979.) O arremesso de três pontos se provou um grande equalizador. Eu me pergunto se, caso a NCAA tivesse adotado esse tipo de arremesso, os times estrangeiros teriam vencido times universitários americanos com tanta frequência naquela época?

Um jogo mais orientado para o perímetro

O garrafão em forma de trapézio foi feito para um jogo mais direcionado para o perímetro em nível internacional. Portanto, quando jogadores internacionais mais pesados vêm para os Estados Unidos, suas habilidades do perímetro são maiores. Eles sabem jogar olhando para a tabela (em outras palavras, eles podem confiar em algo além de seus movimentos de costas para a cesta).

A quantidade inumerável de talentos e o trabalho de pés superior de atletas como Pau Gasol e Dirk Nowitzki — jogadores que não tentam superar seus adversários na força, mas sim na técnica —, tornaram o jogo mais agradável esteticamente.

Penetração driblando, depois volta para o arremesso de três pontos

Quando um armador entra driblando no garrafão, ele carrega uma multidão. Dois e algumas vezes três defensores convergem para ele, fazendo com que seja difícil tentar o arremesso. Mas e se esse armador agir como um chamariz? E se o objetivo de sua penetração for atrair os defensores, para deixar um companheiro livre na linha dos três pontos? Tudo o que o armador precisa fazer é passar a bola para seu companheiro, que faz um arremesso de três pontos sem marcação. Os jogadores estrangeiros já tinham essa estratégia no sangue antes de os americanos começarem a copiá-la.

HALL DA FAMA

Um jogo amistoso em 1986 entre o Providence Friars e a antiga União Soviética mudou o jeito do basquete nesse país. Naquele jogo, disputado em Providence, os soviéticos introduziram a jogada da penetração driblando. Quando, e se, a defesa se desmontava em direção ao jogador, ele passava a bola para um companheiro — geralmente na ala — que se encontrava livre para um arremesso de três pontos. A tática era um movimento estrangeiro para os puristas do basquete americano na época.

Apesar de o Friars ter vencido o jogo por 91 a 88, a União Soviética tentou 30 treys (gíria, em inglês, para as bolas de três pontos) de seus 46 arremessos de antes da linha de três pontos. Se os soviéticos tivessem acertado mais do que apenas sete dos 30 arremessos tentados, eles provavelmente teriam vencido.

O então treinador do Providence, Rick Pitino, foi esperto o suficiente para copiar a jogada. O Friars foi o melhor time do país em arremessos de três pontos naquele ano (com uma média de 8,24 arremessos de três pontos convertidos por partida) e fez uma campanha sólida até as semifinais do torneio da NCAA.

Intercâmbio Cultural de Basquete: A Influência Americana no Basquete Internacional

O basquete foi inventado nos Estados Unidos; qual a influência disso? O McDonald's também foi, o que parece ser a parte do dia mais importante na dieta do jogador de basquete estrangeiro. Aqui estão alguns outros traços que foram copiados pelo basquete internacional.

Melhor controle de bola

Entre as Olimpíadas de 1936 e 1972, os armadores soviéticos tinham problemas em manter a posse de bola quando se encontravam em pressão. Seus treinadores perceberam que eles precisavam melhorar seu controle de bola no nível dos armadores americanos. Em 1988, os soviéticos ganharam a medalha de ouro em parte porque os americanos foram incapazes de pressionar os soviéticos a cometerem turnovers.

Melhor defesa do perímetro

Por um longo período, os jogadores internacionais nunca pareciam tentar impedir passes para as alas ou pressionar os arremessos mais longos. Os jogadores estrangeiros eram duros quando a bola ia para dentro — ao redor do garrafão —, mas nunca dedicavam muito esforço a oferecer resistência à penetração inicial. Hoje em dia, após terem sofrido estragos grandes, muitas vezes pelos mais velozes armadores americanos, eles começaram a utilizar uma marcação mais dura no perímetro.

Desenvolvimento do jogo de garrafão

Apesar de um garrafão maior (porque tem a forma de um trapézio) tornar impossível para um pivô permanecer o tempo todo embaixo da cesta, ele pode acabar ajudando-o se o jogador for rápido. Kevin Durant, por exemplo, domina em jogos internacionais porque ele tem mais espaço para se movimentar assim que entra no garrafão. Os jogadores estrangeiros terão que ficar mais rápidos no garrafão se quiserem contê-lo.

Porque o resto do mundo ficou mais próximo dos Estados Unidos

O desafio para o domínio americano por estrangeiros importados não está restrito à venda de automóveis; o basquete também tem testemunhado os jogadores estrangeiros diminuírem a diferença com relação aos americanos na última década. Essa direção é natural. A curva de aprendizado foi mais acentuada para os jogadores estrangeiros — eles estavam tão atrás que tinham espaço para melhorar dramaticamente. Os fatores a seguir contribuíram para essa melhora:

» **Televisão:** Até mesmo na Índia, que fica a meio mundo de distância e onde o críquete é o esporte mais popular, jogos da NBA são televisionados quase toda noite.

» **Importação de estrangeiros:** Desde 1986, quando a regra Prop 48 facilitou academicamente a entrada de estrangeiros no basquete universitário americano, os jogadores estrangeiros vêm ganhando reconhecimento como uma fonte de talento. Os jogadores estrangeiros geralmente são mais velhos, mais maduros, e estão prontos para ter impacto imediato no jogo.

» **Exportação de americanos:** Como a grana estava ali mais cedo, muitos jogadores americanos que não conseguiram entrar em um elenco da NBA emigraram para ligas europeias, especialmente para Itália, Grécia e Israel. Esse fenômeno se tornou especialmente popular nos anos 1970, e ainda acontece frequentemente hoje em dia. Os jogadores americanos eram divertidos de se assistir, então os moradores desses países iam vê-los jogar e se tornavam mais e mais interessados pelo jogo. Não apenas isso, mas os nativos começaram a copiar seus heróis americanos do basquete.

Basquete em Escala Mundial: Melhores Ligas Profissionais

O basquete se espalhou rapidamente pela Europa no último quarto de século, assim como aconteceu com o latim mais ou menos um milênio atrás. Praticamente toda nação europeia tem mais de uma língua oficial, assim como Israel, Austrália e China.

Veja algumas das nações onde o basquete começou a crescer.

» **Inglaterra:** A Liga Britânica de Basquete (BBL) foi lançada em 1987. A liga contém 12 times localizados na Inglaterra e na Escócia. A temporada começa no início de setembro e vai até o início de abril. O maior pontuador de todos os tempos da liga é Peter Scantlebury, que agora treina o Sheffield Sharks.

» **França:** A LNB (Liga Nacional de Basquete) também teve sua temporada inaugural em 1987–1988. A LNB tem a divisão A e a divisão B, cada uma com 18 times. A divisão A é onde estão os times de primeiro escalão. No final da temporada, os últimos dois times da divisão A são rebaixados para a divisão B, enquanto os dois melhores times da divisão B sobem para a divisão A. Os ex-alunos da LNB incluem Tony Parker, do San Antonio Spurs, e Nicolas Batum, do Portland Trail Blazers.

» **Alemanha:** A Liga Nacional de Basquete (BBL) contém 18 times; a temporada vai de outubro até abril. A liga começou em 1966, apesar de o precursor da liga profissional alemã ter sido lá em 1939. TSV Bayer Leverkusen foi a primeira potência da liga alemã, ganhando 14 campeonatos, mas ALBA Berlin ganhou oito títulos desde 1997.

» **Grécia:** Na Grécia, ao contrário da maioria da Europa, o basquete supera o futebol em popularidade. O HEBA A1, ou a Liga Grega de Basquete, foi fundada, acredite ou não, em 1927. Com o passar dos anos, Olympiakos e Panathinaikos mantiveram uma rivalidade jamais vista no Mediterrâneo desde as batalhas envolvendo a Grécia e Troia. Os 14 times competem do final de setembro até meados de maio.

» **Israel:** O basquete profissional é bem representado em Israel, onde a liga HaAl tem 12 times e foi fundada em 1954. O time Maccabi Tel Aviv é praticamente o campeão perpétuo, tendo ganhado 48 títulos desde a formação da liga, incluindo 23 vitórias seguidas de 1970 a 1992. Em 2005, Maccabi Tel Aviv derrotou o Toronto Raptors em um jogo de exibição em Toronto por 105 a 103.

» **Itália:** A LEGA Série A, da Itália, fundada em 1920, é uma das mais formidáveis ligas de basquete da Europa. As cidades pela Itália estão representadas em 16 times na Liga A, que também tem uma liga série B (de pessoas mais baixas). A temporada da LEGA Série A vai de meados de setembro a maio, quando o campeão é coroado.

CAPÍTULO 14 **Basquete Internacional** 279

> » **Espanha:** A Liga ACB (Associação de Clubes de Basquete) tem uma rica história no basquete. Há 18 times na liga, que foi fundada em 1956 como Liga Nacional, e a temporada vai de meados de setembro até maio. Real Madrid e F.C. Barcelona, dois clubes com uma rivalidade forte no futebol, têm quase a mesma rivalidade no basquete. A Liga ACB é uma das melhores ligas de basquete internacional.

> » **Brasil:** A NBB (Novo Basquete Brasil) criada em 2008 para substituir o campeonato nacional de basquete, tem a chancela da confederação brasileira. Formada por 15 equipes, tendo como maior vencedor o Flamengo com cinco conquistas. A liga ano a ano vem crescendo e conquistando mais visibilidade. Tem 20 clubes filiados e conta também com a Liga Ouro com mais cinco clubes que disputam o acesso a divisão principal.

Torneios Internacionais de Basquete

A FIBA (Federação Internacional de Basquete) é um órgão governamental internacional de basquete. Atualmente, 214 federações nacionais são membros da FIBA. (A sigla FIBA vem do francês *Federation International de Basketball Amateur*. A palavra *amateur* foi retirada em 1989, mas o A continuou. Quem quer fazer parte de uma federação chamada *FIB*?)

A FIBA consiste em cinco zonas: África, Américas, Ásia, Europa e Oceania. (Oceania representa a Austrália e as ilhas do Pacífico Sul.) Essas seções discutem os principais torneios de basquete jogados em nível internacional.

Os jogos olímpicos

Doze países competem no basquete olímpico a cada quatro anos. O país-sede é qualificado automaticamente, assim como o último vencedor do Campeonato Mundial (levando em consideração que o vencedor não é do país-sede). Cada zona geográfica da FIBA recebe uma vaga nas Olimpíadas. As seis últimas vagas (dependendo se se qualificará de qualquer forma por ganhar o Campeonato Mundial) são reservadas para os cinco ou seis finalistas do Campeonato Mundial mais recente.

O torneio olímpico representa a maior competição internacional do mundo e acontece a cada quatro anos como parte dos Jogos Olímpicos de Verão. Cada região do mundo (África, Ásia, Américas, Europa e Oceania) é representada. De acordo com a qualificação, as 12 nações são divididas em dois grupos de seis times.

As seleções nacionais competem umas contra as outras. Então, cada seleção do grupo joga cinco jogos.

Os quatro primeiros lugares de cada grupo, baseados na pontuação, avançam para a rodada da medalha de ouro. A rodada da medalha é eliminatória, então, para todos os efeitos, você precisa vencer oito seleções para ir para as quartas de finais, e então as semifinais, até a final. Os dois perdedores das semifinais jogam para ver quem leva a medalha de bronze. Os dois vencedores se encontram no jogo pela medalha de ouro, em que a seleção que perder fica com a medalha de prata.

A seleção masculina dos Estados Unidos tem dominado as Olimpíadas. Veja a Tabela 14-3 para mais detalhes.

TABELA 14-3 ## Medalhistas das Últimas Olimpíadas no Basquete Masculino

Ano	Ouro	Prata	Bronze
1936	Estados Unidos	Canadá	México
1948	Estados Unidos	França	Brasil
1952	Estados Unidos	União Soviética	Uruguai
1956	Estados Unidos	União Soviética	Uruguai
1960	Estados Unidos	União Soviética	Brasil
1964	Estados Unidos	União Soviética	Brasil
1968	Estados Unidos	Iugoslávia	União Soviética
1972	União Soviética	Estados Unidos	Cuba
1976	Estados Unidos	Iugoslávia	União Soviética
1980	Iugoslávia	Itália	União Soviética*
1984	Estados Unidos	Espanha	Iugoslávia
1988	União Soviética	Iugoslávia	Estados Unidos
1992	Estados Unidos	Croácia	Lituânia
1996	Estados Unidos	Iugoslávia	Lituânia
2000	Estados Unidos	França	Lituânia
2004	Argentina	Itália	Estados Unidos
2008	Estados Unidos	Espanha	Argentina
2012	Estados Unidos	Espanha	Rússia
2016	Estados Unidos	Sérvia	Espanha

* *Os Estados Unidos não competiram nos jogos de 1980 na Rússia porque o comitê Olímpico inteiro dos EUA estava participando de um boicote. Assim como a Rússia não competiu em 1984.*

CAPÍTULO 14 **Basquete Internacional** 281

O campeonato europeu

O campeonato europeu, também conhecido como EuroBasket, talvez seja o torneio de basquete de maior prestígio realizado fora dos Estados Unidos. Os europeus são fãs fanáticos de basquete, e estrelas da NBA como Dirk Nowitzki, Pau Gasol e Peja Stojakovic se destacaram inicialmente nesse torneio. Vinte e quatro times competem, e cinco avançam para o campeonato mundial.

O primeiro campeonato europeu foi realizado em 1935, em Genebra, na Suíça. A Letônia derrotou a Espanha por 24 a 18 em um jogo pela medalha de ouro. Desde 1947, o torneio vem acontecendo bienalmente em anos ímpares. A União Soviética, que não existe mais, ganhou a maior parte dos títulos da EuroBasket, um total de 14. A Espanha, que foi a vencedora da medalha de ouro em 1935, ganhou a primeira EuroBasket em 2009, com MVP Pau Gasol, que também ganhou o campeonato com o Los Angeles Lakers no mesmo ano.

UM MARAVICH DA ATUALIDADE?

Em 2005, com 14 anos de idade, Ricky Rubio se tornou o jogador mais jovem da Liga ACB da Espanha, uma das melhores ligas profissionais da Europa. Com 17 anos, ele começou no jogo da Espanha contra os Estados Unidos valendo a medalha de ouro das Olimpíadas. Em 2009, ele se tornou o primeiro jogador nascido nos anos 1990 a ser selecionado no draft da NBA, quando foi a quinta escolha do total do Minnesota Timberwolves.

Rubio não havia aparecido no radar da maioria dos torcedores americanos de basquete porque continuou jogando profissionalmente na Europa, mas era esperado que ele jogasse pelo Minnesota na temporada de 2011–2012 da NBA. Ele ajudou o F.C. Barcelona a ganhar campeonato da EuroLiga em 2010 e estava no segundo ano do contrato de seis anos com o clube, em 2011.

O estilo de jogo dele cativa aqueles que o assistem. Com 1,95 metro de altura, tem um estilo agressivo que inclui arremessos e movimentos ardilosos, e passes inovadores que lembram muito Pete Maravich. Sua boa aparência jovial faz dele uma versão do Justin Bieber do basquete.

Uma das maiores razões, na minha opinião, de que Rubio será uma estrela da NBA um dia é que ele joga na defesa. Com uma envergadura de 2,1 metros, ele já foi nomeado como Melhor Jogador de Defesa do Ano na EuroLiga (2008–2009) e liderou a liga em roubadas de bola.

"Ele é um jogador de defesa incrível", disse Kevin Durant, que jogou contra Rubio nos Jogos Mundiais da FIBA em 2010. "Eu acho que uma das coisas que mais se destacou para mim é como ele pressiona a bola."

Os jogos pan-americanos

Jogadores da NBA geralmente fazem parte dos campeonatos mundiais e das Olimpíadas, mas não dos jogos pan-americanos (Pan-Am), que acontecem a cada quatro anos entre as nações do hemisfério ocidental (Ex: as Américas). Geralmente, os jogos pan-americanos acontecem no ano que antecede as Olimpíadas, apesar de não terem nenhuma influência em quem compete nas Olimpíadas.

HALL DA FAMA

Um dos momentos mais memoráveis envolvendo os Estados Unidos e o basquete internacional foi nos jogos pan-americanos. Em Indianápolis, em 1987, Oscar Schmidt, um dos melhores arremessadores de longa distância a que qualquer país havia dado origem, levou o Brasil a uma vitória inacreditável de 120 a 115 contra os Estados Unidos. Aquele jogo foi um marco para o basquete internacional, porque o time nacional dos EUA nunca tinha perdido um jogo para um time estrangeiro em casa — muito menos em Indiana, a terra sagrada do Basquete da América. Schmidt marcou 46 pontos. Acordei no dia seguinte para ver se o Sol ia nascer. Ele nasceu, mas nada importava mais depois daquela derrota.

O campeonato mundial de basquete da FIBA

Esse é o principal torneio que envolve times nacionais de 24 países pelo mundo. O torneio acontece a cada quatro anos desde 1950, para homens, e desde 1953, para mulheres.

Assim como as Olimpíadas, cada região do mundo é representada. Tanto o campeonato mundial feminino quanto o masculino acontecem em lugares diferente a cada quatro anos.

Os times nacionais competem em grupos de seis times, com os quatro primeiros colocados avançando para uma rodada mata-mata entre 16 times (ex.: morte súbita). É como o Sweet Sixteen da NCAA de certo ponto até o jogo do campeonato.

O Campeonato Mundial da FIBA de 2002 foi sediado em Indianápolis, em Indiana e, assim como nos jogos pan-americanos de 1987, notei com antecedência (também sediado em Indiana), que foi um alerta para o USA Basketball, o órgão nacional do esporte. Apesar de estarem sediando o torneio, os Estados Unidos terminaram em um sexto lugar desapontante. Isso marcou a primeira vez que o time dos EUA composto exclusivamente por jogadores da NBA perdeu um jogo em uma competição internacional.

Parte do problema foi o elenco. Muitos dos melhores jogadores da NBA, como Kobe Bryant e Shaquille O'Neal, se recusaram a participar.

O Campeonato Mundial da FIBA de 2002 foi o início do declínio dos EUA no basquete internacional, que duraria por uma década. Em 2004, o time olímpico nacional não conquistou nenhuma medalha em Atenas, apesar de ter sido todo composto por jogadores da NBA.

A humilhação em Atenas acordou a USA Basketball. Eles escolheram o CEO do Phoenix Suns, Jerry Colangelo, para convocar o time para o Campeonato Mundial da FIBA de 2006. Colangelo convocou Mike Krzyzewski, do Duke, como treinador principal e disse aos jogadores que se eles quisessem jogar nas Olimpíadas de Pequim em 2008, precisavam jogar o Campeonato Mundial da FIBA de 2006. Apesar de o time ter conquistado o bronze, eles ganharam a medalha de ouro em Pequim.

O que causou a mudança de atitude entre os melhores jogadores da NBA? Talvez o fato de que tenha sido a experiência de competir contra jogadores estrangeiros noite a noite nos últimos anos. O desastre de 2002 foi como a anomalia nas costas nos últimos dias da era de Michael Jordan.

Em 2008, entretanto, com jogadores estrangeiros como Tim Duncan, Steve Nash e Dirk Nowitzki ganhando a NBA MVP constantemente, o nível de respeito dos jogadores internacionais finalmente estava onde merecia, ironicamente apenas quando jogadores americanos nativos da NBA se tornaram capazes de aceitar que jogadores estrangeiros eram igualmente capazes de derrotá-los novamente no estágio internacional.

O PRIMEIRO JOGADOR CUBANO DA NBA

Apesar de 2000 ser lembrado como o ano da controvérsia de Elian Gonzalez, também foi o primeiro ano em que um cubano jogou na NBA.

Lazaro Borrell, um novato de 26 anos, desertou para os Estados Unidos no Torneio Pré-Olímpico de Qualificação em San Juan, em Porto Rico, em julho de 1999. Com uma marca de 21 pontos por jogo na Liga Argentina de Basquete no ano anterior, ele era o melhor jogador no time nacional cubano.

Mas o sonho de Borrell era jogar na NBA, então ele desertou para os Estados Unidos com a ajuda da Fundação Cubana Americana localizada em Miami, que conseguiu uma van para sequestrá-lo de seu hotel em Porto Rico durante o torneio.

Borrell (nome completo: Lazaro Manuel Borrell Hernandez) trabalhou para muitos times durante o verão e assinou com o Seattle SuperSonics. Teve aulas de inglês três vezes por semana no outono de 1999, e então finalmente entrou para o time. Ele jogou em 17 jogos em 2000, com uma média de 3,6 pontos por jogo nos 167 minutos que jogou.

Apesar da saudade da família, Borrell disse que sua liberdade fazia o sacrifício valer a pena: "Mesmo que esteja sozinho, sou livre para viver a minha vida como quiser", disse ele. "Estou surpreso com a quantidade de oportunidades existentes (neste país)."

No ano seguinte, Borrell jogou na Associação Continental de Basquete (CBA), uma liga menor já extinta nos EUA, antes de se juntar às ligas profissionais de Porto Rico e Argentina. Ele se aposentou em 2007.

284   PARTE 3 O Jogo

4

E Você Não Precisa Pegar uma Bola

NESTA PARTE...

Esta parte é seu ingresso para entender como prestar atenção ao jogo... na televisão, em um estádio, no rádio ou na internet. Direi tudo o que procuro quando estou vendo um jogo, desde entender a defesa até monitorar a intensidade. Também dou dicas de algumas excelentes revistas e publicações, te dou o 4-1-1 sobre ligas fictícias, e sugiro lugares para você visitar para melhorar seu conhecimento sobre basquete.

Esta parte também detalha o fenômeno da Loucura de Março. Explico o importante chaveamento do torneio da NCAA, e como escolher os times vencedores!

NESTE CAPÍTULO:
Assistindo a uma partida
Ouvindo uma partida
Seguindo seu time na internet

Capítulo 15
Você Não Precisa Jogar para Ser um Fã

O título deste capítulo talvez seja a maior verdade da bola redonda. Nenhum esporte, nem mesmo o futebol americano, é tão extensa e entusiasticamente acolhido pela televisão como o basquete. ESPN, ESPN2, ESPNU, ESPN3, TNT, TBS, ABC, Fox e CBS, todas transmitem partidas universitárias ou profissionais; a ESPN transmite vários jogos das estrelas de basquete escolar. E ainda nem abordei o tópico de seus pacotes especiais na DirecTV.

Uma temporada normal corre do início de novembro a — graças à temporada da NBA — após o Dia do Trabalhador. Durante esse período, um telespectador comum tem acesso a mais de mil jogos masculinos e femininos, caso ele tenha DirecTV. Assistir a mil jogos seria impossível. (E aí temos outro milagre, o TiVO.) Mas, para algumas pessoas, mil jogos é uma meta muito arrojada.

Acompanhando um Jogo na TV

Você absorve muito mais ao assistir a um jogo de basquete na TV — ou até mesmo ao vivo — se você fizer mais do que simplesmente assistir à bola entrar no aro. Esta seção te dá algumas dicas para observar a ação *real* e aumentar seu gosto pelo esporte.

Antecipe o próximo passe

Tente pensar como os jogadores. Quando você consegue antecipar o próximo passe, você está tão conectado aos jogadores o quanto é possível a partir de sua sala de estar. Você está pensando como os jogadores.

Para onde um jogador passará a bola depende de alguns fatores: que tipo de controle de bola ele tem, quais companheiros estão em quadra, qual tipo de ataque e de marcação o time adversário está usando. Viu? Você precisa saber o que está acontecendo na quadra.

DICA DE FÃ

Finja que você é o armador. Analise a defesa e então tome decisões sobre como você reagiria. O armador na televisão agiu de acordo? Ignore essa dica se estiver vendo os melhores momentos de Magic Johnson. Ninguém era capaz de prever o que ele faria com a bola.

Assista à ação longe da bola

Enquanto está assistindo a uma partida, não tenha medo de tirar os olhos da bola. Acompanhe a ação longe da bola na zona morta (o lado da quadra oposto ao da bola), ou veja a ação no *garrafão* (bem perto da cesta). Claro, a câmera de TV são seus olhos, e normalmente ela segue a bola; mas a maioria das câmeras mostra a quadra a partir da linha lateral e te dá uma visão decente da metade ofensiva da quadra.

Aqui estão algumas coisas para você procurar:

- » Empurrões embaixo da cesta
- » Corta-luzes na zona morta (bloqueios que os jogadores executam no lado oposto ao da bola)
- » O terno branco de Rick Pitino para jogos especiais em Louisville

Todas são partes divertidas do jogo.

Ao assistir à ação longe da bola, você pode responder às suas próprias perguntas, assim como às perguntas de outros telespectadores. Por exemplo, se Dwyane Wade, do Cleveland Cavaliers, é um arremessador tão mortal, por que as defesas não fazem um trabalho melhor ao tentar impedir que ele receba a bola? Resposta:

assista Wade enquanto o Cavaliers está executando sua jogada de ataque. Ninguém na NBA é melhor do que ele em usar bloqueios de seus companheiros para conseguir realizar um arremesso sem marcação. Você pode argumentar que Wade ganha seu salário não tanto devido a quando ele arremessa a bola, mas a quando ele deixa seu marcador atrás de um bloqueio.

O fã inveterado de basquete é aquele que usa o botão de Canal Anterior em seu controle remoto apenas se tanto a ESPN como a CBS estiverem transmitindo basquete universitário simultaneamente em uma tarde de sábado. Esse tipo de fã pode perceber o alley-oop play (uma jogada ofensiva) antes mesmo de o passe ser feito. Ele acompanha a zona morta e percebe o *bloqueio recuado* (um bloqueio na zona morta que liberta um jogador que está indo em direção à cesta) sendo montado no defensor.

Quando evitar olhar para James

Observe os outros jogadores em quadra além da estrela. LeBron James é divertido de se assistir, mas não mantenha seus olhos nele o tempo todo. Existem muitos grandes jogadores em cada jogo, e você talvez perca alguma coisa. Ou mantenha seu foco em um jogador não muito famoso por cinco ou seis jogadas, e você descobrirá muito sobre ele. DeJuan Blair, ex-jogador da NBA, era um calouro em 2011 que teve um grande impacto no sucesso do Spurs. Ele dá mole na defesa? Tira uma "jogada de folga" (isso quer dizer, em uma das posses de bola, deixa de voltar para defesa) na defesa de vez em quando? Se você observar Blair, verá que a resposta é não.

Quando olhar para James

Seja a estrela do jogo LeBron James ou o fenômeno de sua escola, observe cada movimento seu nos momentos decisivos. As chances de, com o resultado da partida em jogo, ele ser o ponto focal da jogada são muito grandes. Ele é um excelente passador e pegador de rebote, mas é muito provável que a jogada decisiva comece com LeBron.

Algumas vezes a estrela da partida não é o melhor jogador do time, mas o cara com a mão mais quente naquela noite. Mantenha um olho nele. E então, durante o próximo jogo, quando ele voltar à forma de um mero mortal, tente ver se ele está fazendo algo diferente.

Acompanhe as estatísticas

DICA DE FÃ

Você pode registrar as estatísticas você mesmo enquanto assiste à partida, ou pode confiar nos estatísticos da televisão para acompanhar mais do que o placar. Algumas das estatísticas menos discutidas e divertidas de acompanhar são rebotes ofensivos, pontos a partir de turnovers, pontos no garrafão e pontos do banco de reservas.

Você também pode acompanhar as estatísticas online enquanto o jogo está rolando. Um monte de viciados em basquete acompanham a box score de uma partida à qual estão assistindo. Em ESPN.com (conteúdo em inglês) você pode acompanhar mais ou menos todas as box score universitárias através do link de estatísticas ao vivo. Eles também atualizam as estatísticas acumuladas do time após as partidas.

Se você olhar para o último jogo da temporada regular de 2011 entre Duke e North Carolina em Chapel Hill, o jogo que decidiu o título da temporada regular da ACC, você perceberá que a North Carolina ganhou em pontos a partir de turnovers por 15 a 11 e acertou quatro arremessos de três pontos, contra quatro para o Blue Devils. Mas a chave para a vitória de North Carolina por 81 a 67 foram os pontos no garrafão. O Tar Heels dominou o garrafão com uma vantagem de 44 a 20 nessa estatística. E mesmo que North Carolina não tenha acertado muitos arremessos de três pontos, eles acertaram quatro de nove comparados a apenas seis de 27 de Duke.

Observe os árbitros

Os árbitros podem ditar o ritmo do jogo. Caso eles gostem de apitar, podem diminuir o ritmo. Nenhum dos times consegue encontrar um ritmo quando os árbitros estão marcando faltas em toda posse de bola. Caso um árbitro faça uma *marcação polêmica* (uma marcação que dirija a atenção ao árbitro) ao correr para a área de outro árbitro para realizar a marcação, esse é um mau sinal. Se um árbitro desautoriza o outro, isso pode significar que o primeiro árbitro pensa que é maior do que o jogo.

Os árbitros podem também atrapalhar um ataque ou sistema de marcação de um time ao amarrar o jogo (apitar muitas faltas) ou deixar o jogo correr (quase nunca marcar faltas). Alguns times jogam mais fisicamente do que outros, e seu sucesso pode depender de quanto contato os árbitros vão permitir.

PALAVRAS DO AUTOR

Os melhores árbitros são aqueles que você não conhece ou de quem não se lembra. Quando um árbitro faz pequenas coisas a mais para marcar uma falta, como dar um sermão, ele atrai muita atenção para si mesmo. Isso é ruim. Por convenção, os árbitros precisam manter o jogo nas mãos. Eles podem fazer isso se comunicando com os jogadores e então, se necessário, marcando uma ou duas faltas técnicas.

Quem são os melhores árbitros? Todos os árbitros são avaliados a cada jogo universitário ou da NBA. Você pode dizer quem são os melhores ao notar quem são os que apitam os maiores jogos, como as semifinais da NCAA. A Tabela 15-1 mostra os árbitros que apitaram mais jogos da fase final da NCAA e, portanto, seriam considerados os melhores árbitros nos últimos 50 anos.

TABELA 15-1 Melhores Árbitros: Quem Mais Trabalhou nas Semifinais em 2011

Ranking	Árbitro	Intervalo	Número
1.	Jim Burr	1985–2006	15
2.	John Clougherty	1985–2000	12
3.	Ed Hightower	1988–2008	10

4.	Tim Higgins	1988–2004	9
	John Cahill	1995–2011	9
5.	Ted Valentine	1992–2010	8
6.	David Libbey	1994–2003	7
	Hank Nichols	1975–1986	7
7.	Tony Greene	2001–2009	6
	Irv Brown	1969–1977	6
	Ed Corbett	2001–2008	6
	Dick Paparo	1984–1995	6
	Curtis Shaw	1999–2010	6
	Lenny Wirtz	1961–1979	6

O que Observo?

PALAVRAS DO AUTOR

Por ter sido treinador por tantos anos quanto eu fui, eu talvez assista a um jogo de basquete de maneira diferente da sua. Por exemplo, eu ainda tenho que lembrar a mim mesmo que não importa o quanto eu grite com a TV, os árbitros não podem me expulsar. Essa é uma mudança boa. Aqui está o que eu observo:

Entenda a defesa de ambos os times. Sempre que Bill Raftery da Fox Sports transmite jogos, ele utiliza a primeira formação defensiva como sua fala inicial. Em sua voz marcante, Raftery diz algo como: "Duke começa a partida com marcação homem a homem."

DICA DE FÃ

Enquanto você está sentado, se pergunte: "Eles estão marcando homem a homem? Zona Mista? Zona Dois-Três?" A defesa age como um indicador de que tipo de jogo será. Caso uma equipe tenha um grande jogador no mano a mano e o time adversário esteja utilizando marcação homem a homem, pode se preparar para um show. Também significa que o time utilizando a marcação homem a homem não está com medo da estrela adversária. Talvez esse time tenha um grande marcador para tentar parar a grande ameaça ofensiva.

Veja quem está controlando os rebotes ofensivos. O time que controla as fronteiras (rebotes) normalmente controla o jogo. Mantenha um olho também em quais jogadores especificamente estão pegando os rebotes. Procure tendências. Os armadores estão pegando muitos rebotes ofensivos? Se sim, esse time provavelmente está tentando pelo menos alguns arremessos de longa distância, pois arremessos longos levam a rebotes mais longos.

Preste atenção à intensidade. Se você está assistindo ao New York Knicks jogar contra o New Orleans Pelicans, a intensidade será muito importante para determinar o resultado. O Knicks é um dos melhores ataques da liga e quer conectar rapidamente os contra-ataques com Carmelo Anthony no time.

O New Orleans Pelicans é quase um time de meia quadra com uma intensidade menor.

Perceba o que acontece após um pedido de tempo. O treinador alterou a defesa ou pediu que um jogador especificamente marcasse alguém? O ataque está utilizando uma jogada desenhada para um jogador em especial?

PALAVRAS DO AUTOR

Quando um time faz pontos em sua primeira posse de bola depois de um tempo, este é um sinal de que tem um bom treinador. O treinador pode ver uma falha na defesa adversária e tirar vantagem dessa falha com uma jogada especial que leva a uma cesta.

Muitos turnovers estão acontecendo no início de uma partida? Algum dos times está se aproveitando deles? Esses turnovers são efetivamente posses de bola extras. Forçar turnovers é uma coisa, mas se aproveitar deles para fazer pontos é outra. Você tem de marcar pontos a partir dos turnovers para fazê-los valerem a pena.

Quem tem a mão mais calibrada da linha de lance livre? Arremessos de lance livre são geralmente contagiosos. Se você arremessar lances livres bem no começo da partida, provavelmente ganhará confiança mais tarde no jogo, na hora decisiva. Olhando por outro lado, se você errar lances livres no início da partida (assim como muitas outras variáveis no basquete), muitas vezes isso influencia o que acontecerá no final.

Como uma lesão está influenciando o jogo? Seja sofrida antes ou durante a partida, uma lesão em um jogador-chave pode alterar dramaticamente o estilo de jogo de um time.

Quais ajustes um time fez após o intervalo? Os primeiros cinco minutos do segundo tempo geralmente ditam o resto do jogo. Durante esse período, cada treinador pretende fazer ajustes na estratégia ou nas escalações para tentar tomar o controle do jogo ou se recuperar na partida — pode variar de caso a caso. Por exemplo, se você está ganhando por dez pontos de diferença no intervalo, você quer resistir aos primeiros cinco minutos do segundo tempo, pois o treinador adversário tentará realizar seus ajustes. Se você está perdendo por dez, você quer realizar todos os ajustes nos primeiros cinco minutos do segundo tempo. Você quer que suas mudanças surtam efeito cedo, para aumentar a confiança de seu time. Diminua essa diferença para cinco pontos antes do primeiro intervalo da TV no segundo tempo e você estará de volta à partida.

Perceba padrões de substituições e pontuação de jogadores vindos do banco. Um time que substitui com frequência geralmente passa um dos seguintes recados:

- » Nosso banco tem profundidade.
- » Nossos titulares não são tão melhores que nossos reservas.
- » Nós planejamos correr muito e esperamos cansar nosso adversário.

Observe o que está acontecendo e deduza *por que* está acontecendo, e logo você será o guru de seu bar de esportes (caso você sonhe tão alto).

PALAVRAS DO AUTOR

Você não conta apenas os pontos que vêm do banco no basquete, mas — assim como rebotes ofensivos — eles tendem a ditar quem ganhará o jogo. Quando eu tinha um bom banco de reservas, sempre achei que o trabalho de nossos reservas era aumentar a vantagem no placar (assumindo que nós a tivéssemos) em cinco ou sete pontos. Na temporada de 1977–1978, o ano em que Notre Dame chegou às semifinais da NCAA, nosso banco tinha três futuros jogadores da NBA: Bill Hanzlik, Bill Laimberr e Tracy Jackson. Eu sabia que esses três reservas seriam melhores que os reservas de meus adversários. Então eu definia metas para esses reservas aumentarem a vantagem quando estavam em quadra durante seus quatro minutos. Representava os pontos como uma estatística "plus-minus" do hockey.

Para se ter uma estatística assim, você simplesmente acompanha os placares de cada time enquanto um jogador está em quadra. Por exemplo, Jackson teria um indicador de +6, caso nossa vantagem aumentasse seis pontos enquanto ele estava jogando. Você pode acompanhar essa estatística para cada jogador.

PALAVRAS DO ÁRBITRO

Qual time deu uma lavada e por quê? Uma *lavada* (que chamava de surra quando era treinador) ocorre quando um time marca muito mais pontos do que o outro em um certo período, como um placar de 12 a 2 nos quatro primeiros minutos do segundo tempo. Uma lavada normalmente é um produto de uma boa marcação de um time e turnovers cometidos pelo outro. Lavadas parecem mais dramáticas e também mais comuns no basquete universitário, talvez porque um time fique muito tenso e comece a se preocupar em levar uma lavada, o que só torna a situação pior. A mesma coisa acontece com frequência no futebol americano no Super Bowl.

Quem estará mais cansado ao final do jogo? Devido a tempos para propaganda e tempos técnicos (nos jogos do torneio da NCAA, cada tempo para propagandas dura dois minutos e meio), combinados com atletas mais bem condicionados, a fadiga não é mais um fator tão preponderante, como já foi, ao final das partidas. A melhor maneira de identificar o cansaço é observar os jogadores se curvando e agarrando seus calções durante os arremessos livres. Esses são os jogadores que estão começando a ficar sem gás.

Observe os confrontos-chave. Observar os confrontos-chave é provavelmente mais importante nos jogos profissionais, pois esses times usam marcações homem a homem na maior parte do tempo. Quando o Chicago Bulls jogou com o Miami Heat pelos playoffs de 2011 da NBA, o confronto entre Dwyane Wade, do Heat, e Derrick Rose, do Bulls, foi muito importante em determinar o resultado.

Qual é o diferencial para um aproveitamento dos arremessos de quadra? Estamos no intervalo, e as estatísticas estão aparecendo na tela da TV. Digamos que Miami (FL) está acertando 16% mais arremessos de quadra do que seu oponente, Clemson, mas Miami (FL) tem uma vantagem de apenas dois pontos. O que isso te diz?

Resposta: Miami (FL) está em apuros. Os arremessos muitas vezes param de cair durante uma partida devido a ajustes do treinador adversário no intervalo. Mas Clemson provavelmente está pegando mais rebotes ou marcando mais pontos a partir de turnovers. A regra geral: um time deve ter uma vantagem igual à metade de seu aproveitamento superior de arremessos de quadra. Em outras palavras, Miami (FL) deveria estar oito pontos à frente, e não dois.

DICA DE FÃ

TELEVISIONANDO BASQUETE

Acredite ou não, o basquete universitário em 1972 só era televisionado regionalmente. Quanto à NBA, você só precisa voltar no tempo até 1981 para encontrar uma final de campeonato entre Boston Celtics e Houston Rockets que não foi televisionada ao vivo. (A CBS levou o jogo ao ar com um delay, após o noticiário local.)

A NBA tinha um contrato nacional de televisão nos anos 1960, mas a maioria dos jogos começava a ser transmitido do meio, porque as redes de televisão tinham uma janela de apenas duas horas nas tardes de domingo. O jogo médio da NBA dura duas horas e dez minutos, então a bola ao alto acontecia às 13h50 no fuso horário do leste do país. Dez minutos depois, a ABC entrava no ar tendo como placar algo como 10 a 8.

A TVS de Eddie Einhorn é responsável por duas das mais cruciais transmissões de basquete universitário na história. Mais tarde, ele foi nomeado para o Hall da Fama Naismith Basketball, em 2011, por suas contribuições para o esporte. Em 1968, Houston bateu UCLA por 71 a 69, no primeiro confronto feito para TV, que aconteceu no Astrodome. A TVS de Einhorn transmitiu o jogo em rede nacional, e os resultados provaram para as redes de TV que o basquete universitário era um produto viável. Televisionar basquete universitário pode não parecer revolucionário agora, mas considere que, na época, nem mesmo as semifinais da NCAA eram televisionadas. Quando Houston e UCLA se encontraram nas semifinais para uma revanche mais tarde naquela temporada, poucas pessoas conseguiram ver o jogo. Seis anos mais tarde, as câmeras da TVS estavam em South Bend para a vitória de Notre Dame sobre UCLA na temporada regular que acabou com a série invicta de 88 jogos.

Dois anos mais tarde (em 1975-1976), a NBC comprou os direitos de transmissão nacional para um pacote semanal de basquete universitário. Notre Dame, estou orgulhoso de dizer, era o time com mais transmissões naquele pacote.

Acompanhando um Jogo no Rádio

Algumas vezes o rádio é a única maneira de acompanhar seu time, especialmente quando está jogando fora de casa. Ouvir pode ser até mais cativante do que assistir na televisão, porque sua imaginação substitui seus olhos. E também há mais suspense, pois se você não vê a jogada se desenvolvendo, você está mais suscetível a ser surpreendido. O tempo de reação da torcida a uma jogada contra o narrador a descrevendo para você é parecido com ver um raio e depois ouvir seu trovão. O barulho da torcida sempre acontece um pouco antes da explicação do narrador, o que cria — adivinhe — momentos eletrizantes.

Bons narradores são bem descritivos jogada a jogada e te dizem o que está acontecendo; bons comentaristas te dizem o porquê. O narrador é informação; o comentarista é teoria. O narrador te fala como o jogador flutua pelo ar para uma enterrada; o comentarista te diz por que ele ficou livre para aquela enterrada.

DICA DE FÃ

Mesmo que muitas pessoas acompanhem as estatísticas quando estão vendo um jogo na televisão, acompanhar as estatísticas é muito mais apropriado quando se está ouvindo um jogo pelo rádio. Seus olhos estão livres para se fixarem no papel sem perder nada, e você pode se envolver mais com o que está acontecendo. Você só não consegue ver a tatuagem do Super-Homem de Dwight Howard.

Acompanhando Seu Time na Internet (Também Conhecido como "Basquete Cibernético")

A internet é uma grande fonte de informação sobre times, em particular, e até sobre o próprio esporte. Você pode acompanhar seu time na internet de três maneiras:

» **Ouvir transmissões pela internet.** A maioria das faculdades e times profissionais transmite seus jogos pela internet. Então, se você é um torcedor do Minnesota Timberwolves e está fora de sua cidade, você pode levar seu computador e ouvir o jogo em seu laptop. Para encontrar o site da internet, ligue para o departamento de relações-públicas do time ou da instituição. (Informações sobre as transmissões via internet da NBA estão disponíveis no site da liga. Ou apenas procure no Google e encontrará.)

» **Veja relatórios online durante as partidas.** Mais e mais times estão se tornando sofisticados com seus sites da internet, incluindo o uso de vídeo. Algumas organizações têm uma pessoa em sua tribuna de imprensa transcrevendo as jogadas na internet, enquanto outras pessoas tiram fotos da partida e as transmitem para o site. A Duke University foi uma das primeiras instituições a usar fotos na internet. Hoje em dia, muitas instituições e times da NBA postam entrevistas pós-jogo em vídeo com seus jogadores e treinadores em seus sites. O site da NBA fornece estatísticas atualizadas ao vivo para todos os jogos.

» **Baixando informações da internet.** Toda faculdade e certamente todo time profissional — assim como o escritório da NBA e algumas conferências universitárias — têm um site de internet. Espere encontrar itens como elencos, estatísticas, biografias dos principais jogadores e notas de treinadores disponíveis para download. As equipes normalmente atualizam esses dados a cada jogo. Então, se você quer saber quem serão os titulares, quem está saudável ou quem é o líder do elenco em roubos por minuto jogado, vá para a internet obter as informações mais atualizadas.

Assinando Revistas e Outras Publicações

Todo viciado em basquete precisa ler sobre esportes, além de assistir aos jogos pela TV — o que mais você fará quando não houver nenhum jogo passando? Aqui estão minhas publicações favoritas para acompanhar o basquete:

» *USA Today:* "O Jornal da Nação" fornece atualizações diárias de placares e estatísticas, além de reportagens e comentários.

» *Sports Illustrated:* Uma revista semanal especializada em reportagens que divulga detalhes dos jogadores, treinadores e times. As pessoas a leem pelas notícias e reportagens profundas em assuntos maiores do que simplesmente jogos de basquete.

» *The Sporting News:* Também tem reportagens, mas é mais voltada para as estatísticas do que o *Sports Illustrated.* Muitos a veem como uma publicação de beisebol, mas cobre o basquete semanalmente de dezembro até os playoffs da NBA.

» **Publicações caseiras:** A maioria das faculdades e dos times profissionais produz conteúdos semanais durante suas temporadas. Por exemplo, Kentucky tem *CatsPaws*, que cobre os esportes de Kentucy de capa a contracapa. As reportagens nessas publicações são tendenciosas, porque muitas delas são das instituições ou da franquia, mas são uma boa maneira de acompanhar seu time.

» *Basketball Times:* Uma publicação nacional produzida semanalmente durante a temporada e mensalmente nas férias. Tem a maior compilação de colunas sobre basquete nos Estados Unidos. Essa publicação, originalmente produzida pelo escritor de basquete Larry Donald, é uma das melhores para acompanhar os assuntos da moda no basquete.

296 PARTE 4 **E Você Não Precisa Pegar uma Bola**

>> **Blue Ribbon Basketball Yearbook:** O mais completo dos anuários de pré-temporada do basquete universitário. Este é um recurso tão abrangente e impressionante ano após ano, que se você realmente ama o basquete universitário, seu anuário estará cheio de orelhas já na metade do mês de janeiro. *Blue Ribbon* mostra um resumo de uma página de cada time, com elenco completo, calendário, e perspectivas. Essa publicação é divulgada mais tarde (normalmente em 1º de dezembro), então não diminuirá seu apetite na pré-temporada, mas serve como uma bíblia durante a temporada.

>> **Basketball Almanac, Publications International Ltd.:** Uma publicação anual destinada aos fanáticos por basquete. Essa publicação fornece uma página inteira de biografia com estatísticas da carreira completa de cada jogador veterano da NBA, biografias dos melhores novatos da liga, uma reportagem de duas páginas sobre cada time e o calendário da NBA. Para o basquete universitário, oferece um resumo de uma página para os 64 melhores times e uma página resumo dos cem melhores jogadores. É também a única publicação que encontrei com uma breve descrição sobre cada pessoa no Hall da Fama do Basquete.

Assistindo a Seu Filho Jogar

Mesmo que você não esteja em forma para jogar, ou não seja fã de nenhuma escola ou time profissional, você pode certamente ser fã de seu filho. Esse trabalho está no pacote de ser um bom pai.

O FÃ NÚMERO UM

O título deste capítulo é "Você Não Precisa Jogar para Ser um Fã". Barack Obama, quadragésimo quarto presidente dos Estados Unidos, é um grande fã, mas ele também ainda joga o jogo.

Era uma semana de Ação de Graças relativamente rotineira em 2010, então o presidente tinha algum tempo para jogar seu esporte favorito com alguns amigos no Fort McNair, em Washington D.C. Durante essa partida, ele recebeu uma cotovelada de Ray Decerega, o diretor de programas do Congressional Hispanic Caucus Institute. O sangue jorrou, e o presidente recebeu 12 pontos em seu lábio. A lesão exigiu uma declaração do secretário de imprensa Rober Gibbs, um ex-jogador de futebol de N.C. State em sua defesa.

O basquete sempre foi uma parte importante da vida de Obama, e seu amor pelo jogo apenas elevou a reputação do jogo nacionalmente. Seu assistente pessoal, (bem, seu guarda-costas) é o ex-capitão de Duke, Reggie Love, que também era um ótimo recebedor no time de futebol americano do Blue Devils em meados dos anos 2000.

(continua...)

(...continuação)

No dia da eleição de 2008, o presidente Obama tinha um jogo de basquete ao meio-dia com um elenco de jogadores que incluía Andy Katz, da ESPN. Em 2011, ele presenteou Bill Russell, a lenda do Boston Celtics, com a Medalha da Liberdade, o primeiro jogador da NBA a receber essa honra.

Existem outras conexões com o basquete em sua família. Seu cunhado, Craig Robinson, estava em seu terceiro ano como treinador do Oregon State em 2011.

E o melhor de tudo, todo ano ele preenche sua chave completa do torneio da NCAA com Katz na ESPN. No primeiro ano que fez isso, corretamente escolheu North Carolina como campeã.

Todos os políticos falam em criar bons valores familiares. O que poderia ser mais básico do que ir ver o jogo de seu filho, ou melhor ainda, levá-lo a uma quadra local para jogar com ele você mesmo?

Não reviva seus sonhos de jovem através de seus filhos. Deixe-os decidirem que gostam do jogo, deixe-os jogarem por diversão, e não deem nada além de encorajamento. Claro, isso inclui dar a eles algumas dicas baseadas em erros que você cometeu quando jogava, mas lembre-se sempre de que é apenas um jogo.

Participando de Ligas Fictícias

Você quer ter seu próprio time de basquete, mas não tem milhões de dólares para gastar? Sem problemas! Hoje em dia, se tornar o dono e gerente geral de sua própria franquia de basquete é fácil. Bem-vindo ao mundo do basquete fictício.

Mais e mais fãs estão passando a gostar do basquete por participarem de ligas fictícias. Essas ligas imaginárias estão aparecendo em todo os Estados Unidos. Algumas usam dinheiro ou prêmios como apostas, e outras são simplesmente competições por orgulho.

Participar de uma liga fictícia pode ser uma maneira muito divertida de assistir basquete e de entendê-lo melhor. A competição pode ser divertida e desafiadora — e, em alguns casos, lucrativa.

Montando sua liga fictícia

Para iniciar uma liga, você pode juntar amigos onde você mora, em seu trabalho, em seu dormitório da faculdade. (Eles nem precisam ser amigos.) O tamanho da liga pode variar, mas se você está montando uma liga fictícia da NBA, você não quer que ela seja muito grande, pois só há trinta times dos quais você pode escolher jogadores.

Muitas ligas fictícias se assemelham a times All-Star. Uma liga boa e desafiadora força seus participantes a fazerem seu trabalho de casa e realizarem escolhas inteligentes — isso quer dizer que você provavelmente não acabará tendo Dwight Howard, LeBron James, Stephen Curry e Blake Griffin no mesmo time.

Você pode montar os elencos de algumas maneiras diferentes. Uma maneira é com *apostas abertas* (um leilão pelos jogadores), que normalmente envolve um teto salarial. Por exemplo, cada participante pode ter um gasto máximo de US$200 em um elenco com 12 jogadores. Desses 12 jogadores, apenas dez estão ativos na competição a cada momento, com quatro alas, quatro armadores e dois pivôs. Novamente, esse é simplesmente um exemplo, e ligas diferentes usam ideias diferentes.

Outra maneira de formar os elencos é utilizar um draft. O organizador da liga determina a ordem do draft (desenhando números em bonés, por exemplo), e então os participantes escolhem os jogadores em ordem na primeira rodada. Normalmente a ordem de escolha se inverte na segunda rodada e em todas as rodadas pares após. (Os drafts normalmente têm 12 rodadas no total.)

Você também pode inventar suas regras para escolher, dispensar ou trocar jogadores durante a temporada. Algumas ligas cobram uma taxa cada vez que você altera seu elenco; outras permitem trocas ou alterações de elenco de graça. Quanto mais complexa a liga, provavelmente mais você precisará de um secretário ou serviço estatístico para conseguir organizar as pontuações e as transações entre jogadores.

Montando seu time fictício

Antes de comprar ou escolher os jogadores, você precisa conhecer as regras que afetam sua estratégia. Por exemplo, digamos que existam dez times competindo, e os resultados desses times são baseados em uma média da performance de seus jogadores em sete estatísticas diferentes — total de pontos, total de rebotes, aproveitamento dos arremessos de quadra, aproveitamento dos arremessos livres, assistências, aproveitamento dos arremessos de três pontos e roubos. Você quer escolher os jogadores bons nessas categorias.

Uma liga pode usar muitas categorias diferentes, incluindo porcentagens e proporções. A pontuação nesse caso seria de dez pontos para o líder de cada categoria até um ponto para o último colocado em cada categoria. Então a pontuação total de cada time a partir das sete categorias determina o placar da liga.

DICA DE FÃ

Você não quer jogadores que são bons em uma categoria, mas têm dificuldade nas outras. Por exemplo, um jogador x com boa média de rebote, pode ajudar. Mas olhe bem se ele tem boa média de pontos, caso contrário será um estorvo.

Alguns dos jogadores mais valiosos são aqueles que marcam dez pontos ou mais e são excelentes também em outras áreas. Kevin Love, do Cleveland Cavaliers, se tornou uma estrela das ligas fictícias devido à sua habilidade de registrar duplos-duplos a uma taxa recorde.

Você também precisa pensar no processo de escolha dos jogadores quando estiver escolhendo seu time. Um draft direto envolve alguma estratégia. As ofertas de leilão envolvem muita estratégia — você talvez queira dar lances para jogadores muito bons apenas para fazer com que seus adversários gastem mais com aquele jogador. Economizar dinheiro para as últimas rodadas pode te levar a conseguir barganhas. Tudo depende da experiência de seus competidores.

DICA DE FÃ

Ao se preparar para o draft, fique atento a lesões e transações fora de temporada. Um jogador trocado talvez não tenha tanto impacto em seu novo time. Também fique atento aos melhores calouros e novos jogadores, porque eles podem ser úteis em algumas situações. Acompanhe os jogadores também *durante* as temporadas, porque trocas em potencial em sua liga podem afetar o placar.

Visitando os Halls da Fama

Uma visita a qualquer hall da fama do basquete é uma grande maneira de aumentar seu conhecimento sobre o esporte. Existem três grandes Halls da Fama — O Hall da Fama Naismith, em Springfield, Massachusetts (o local de nascimento do basquete); o Hall da Fama do Basquete Universitário, em Kansas City, Missouri; e o Hall da Fama do Basquete Feminino, em Knoxville, Tennessee. A FIBA também possui seu próprio Hall da Fama.

Os halls da fama de hoje em dia são uma grande experiência para fãs de todas as idades. Eles são muito amigáveis para crianças e podem ser uma excelente experiência inicial com o basquete para os jovens. Todos os três citados têm cinemas que apresentam grandes jogos, times, jogadores e treinadores, documentando a história do esporte. Todos os três halls da fama do basquete têm áreas interativas onde crianças podem fazer arremessos livres ou arremessos de quadra. Existe até mesmo uma quadra oficial no Hall da Fama do Basquete Universitário.

Cada um desses halls da fama tem um torneio universitário em novembro ou dezembro em uma arena perto de cada uma das localidades. É uma grande viagem de feriado para uma família com fãs jovens, porque você pode levá-los a um grande jogo de basquete universitário e experimentar o hall da fama.

Hall da fama Naismith

Localizado em Springfield, Massachusetts, o local de nascimento do basquetebol, o Hall da Fama Naismith Memorial Basketball promove e preserva o jogo em todos os níveis — profissional e universitário, masculino e feminino.

Mais de 100 ex-jogadores, treinadores, árbitros e grandes contribuidores do jogo são nomeados a cada ano. Antes de 2011, havia basicamente três comitês nomeadores — North American, Women's International e Veterans. Em 2011, um Comitê da

American Basketball Association e o Comitê Early African-American Pioneers of the Game foram adicionados ao processo de votação.

Esse é o mais antigo dos halls da fama do basquete. O Hall da Fama Naismith foi formado em 1959, e seu primeiro prédio abriu em 1968. Outra localidade foi aberta no centro de Springfield em 1985, e em 2002 a atual localidade, de aproximadamente 7.500m², foi aberta.

Hall da fama do basquete universitário

O Hall da Fama National Collegiate Basketball, localizado em Kansas City, Missouri, é um hall da fama e museu dedicado ao basquete universitário. O museu é uma porção integral para se experimentar o basquete universitário. Esse hall pretendia ser um complemento ao Hall da Fama do Basquete com um foco restrito àqueles que tiveram grandes contribuições para o basquete universitário.

Esse museu foi aberto em 2006 e tem todas as modernas instalações para fazer com que você tenha uma experiência de dia inteiro. Você pode se sentar na mesa da ESPNU e proclamar uma manchete do *SportsCenter*. As crianças podem comparar seus atributos físicos com alguns dos melhores jogadores universitários do passado.

Hall da fama do basquete feminino

O Hall da Fama do Basquete Feminino foi aberto em junho de 1999, em Knoxville, Tennessee. É a única instalação de seu tipo dedicada a todos os níveis de basquete feminino. Então, caso você esteja procurando inspiração, educação ou apenas diversão, o Hall da Fama do Basquete Feminino é o lugar onde você encontrará tudo isso.

O lado de fora do impressionante hall da fama com aproximadamente 3.000 m² é cercado por duas extraordinárias bolas de basquete. A maior bola de basquete do mundo fica localizada na fronteira norte do hall, pesa 10 toneladas e fica no alto de uma escadaria de vidro que lembra uma rede de basquete. Um pátio e tijolos, no formato de uma bola de basquete, se localizam na fronteira sudeste da instalação. Muitos dos tijolos são gravados em homenagem a convidados de honra, homenageados e a alguns outros que escolheram deixar seu legado nesse hall da fama.

O Hall da Fama da FIBA fica localizado em Alcobendas, Madri, na Espanha. Foi inaugurado no dia primeiro de março de 2007 para preservar a memória do basquete internacional. Na data de inauguração, a FIBA prestou homenagem póstuma a alguns jogadores profissionais e pessoas ligadas ao esporte, que juntamente com outros notáveis do esporte e homenageados, formaram a primeira turma desse Hall. Este Hall honra jogadores, técnicos, árbitros e administradores que contribuíram internacionalmente para o esporte.

302   PARTE 4 **E Você Não Precisa Pegar uma Bola**

> **NESTE CAPÍTULO:**
>
> **Acompanhando o torneio NCAA da seleção até as semifinais**
>
> **Encontrando fontes de informação sobre os times quando fizer suas escolhas**
>
> **Que fatores são realmente importantes na escolha de times vencedores**

Capítulo 16

Preenchendo Seu Bolão no Torneio da NCAA

Então você acha que existe interesse no torneio da NCAA? Quando a UCONN transmitiu Butler no Campeonato Nacional na primeira segunda-feira de abril em 2011, ele teve uma audiência média de 20,1. No programa *60 minutes* da noite de domingo da CBS, na noite anterior, teve uma média de 13,4.

Pessoas que não acompanham esporte durante o ano acompanham a Loucura de Março. Por quê? Provavelmente porque foram influenciadas por alguém do trabalho a participar de um bolão. Então eles acompanham o torneio para ver se têm chance de ganhar o prêmio no final, ou apenas para ficar competindo sobre quem acerta mais.

A graça da Loucura de Março é preencher seu bolão. Você consegue escolher, entre os 68 times, quem será eliminado, acompanhar os 67 jogos que dominarão as páginas de esportes e sites e conferir a cobertura do *Sports Center* por três semanas inteiras, de meados de março à primeira semana de abril?

Acompanhando a Cronologia do Torneio da NCAA

Os times de basquete universitários da Divisão I começam a jogar em novembro, mas para duas ou três dúzias de instituições, a temporada regular não é como os primeiros dois terços do Kentucky Derby. Existe muita competição para as posições, mas nenhuma consequência real está em jogo.

Tudo muda no Selection Sunday (domingo de seleção). Este, para muitos fãs, é o primeiro dia de verdade da temporada de basquete universitário. Pegue carona nesta jornada que vai do Selection Sunday da NCAA até tocar One Shining Moment (Um Momento Brilhante) enquanto o time vencedor corta as redes da cesta.

Selection Sunday (domingo de seleção): No segundo ou terceiro domingo de março, às 18h (EST), o torneio é anunciado. Todos os 68 times, agrupados contra quem jogarão, são anunciados na televisão. Essa também é a primeira vez que as instituições descobrem isso; não há nenhum aviso dado aos treinadores ou diretores esportivos.

A CBS tem os direitos do torneio, que acontece desde 1982, e tem também acesso exclusivo para divulgar a chave dos jogos na televisão antes de qualquer outra rede (leia-se: ESPN), o que acontece durante um especial de uma hora ao vivo. A ESPN tem um programa do qual tive orgulho de fazer parte. Ele dura duas horas, e outros incontáveis programas da rede de canais da ESPN continuam dando as notícias sobre o torneio durante as primeiras horas da manhã.

Durante o anúncio, é uma prática entre os fãs ter uma cópia em branco da chave para ir preenchendo conforme os times forem sendo anunciados. Hoje em dia, você pode imprimir uma cópia da chave em inúmeros sites minutos antes da conclusão do programa sobre o Selection Sunday. A velha guarda ainda prefere preencher a chave à mão conforme forem sendo anunciados. Alguns hábitos nunca morrem.

A Figura 16-1 mostra um exemplo de uma chave.

DICA DE FÃ

Foram feitas mudanças na chave em 2011, quando o torneio expandiu para 68 times. Agora existem quatro rodadas a cada ano. Das 68, 8 equipes se enfrentam no chamado "First Four", para compor as 64 equipes do torneio. Após essa fase, as equipes se enfrentam em seguidos play-offs até restarem apenas 4 equipes, que disputarão o Final Four, ou as semifinais nacionais. Em 2011, os jogos aconteceram em Dayton, Ohio (e eles foram lá novamente em 2012). O calendário inclui dois jogos nas noites de terça-feira e dois nas noites de quarta-feira. Em cada noite acontece uma batalha entre 16 times, com o vencedor avançando para a segunda rodada. O segundo jogo, na terça-feira, acontece entre 12 times, ao passo que o último jogo, na quarta-feira, acontece entre 11 times. .

Não é uma tarefa fácil para os vencedores das quatro primeiras rodadas. Por exemplo, em 2011, Clemson derrotou a Universidade do Alabama-Birmingham (UAB) no segundo jogo da noite de terça-feira, e o jogo acabou às 23h55. O Tigers chegou a seu hotel em Tampa às 4h50, quando precisavam jogar novamente contra West Virginia a 31 horas dali. Clemson teve apenas uma hora de treino na quadra para aquele jogo, que era o mais crítico da temporada, para ter sucesso no torneio da NCAA. West Virginia, o time mais descansado, conseguiu a vitória no segundo tempo.

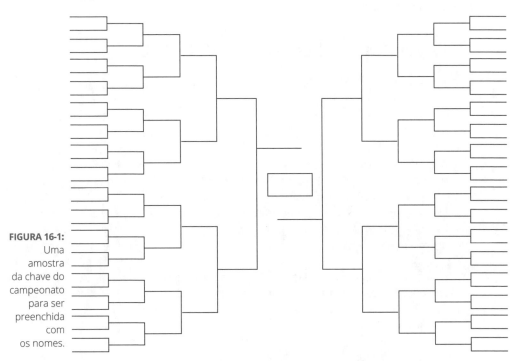

FIGURA 16-1: Uma amostra da chave do campeonato para ser preenchida com os nomes.

Segunda-feira: Formulários de apostas são distribuídos nos escritórios. A maioria das pessoas não precisa devolver o formulário até antes do primeiro jogo do torneio, que agora é terça-feira às 19h (EST). Não esqueça de fazer uma cópia das suas apostas para acompanhar durante o torneio.

Com o novo modelo de quatro primeiras rodadas, ao contrário de apenas uma, muitos escolhem ignorar os resultados da primeira rodada. Seu escritório devia pensar em fazer o mesmo. Em outras palavras, você não precisa preencher todo o bolão na noite anterior ao jogo, já que todos começam na mesma página, e os quatro vencedores avançam.

A esperteza por trás do gesto? Um bolão de escritório tem mais chances de ter menos participantes se exigir que todos completem suas apostas antes do início da primeira rodada. Quanto mais participantes no bolão, mais animado é.

De certo modo, podemos dizer que os organizadores das apostas estão fazendo o mesmo pelos participantes que o comitê de seleção faz para os primeiros 60 times selecionados para o torneio — dando a eles uma primeira rodada.

Sim, eu entendo que em 2011 o Virginia Commonwealth foi enviado para Dayton e se classificou para as semifinais, e por isso o Rams merece meu cumprimento. Dito isso, esses são os jogos que seriam banidos da ESPN2 ou ESPNU se eles acontecessem em janeiro ou fevereiro.

O JOGO QUE FOI ALÉM DA QUADRA

Como você pode ver nos números a seguir, o torneio da NCAA começou com apenas oito times em 1939. O número de times foi crescendo aos poucos, com o passar dos anos, com a variação baseada no número de associações que são classificadas automaticamente.

Antes de 1975, apenas um time de cada associação podia ser selecionado para o torneio da NCAA, o que significa que o campeão da associação (contanto que não estivesse em período de experiência) iria para o torneio. Isso era uma vantagem para instituições independentes, como Notre Dame, Marquette, Dayton e DePaul, porque elas não tinham que ganhar o título da associação para serem selecionadas. Elas só precisavam ganhar um concurso de beleza.

A regra de um time por associação mudou antes do torneio de 1975, e um jogo pode ser considerado o responsável por essa mudança. Em 1974, no campeonato da ACC, North Carolina enfrentou Maryland. Os dois estavam entre os cinco melhores na lista de convocação, mas, devido à regra, apenas um time poderia ir para o torneio da NCAA.

Maryland tinha três armadores All-Americans: John Lucas, Len Elmore e Tom McMillen. Elmore e McMillen foram escolhidos para a primeira rodada de draft da NBA em 1974. Mais quatro companheiros do Terrapin também foram escolhidos no draft.

O North Carolina State ganhou o jogo por 103 a 100 na prorrogação, e depois foi campeão no torneio da NCAA. No final da temporada havia um clamor de que Maryland deveria pelo menos ter sido convidado para o torneio da NCAA: o Terrapins ficou facilmente entre os 24 melhores times naquele ano. Na verdade, estavam provavelmente entre os quatro melhores.

A NCAA alterou a regra na primavera daquele ano. Pelos padrões atuais, Maryland poderia ter sido classificado em um dos primeiros lugares, e ainda assim não entrou no torneio da NCAA.

306   PARTE 4 **E Você Não Precisa Apanhar uma Bola**

Foi uma derrota tão frustrante para o Terps que o treinador Lefty Driesell recusou um convite para o National Invitational Tournament (NIT) na segunda-feira seguinte, terminando então com a carreira de Elmore e McMillan, que não jogaram em nenhum evento da temporada anterior como sêniores.

HISTÓRICO DE NÚMERO DE TIMES NO TORNEIO DA NCAA

ANO	TIME
1939–1950	8
1951–1952	16
1953–1974	22, 23, 24 ou 25
1975–1978	32
1979	40
1980–1982	48
1983	52
1984	53
1985–2000	64
2000–2010	65
2011–atualmente	68

Quinta e sexta-feira: Traga a TV para o trabalho ou diga que está doente. Esses dias são tomados pelo basquete, desde de manhã cedo até quase à meia-noite, e parecem — ou deveriam parecer — um feriado nacional. Lembre-se, o Super Bowl acontece em um domingo. A segunda rodada do torneio — ainda não me acostumei a chamá-lo assim — transmite a sensação de uma manhã de Natal.

São 32 jogos entre os 64 times restantes. Em um espaço de 36 horas, o campo do torneio é dividido na metade. Surpresas, sustos e tristezas são esperados. Você simplesmente não sabe de onde eles virão.

Sábado e domingo: A Cinderela deve provar que sabe dançar. Qualquer time pode ter sorte por quarenta minutos; para sobreviver ao fim de semana, entretanto, um time deve provar seu valor. Esses 16 jogos diminuem o número de competidores pela metade, de 32 para 16. A maior parte dos treinadores não admite isso publicamente, mas se passar dessa rodada, você pode classificar sua performance no torneio como, pelo menos, satisfatória.

Escolhendo Seus Times com Sabedoria

Antes de preencher seu bolão, você pode se informar fazendo um pouco de pesquisa. Felizmente (ou infelizmente), existem tantas publicações sobre o basquete universitário quantas sobre economia. Eu faço essa comparação como uma forma de lembrá-lo que não importa o quanto você lê sobre cada um dos tópicos, você nunca solucionará o problema. Você sempre achará uma exceção para cada regra de aposta em um bolão.

Publicações e sites sobre a temporada

Acompanhar os jogos *durante* a temporada é importante, especialmente em novembro e dezembro, quando jogos sem transmissão são mais comuns.

Basquete na internet

Quando estiver se preparando para preencher sua chave, existem incontáveis sites que você pode acompanhar. Você precisa de uma combinação de estatísticas e artigos para sua preparação. Os artigos te manterão atualizado com o que está acontecendo no programa (a investigação do Tennessee no NCAA de 2011, por exemplo, afetou a colocação do time no torneio), enquanto as estatísticas podem te ajudar a combinar os times.

Avançando para o torneio de 2011, o Virginia Commonwealth foi o único time da nação com seis jogadores que fizeram pelo menos trinta pontos de arremessos de quadra. Esse fato te ajudou pelo menos a escolhê-los no lugar de Southern California na primeira rodada. (Quem preveria que eles não conseguiriam jogar mais quatro jogos e chegar nas semifinais.)

> » **Warrennolan.com (em inglês):** Eu não conheço Warren Nolan, mas ele tem um ótimo site quando se fala em estatísticas... e é de graça. Você precisa de uma referência rápida sobre o total de qualquer time da Divisão I, sobre o recorde contra as porcentagens de classificação entre os Top 50 (RPI — Índice Percentual de Classificação), a rotina de treinamento, o recorde nos últimos dez jogos — e posso continuar.
>
> O que mais gosto neste site é que ele atualiza o RPI em tempo real. Então, se é 15 de fevereiro e seu time acabou de derrotar um time do ranking fora de casa, você pode entrar no site apenas trinta minutos após o jogo e conferir o RPI atualizado de seu time. Esse tipo de vitória pode fazer seu time saltar 15 colocações, e você não precisará esperar até o dia seguinte para descobrir isso.
>
> » **ESPN.com (em inglês):** Esse site tem os dados, os artigos e a sabedoria de Joe Lunardi.
>
> Joe monta toda a chave durante o ano. Isso pode te ajudar a montar sua própria chave, porque te mantém atualizado sobre as possíveis classificações durante o ano.

Ninguém te mantém mais atualizado em basquete universitário durante o ano do que os artigos e dados da ESPN. Existe também uma página para cada time, com estatísticas completas, lista, artigos e resultados de todos os times. Então, quando você precisar saber mais sobre um time que não conhece, esse é o lugar para ir.

» **Cbssportsline.com (em inglês):** A CBS e seus parceiros da Turner Sports fazem um trabalho completo cobrindo o evento, e seu site correspondente te mantém atualizado durante o ano. Esse site também monta sua chave no fim do ano, e é engraçado comparar as escolhas da CBS e da ESPN na hora de descobrir quem estava certo. O site também tem um elenco inacreditável de redatores que acompanham os últimos acontecimentos no basquete universitário.

» **Basketball-Reference.com (em inglês):** Esse site é o melhor que se pode encontrar quando se trata de dados históricos sobre o basquete universitário. É muito útil quando você quer determinar a média de sucesso do programa de um treinador em um torneio. Você consegue acessar o resultado de cada time da Divisão I ano a ano e o histórico de performance em cada torneio. Os dados também são separados por treinador.

Há também dissertações de estatísticas interessantes sobre times e treinadores que se superaram nos torneios com o passar dos anos.

Jornais também são úteis. Entre os principais estão *USA Today*, *The Atlanta Journal--Constitution*, *The Washington Post*, *The Boston Globe*, *The Chicago Tribune* e o *The Dallas Morning News*. Procure por jornais com um bom repórter de basquete universitário nacional; aquelas colunas com notas semanais que cobrem o país inteiro te manterão informado quando março chegar.

TIPOS DE CLASSIFICAÇÃO

O objetivo de qualquer classificação da NCAA é o mesmo: escolher corretamente quantos times forem possíveis para as semifinais. O tipo mais comum de classificação é também o mais complexo matematicamente. O estreante deve escolher o vencedor de cada um dos 67 jogos, até chegar ao jogo do campeonato. O sistema de pontuação — isto é, quantos pontos você recebe para cada vitória escolher corretamente — varia. Veja os seguintes tipos de pontos:

● **Sistema de pontuação gradual:** Uma escolha correta na primeira rodada, que tem quatro jogos, vale dois pontos. Na segunda rodada, que tem 32 jogos, ela vale 4 pontos; na terceira rodada, que tem 16 jogos, ela vale 8 pontos; um jogo Sweet Sixteen vale 16 pontos; uma final regional vale 24 pontos; e a semifinal (ou seja, uma semifinal nacional) vale 32 pontos. Acertar na escolha do campeão vale 50 pontos. Isso coloca o prêmio na escolha correta das semifinais e não penaliza quem perde alguns jogos da primeira rodada, o que é inevitável.

● **Um ponto por cada jogo escolhido corretamente:** Sua pontuação máxima é 67 pontos. Aqui o drama costuma ser nas escolhas da primeira rodada, porque 52 dos 67 jogos acontecem durante os primeiros seis dias de torneio.

(continua...)

CAPÍTULO 16 **Preenchendo Seu Bolão no Torneio da NCAA** 309

(...continuação)

> - **Leilão da NCAA:** Você faz uma aposta em cada time do torneio. Obviamente, as colocações principais têm um preço mais alto do que uma 16ª colocação. Após "comprar" o time, ele é seu durante o torneio. Após todos os times terem apostas, o dinheiro das apostas vai para um chapéu (ou outro lugar seguro; eu não estou fechado à ideia do chapéu). Quem acertar o campeão ganha 40% do dinheiro das apostas, enquanto os 60% restantes são divididos entre os "donos" dos times que chegaram nas semifinais.
>
> - **Empate aleatório:** O nome dos 67 times é colocado no chapéu (você pode usar um sombreiro se quiser, ou até mesmo uma caixa), e os participantes tiram um nome aleatoriamente. Se você quiser escolher mais de uma vez, você contribui o dobro para as apostas. A desvantagem desse jogo é que você não pode usar nada do que sabe sobre basquete, acumulado com o passar da temporada assistindo aos jogos. Essa é parte da diversão de jogar.

Mas não sobrecarregue o mais valioso computador pessoal, seu cérebro. Informação demais pode confundi-lo — e quanto tempo você planeja gastar lendo todos esses jornais? Seu investimento excederá o retorno que você receberá se ganhar o bolão do trabalho?

Programas sobre o Selection Sunday na CBS e na ESPN

Atualmente, CBS e ESPN estão liderando as redes que cobrem o basquete universitário. Eles avaliam os jogos durante todo o inverno, e quando o Selection Sunday chega, eles estão ansiosos (não, quase mordendo a língua) para contar todos os detalhes inúteis, como os rankings RPI (Índice Percentual de Classificação) ou o recorde das universidades contra times do Top 50, ou uma conferência exclusiva sobre a classificação (como a conferência de um time é mais forte que a de outro).

PALAVRAS DO AUTOR

Eu sou parcial, mas acho que o programa da ESPN sobre a seleção é melhor. Quando é tempo de transmissão, nós não fazíamos nada durante os dez dias anteriores além de assistir aos jogos de cada torneio de conferências. A ESPN sabe quem está em alta e tem vários especialistas dedicados que são ex-jogadores e ex-treinadores, cuja paixão e o conhecimento estão acima da censura. Mas não estou pedindo sua fidelidade. Se você é louco por basquete, grave um programa enquanto assiste ao outro.

Preenchendo Seu Bolão

Eu apresento estes fatores sem considerar se você tem um problema com apostas ou quantas vezes você sente aquele frio no estômago.

A HISTÓRIA DO TERMO "FINAL FOUR"

O primeiro uso registrado do termo "Final Four" foi encontrado no NCAA Official Collegiate Basketball Guide de 1975. Na página cinco, na seção de comentários sobre o campeonato nacional, escrita por Ed Chay do Cleveland Plain Dealer, Chay escreveu: "O franco treinador Al McGuire de Marquette, cujo time esteve no 'Final Four' em Greensboro (em 1974), estava entre os vários treinadores que disseram ter sido um bom dia para o basquete universitário quando a UCLA foi finalmente derrotada."

A primeira vez que o "Final Four" foi capitalizado foi no NCAA Official Collegiate Basketball Guide de 1978.

Estimativas

Quando for avaliar suas apostas, considere estes principais indicadores:

» **RPI (Índice Percentual de Classificação).** O índice RPI considera a dificuldade de um calendário de um time e a dificuldade dos calendários dos oponentes dele. É um índice de dificuldade de calendário. Esse índice tem sido usado pelo Comitê da NCAA desde 1981 para avaliar times.

» **Índice Jeff Sagarin.** Publicado por meio do site do *USA Today*, ele dá um outro índice estatístico classificando cada time. Também tem um componente de dificuldade do calendário. A grande diferença entre o Sagarin e o RPI é que o Sagarin leva em conta as margens das vitórias.

» **Pesquisa da Associated Press (AP).** Uma análise humana, essa pesquisa reflete a opinião coletiva de membros da mídia de todo o país. Não tem nada de científico nela. O quão precisa é a pesquisa da AP? Bem, não a utilize como um guia para escolher o campeão nacional. O time mais bem colocado entre os classificados para o torneio da NCAA na Pesquisa da AP só foi campeão nacional duas vezes desde 1995.

» **Pesquisa do *USA Today*.** Esta é similar à Pesquisa da AP, a única diferença é que os votos são feitos por sessenta treinadores principais ao redor do país. Assim como a Pesquisa da AP, cada eleitor escolhe os 25 melhores times, como o número um recebendo 25 pontos, o número dois recebendo 24 pontos, e assim por diante, até o time número 25, que recebe um ponto. Então os números são somados, e a equipe com a maior pontuação é ranqueada como a número um.

Dificuldade do calendário

O Comitê de Seleção do Torneio NCAA, aquelas dez pessoas iluminadas que selecionam os 68 times, não as escolhem baseado somente na quantidade de vitórias

CAPÍTULO 16 **Preenchendo Seu Bolão no Torneio da NCAA** 311

e derrotas de cada time. Nem você deveria. Existe uma grande variedade de oponentes na Divisão I — lembre-se, são 336 instituições participantes —, e você tem que verificar se uma escola teve um número de vitórias inflado devido a alguns oponentes fracos.

Como você examina os calendários? Olhe para os níveis de dificuldade do calendário de acordo com os índices RPI e Sagarin.

Você pode analisar um calendário difícil de duas maneiras: o rigor na temporada regular prepara seu time para os perigos da Loucura de Março, e os calendários mais difíceis deixam as equipes mais fatigadas. Aliás, ambas as teorias se provam corretas todos os anos. Houve exemplos na conferência Big East em 2011, porque houve um recorde de 11 times selecionados para o torneio. Apenas dois times chegaram às oitavas de final, então nove estavam exaustos, pelo rigor do calendário da conferência. Mas a UCONN foi campeã nacional após 18 jogos de temporada regular na conferência Big East mais cinco jogos no torneio da conferência. Eles estavam testados pelas batalhas.

Experiência dos jogadores

Você pode jogar em todos os ginásios complicados da nação contra todos os grandes times com os torcedores mais sujos, mas se você nunca esteve no Grande Baile, ainda não viu nada.

Olhe para o Butler Bulldogs em 2011. Eles eram o cabeça de chave número 8 ao começar o evento, e, para muitas pessoas, eram os azarões na primeira rodada contra Old Dominion. Mas Butler tinha muitos jogadores remanescentes da inesperada campanha do ano anterior, quando chegaram até a final. O Bulldogs tinha experiência no torneio, e não só venceu Old Dominion como chegou à final pelo segundo ano consecutivo.

Ao contrário disso, Louisville teve uma temporada espetacular graças ao desenvolvimento de dois calouros e de um segundanista que eram novos no time titular. Mas esses jogadores não tinham muita experiência no torneio da NCAA, e foram surpreendidos enquanto cabeça de chave número 4 ao perderem para o cabeça de chave número 13, Morehead State, na primeira rodada. O Cardinals foi o único dos quatro maiores cabeças de chave a perder em seu primeiro jogo em 2011.

Experiência do treinador

Ser treinador no Grande Baile (aqui está aquele termo de novo) é uma experiência totalmente diferente também. Apenas três treinadores venceram o torneio da NCAA em seu primeiro ano em um programa: Steve Fisher, com Michigan, em 1989; Ed Jucker, com Cincinnati, em 1961; e Tubby Smith, com Kentucky, em 1998. Em 2011, Brad Brownell, de Clemson, foi o único treinador de primeiro ano a ganhar uma final.

Além disso, nenhum treinador com menos de 40 anos ganhou o campeonato desde 1984, mas três vezes um treinador com pelo menos 60 anos de idade ganhou o título na última década. Isso inclui Jim Calhoun, com 68 anos, em 2011.

Por que preparar um time para o torneio da NCAA é um desafio tão grande?

> » Os times muitas vezes enfrentam equipes que nunca enfrentaram antes, e não conhecem muito o adversário.
>
> » As partidas são disputas em ambientes que não são familiares aos jogadores.
>
> » A histeria é diferente de qualquer coisa que os jogadores já tenham visto. Todas as três vezes que Calhoun foi campeão do torneio com Connecticut, o Huskies foi enviado para longe de casa, na região Oeste. Calhoun na verdade considerava isso uma vantagem, porque seus jogadores estavam a três fusos horários de distância de seus amigos e do *campus* (para não falar da mídia fanática da Costa Leste).

Em geral, quanto mais experiência um treinador tem no torneio, maiores são as chances de seu time no Grande Baile. (Veja a Tabela 16-1 com uma lista dos treinadores que têm o melhor aproveitamento em jogos do torneio e ainda estão ativos.) Duke automaticamente avança até as oitavas de final em meu bolão simplesmente por ter Mike Krzyzewski como treinador.

TABELA 16-1 **Melhor Porcentagem de Vitórias, Treinadores Ativos na NCAA (Mínimo de 15 jogos; no torneio de 2011)**

Treinador	Instituição	Anos	Vitórias/Derrotas	Porcentagem
Mike Krzyzewski	Duke	1984–2011	79–23	77,5%
Roy Williams	Kansas, UNC	1990–2011	58–19	75,3%
Jim Calhoun	Northeastern, UCONN	1981–2011	51–18	73,9%
Billy Donovan	Florida	1999–2011	25–9	73,5%
Brad Stevens	Butler	2010–2011	11–4	73,3%
Tom Izzo	Michigan State	1998–2011	35–13	72,9%
Rick Pitino	BU, PC, Kent, Louis	1983–2011	38–15	71,7%
John Calipari	UMASS, Mem, KY	1992–2011	32–13	71,1%
Bill Self	Tulsa, Illinois, Kansas	1999–2011	28–12	70%

Sucesso no torneio de conferência

Vencer um torneio de conferência pode ser o prenúncio de um possível campeão — mas nem sempre. Fique atento aos times que venceram seu torneio de conferência em uma virada ou pela primeira vez na história da instituição ou a primeira vez em muitos anos.

Ao longo dos últimos 27 anos, o eventual campeão do torneio da NCAA havia vencido seu torneio de conferência 15 vezes. Isso quer dizer mais ou menos 56% das vezes, dificilmente um fator preponderante para identificar um potencial campeão nacional. Em resumo, é virar uma moeda.

DICA DE FÃ

Muitas vezes, um time se motiva com uma derrota em um torneio de conferência (porque o treinador briga com os jogadores e consegue sua atenção). Além disso, o tempo para treinos e descanso conseguidos a partir de uma eliminação precoce do torneio de conferência podem ser usados para consertar problemas flagrantes. A época pré-torneio é provavelmente o período em que o time tem mais tempo para treinar desde o descanso de Natal.

Em cada uma das duas últimas vezes que North Carolina ganhou o campeonato nacional, em 2005 e 2009, o Tar Heels foi vencido no torneio da ACC. Roy Williams conseguiu a atenção de seu time, e eles voltaram para vencer seis jogos de maneira dominante e conseguir o título em cada ano.

Avaliação de conferências

Você pode definir a dificuldade de uma conferência de duas maneiras: *distribuída* ou *pesada*.

Conferências que são distribuídas, ou têm quatro ou cinco times que se destacam e estão entre os 20 melhores no ranking, geralmente se saem melhor no torneio da NCAA do que as conferências que são pesadas.

Em uma conferência distribuída, existem quatro ou cinco jogos mais fáceis no calendário. Jogue cada um deles duas vezes por ano, e são de oito a dez jogos em que você pode respirar. O desgaste emocional de jogar é maior do que o desgaste físico. Nenhum treinador consegue ter seu time jogando com toda intensidade em cada jogo. Acomodações emocionais são inevitáveis, e um treinador maduro garante que as acomodações de seu time aconteçam nos jogos fáceis.

Em uma conferência pesada, os times muitas vezes se esgotam. Sim, eles estão testados para a batalha quando a Loucura de Março chegar, mas podem também ter exaurido suas forças.

Programas bem-sucedidos

Os mais famosos geralmente chegam ao topo, e esse pode ser o caso quando estiver preenchendo seu bolão. Apesar de existirem surpresas todos os anos e histórias de Cinderela especiais (veja as semifinais de 2011), na maioria das vezes o campeão nacional já esteve lá antes.

Desde 1999, oito instituições combinadas venceram os últimos 13 campeonatos nacionais, incluindo três pela UCONN, dois por Duke e dois por Flórida. As instituições de uma das seis maiores conferências (ACC, Big East, Big 12, Big 10, PAC 12 e SEC) ganharam todos os torneios da NCAA desde 1991. A UNLV, em 1990, foi a última instituição de uma conferência menor a ganhar o título. Nos últimos 20 anos houve apenas cinco campeões que nunca haviam ganhado o título.

Então, pode ser uma boa ideia dar crédito no torneio da NCAA para times que já fizeram sucesso nesse torneio no passado. A Tabela 16-2 mostra as instituições com mais vitórias na história do torneio.

TABELA 16-2   **Maior Número de Vitórias em Torneios da NCAA**

Vitórias	Instituição	Anos
105	North Carolina	1941–2011
105	Kentucky	1942–2011
96	Duke	1955–2011
95	UCLA	1950–2011
88	Kansas	1940–2011
60	Indiana	1940–2008
60	Louisville	1951–2011
53	Syracuse	1957–2011
52	Michigan State	1957–2011
46	Georgetown	1943–2011

A SÉRIE DE 38 JOGOS SEGUIDOS NO TORNEIO DA UCLA

UCLA foi muito aclamada por sua série de 88 vitórias seguidas entre 1971 e 1974. Essa atenção foi reacendida em 2010, quando o time feminino de Connecticut alcançou a marca de 90 vitórias seguidas.

Mas a sequência que merece mais atenção, talvez até mais do que as 88 vitórias consecutivas, são as 38 vitórias seguidas no torneio da NCAA do Bruins sob o comando de John Wooden ao longo de uma década. Eu nunca pensei muito sobre isso, até que a ESPN fez um especial sobre várias dinastias do esporte quando lançaram a série ESPN Sports Century. Nesse programa, Dick Enberg, notável narrador para NBC e CBS, assim como a voz do basquete da UCLA durante aquela época, conclamava a sequência de 38 vitórias seguidas "no torneio" como uma das incríveis da história do esporte.

Uma olhada nos registros da NCAA mostra que a segunda maior sequência de vitórias consecutivas no torneio da NCAA é de 13 jogos por Duke, de 1991 a 1993. Deixe-me repetir, 38 é a primeira e 13 é a segunda. Diga-me quantos recordes excederam a segunda posição por quase 300%. Isso seria algo como alguém quebrar o recorde de Joe DiMaggio rebatendo por 56 jogos seguidos da MLB com uma marca de 163 jogos seguidos conseguindo rebatidas.

(continua...)

CAPÍTULO 16 **Preenchendo Seu Bolão no Torneio da NCAA** 315

(...continuação)

É verdade que o torneio da NCAA nos anos 1960 e início dos anos 1970 era mais regional em sua essência. O Bruins de John Wooden jogou apenas com times da Costa Oeste até a semifinal com uma exceção (Dayton, 1974) entre 1964 e 1974, e oito dos 38 jogos foram jogados em Los Angeles. Além disso, o Bruins nunca teve que vencer seis jogos seguidos em um torneio.

Mas UCLA venceu os 38 jogos consecutivos por uma margem total de 619 pontos, 16,3 pontos por partida. E 28 dos 38 jogos foram vencidos por uma diferença de dez pontos ou mais, incluindo 12 vitórias por no mínimo 20 pontos de diferença. Apenas cinco jogos foram decididos por cinco pontos ou menos, e houve apenas uma prorrogação — uma vitória em uma prorrogação tripla contra Dayton

São necessárias seis vitórias... ou sete

Não existem muitas verdades para se escolher seus favoritos no bolão do torneio da NCAA, mas uma que chega perto é uma sequência de seis vitórias consecutivas em algum momento da temporada para seu eventual campeão. Isso faz sentido quando você pensar que: são necessárias seis (ou até sete, se você tiver que jogar a repescagem) vitórias consecutivas para vencer o campeonato.

Devido ao fato de o torneio da NCAA ter aumentado seu número de participantes para 64 em 1985 (e hoje 68), apenas dois times venceram o torneio da NCAA sem ter conseguido uma sequência de pelo menos seis vitórias seguidas durante a temporada regular. As duas instituições a fazerem isso foram Arizona, em 1997, e Michigan State, em 2000. Ambas tinham sequências de cinco vitórias consecutivas durante a temporada regular. Então, quando estiver escolhendo seu campeão, cheque esses resultados e garanta que seu time tenha tido uma sequência de pelo menos seis vitórias seguidas em algum momento da temporada.

Quem está voando, quem não está

Quando o calendário de 2011 chegou em março, o time de basquete feminino da UCONN era tratado como virtual campeão de seu terceiro título consecutivo, enquanto o time masculino tinha perdido quatro dos últimos cinco jogos de temporada regular.

Mas, ao final do mês, o time feminino de Notre Dame tinha eliminado o Huskies feminino do torneio da NCAA, e o Huskies masculino havia conseguido 11 vitórias consecutivas na pós-temporada para ganhar o torneio da NCAA.

O Huskies masculino tinha uma campanha de nove vitórias e nove derrotas na temporada regular na áspera Big East e eram cabeça de chave número 9 no torneio de conferência. O nono lugar no ranking significa que o Huskies tinha que vencer cinco partidas em cinco noites para ganhar o campeonato Big East, algo que nenhum outro time em nenhuma conferência havia conseguido. Mas eles conseguiram, e então venceram seis jogos consecutivos no torneio da NCAA ao longo de três semanas,

316   PARTE 4 **E Você Não Precisa Apanhar uma Bola**

dando ao time de Jim Calhoun 11 vitórias de pós-temporada, então mais do que qualquer outro time na história da NCAA.

O ponto dessa discussão, se não do capítulo inteiro, é: se você usar retrospectos, pode argumentar a favor ou contra qualquer linha de raciocínio. Esse não é um pensamento muito animador enquanto você se prepara para preencher seu bolão, mas é a verdade. Se existisse uma fórmula que fosse a prova de falhas, alguém já a teria descoberto há muito tempo.

Leve isso em conta: em 2011, o time masculino de Connecticut ganhou o campeonato nacional, e em retrospectiva podemos conseguir todos os tipos de razões que suportariam seu status de melhor time do torneio. Tendo dito isso, a UCONN ganhou seis jogos; em dois desses (contra Arizona e Kentucky), entretanto, o time adversário errou um potencial arremesso de três pontos que daria a vitória com menos de seis segundos restantes.

A sorte conta no torneio da NCAA. E não é possível antever qual será o time mais sortudo.

Quem tem os armadores?

A posição mais importante no torneio da NCAA não é o pivô; ter armadores experientes que controlam o ritmo de uma partida é mais importante. Até mesmo os grandes times da UCLA nos anos 1960 e 1970 tinham grandes armadores para se somarem a Kareem Abdul-Jabbar e Bill Walton. Afinal, alguém precisa lhes entregar a bola e controlar o fluxo do jogo.

HALL DA FAMA

Você talvez se lembre do pivô Christian Laettner, de Duke, no início dos anos 1990. Não somente o líder do Blue Devils em quadra, mas ele também mantém o título de cestinha do torneio da NCAA ao longo da carreira. Mas onde Duke estaria sem o diminuto, porém enjoado armador Bobby Hurley? A mídia reconheceu isso no torneio de 1992 e nomeou Hurley, não Laettner, o jogador mais espetacular do torneio (MOP). Na verdade, 13 dos últimos 22 MOPs do torneio da NCAA foram armadores, incluindo Kemba Walker, da UCONN, que levou o Huskies ao título nacional com uma média de 24 pontos no torneio.

Vencendo Jogos Apertados

Uma das chaves para o sucesso no torneio da NBA é a habilidade de vencer jogos difíceis. Se você olhar para os campeões do torneio da NCAA dos últimos anos, é notório que é necessário saber vencer jogos apertados.

Todos os quatro semifinalistas de 2011 tiveram vitórias apertadas em seu caminho para Houston, e eles tinham registros de vitórias conseguidas por cinco pontos ou menos durante a temporada regular que lhes deu confiança no torneio. Butler venceu quatro jogos por cinco pontos ou menos durante a temporada regular, e depois venceu três jogos por três pontos ou menos durante o torneio da NCAA.

Connecticut tinha a incrível marca de nove vitórias e três derrotas em jogos com diferenças finais de cinco pontos ou menos no Selection Sunday, incluindo três no torneio da Big East. O Huskies venceu o Arizona por 65 a 63 no campeonato regional, e depois venceu o Kentucky por 56 a 55 na semifinal nacional.

Então, quando estiver preenchendo seu bolão, escolha times que foram bem em jogos apertados.

Registros da temporada: topar com seu dedão não é tão ruim

Não se sinta inclinado a escolher uma instituição simplesmente porque o time chegou ao torneio invicto ou com apenas uma derrota. Basquete universitário não é como futebol americano universitário: perder de vez em quando é bom. Claro, você quer chegar voando ao torneio, mas se você está invicto ou tem apenas uma derrota ao chegar lá, a pressão cresce.

Nos últimos 35 anos, 23 times chegaram ao torneio da NCAA com uma ou nenhuma derrota, e nenhum deles foi campeão nacional. O último time a terminar a temporada invicto e ganhar o campeonato nacional foi Indiana, em uma temporada perfeita com 32 vitórias e nenhuma derrota. Por quê?

» Pressão demais. Os times começam a jogar para não perder, em vez de jogar para ganhar.

» Perder é bom de vez em quando. Permite análises honestas nas partes que você precisa melhorar. Os treinadores podem pregar o que precisa ser melhorado — mas se o time não perdeu o jogo anterior, a pregação pode não funcionar.

PALAVRAS DO AUTOR

Se você está procurando um número ideal de derrotas, eu sugiro quatro. Quatro dos últimos dez campeões nacionais chegaram ao torneio da NCAA com quatro derrotas: Duke, em 2001; Maryland, em 2002; North Carolina, em 2005; e North Carolina em 2009. Perceba que todos os quatro pertencem à ACC.

A importância do chaveamento

Acompanhe os cabeças de chave quando fizer suas escolhas. Apesar de não poder escolher cada jogo de acordo com o melhor cabeça de chave, você acertará mais vezes do que errará se fizer isso. Na verdade, em 2011, o melhor cabeça de chave venceu 25 dos 32 jogos de segunda rodada. Afinal, é por isso que ele é um cabeça de chave melhor. Dê ao Comitê de Seleção do Torneio da NCAA algum crédito; eles trabalham duro durante muito tempo definindo os cabeças de chave.

LEMBRE-SE

Apesar de cada regra que eu mencionei neste capítulo ter sua exceção, uma regra nunca foi quebrada: *um cabeça de chave número 1 nunca perdeu seu primeiro jogo.* Os cabeças de chave número 1 têm um registro de 108 vitórias e nenhuma derrota na primeira rodada até 2011, desde que começou a existir o chaveamento para o torneio de 1985. Você pode arriscar os cabeças de chave número 2 como vencedores também, já que seu registro é de 104 vitórias e quatro derrotas nas primeiras rodadas, 96% das vezes.

O confronto entre os cabeças de chave oito e nove deveria ser um confronto equilibrado, e tem sido o mais equilibrado desde 1985. Desde 1985, o cabeça de chave nove ganhou 57 partidas, e o cabeça de chave oito ganhou 51. No confronto entre os cabeças de chave sete e dez, o sete venceu 65 vezes comparado a 43 vitórias dos cabeças de chave dez.

Aqui temos alguns outros fatos para serem lembrados sobre chaveamento.

» Um cabeça de chave número 1 ganhou o torneio da NCAA em 18 dos últimos 33 anos, ou desde que o chaveamento começou, em 1979.

» Um cabeça de chave número 12 surpreendeu um número 5 pelo menos uma vez em dez dos últimos 11 anos. O torneio de 2007 foi o único em que isso não aconteceu.

» Vinte vezes nos últimos dois anos um time que foi considerado um cabeça de chave pelo menos cinco posições menor (pior) do que seu adversário conseguiu uma vitória surpreendente, incluindo um recorde de 11 vezes no evento de 2011. VCU conseguiu três dessas surpreendentes vitórias em 2011.

» Villanova ganhou mais jogos como cabeça de chave menor (zebra) do que qualquer outra instituição.

» Um cabeça de chave número 1 tem chegado às semifinais 45 das 108 possíveis vezes desde 1985, o ano em que o torneio passou a ter 64 times. Apenas três vezes desde 1979 aconteceram semifinais sem um cabeça de chave número 1 — 1980, 2006, e 2011. O torneio de 2011 é o único sem um cabeça de chave 1 ou 2 nas semifinais.

» Um time definido como cabeça de chave três ou melhor ganhou 29 dos últimos 33 torneios da NCAA. Mesmo com tantas surpresas acontecendo, em 2011, o torneio foi vencido por um cabeça de chave número 3, UCONN.

» Um cabeça de chave número 11 foi o pior a alcançar as semifinais, acontecendo apenas três vezes: LSU, em 1986; George Mason, em 2006; e Virginia Commomwealth, em 2011.

» Todos os cabeças de chave número 1 chegaram às semifinais em 2008, mas nenhum chegou às semifinais em 2006 ou 2011.

Os números a seguir mostram os registros de cada confronto no torneio da NCAA em segunda (ou primeira) rodada desde 1985.

#1 versus #16	108-0	#5 versus #12	72-36
#2 versus #15	104-4	#6 versus #11	72-36
#3 versus #14	92-16	#7 versus #10	65-43
#4 versus #13	85-23	#8 versus #9	51-57

Equipes físicas

Bob Huggins, o treinador do West Virginia, disse-me que existe de fato uma diferença na forma como o jogo é apitado no torneio da NCAA. O comportamento dos árbitros é o de deixar os times decidirem na quadra. (Em outras palavras, os árbitros evitarão marcar muitas faltas, especialmente no fim dos jogos.) Para chegar longe no torneio da NCAA, os times não devem confiar somente na técnica apurada de seus jogadores. É bom que eles marquem muito forte e peguem o rebote e lutem por cada bola perdida. A margem de rebotes (veja o Capítulo 8) é um bom indicador da tendência de um time para o jogo físico.

No torneio de 2010, o West Virginia chegou às semifinais. Eles conseguiram isso graças a uma margem de rebotes de +6,4, a décima quarta melhor média do país.

Lesões e distrações

Distrações no final da temporada, normalmente a partir de uma violação da NCAA ou suspensão acadêmica, podem ter um efeito devastador em um time. Em 2011, Tennessee foi envolvido em uma investigação da NCAA, e houve uma especulação excessiva sobre o futuro de seu treinador principal, Bruce Pearl. Era uma distração no momento do torneio. Apesar de o Tennessee ser um cabeça de chave melhor e ter um RPI muito melhor do que seu adversário Michigan, a maioria das pessoas achava que seria uma vitória fácil do Wolverines. E foi, por um placar de 75 a 45.

Times em uma missão

Fique ciente das motivações especiais de um time. Na temporada de 1995–1996, por exemplo, Pete Carril era o treinador de Princeton em seu último torneio da NCAA. O resultado: uma vitória surpreendente contra a atual campeã UCLA na primeira rodada.

Em 1990, Loyola Marymount tinha acabado de perder sua estrela Hank Gathers, que havia morrido em quadra no torneio da conferência poucos dias antes do início do torneio da NCAA. Marymount venceu a atual campeã Michigan na primeira rodada em uma das melhores performances de arremessos de quadra da história do torneio. Loyola Marymount chegou até as quartas de final, quando perdeu para a eventual campeã UNLV.

O fator líder carismático

Todo torneio da NCAA tem um jogador mais valioso, mas alguns jogadores carregam seus times nas costas mais do que os outros. Nos últimos anos, Danny Manning, de Kansas (1988), Glen Rice, de Michigan (1989), e Mateen Cleaves, de Michigan State (2000) levaram seus times ao título baseados em o que muitas vezes parecia pura força de vontade. Esse foi o caso da UCONN em 2011, quando Kemba Walker liderou um Huskies muito jovem ao título.

Todo ano alguma equipe faz uma bela campanha motivada pelo fato de ser o último torneio de um jogador de segundo ou terceiro ano muito talentoso ou de um veterano. Quem será neste ano?

COLOCANDO EM TABELAS

Se você quer realizar uma análise mais profunda em um confronto específico, digamos um jogo entre cabeças de chave oito e nove, talvez seja interessante comparar os times em várias categorias. O peso de cada categoria é você quem deve decidir, mas se você tem muitos pontos onde um time é mais forte do que o outro, você deve considerá-lo como o vencedor desse jogo para seu bolão.

O exemplo a seguir é de um confronto entre cabeças de chave oito e nove no torneio da NCAA de 2011.

CATEGORIA	GEORGE MASON	VILLANOVA
Cabeça de chave	X8	9
Experiência de jogadores no torneio da NCAA	X	
Experiência do treinador no torneio da NCAA	X	
Geografia	Wash	Wash
RPI	X-24	38
Dificuldade de calendário RPI	91	X33
Campanha geral	X26-6	21-11
Campanha na conferência	X16-2	9-9
Campanha fora de casa	X13-7	8-8
Adversários em comum	X2-0	1-0
Vitórias sobre os 50 melhores RPI	3	X7
Jogos com diferenças de cinco pontos ou menos	1-2	X5-6
Últimos dez jogos	X9-1	3-7
Aproveitamento dos arremessos de três pontos	X39,5%	34,8%
Margem de rebotes	+2,1	X+4,5

George Mason teve oito colunas marcadas, e Villanova, seis. George Mason ganhou a partida.

Nota: Geografia significa que o time terá apoio da torcida no local do torneio.

A teoria Rodney Dangerfield

LEMBRE-SE

Não houve melhor uso da teoria Rodney Dangerfield ("Eu não tenho respeito") nos últimos 30 anos do torneio da NCAA do que as técnicas motivacionais do treinador Shaka Smart, ex-Virginia Commomwealth University (VCU) e atualmente Texas Longhorns. É claro que Smart teve ajuda, cortesia de muitos membros da mídia, incluindo meu bom amigo Jay Bilas, da ESPN.

Nos programas do Selection Sunday, muitos especialistas diziam que VCU não tinha nada a ver com o torneio da NCAA. Bilas disse que nem conhecia VCU. Várias vezes, em conversas antes de partidas, Smart se referiu à mídia e à sua falta de respeito pelo programa da VCU.

Bem, a VCU chocou o mundo com uma vitória inaugural sobre a equipe favorita de Southern California, e depois realizou uma campanha contra times favoritos de conferências maiores nunca antes vista no torneio da NCAA. A lista inclui uma vitória sobre Pittsburgh, um cabeça de chave número 1. VCU, que era cabeça de chave número 11, chegou às semifinais, apenas a terceira equipe nessa situação a fazer isso na história.

Já nos encontramos antes?

Os jogos do torneio da NCAA são quase sempre confrontos entre equipes de conferências diferentes. O comitê do torneio monta a chave de maneira que times da mesma conferência não se encontrem antes das oitavas de final, na pior das hipóteses (a não ser que uma conferência receba oito convites). Então, quando for escolher seus vencedores, fique atento a como uma equipe joga contra equipes de outras conferências. Claro, muitos jogos são disputados desde dezembro, e um time pode ficar melhor ou pior, mas não desconsidere esses confrontos.

Fique atento também ao fato de que algumas partidas se repetem, e o que aconteceu no primeiro jogo pode ser um bom indicador. Em novembro de 2010, UCONN venceu Kentucky no Maui Classic por 17 pontos. Os times se enfrentaram de novo nas semifinais. UCONN ganhou a partida — por apenas um ponto, mas ganhou.

A importância de ser ignorante

Mesmo que os fatos e números te entediem, e você prefira ler o preço das ações na NASDAQ do que o Índice Sagarin qualquer dia da semana, você talvez queira entrar no bolão de seu trabalho. Se for o caso, você pode ter outros parâmetros para selecionar seus times favoritos. Tente as cores da instituição ou mascotes.

DICA DE FÃ

Se você usa o método das cores, use azul. Cada um dos últimos oito, e 19 dos últimos 24 campeões da NCAA tinham azul nas cores de suas instituições. Todos os quatro times que chegaram às semifinais em 2011 tinham algum tom de azul. Fique longe do verde, porque Michigan State é a única instituição com verde em suas cores a vencer o torneio da NCAA desde que esse formato se iniciou, em 1984.

A princesa do bolão

Existem muitas teorias a se seguir quando estiver preenchendo seu bolão da NCAA. Nenhuma é mais estranha nem mais bem-sucedida do que a utilizada por Diana Inch, uma bibliotecária na Jefferson High School, em Salem, Oregon, para o torneio de 2011.

Inch participou de um bolão com três milhões de pessoas no Yahoo.com e foi a única pessoa a acertar todos os times semifinalistas para o torneio de 2011 (Virginia Commomwealth, Butler, UCONN e Kentucky).

Em entrevistas para a imprensa após ter sido publicado que ela era a única pessoa no site a acertar os quatro semifinalistas, ela declarou que seguiu duas teorias: jogue os números sete e 11, e escolha times cujas mascotes sejam cachorros ou gatos.

Seguir essa teoria significa escolher o Butler Bulldogs, o UCONN Huskies e o Kentucky Wildcats. Ela escolheu VCU, pois o Patriots era cabeça de chave número 11. Ela também ressaltou que Butler era uma escolha popular para ela porque Brad Stevens tem sete letras em seu sobrenome e 11 letras em seu primeiro nome e sobrenome combinados.

Antes que você pense que Diana é um gênio do basquete, ela escolheu dois cabeças de chave 16 vencendo cabeças de chave número 1 na primeira e segunda rodadas. Claro, nunca nenhum 16 venceu um cabeça de chave número 1, e isso não aconteceu em 2011. E a explicação para a escolha é muito simples, porque os cabeças de chave número 16 Boston University Terriers e UNC-Asheville Bulldogs tinham cachorros em seus nomes.

Outros times surpreenderam os cabeças de chave um e dois durante o torneio, fazendo com que Inch acertasse os quatro semifinalistas.

Nas semifinais, ela escolheu corretamente que UCONN e Butler chegariam à final, e depois acertou de novo dizendo que UCONN seria o campeão nacional. Por que ela escolheu o Huskies como campeão? Ela tem um cachorro de 13 anos que lembra a mascote do UCONN Huskies.

PARTE 4 **E Você Não Precisa Apanhar uma Bola**

5

A Parte
dos Dez

NESTA PARTE...

Pule para esta parte se você precisa descansar. Aqui você pode se juntar a mim em minha jornada retrospectiva de jogos que mudaram o curso da história do basquete, os maiores jogadores da NBA de todos os tempos, os sites mais legais e as datas mais importantes do jogo.

> **NESTE CAPÍTULO:**
>
> O primeiro jogo — e o ícone do futebol americano que o disputou
>
> Jogos que disseminaram o interesse no basquete universitário
>
> Início da festa do basquete feminino
>
> A aurora da era Bird e Magic na NBA

Capítulo 17

Dez Jogos que Mudaram o Curso da História do Basquete

Tantos jogos, tantas histórias. Literalmente milhares de jogos de basquete ocorrem a cada dia, desde as finais da NBA televisionadas em horário nobre até uma criança jogando contra seu adversário imaginário em sua garagem. Aqui estão os dez jogos (não resisti e coloquei 11) que, em minha opinião, tiveram mais ressonância.

Springfield YMCA 5, Springfield Teachers 1

Quando: 12 de março de 1892

Onde: Springfield YMCA (Springfield, Massachusetts)

O que seria uma lista dessa natureza sem incluir o primeiro jogo? Esse jogo foi disputado perante 200 espectadores e é considerado a primeira exibição pública do basquete.

Os estudantes venceram a partida, mas a nota mais incrível do confronto diz respeito à pessoa que marcou o único ponto dos professores — ninguém menos do que Amos Alonzo Stagg, o treinador de futebol americano universitário da era e do Hall da Fama. De acordo com o *Republican*, "A figura mais notável em quadra era Stagg, em seu uniforme azul de Yale, que de alguma forma conseguiu participar de todos os confrontos em quadra. Seu treinamento para futebol americano o atrapalhou, e ele estava o tempo todo cometendo faltas por empurrar seus oponentes".

Texas Western 72, Kentucky 65

Quando: 19 de março de 1966 (Final da NCAA)

Onde: College Park, Maryland

Texas Western, hoje conhecida como University of Texas at El Paso (UTEP), se tornou a primeira instituição a ter como titulares cinco jogadores afro-americanos em uma final da NCAA. Enquanto isso, Kentucky, o bastião da velha guarda, teve cinco jogadores brancos como titulares, entre eles o futuro treinador da NBA Pat Riley. A vitória de Texas Western abriu as portas para a integração racial entre times universitários nos Estados Unidos, especialmente no sul do país. Apenas três anos antes, o treinador Babe McCarthy, de Mississipi State, desafiou uma política escolar que proibia o Bulldogs de jogar contra times integrados e escapuliu para conseguir jogar contra Loyola (Illinois), que tinha alguns jogadores negros como titulares, em um jogo de primeira rodada no torneio da NCAA. Após isso, a complexidade do jogo nunca mais foi a mesma.

Houston 71, UCLA 69

Quando: 20 de janeiro de 1968

Onde: Houston Astrodome (Houston, Texas)

Este jogo foi um presságio para as semifinais da NCAA de hoje em dia: um jogo de basquete universitário em um estádio coberto e televisionado nacionalmente em horário nobre. Esse foi o primeiro confronto feito para TV que foi comercializado para todo o país (150 redes de TV em 49 estados transmitiram a partida). Quando esses dois times se encontraram novamente nas semifinais do torneio da NCAA (apesar de esse termo não existir até 1975), a revanche não foi televisionada nacionalmente.

Por sorte, esse confronto sobreviveu graças a seu faturamento, enquanto Elvin Hayes, de Houston, marcou 39 pontos e segurou Lew Alcindor (mais tarde Kareem Abdul-Jabbar) da UCLA a apenas 15 pontos e 12 rebotes. Alcindor acertou apenas quatro de 18 arremessos de quadra, com sua efetividade limitada por uma lesão que o obrigou a usar um tapa-olho no olho esquerdo. Como se a percepção de profundidade dentro de um ginásio como aquele não fosse um problema — não existiam assentos no nível da quadra, então parecia que o jogo acontecia no meio de um vasto abismo. UCLA entrou nessa partida com uma invencibilidade de 47 jogos.

North Carolina 54, Kansas 53 (três prorrogações)

Quando: 23 de março de 1957 (final da NCAA)

Onde: Kansas City, Missouri

Esta foi a única final do campeonato nacional a ter três prorrogações na história. Esse jogo não está na lista porque foi uma grande virada, e sim porque foi um jogo eletrizante por 55 minutos. Joe Quigg, de North Carolina, converteu um par de arremessos livres com seis segundos no cronômetro para marcar os pontos da vitória.

As pessoas lembram desse jogo como marcante porque North Carolina, que entrou em quadra invicta, venceu o time que tinha Wilt Chamberlain, uma presença dominante no basquete por muitos anos. Chamberlain marcou 23 pontos e pegou 14 rebotes, mas isso não foi o suficiente.

Para aumentar o drama, havia o fato de que na semifinal North Carolina precisou de três prorrogações para vencer Michigan State. Imagine só vencer dois jogos seguidos com três prorrogações para ser campeão nacional!

Notre Dame 71, UCLA 70

Quando: 19 de janeiro de 1974

Onde: South Bend, Indiana

PALAVRAS DO AUTOR

Eu sou obviamente parcial neste caso em específico, mas quando a ESPN selecionou os dez maiores jogos na história do basquete universitário, este foi um deles. Vencer um time da UCLA que havia vencido sete campeonatos nacionais em sequência e 88 jogos seguidos (ultrapassando o recorde de todos os tempos por 28 jogos) foi bom o suficiente.

Mais do que qualquer coisa, a emoção estava na maneira que ganhamos. Imagine como a UCLA devia estar se sentindo quando pediram um tempo com 3min22s restantes, vencendo por 70 a 59. Bill Walton, o grande pivô do Bruins, nunca havia perdido pela UCLA e nunca havia perdido no basquete escolar. Ele deve ter acreditado que essa já estava no papo.

Nós então marcamos os últimos 12 pontos da partida — o que criou dúvidas sobre a dinastia da UCLA. Logo depois, UCLA perdeu mais dois jogos de temporada regular, contra Oregon e Oregon State fora de casa, e depois perdeu para North Carolina nas semifinais do torneio da NCAA. A vitória de Notre Dame ajudou a demolir o império de UCLA e dar início a uma nova era de equilíbrio no basquete universitário.

Michigan State 75, Indiana State 64

Quando: 26 de março de 1979 (final da NCAA)

Onde: Salt Lake City, Utah

Este é até hoje o jogo mais assistido de basquete universitário na história da televisão. A atração: Larry Bird, da invicta Indiana State, contra Magic Johnson, de Michigan State. Esse confronto foi o início de uma das maiores e mais amigáveis rivalidades entre dois jogadores do esporte.

Johnson venceu esse confronto, marcando 24 pontos e buscando sete rebotes. Bird teve 19 pontos e 13 rebotes, mas acertou apenas sete de 21 arremessos de quadra, devido a uma lesão na mão.

Esse jogo fez o país se fascinar pelo basquete universitário. O sucesso futuro de Bird e Johnson na NBA apenas fortaleceu o interesse no basquete universitário.

União Soviética 51, Estados Unidos 50

Quando: 10 de setembro de 1972

Onde: Munique, Alemanha Ocidental

A série de 63 vitórias consecutivas do time olímpico americano terminou de maneira controversa quando os soviéticos puderam fazer uma saída de bola no último segundo três vezes na final do campeonato. Após Doug Collins dos Estados Unidos converter dois arremessos livres no último segundo, com três segundos restantes, os americanos ganhavam por 50 a 49. As regras internacionais proibiam pedidos de tempo após arremessos livres, mas o time soviético invadiu a quadra após a bola ser colocada em jogo. O árbitro pediu um tempo próprio para acabar com a bagunça e permitiu uma segunda saída de bola, desta vez com um segundo restante. Essa saída foi interceptada e a bola saiu de jogo, e o time dos Estados Unidos comemorou a vitória.

Ou pelo menos eles acreditavam. Um árbitro olímpico — não um árbitro da partida — disse que o árbitro deveria ter permitido que os soviéticos dessem a saída de bola com três segundos no relógio. Na terceira tentativa, Alexsander Belov recebeu um passe que teve a distância da quadra entre dois jogadores americanos e converteu a bandeja vencedora.

Essa derrota foi a primeira dos Estados Unidos em torneios olímpicos; a *Sports Illustrated* a chamou de "a maior injustiça na história das Olimpíadas". Para piorar a história, alguém roubou a carteira do treinador dos Estados Unidos Hank Iba (com US$370 dentro) durante a confusão após o apito final. Os membros da delegação americana, protestando contra o resultado do jogo, se recusaram a aceitar suas medalhas de prata.

Connecticut 77, Tennessee 66

Quando: 16 de janeiro de 1995

Onde: Storrs, Connecticut

Este foi, desculpe a expressão, o baile de debutante do basquete feminino. Tennessee, número um do ranking com 16 vitórias e nenhuma derrota, enfrentou o time número dois do ranking, Connecticut, com uma campanha de 12 vitórias e nenhuma derrota. A ESPN transmitiu o jogo nacionalmente, e uma plateia barulhenta lotou a arena Storrs no *campus* da Universidade de Connecticut (UCONN). O UCONN Huskies seguiu adiante na temporada com uma campanha de 35 vitórias e nenhuma derrota e venceu Tennessee para ser campeão nacional. Mas esse jogo de temporada regular, jogado na tarde do Dia de Martin Luther King, inflamou a mania Huskie e contribuiu para aumentar o interesse no basquete feminino nos últimos anos.

Boston Celtics 135, Chicago Bulls 131 (duas prorrogações)

Quando: 20 de abril de 1986

Onde: Boston Garden

CAPÍTULO 17 **Dez Jogos que Mudaram o Curso da História do Basquete** 331

Michael Jordan havia perdido 49 jogos da segunda temporada da NBA com uma lesão no pé, mas de nenhuma maneira ele perderia a primeira rodada de playoffs do Chicago Bulls contra o Boston Celtics. No jogo um, uma derrota em Boston Garden, Jordan marcou 49 pontos. Aqui, no jogo dois, seu brilhantismo alcançou um outro nível ao marcar o recorde de pontos em um único jogo de playoff (63 pontos) enquanto era marcado por Dennis Johnson, o melhor armador marcador da época. Esse recorde de 63 pontos se mantém intacto até hoje. O Bulls perdeu o jogo (Boston entrou em quadra com uma campanha de 41 vitórias e uma derrota em casa), mas a era Michael Jordan começou extraoficialmente naquela tarde. O número 23 era, como o companheiro de NBA Larry Bird o descreveu, "Deus disfarçado de Michael Jordan".

New York Knicks 113, Los Angeles Lakers 99

Quando: 8 de maio de 1970 (Jogo sete das finais da NBA)

Onde: Nova York, Nova York

Nunca um jogo sete da final da NBA foi jogado em um palco maior — Madison Square Garden deve ser o mais majestoso do basquete — ou com mais coragem. Willis Reed, o grande pivô do New York Knicks, tinha uma lesão na coxa e mal podia andar. Reed perdera o jogo seis em Los Angeles, e o pivô Wilt Chamberlain, do Lakers, brincou com a defesa de garrafão do New York (isso quer dizer os alas e pivô reservas), marcando 45 pontos. Reed tomou uma injeção de cortisona no vestiário e entrou em quadra perto do fim dos aquecimentos.

Reed acertou o primeiro arremesso da partida, um arremesso da cabeça do garrafão, e se alguma vez um jogo terminasse com o placar em 2 a 0, seria esse. (Ele converteu apenas mais um arremesso a noite inteira.) O Knicks, sob a liderança de Reed, chegou a seu primeiro campeonato mundial. Muitas vezes negligenciados estão os esforços do Walt Frazier, armador do Knicks, cujos 36 pontos e 19 assistências marcam uma das maiores performances jamais feitas por um armador em qualquer nível, e o pivô reserva Nate Bowman, que teve que marcar Chamberlain durante a maior parte da noite.

Esse campeonato foi a linha divisória para a cidade de Nova York completar a transição entre ser uma cidade de basquete universitário para uma cidade de basquete profissional. Com a Grande Maçã a seu lado, a NBA — cujo quartel-general é lá — fortificava o mais importante reduto de mídia.

Los Angeles Lakers 123, Philadelphia 76ers 107

Quando: 16 de maio de 1980 (Jogo seis das finais da NBA)

Onde: Filadélfia, Pensilvânia

Apenas um ano antes, Magic Johnson havia hipnotizado o reino do basquete escolar. Então ele foi para a NBA com ainda dois anos elegíveis por jogar. Ele havia partido muito cedo? Afinal, Larry Bird o derrotaria no prêmio de calouro do ano.

Normalmente, Magic Johnson, com 2,06 metros, deixava de ser armador para se tornar pivô quando o pivô titular Kareem Abdul-Jabbar precisava perder uma ou outra partida devido a uma lesão. Isso por si só já é incrível, porque não há outras duas posições em quadra que tenham tão pouco em comum (a essa altura, sabemos que você já aprendeu isso).

Como o calouro reagiu ao jogar em uma nova posição no jogo seis, fora de casa, nas finais da NBA? Magic marcou 42 pontos e conquistou o título. Sua performance definiu parâmetros de grandeza que durariam uma década, mas também virou a página em direção a era moderna da NBA.

A NBA tinha um sério problema de imagem no final dos anos 1970. O estilo de jogo da NBA — como popularizado por estrelas como George Gervin, Bob McAdoo e David Thompson — havia evoluído para um jogo de rua mano a mano, com pouca ênfase no jogo coletivo. Não era um jogo bonito de se assistir, e também nenhuma das estrelas da liga — com a exceção de Julius Erving, do Philadelphia 76ers — era particularmente carismática. A chegada de Bird e Magic pôs a NBA de volta nos trilhos. De repente, passar a bola e o trabalho em equipe estavam na moda de novo. O jogo se tornou divertido de se assistir. Se alguém argumentar que essa mudança de rumos dramática pode muito bem ter salvado a liga, é isso mesmo.

CAPÍTULO 17 **Dez Jogos que Mudaram o Curso da História do Basquete**

334   PARTE 5 **A Parte dos Dez**

> **NESTE CAPÍTULO:**
>
> Mantendo-se atualizado com as últimas notícias sobre o basquete
>
> Navegando por estatísticas
>
> Encontrando dicas de treinadores e jogadores

Capítulo 18

Os Dez Melhores Sites de Basquete

É possível assistir a um jogo de basquete hoje em dia sem também estar online? Se Duke está jogando contra North Carolina, por exemplo, você quer acompanhar estatísticas atualizadas ao vivo em cbssportsline.com (conteúdo em inglês). Mas você também quer estar no Twitter, no caso de @JayBilas soltar um tweet particularmente enérgico. E talvez você se sinta tentado a ir até o YouTube e assistir a um jogo antigo clássico da maior rivalidade do basquete universitário.

Na última década do século XX, o basquete se tornou global. Na primeira década do século XXI, o jogo se tornou digital. Os maiores sites de esportes — yahoosports.com, espn.com, foxsports.com e si.com (todos em inglês) — sempre terão excelentes coberturas do basquete, tanto universitário quanto profissional. Esses sites, entretanto, têm a missão de cobrir todos os esportes, não somente basquete.

Neste capítulo mostro dez sites (todos em inglês) especificamente sobre basquete que você deveria dar uma olhada assim que fechar o livro.

Basketball-Reference.com

Este site fornece tudo o que você algum dia precisará saber, estatisticamente, sobre qualquer temporada, qualquer time e qualquer pessoa na história de NBA — e também da ABA — (o coloquei em primeiro por um motivo). Quer saber quem é o líder em turnovers na história da NBA, e te interessaria descobrir que os dois líderes nessa categoria são, respectivamente, os ex-companheiros de Utah Jazz Karl Malone (4.524) e John Stockton (4.244)? Você pode descobrir isso nesse site em menos de 24 segundos.

Rushthecourt.net

É possível ficar viciado demais em basquete universitário? Este site, que se conclama como "O incomparável blog sobre basquete universitário", acha que não. Mergulhe em notícias, blogs e atualizações no início da temporada, e você talvez não reapareça até o torneio Big East.

Collegeinsider.com

Aqui estou eu lendo uma história neste site: "Opa, eu não sabia disso. Tenho que contar a Jay Bilas e Hubert Davis antes de entrarmos no ar hoje à noite. Melhor ainda, talvez não conte." Ótimas informações nesse site.

Truehoop.com

Este blog vencedor de prêmios, fundado pelo jornalista Henry Abbott em 2005 e apresentando um painel de experts, foi colocado sob o guarda-chuvas da ESPN.com. Apenas digite a URL truehoop.com e você será redirecionado imediatamente.

Hoopshype.com

Este é um site que faz jus a seu nome e muito mais. Se você é fanático pela NBA, esse site precisa ser parte de sua rotina diária. Uma exaustiva lista de links fornece tudo o que você gostaria de saber sobre salários de jogadores, jogadores sem contrato, rumores, entrevista e até sobre os tênis. Excelente!

Allbrackets.com

Sim, mas você tem certeza que Oklahoma A&M venceu Oregon State nas semifinais nacionais de 1949? Todas as chaves do torneio da NCAA desde seu ano inaugural, 1939, podem ser encontradas aqui. Este site também lista a localização de cada final, o melhor jogador da partida e o treinador vencedor.

NBAhoopsonline.com

O quão dedicado à NBA é este site? Tem um link que mostra os dez jogadores mais altos na história da liga (alguém se lembra de Priest Lauderdale, com 2,24 metros?); outro mostra todos os logos da NBA já criados e utilizados. Esse é definitivamente um site divertido onde você pode perder horas sem sentir.

Blog.paulomurilo.com (Basquete Brasil)

Neste blog você encontra análises, histórias, negócios, táticas e políticas sobre o basquete de um modo geral. Contém análises mais pessoais dos assuntos abordados.

Slamonline.com

A revista *Slam* era o cruzamento original entre o basquete e o hip-hop. Este site acompanha o esporte com a paixão de um jogador de rua. E para seu prazer de leitura, inclui mais de 30 blogs.

Bolapresa.com.br

Melhor blog em português. Conta com algumas estatísticas, análises profundas e notícias sobre a NBA.

338   PARTE 5 **A Parte dos Dez**

> **NESTE CAPÍTULO:**
>
> Os maiores cestinhas da liga
>
> Magos da defesa
>
> O mais feroz competidor na história da NBA

Capítulo 19

As Dez Lendas da NBA

Antes da internet, antes do YouTube, antes das "Dez Melhores Jogadas" do *SportsCenter*, coisas incríveis estavam acontecendo na NBA. Foi bastante difícil fazer esta lista de dez jogadores (eu trapaceei e listei 11), e ainda tenho que me desculpar por não incluir na lista nomes como Rick Barry, John Havlicek, Pistol Pete Maravich e Bob Pettit. Este capítulo mostra, se não os 11 maiores jogadores da NBA de todos os tempos (apesar de eles talvez serem), certamente aqueles cujas proezas acabaram com a ubiquidade tanto da World Wide Web quanto da NBA.

Kareem Abdul-Jabbar

Kareem Abdul-Jabbar é o maior cestinha da história da liga (38.387 pontos) e o terceiro maior reboteiro (17.440). Ele manteve uma média de 24,6 pontos por partida durante 18 temporadas. Ele foi eleito o jogador mais valioso da NBA seis vezes — mais do que qualquer outro jogador —, e seu time ganhou o campeonato da NBA seis vezes. Durante sua carreira, o gancho aéreo de Kareem era a arma ofensiva individual mais fantástica do basquete.

Elgin Baylor

PALAVRAS DO AUTOR

Elgin Baylor foi o primeiro jogador a usar o tempo no ar como arma. Michael Jordan realizava alguns movimentos acrobáticos, mas Baylor inventou esse estilo de jogo. Ele foi convocado 11 vezes para o All-Star Game e uma vez marcou 71 pontos em um jogo. Quando ele se aposentou, era o terceiro maior cestinha da liga. Você ouve muito falar sobre as jogadas entre Pippen e Jordan ou Stockton e Malone. Eu escolheria Baylor e Jerry West em qualquer situação.

Larry Bird

Este jogador três vezes eleito o mais valioso da liga liderou o Celtics em três títulos da NBA e foi convocado dez vezes para o All-Star Game. Se você assistisse Larry Bird treinar, você poderia pensar: "Esse cara não é rápido, e também não tem muita habilidade para pular, mas de alguma maneira ele faz seu trabalho melhor que praticamente todo mundo." Como Magic Johnson, Bird era fora de série em todos os fundamentos do jogo e foi um dos jogadores mais inteligentes a amarrar um tênis. Ele poderia acertar um arremesso de três pontos ou roubar uma bola para te vencer — o que precisasse ser feito.

Wilt Chamberlain

Enquanto Bill Russell era a grande força defensiva da NBA, Wilt "O Pernilongo" Chamberlain provavelmente foi a grande força ofensiva. A beleza estava no fato de Russell e Chamberlain jogarem na mesma área. Aquelas eram grandes batalhas!

As estatísticas de Wilt eram incompreensíveis: Ele marcou mais de quatro mil pontos em uma temporada, e 100 pontos em uma partida em 1962. Ninguém chegou nem mesmo a 28 pontos do recorde até hoje. Ele teve média de 50,4 pontos por partida durante toda a temporada de 1961–1962, e uma vez conseguiu 55 rebotes em um jogo. Seis anos mais tarde, Wilt decidiu mostrar a todo o mundo que era um grande passador e liderou a liga em assistências. Sua durabilidade era incomparável; ele teve uma média de mais de 48 minutos por jogo em 1962, e nunca foi excluído por faltas em sua carreira de 1.045 jogos.

Com 2,16 metros, Wilt foi a maior dominância por força física que o jogo já viu. E sim, eu sei quem é Shaquille O'Neal.

Bob Cousy

HALL DA FAMA

Bob Cousy era um jogador de classe mundial, o mago original do basquete. O Celtics venceu nove campeonatos em sequência, de 1958 a 1966, mas Boston nunca teria começado essa sequência sem Cousy. Ele era de longe o jogador mais emocionante da NBA em seus primeiros anos; seus passes sobre a cabeça e por trás das costas definiram o padrão para os armadores do futuro. Ele foi dez vezes eleito All-NBA e 13 vezes convocado para o All-Star Game. Ele também ganhou o prêmio de jogador mais valioso da liga.

Julius Erving

PALAVRAS DO AUTOR

Julius Erving é o único membro de minha lista de maiores jogadores da NBA com quem joguei contra enquanto era treinador universitário... e venci. Em meu único ano em Fordham, nós ganhamos de Erving e UMass — mas nem por isso o deixo de fora da lista. "Dr. J" teve tanta influência no jogo quanto qualquer pessoa com suas jogadas desafiadoras da gravidade que encantaram a ABA e a NBA por 16 anos. Após se tornar um dos únicos seis jogadores na história da NCAA a ter média de 20 pontos e 20 rebotes ao longo de sua carreira universitária, Erving foi convocado 11 vezes para o All-Star Game. Em 1983, ele liderou o Philadelphia 76ers ao título da NBA. Por três vezes, ele foi o cestinha da liga, e continua como um dos quatro jogadores a marcar mais de 30 mil pontos na carreira profissional. Enquanto as crianças de hoje em dia crescem tendo carinho por Vince Carter, os jogadores que atualmente estão na NBA devem muito de seu amor pelo jogo a Dr. J.

Magic Johnson

Earvin "Magic" Johnson foi o jogador mais completo da NBA nos anos 1980. Magic esculpiu uma identidade não só para o seu Lakers, mas para toda a cidade de Los Angeles, por uma década inteira. O L.A. nos anos 1980 era Showtime — emocionante, rápido e glamouroso —, e Magic era o maestro.

Magic teve 138 triplos-duplos na carreira, a maior quantidade registrada. Ele foi líder de assistências da liga cinco vezes. Foi eleito o jogador mais valioso da liga três vezes, foi nove vezes titular no All-Star Game, e foi campeão da NBA cinco vezes.

Magic esteve entre os mais carismáticos jogadores da liga por 12 anos seguidos. Seu sorriso e personalidade promoveram o jogo mais do que qualquer outra coisa. Junto com Larry Bird, do Celtics, Magic trouxe de volta à liga duas coisas que estavam escassas por quase uma década: o amor por passar a bola, e um desejo incontrolável de ganhar que apenas Michael Jordan foi capaz de igualar desde então.

Michael Jordan

Com uma média de 31,5 pontos por jogo, Michael Jordan é o cestinha da liga em média de pontos; sua média de pontos em partidas de playoffs é ainda maior. Jordan revolucionou o jogo, como Bill Russell fez em sua época, ao ir mais alto do que o aro. Isso quer dizer, ele aperfeiçoou a arte de enterrar e parecia ser imune à gravidade. Pergunte-se isto: antes de Michael aparecer, quantos jogadores na NBA vestiam calções longos e tênis pretos e tinham a cabeça raspada? Quantos fazem isso agora? Todo mundo, até mesmo milionários da NBA, querem ser como Mike.

PALAVRAS DO AUTOR

Jordan é o melhor jogador de todos os tempos? Argumentar contra isso seria difícil. Eu digo isso: ele é o competidor mais feroz de todos os tempos, e o cara que você quer ter em seu time quando está perdendo por alguns poucos pontos com menos de um minuto no cronômetro. O Bulls jogou seis finais da NBA, todas com Jordan; eles ganharam seis vezes e não perderam nenhuma nesse tipo de série, e nenhuma delas chegou além do jogo seis. E Jordan tem seis troféus de jogador mais valioso das finais da NBA em algum lugar de sua lotada estante de troféus.

Nenhuma sequência da carreira de Jordan (que no verão de 2000 foi transformada em filme para telas IMAX intitulado *Michael Jordan to the MAX*) é mais adequada do que seu último minuto. Perdendo para o Utah Jazz no jogo seis das finais da NBA, Chicago precisava forçar um turnover e então converter a cesta. Jordan, se espreitando atrás de seu futuro companheiro de Hall da Fama Karl Malone, deu um tapa na bola para tirá-la das mãos do ala do Jazz. Conseguindo o roubo, Jordan então driblou em direção ao ataque, colocou em prática um giro com os tornozelos sobre o armador de Utah Bryon Russell, e acertou o arremesso vencedor do jogo da cabeça do garrafão. Sua maneira de arremessar naquela jogada, ao atrasar por um segundo o arremesso como se estivesse sentindo que era o último de sua carreira, deveria ser mostrada para todo aspirante a jogador de basquete.

Ninguém é capaz de fazer melhor. Ou, como o escritor esportivo John Feinstein disse na televisão em um dia de junho de 1997: "Não haverá um próximo Michael Jordan."

Oscar Robertson

A lenda de Oscar Robertson se beneficiou dos estatísticos que criaram o triplo-duplo (tendo dígitos duplos em três fundamentos — por exemplo, 14 pontos, 12 rebotes e 11 assistências). Como Magic Johnson não era conhecido como um grande cestinha tanto quanto por suas características de jogar completo, os relações-públicas do Los Angeles Lakers (o time de Magic) buscaram uma maneira inovadora de quantificar suas contribuições. Eles chegaram ao triplo-duplo, mas ao fazer isso se depararam com o fato de que Oscar Robertson — como Magic, um armador muito grande — tinha na verdade alcançado um triplo-duplo em média ao longo de uma temporada mais de 20 anos antes (1961).

O "Grande O" jogou 14 anos na NBA e foi três vezes o melhor jogador do All-Star Game. Ele teve uma média de 26 pontos e mais de 10 mil assistências ao longo da carreira, que inclui um título com o Milwaukee Bucks em 1972.

Bill Russell

HALL DA FAMA

As pessoas falam excitadas sobre Michael Jordan ganhando seis títulos da NBA em oito anos. Que tal 11 títulos em 13 anos, incluindo oito em sequência (sendo que nas duas últimas temporadas Russell acumulava as funções de jogador e treinador)? Esse jogador eleito cinco vezes o jogador mais valioso da NBA revolucionou o jogo com sua capacidade de defender e conseguir rebotes; ele ainda é o protótipo do pivô defensivo. Se você tem um jovem pivô, mostre a ele filmes de Bill Russell e sua habilidade em dar tocos e continuar com a bola em jogo.

Jerry West

Jerry West, do L.A. Lakers, era o Mr. Clutch. Nunca vou me esquecer do arremesso de três quartos da quadra que ele converteu contra o Knicks nas finais de NBA de 1970 em Los Angeles. West tinha uma forma perfeita em seus arremessos — sua forma foi utilizada como modelo para o logo da NBA. Ele marcou mais de 25 mil pontos e foi convocado para o All-Star Game em todos os anos em que jogou. Apenas Michael Jordan, que disse uma vez que West é o jogador de outra época que ele gostaria de encarar homem a homem, tinha uma média de pontos maior em playoffs.

344   PARTE 5 **A Parte dos Dez**

NESTE CAPÍTULO:

Jogando a primeira partida

Fazendo o primeiro arremesso com uma mão

Vencendo 88 jogos em sequência

Capítulo 20

Dez Datas Importantes na História do Basquete

James Naismith nunca teve a intenção de iniciar uma revolução. Em 1891, Naismith era um professor na Springfield (Massachusetts) Young Men's Christian Academy Training College. Ele estava simplesmente buscando uma atividade física em locais cobertos que seus estudantes não achassem entediante.

O decano do departamento de Educação Física, Dr. Luther Gulick, encarregou seu jovem professor, Naismith, de desenvolver uma nova atividade recreativa que inspiraria os estudantes e manteria um nível de forma física durante os longos invernos da Nova Inglaterra.

"Não há nada novo sob o Sol", disse um completamente frustrado Gulick a Naismith um dia.

CAPÍTULO 20 **Dez Datas Importantes na História do Basquete** 345

"Se é assim, podemos inventar um novo jogo que vai de encontro às nossas necessidades", respondeu Naismith, à época com 30 anos.

Naismith rascunhou sobre um jogo que ele tinha jogado quando era jovem, no Canadá, chamado "Pato na Pedra", no qual um menino defende seu "pato" enquanto outros meninos jogam pedras nele. Adicionando alguns elementos de futebol e futebol americano, pregou um par de cestas de pêssego em paredes opostas do ginásio, arrumou uma bola de futebol, e ensinou aos estudantes sobre as 13 regras que ele havia inventado e governariam o jogo.

Apenas 100 anos depois, Michael Jordan foi nomeado o jogador mais valioso da NBA.

29 de Dezembro de 1891: Primeiro Jogo de Basquete

Nessa data, Naismith supervisionou o primeiro jogo de basquete já jogado, na quadra da rua Armory em Springfield, Massachusetts. Introduzindo seus alunos às nove regras que havia idealizado (por exemplo, "Um jogador não pode correr com a bola. O jogador precisa jogá-la do local em que a recebeu, apesar de ser permitido a um jogador andar com ela caso receba em grande velocidade e tente parar"), Naismith dividiu sua turma em dois times de nove jogadores. Usando uma bola de futebol e cestas de pêssego, a turma jogou uma partida dividida em dois tempos de 15 minutos.

Apenas uma cesta foi marcada, um arremesso de sete metros de distância convertido por William Chase. Uma cesta valia um ponto quando o jogo foi inventado, então o placar final foi 1 a 0.

Alguém sugeriu que o nome do jogo fosse dado em homenagem a seu inventor, mas Naismith humildemente não aceitou. "Nós temos uma cesta e uma bola", disse Naismith, "Por que não chamar de basketball?".

30 de Dezembro de 1936: O Arremesso com uma Mão de Hank Luisetti

Hank Luisetti, de Stanford, é normalmente, e erradamente, atribuído como o inventor do arremesso com salto. Na verdade, ele desenvolveu um arremesso com uma das mãos enquanto corria, mas a inovação de Luisetti foi uma mudança de paradigmas em matéria de arremessos. Antes da chegada de Luisetti, todos os jogadores arremessavam a bola com as duas mãos.

Durante os feriados de fim de ano, Stanford e Luisetti viajaram o país para encontrar Long Island University (LIU) no Madison Square Garden. Uma plateia de 17.623 pessoas lotou o Garden para ver LIU, que tinha uma sequência de 43 vitórias seguidas, para enfrentar o Indians (Stanford hoje é conhecida como o Cardinals), os atuais campeões da Pacific Coast Conference, e o ala em seu segundo ano, Luisetti, com 1,88 metro.

Apesar de Luisetti marcar apenas 15 pontos na partida, seu estilo de arremesso diferente hipnotizou os observadores na capital midiática do país. O fato de Luisetti ter sido o melhor jogador em quadra e Stanford ter vencido LIU facilmente por 45 a 31 apenas aumentaram o feitiço. Em breve o arremesso com uma das mãos, e depois o arremesso com salto, tornariam o arremesso com duas mãos obsoleto.

27 de Março de 1939: Oregon 46, Ohio State 33

O primeiro torneio da NCAA, realizado em 1939, estava muito longe da Loucura de Março (apesar de, ao contrário do que acontece com o torneio hoje, de fato aconteceu inteiro durante o mês de março). Não era nem mesmo o torneio com mais prestígio na época: era o National Invitational Tournament.

O torneio da NCAA começou em 17 de março com oito instituições divididas em duas regiões: Leste e Oeste. A regional Leste foi jogada na Filadélfia, e a Oeste, em São Francisco.

Dez dias mais tarde, os campeões de cada regional, Ohio State e Oregon, se encontraram no Patten Gym no *campus* da Northwestern University, em Evanston, Illinois. (Nothwestern, ironicamente, nunca jogou na NCAA.) Oregon, apelidado de "Os Abetos Altos", devido à altura média de seu time titular ser de 1,82 metro, prevaleceu em um 46 a 33 para uma plateia de 5.500 pessoas. O jogo não foi televisionado, e até a mesmo alguns dos participantes estavam desinteressados.

"Nós havíamos acabado de ganhar o (Big Ten) título, era o mais importante em nossa cabeça", disse Jimmy Hull, do Buckeyes, que foi nomeado o jogador mais incrível do torneio, apesar de seu time ter terminado em segundo. "O torneio escolar estadual (de Ohio) estava sendo disputado. Nós queríamos assisti-lo."

CAPÍTULO 20 **Dez Datas Importantes na História do Basquete** 347

1º de Novembro de 1946: New York Knicks 68, Toronto Huskies 66

Você pode dizer que a NBA foi oficialmente concebida em 6 de junho de 1946, quando um grupo de donos se reuniu em um quarto de hotel de Nova York e definiu as ideias iniciais do que seria conhecido como a Basketball Association of America (BAA — Associação de Basquete da América). A liga nasceu nessa noite, entretanto, e por coincidência, no Canadá, já que o inventor do jogo era nativo desse país.

O New York Knicks, cujo período de treinamentos aconteceu em uma quadra descoberta em um resort nas montanhas de Catskill, viajou para o norte de trem para o confronto inaugural. O Huskies, que tinha apenas um jogador em seu elenco, fez seu melhor para promover o jogo para uma cidade com torcedores fanáticos de hóquei. Toronto ofereceu entradas grátis (os ingressos variavam de US$0,75 a US$2,50) para qualquer um que fosse mais alto do que o pivô do Huskies, George Nostrand (2,03 metros).

O Knicks vencia por 33 a 18 no intervalo, mas uma cesta de Nostrand no final do terceiro quarto deu a liderança para Toronto, por 44 a 43, pela primeira vez na partida. New York recuperou uma diferença de quatro pontos no último quarto e, através dos 14 pontos de Leo Gottlieb, conseguiu a vitória. O jogador-treinador Ed Sadowski, de Toronto, que foi excluído por faltas (cinco faltas na época desqualificavam um jogador) com apenas três minutos no segundo tempo, foi o cestinha, com 18 pontos.

2 de Março de 1962: Jogo dos 100 Pontos de Wilt Chamberlain

O jogo mais importante na carreira do jogador mais dominante na história da NBA é cercado tanto de mistérios quanto de mitos.

O jogo aconteceu em Hershey, Pensilvânia, onde o time de Chamberlain, o Philadelphia Warriors, ocasionalmente mandava seus jogos. Apenas 4.124 pessoas compareceram ao jogo, e ele não foi televisionado. Não há vídeo do evento. O pivô titular do lanterninha Knicks, Phil Jordan, não estava jogando devido a uma gripe. Chamberlain, com 2,16 metros, uma figura gigante com um estilo de vida compatível com sua estatura, estava em Nova York na noite anterior e não tinha dormido.

Perto do final da temporada, quando ele teria uma média de mais de 50 pontos por partida, Chamberlain já tinha 23 pontos após um quarto e 41 no intervalo. Após um terceiro quarto, com 28 pontos, que o deixaram com a marca de 69, os torcedores começaram a gritar: "Passe para o Wilt!" Quando ele marcou a cesta dos 100 pontos, ainda faltavam 46 segundos para o fim do jogo, mas os torcedores invadiram a quadra. O jogo foi interrompido. O placar: Philadelphia 169, New York 147.

20 de Janeiro de 1968: UCLA e Houston Jogam o "Jogo do Século"

Era apenas um jogo de basquete universitário no meio da temporada. Era muito mais do que isso.

Antes de UCLA aceitar enfrentar o Cougars no Astrodome de Houston, nenhum jogo de basquete universitário havia sido televisionado nacionalmente em horário nobre.

A cena era surreal. A quadra foi colocada no meio do Astrodome, então o torcedor, dentre os 52.693, mais perto dela estava a pelo menos 30 metros. Foi a maior plateia na história do basquete, e mesmo assim jogadores All-American como Lew Alcindor da UCLA e Elvis Hayes de Houston sentiam como se estivessem jogando em uma arena vazia.

O Bruins, atual campeão e primeiro lugar no ranking, chegou com uma sequência de 47 vitórias consecutivas. O Cougars tinha o segundo lugar no ranking. Houston, liderado pelo esforço hercúleo de Hayes e seus lances livres vencedores, ganhou por 71 a 69.

Mais importante, cada instituição recebeu US$125.000 pela partida, quatro vezes o prêmio por se chegar ao torneio da NCAA. Esse jogo marca o momento quando o basquete universitário se tornou uma commodity comercialmente viável.

10 de Setembro de 1972: União Soviética Derrota os Estados Unidos

Nenhuma partida que define o campeão em qualquer esporte apresentou uma final tão controversa quanto a que valia a medalha de ouro na Olimpíada de Munique em 1972.

Desde que o basquete havia se tornado um esporte olímpico, em Berlim, nos Jogos Olímpicos de 1936, os Estados Unidos nunca haviam perdido. Os americanos tinham vencido 63 jogos seguidos e tinham sete medalhas de ouro ao se dirigirem para a final olímpica contra seus arquirrivais, tanto atlética quanto politicamente, a União Soviética.

Esse, entretanto, era o elenco americano mais novo a disputar uma medalha de ouro olímpica. Os soviéticos lideraram toda a partida, em certo momento por dez pontos. Com alguns segundos restantes e os Estados Unidos perdendo por 48 a 47, Doug Collins interceptou um passe perto do meio da quadra e foi em direção à cesta. Collins sofreu uma falta dura — o defensor soviético empurrou o armador de Illinois State e ele foi direto em direção ao suporte da tabela —, mas ele converteu ambos os lances livres, para colocar os Estados Unidos à frente em 49 a 48 com três segundos restantes.

O que aconteceu a seguir vai para sempre ser fonte de muita controvérsia.

Primeiro, os soviéticos colocaram a bola em jogo e foram driblando em direção ao ataque, mas um árbitro parou a jogada devido a uma controvérsia no placar. Os treinadores soviéticos estavam argumentando que ele havia pedido um tempo antes de Collins se posicionar para os lances livres (as regras na época proibiam um time de pedir tempo após um segundo lance livre).

Os árbitros concordaram e deram aos soviéticos uma segunda chance de dar a saída de bola embaixo de sua cesta com três segundos no relógio. O time vermelho de fato colocou a bola em jogo, mas a sirene soou antes da hora, após mais ou menos um segundo ter se passado.

Os americanos comemoraram, acreditando que tinham ganhado. Em vez disso, foram obrigados a voltar para a quadra para uma terceira saída de bola soviética. Dessa vez a União Soviética fez o correto, já que Ivan Edeshko fez um passe de quadra inteira para o pivô Alexsander Belov, que venceu dois americanos no duelo pela bola. Os dois se chocaram, e Belov converteu uma bandeja livre para dar a medalha de ouro para os soviéticos assim que o alarme soou.

19 de Janeiro de 1974: Notre Dame Encerra a Sequência Invicta de 88 Jogos da UCLA

Por aproximadamente uma década, o basquete da UCLA era invencível. John Wooden levou o Bruins a dez títulos da NCAA em 12 anos e recrutou dois dos maiores jogadores a jogarem basquete universitário na história, Lew Alcindor e Bill Walton. Seus times tiverem duas grandes sequências invictas de 47 e 88 jogos.

Meu time acabou com a segunda sequência.

Na véspera de nosso jogo contra o Bruins em South Bend (eu tinha 32 anos na época, em minha terceira temporada como treinador do Fighting Irish), fiz meus jogadores cortarem as redes dos aros ao final de nosso treino. Era um estratagema puramente psicológico para mostrar a eles que eu acreditava que podíamos derrotar o poderoso Bruins.

Por um longo período, o gesto pareceu fútil. UCLA ganhava por 17 pontos ao final do primeiro quarto e por 11, 70 a 59, com 3min30s restantes. Todos, menos nós, que envergávamos trevos de quatro folhas, consideravam a diferença irrecuperável.

Em vez disso, o Irish conseguiu uma virada incrível. O Bruins cometeu, sim, quatro turnovers nos últimos 210 segundos, mas o Irish acertou seis arremessos enquanto manteve UCLA sem marcar pontos. O arremesso longo de Dwight Clay da zona morta com 29 segundos restantes foi o golpe final para a lavada de 12 a 0 que o Irish impôs para ganhar o jogo, por 71 a 70.

A maior sequência de vitórias do basquete masculino, profissional ou universitário, acabou em Notre Dame. Nenhum time masculino chegou a se aproximar disso.

4 de Abril de 1983: N.C. State Vence Houston

Entre 1979 e 1985, o torneio de basquete da NCAA explodiu. A Loucura de Março nasceu em uma sequência de grandes finais, começando com o confronto de 1979 entre Larry Bird, de Indiana State, e Magic Johnson, de Michigan State.

Aquele confronto não foi emocionante (o Spartans venceu por 11 pontos), mas os anos seguintes veriam o calouro de North Carolina, Michael Jordan, acertar o arremesso vencedor contra Georgetown em 1982, e Villanova, três anos depois, surpreendeu a mesma Georgetown favorita em 1985.

Entretanto, nenhum jogo teve um papel maior na revolução do torneio da NCAA para a Loucura de Março do que a virada cataclísmica de North Carolina State contra Houston em 1983. O Cougars, com os futuros jogadores de Hall da Fama, Clyde Drexler e Hakeem Olajuwon, era conhecido como Phi Slamma Jamma.

O Walfpack quase não se classificou para o torneio com uma campanha de 17 vitórias e dez derrotas, mas sua grande arma era um jovem e irresponsável treinador, Jim Valvano, com um grande senso de humor e um espírito infatigável. Ninguém pensava que o Wolfpack conseguiria tirar a diferença de 12 pontos de Houston, mas a galera de Valvano melhorou no jogo e apertou o placar. Com segundos para o fim e o jogo empatado em 52 a 52, North Carolina State se encontrou com a bola e a chance de vencer.

O armador Dereck Whittenburg segurou a bola por muito tempo e teve que fazer um arremesso desesperado de dez metros de distância de antes da cabeça do garrafão com quatro segundos restantes. A bola foi curta e um pouco para a direita do aro, mas enquanto os defensores de Houston observavam a bola no ar, o ala do Wolfpack, Lorenzo Charles, saltou, pegou a bola no ar e a enterrou, tudo em um movimento.

O alarme soou. North Carolina State, que tinha conseguido algumas vitórias improváveis ao longo do torneio, se tornou o campeão mais inesperado de todos os tempos. Sempre que alguém menciona o termo Cinderela ao falar da Loucura de Março, o Wolfpack de 1983 é o primeiro time que vem à cabeça.

A imagem de Valvano nos momentos após a cesta de Charles, correndo ao redor da quadra em Albuquerque e procurando alguém para abraçar, é uma das memórias mais marcantes da história do torneio.

16 de Janeiro de 1995: UCONN Encontra Tennessee

O basquete universitário feminino vinha organizando campeonatos desde 1972, primeiro na AIAW (Association for Intercollegiate Athletics for Women — Associação de Atletismo Interuniversitário para Mulheres) e então, de 1982 em diante, como parte da NCAA.

Entretanto, o esporte nunca chegou à consciência nacional de verdade até Tennessee visitar Connecticut em uma frígida tarde de segunda-feira em 1995. Na época, o Lady Vols e seu treinador imponente, Pat Summitt, eram tão dominantes quanto o programa, tendo ganhado três dos últimos oito campeonatos nacionais.

Connecticut, entretanto, era um programa em crescimento. Liderado por um jovem e carismático treinador, Geno Auriemma, o Huskies estava invicto e era divertido de se assistir. Além disso, era o maior programa nas proximidades do quartel-general da ESPN, onde muitos dos empregados eram ex-alunos da UCONN.

Um representante da ESPN abordou Summitt com a possibilidade de um confronto televisionado nacionalmente na tarde do Dia de Martin Luther King Jr., um feriado. Basquete feminino televisionado nacionalmente, àquela altura, era uma raridade. Summitt tinha tudo a perder — o jogo seria jogado no Gampel Pavilion da UCONN —, mas topou, "para o bem do jogo (feminino)".

E então a mais feroz rivalidade do esporte feminino nasceu. O invicto Connecticut, que estava em segundo no ranking (Tennessee era o número 1 e também invicto), abateu o Lady Vols, 77 a 66. A empolgação era palpável.

352   PARTE 5 **A Parte dos Dez**

"A atmosfera era incrível", a pivô All-American Rebecca Lobo de Connecticut se lembraria mais tarde. "Os ingressos foram todos vendidos, e a torcida ficou por 15 minutos após a partida apenas dançando e celebrando em seus lugares. Foi a melhor atmosfera universitária que já presenciei."

Após aquilo, as duas instituições venceriam oito dos próximos dez campeonatos, mas, infelizmente, o jogo da rivalidade anual chegou ao fim em 2007.

354   PARTE 5 **A Parte dos Dez**

Apêndices

6

NESTA PARTE...

Estes dois capítulos colocam a cereja e o chantilly no topo deste livro. Aqui você aprende a falar como um jogador profissional de basquete e também os exercícios básicos. Quando terminar esta parte, você estará falando e andando como se deve.

Apêndice A
Glossário dos Termos de Basquete

Airball: Um arremesso que erra completamente o trajeto para a cesta, sendo isolado da quadra não tocando o aro.

Ala: Uma das posições no basquete. Um time geralmente tem dois alas. Alas pegam rebotes, ajudam o pivô e arremessam a bola.

Andar com a bola: Uma violação que acontece quando o jogador com a bola move seu pé ilegalmente. Exemplos comuns incluem correr sem driblar (dar mais de dois passos), arrastar o pé de apoio da posição original ou saltar e aterrissar sem ter arremessado ou passado a bola.

Árbitros: Os juízes, apesar de o termo se expandir para descrever os que marcam os pontos, operam o relógio de arremesso e acompanham o tempo.

Armador: Uma das posições no basquete. Um time geralmente tem dois armadores. Eles são os primeiros a pegarem a bola e com frequência (mas nem sempre) são os menores jogadores em quadra.

Armador principal: É o primeiro armador a pegar a bola. Esse jogador geralmente lidera o ataque. Veja também *armador*.

Arremesso: Tentativa de lançar a bola para fazer uma cesta.

Arremesso com salto: Um arremesso em que o jogador salta no ar para lançar a bola.

Arremesso contra a tabela: Um arremesso que usa a tabela.

Arremesso de quadra: Um arremesso feito dentro ou fora do arco de três pontos enquanto o cronômetro está rodando, que vale dois ou três pontos, respectivamente.

Arremesso de três pontos: Um arremesso feito de fora do arco de três pontos, que vale três pontos.

Assistência: Uma estatística para os jogadores que ganham crédito quando fazem um passe para alguém fazer uma cesta. Então o jogador que fez o passe "dá assistência" para o ponto da jogada.

Ataque: O time que está com a posse da bola. Também se refere às jogadas que um time executa quando está com a posse de bola.

Ataque em movimento: Um tipo de ataque em que os cinco jogadores se movem ao mesmo tempo para criar uma oportunidade de fazer uma cesta. Céticos dirão que isso está extinto na NBA.

Ataque triangular: Um tipo de ataque que se tornou famoso por causa do treinador Phill Jackson. O objetivo desse ataque é criar um bom espaço entre os jogadores, o que permite que cada um faça passes para os quatro companheiros. Todo passe e cortada tem um propósito, e tudo é dedicado à defesa.

Backdoor (porta dos fundos): É um tipo de atalho para a cesta. O jogador de ataque se move pelo perímetro, e depois segue em direção à cesta e recebe um passe direto de um companheiro, geralmente resultando em uma cesta fácil. Usado com perfeição por Princeton na vitória contra a UCLA no torneio da NCAA em 1996.

Ball screen: Um corta-luz feito por um companheiro para um jogador que está com a bola.

Bandeja: Um arremesso que acontece quando um jogador dribla até a cesta e arremessa a bola do garrafão (ou bem perto dele), em um movimento que parece com o de um garçom segurando uma bandeja (daí vem o nome). Nesse movimento o jogador apenas solta a bola dentro da cesta.

Bloqueio: Contato físico ilegal feito pelo jogador de defesa que impede o adversário de progredir.

Bloqueio de arremesso: Quando um jogador de defesa atrapalha a tentativa de arremesso do adversário.

Bloqueio de um jogador: Uso do corpo para bloquear ou se proteger de um adversário, e assim ganhar uma posição melhor para pegar o rebote.

Bloqueio duplo: É uma estratégia de defesa em que um jogador que está na ala vai deixar de marcar seu jogador e se unir com outro companheiro de defesa para marcar o jogador que recebeu a bola. O objetivo é forçar o jogador a desistir de arremessar ou dificultar o arremesso.

Board: Gíria para rebote.

Bola ao alto: É um método de colocar a bola em jogo com o árbitro lançando-a para o alto entre dois jogadores no meio da quadra. No basquete profissional, a bola ao alto é o que determina a posse de bola em uma situação de bola presa. Nos outros níveis, ela só é usada para começar o jogo.

Bola morta: Em qualquer momento em que o árbitro apitar para interromper uma jogada.

Bola invertida: Uma forma de passar a bola de um lado para o outro da quadra, geralmente com dois passes. Usado pelo ataque contra uma defesa por zona.

Bola presa: Ocorre quando um jogador de defesa segura a bola com tanta firmeza, que tanto ele quanto o jogador de ataque podem alegar posse de bola. Uma bola presa resulta em uma bola ao alto ou uma situação de posse alternada. Também acontece quando o jogador de defesa salta junto com o jogador de ataque.

Bônus: Uma situação no basquete escolar ou universitário em que um time recebe arremessos de lance livre após uma falta sem arremesso quando o time adversário ultrapassa o limite de faltas.

Lance livre de bonificação: É dado a um jogador que em seu movimento de arremesso é tocado faltosamente, mas antes disso acontecer ele larga a bola e ela cai na cesta. Podendo assim ter mais um lance livre de bonificação, totalizando uma jogada de 3 pontos. Essa situação pode ocorrer com um arremesso de 3 pontos, podendo assim ocasionar um raro ataque de 4 pontos. Nos jogos universitários, esse bônus só é concedido após o time adversário cometer sete faltas (em qualquer combinação, pessoa, antiesportiva, técnica ou de contato) em um tempo.

Breakaway (escapada): Uma situação em que um jogador de defesa rouba a bola e corre para fazer a cesta com o restante dos jogadores de defesa atrás. Na NBA, isso sempre dá origem a espetaculares enterradas.

Buzzer beater (destruidor de cronômetro): O arremesso no último segundo que ganha o jogo. Entrou para o vocabulário do basquete nos anos 1980, quando muitos jogos da NCAA foram decididos assim.

Cabeça do garrafão: A área da quadra no centro do garrafão na extensão das linhas de falta. Um local popular para arremessos de médio alcance feitos após o jogador se livrar de um corta-luz.

Caminhar: Sinônimo para *andar com a bola*, uma violação que a NBA parece achar que não existe mais.

Carga: Um contato físico ilegal feito por um jogador de ataque que empurra ou se move na direção do tronco do adversário. Carga é a única falta difícil para o árbitro marcar, porque o jogador de defesa deve estar parado, senão é um bloqueio.

Cesta: O gol, composta por aro e rede, para onde os arremessos são feitos.

Contra-ataque: Uma jogada em que o time que está na defesa pega o rebote ou recupera a bola e avança rapidamente para o outro lado da quadra — geralmente para fazer uma cesta fácil.

Corta-luz: Uma ação legal feita por um jogador que, sem fazer contato excessivo, atrasa ou evita que o oponente chegue à posição desejada.

Corte: Mover-se rapidamente de uma posição para outra, tentando enganar o jogador de defesa para tentar fazer a cesta.

Crossover drible (drible crossover): Quando um jogador está parado driblando a bola de um lado de seu corpo para o outro, e então inverte o drible para o lado original para enganar o jogador de defesa.

Defesa: O time sem a bola, que tenta impedir que o ataque adversário faça cestas.

Do meio da rua: Um arremesso feito de longe da cesta ou fora do alcance normal do jogador.

Drible: Bater, empurrar ou quicar a bola no chão. Um jogador segurando a bola deve manter seu *pé de apoio* no chão; para se mover ou avançar, ele deve driblar. O drible termina quando o jogador pega a bola com as duas mãos, ou toca na bola com as duas mãos ao mesmo tempo, ou um adversário desvia a bola. Driblar com as duas mãos ao mesmo tempo é uma violação (veja *duplo drible*).

Duplo drible: É uma violação em que o jogador dribla a bola com as duas mão ao mesmo tempo, ou dribla, para e volta a driblar.

Duplo-duplo: É quando um jogador faz dez ou mais pontos em dois quesitos das estatísticas, que podem ser pontos, rebotes, assistências, bloqueios de arremesso ou roubadas de bola. O mais comum é que ele consiga isso com pontos e rebotes.

Linha final: Veja *linha de fundo*.

Enterrada: Colocar, forçar ou enfiar a bola na cesta. Uma das jogadas mais atléticas e excitantes do jogo.

Exclusão: É quando um jogador é desqualificado por atingir o número máximo de faltas permitido por jogo: cinco na FIBA, no nível universitário e no escolar, ou seis na NBA.

Falta: Veja falta pessoal e falta técnica.

Falta do jogador no controle: No nível masculino, é a falta cometida por um jogador que está com a bola. No nível feminino, é uma falta cometida pela jogadora com a bola *ou* por uma arremessadora que está no ar. Também chamada de falta ofensiva ou carga.

Falta flagrante: Uma falta pessoal que envolve contato violento com o adversário, como cotovelada, chute, joelhada e entrar embaixo de um jogador que está no alto.

Falta intencional: É quando um jogador faz a falta sem ter como objetivo legítimo a bola ou o adversário. O jogador que sofre a falta tem direito a fazer dois arremessos de lance livre, e seu time fica com a posse de bola.

Falta pessoal: Uma violação cometida por um jogador, que envolve contato físico ilegal com outro jogador enquanto a bola está em jogo.

Falta técnica: É uma falta cometida por qualquer jogador dentro ou fora da quadra, treinador ou assistente que não envolve necessariamente contato com um adversário. Faltas técnicas incluem conduta antiesportiva, falta de respeito, vulgaridade, linguagem profana, pedidos de tempo excessivos e se pendurar no aro.

Finta: Um movimento em que o jogador de ataque, não necessariamente o que está com a bola, finge ir para um lado e vai para o outro, para confundir o jogador de defesa.

Jogador pendurado: Um jogador que está perto de ser desqualificado (por exemplo, um jogador que está com quatro faltas em um jogo universitário).

Garrafão: A área retangular, geralmente pintada, diretamente em frente à rede, se estendendo até linha de lance livre.

Hack: Gíria para falta.

Homem a homem: Um tipo de defesa em que cada jogador marca um adversário.

H-O-R-S-E: Um jogo popular em que um jogador faz um arremesso e seus adversários devem repeti-lo. Quem não conseguir, fica com uma letra (começando com o "H").

Interferência na cesta: Ocorre quando um jogador toca a bola enquanto ela está caindo entre o teto e a cesta, ou em qualquer parte dela. Um ato ilegal, exceto no basquete internacional.

Jogada de quatro pontos: É uma pontuação de ataque que acontece quando um jogador faz uma cesta de três pontos e sofre uma falta no processo. Então ele completa a jogada de quatro pontos fazendo um arremesso de lance livre.

Lado forte: É o lado da quadra (direito ou esquerdo) em que a bola fica mais tempo. Não confundir com a quadra de ataque.

Zona morta: É a área da quadra (direita ou esquerda) oposta ao lado em que a bola fica mais tempo.

Lançamento inicial: Para começar o jogo, a bola é lançada ao alto pelo árbitro, e um jogador de cada time tenta desviá-la para seus companheiros.

Lance livre: Uma tentativa sem obstrução de fazer uma cesta arremessando a bola de trás da linha de lance livre, no interior do semicírculo de lance livre. Também

APÊNDICE A **Glossário dos Termos de Basquete** 361

conhecido como arremesso de falta. Inicialmente, o arremesso de lance livre é concedido quando o jogador do time adversário comete uma falta.

Linha de caridade: Gíria para a linha de lance livre.

Linha de fundo: A linha que fica no final de cada quadra, que divide a área de reposição e saída de bola.

Linhas de quadra: São as linhas de fundo e as laterais da quadra. O interior dessas linhas define as reposições e as saídas de bola.

Linha divisória: É a linha que separa as duas metades da quadra.

Linha lateral: A linha que se estende pelo comprimento da quadra.

Marcar: Fazer a defesa em um jogador de ataque.

Passe: Movimento causado pelo jogador quando lança, quica ou desvia a bola para um companheiro enquanto ela ainda está em jogo.

Passe beisebol: Um passe feito com apenas uma mão, usado para fazer passes longos.

Passe de saída: O primeiro passe após a defesa pegar o rebote, geralmente usado como um gatilho para o contra-ataque.

Passe picado: Passe onde a bola bate primeiro no chão para só depois chegar a seu colega de equipe.

Passe sem olhar: Um passe feito deliberadamente, em que o jogador não faz contato visual, ou olha para o lado oposto ao qual está o receptor.

Pé de apoio: Um jogador que está segurando a bola, e não driblando, deve manter um pé parado no chão. Esse pé é conhecido como *pé de apoio*.

Penetração com drible: Uma estratégia de ataque em que o jogador com a bola dribla para o garrafão para escapar de um ou dois jogadores de defesa. Ele então dribla para fora e faz um passe para um companheiro livre, geralmente posicionado atrás do arco de três pontos.

Pick (bloqueio): Um corta-luz feito em um jogador com a bola. Veja também *corta-luz*.

Pivô: Uma das posições do basquete. Normalmente, mas nem sempre, o jogador mais alto do time. Faz cesta de perto, bloqueia arremessos e pega a maior parte dos rebotes.

Ponte aérea: Uma jogada ensaiada em que o jogador lança a bola na direção da cesta e um companheiro pula, pega a bola no ar e geralmente enterra.

Posse alternada: Uma regra que só existe no basquete da FIBA, escolar e universitário, em que uma vez a bola fica com um time, na próxima, fica com outro time. Em uma situação em que alguém segura a bola, uma seta na mesa do placar indica de que time é a posse de bola.

Posto: A área geral fora do limite do garrafão. O mais baixo é perto da cesta; e o mais alto é o mais próximo do garrafão.

Prorrogação: Um tempo de cinco minutos jogado no caso de empate.

Quadra de defesa: A quadra de defesa de um time é a metade da quadra em que fica a defesa e a cesta do adversário, as reposições de bola de trás da tabela e toda a linha de fundo. Depois que o ataque adversário entra na quadra de ataque deles, eles não podem voltar com a bola para a quadra de defesa.

Quadra de ataque: A metade da quadra onde o ataque tenta fazer cestas. A quadra de ataque de um time é a quadra de defesa do time adversário, e vice-versa.

Quadrado e um: Um tipo de defesa em que um jogador marca o adversário mano a mano e os outros quatro jogadores de defesa ficam na zona.

Rebote: Ato de recuperar a bola de um arremesso perdido, que deve cair na quadra primeiro.

Relógio de arremesso: Um relógio separado do relógio de jogo, que limita a quantidade de tempo que o ataque tem para fazer um arremesso. Por exemplo, no basquete universitário masculino, o time tem 35 segundos para tentar um arremesso. Se ele não for feito dentro do tempo, a bola vai para o adversário. Quando a bola bate no aro ou muda de posição, o relógio recomeça.

Relógio de jogo: É o relógio que conta quanto tempo de jogo ainda resta. O relógio só roda quando a bola está em jogo.

Reposição de bola: Um método de colocar a bola em jogo novamente. O jogador com a bola tem cinco segundos para fazer a reposição de bola. O contador começa quando o árbitro entrega a bola para o jogador e para quando o jogador lança a bola. Nas reposições de bolas feitas na lateral e na linha de fundo após uma violação do adversário, o jogador está sujeito às regras contra andar com a bola. Nas reposições de bola feitas na sequência de uma cesta, o arremessador deve correr — sem quicar a bola — ao longo da linha da lateral.

Substituição: Trocar um jogador por outro durante uma pausa no jogo.

T: Gíria para falta técnica.

Tabela: Um quadro, feito de acrílico ou de madeira, que suporta a cesta.

Tempo: Uma pausa no jogo por um tempo determinado. Cada time deve fazer o sinal de tempo quando estiver com a posse de bola. O pedido de tempo geralmente é usado para parar o relógio e discutir a estratégia.

Tijolo: Um arremesso feio, totalmente errado, que bate no aro ou na tabela.

Turnover: No ataque, perder a bola para a defesa sem fazer um arremesso. Exemplos incluem perder a bola fora da área, cometer violações como andar com a bola ou fazer duplo drible, ou a defesa interceptar um passe.

21: Um jogo em que qualquer número de jogadores pode participar. O jogador com a bola tenta fazer uma cesta, enquanto os outros jogadores fazem a defesa. Uma cesta resulta em dois pontos, e você recebe três arremessos de lance livre consecutivos, cada um valendo um ponto.

Um e um: Uma situação de lance livre no basquete escolar ou universitário (não na NBA), em que o jogador faz um arremesso de lance livre e, se acertar, pode fazer outro.

Violações: Uma ação que faz o time perder a bola, como:

> **Andar com a bola:** Veja *andar com a bola*.

> **Violação de duplo drible:** Veja *duplo drible*.

> **Violação da regra de três segundos:** Ficar no garrafão de seu time por três segundos (ou mais).

> **Violação do relógio de arremesso:** Levar 35 segundos (ou mais) no basquete universitário masculino, 30 segundos no basquete universitário feminino ou 24 segundos na NBA e na FIBA para fazer um arremesso.

> **Violação da quadra de defesa:** Voltar com a bola para a quadra de defesa após entrar na quadra de ataque.

> **Violação da regra de cinco segundos:** Segurar a bola em uma marcação fechada por cinco segundos ou mais.

Wing (ala): Área da quadra entre a linha de lance livre e o arco de três pontos.

Apêndice B
Exercícios de Fundamentos

Exercícios Ofensivos

Drible mano a mano, quadra inteira

Divida seu time em dois grupos e os alinhe na linha de fundo. Tenha um jogador de cada grupo driblando a bola pela distância total da quadra, e então passe a bola para o próximo jogador na linha. Cada vez que atravessam a quadra, os jogadores devem focar em algo diferente. Faça-os praticar o crossover e o stop-go. Faço-os cruzar a quadra a toda velocidade, e driblar com sua mão fraca (mão esquerda para destros, e vice-versa).

Exercício de passes

Forme pares de jogadores no centro da quadra. Faça cada dupla praticar o passe a partir do peito, o passe picado, e o passe por sobre a cabeça. Depois faça com que os jogadores fintem para a esquerda e direita usando qualquer tipo de passe.

Exercício defenda e recupere

O defensor número 1 é o marcador. O jogador 1 passa a bola para o jogador 2. O defensor 1 se vira e passa a marcar o jogador 2. O jogador 2 retorna a bola para o jogador 1. Nesse exercício, os jogadores não passam a bola simplesmente por cima da cabeça do defensor 1. Ao contrário, o defensor 1 precisa estar marcando cada jogador antes dele poder fazer o passe. Três pares de jogadores podem realizar esse exercício ao mesmo tempo. (Veja a Figura B-1.)

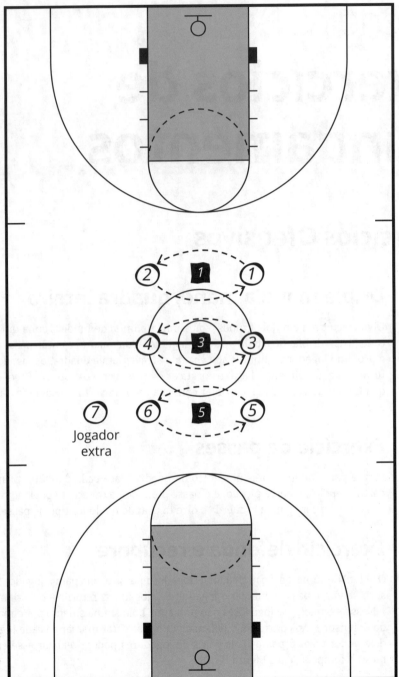

FIGURA B-1: Exercício defenda e recupere.

Ataque entrelaçado com três jogadores para a bandeja

Divida seu time em três grupos e os alinhe na linha de fundo. O exercício começa com o jogador 1 no meio passando a bola para um jogador em velocidade na ala direita (jogador 2). O jogador 1 segue seu passe e corre em direção à ala direita. O jogador 2 então passa a bola para o jogador 3, que começou na ala esquerda e agora está indo em direção à outra linha de fundo.

Continue com esse movimento entrelaçado — com cada jogador correndo (não driblando) — por todo o comprimento da quadra até que o último jogador faça uma bandeja, simulando um contra-ataque. Garanta que o aluno faça bandejas com a mão esquerda, se estiver do lado esquerdo, e com a mão direita, se estiver do lado direito.

Exercício de arremessos em contra-ataque

Divida seu time em quatro grupos, com dois grupos de jogadores em cada meia quadra. Crie duas linhas em cada metade, uma no centro do círculo, e outra em uma das alas.

O exercício começa com um jogador driblando do meio da quadra até a cabeça do garrafão (veja a Figura B-2). Ele para rapidamente e passa a bola para o jogador correndo pela ala. Esse jogador arremessa a bola. O arremessador entra no garrafão para o rebote e passa a bola de volta para o meio da quadra. Os primeiros dois jogadores retornam para o final da fila. Continue o exercício simultaneamente em ambas as quadras durante cinco minutos. Altere os lados das alas na quadra.

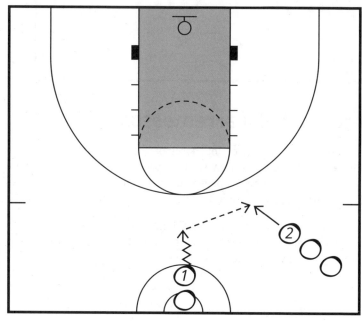

FIGURA B-2: Exercício de arremessos em contra-ataque.

Exercício de arremessos por 30 segundos

Este exercício de artilharia rápida mantém duas bolas em movimento ao mesmo tempo. O exercício começa com o passador, 1,5 metro depois da cabeça do garrafão, passando para o arremessador na ala direita ou esquerda (veja a Figura B-3). O arremessador finge um passe e arremessa. O reboteador se posiciona, pega o rebote e joga a bola de volta para o passador.

Execute esse exercício simultaneamente em cada lado da quadra. Mantenha os jogadores em apenas um ponto da quadra por 30 segundos e então mude para outro ponto.

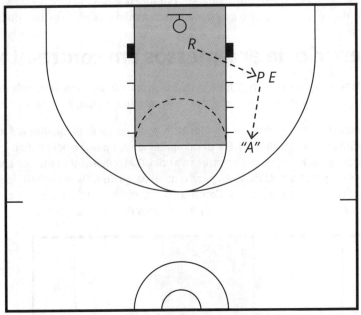

FIGURA B-3: Exercício de arremessos por trinta segundos.

Exercício de 50 arremessos

Use três bolas e três linhas de jogadores para esse exercício de arremessos direto. Cada linha tem direito a 50 arremessos de aproximadamente 3,5 metros de distância. Cada jogador faz o arremesso, pega seu próprio rebote, e então passa a bola para o próximo da fila e retorna para o final da fila. (Veja a Figura B-4.)

Você precisará de três treinadores para monitorar o número de arremessos tentados e convertidos. Cada fila tem direito a 50 arremessos. Dê um objetivo ao pessoal — digamos, 25 arremessos convertidos em 50 tentados.

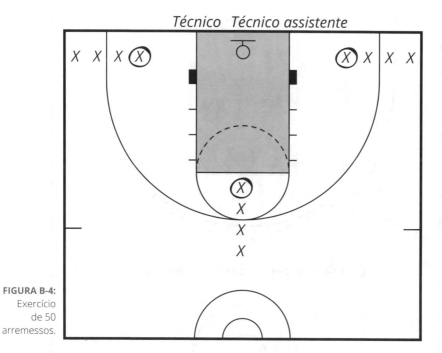

FIGURA B-4: Exercício de 50 arremessos.

Exercício de duas filas de arremessos

Forme duas filas de jogadores ofensivos nas alas. Um de cada vez, os jogadores vão a um local determinado na ala e tentam um arremesso sobre um jogador de defesa. Um jogador fica na defesa até que cada pessoa na fila ofensiva tenha tentado seu arremesso.

Faça as duas filas competirem entre si — o primeiro time a acertar dez arremessos ganha. Os perdedores precisam correr a distância da quadra.

Exercícios de corta-luz perto e longe da bola

Realizar corta-luzes é um dos pontos fundamentais para um ataque bem-sucedido. Quanto mais cedo uma criança aprender que o basquete não é um jogo de jogadas mano a mano, melhor. Os dois exercícios de corta-luz são primeiramente executados sem defensores, e depois com defensores. (Veja a Figura B-5.)

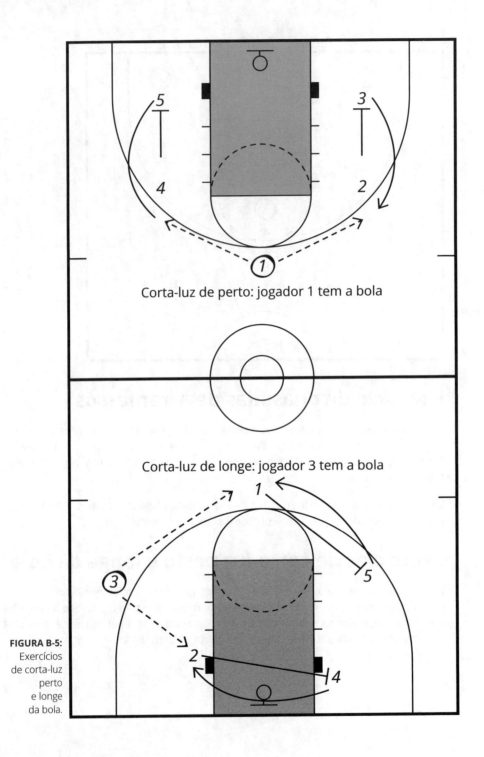

FIGURA B-5: Exercícios de corta-luz perto e longe da bola.

370 **Basquete Para Leigos**

Corta-luz perto da bola

O exercício de corta-luz perto da bola começa com o armador (1) controlando a bola. Ele se move de um lado para o outro no perímetro. Quando ele se move para a direita, o jogador 2 corre em direção ao 3 e faz um bloqueio imaginário. O jogador 3 ultrapassa o corta-luz e recebe a bola do 1. Ele passa a bola de volta para o 1, que se move para o outro lado da quadra. O jogador 4 executa um bloqueio para o 5, que vem em busca do passe.

Corta-luz longe da bola

Na segunda opção, os jogadores tentam realizar bloqueios longe da bola. Nessa situação, o jogador 3 tem a bola na ala. O jogador 2, na linha de fundo, se move para longe do 3, correndo pela linha para montar um bloqueio para o 4, que corre pela linha de fundo para receber a bola do 3. Na próxima rodada, o armador, 1, se move para longe da bola para montar um bloqueio para o 5, que vem até a cabeça do garrafão para receber o passe. Esse processo deve ser repetido com defensores, assim como no caso do corta-luz perto da bola.

Exercícios Defensivos

Deslocamento defensivo

Este exercício simula o que de mais básico há em marcações homem a homem. Para começar, alinhe todos os seus jogadores em duas linhas observando o treinador. Ao apito ou comando verbal, o treinador diz para trás, esquerda, direita ou para a frente (em nenhuma ordem em particular), e os jogadores devem mover seus pés nessa direção apontada. Mude rapidamente a direção para simular como um jogador deve reagir quanto estiver marcando um jogador ofensivo. Execute o exercício por um total de cinco minutos com intervalos de 30 segundos.

Exercício de ajuda e recuperação defensiva

Este exercício passa por outro conceito de defesa coletiva. Quando um jogador de ataque supera um de seus companheiros de defesa, você precisa fazer o que puder para ajudá-lo, ou esse jogador de ataque marcará a cesta. Nesse exercício, os quatro jogadores, dois no ataque e dois na defesa, se posicionam no perímetro, aproximadamente à mesma distância da cesta. O jogador 1 vai em direção à cabeça do garrafão, superando seu marcador. O defensor 2, que está marcando o jogador 2, deixa temporariamente seu adversário para marcar o jogador 1. Ele precisa evitar que o adversário chegue à cesta, e então recuar para voltar a marcar seu jogador original. Dois grupos de jogadores, um em cada metade da quadra, executam o exercício simultaneamente (veja a Figura B-6).

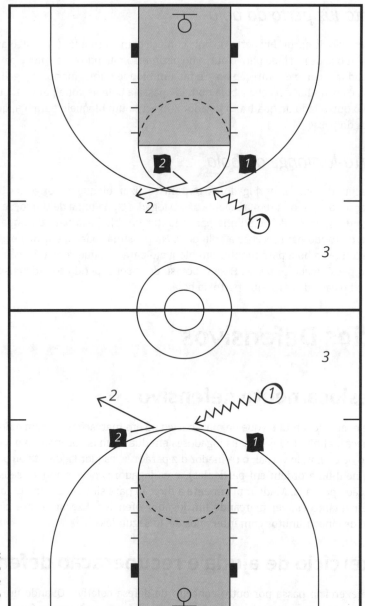

FIGURA B-6: Exercício de ajuda e recuperação defensiva.

Exercícios de backdoor (porta dos fundos) — ofensivo e defensivo

A backdoor da defesa é uma das mais básicas do basquete. Um jogador nunca é novo demais para aprender e executá-la, ofensiva e defensivamente.

O exercício precisa de um treinador e quatro jogadores, dois no ataque e dois na defesa (veja a Figura B-7). Na opção 1, o treinador finge um passe nas costas da defesa para o jogador 2 e tenta passar a bola para o jogador 3, que veio pela zona morta para receber o passe. O defensor 3 precisa voltar até a linha de lance livre para tentar cortar o passe para o jogador 3.

FIGURA B-7: Exercícios de backdoor.

Na opção 2, o treinador tem a bola na ala esquerda. O jogador 2 finge que vai em direção à ala e então corre em direção à cesta, superando seu defensor. O defensor 3 precisa deixar o meio do garrafão imediatamente e tentar cortar o passe nas costas da defesa feito pelo treinador. O defensor 3 tem de marcar o jogador 2 até que o defensor 2 tenha tempo de se recuperar. O defensor 3 deve gritar "rodar" quando chegar no jogador 2 na linha de fundo. O exercício também ensina o básico de rotação defensiva.

Exercício de defesa coletiva

Esse exercício ensina outro conceito de defesa coletiva usando oito jogadores e um estilo de jogo de passes no perímetro. No início, faça com que seus jogadores de ataque façam pelo menos seis passes — devagar, para que tenha tempo de mostrar aos defensores o posicionamento e a distribuição corretos da defesa. Diga aos defensores para se posicionarem corretamente após cada passe (veja as Figuras B-8 e B-9).

O exercício começa com o armador (1) na ala direita. Ele passa a bola para o 2 (passe A). O jogador ofensivo 2 então passa para o 4 no canto (passe B). Enquanto isso, os defensores estão se deslocando e marcando seu jogador. O jogador 4 retorna o passe para o 2 (passe C), que retorna a bola para o 1 no perímetro (passe D). O jogador 1 joga a bola para a ala direita para o jogador 3 (passe E), que retorna a bola para o 1 (passe F). O ataque repete o processo, aumentando a velocidade até que os jogadores de defesa se acostumem com suas obrigações.

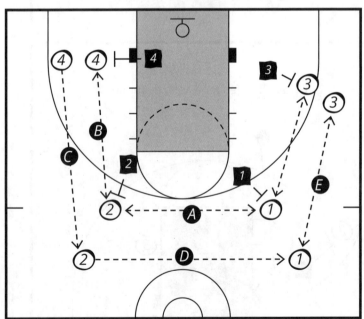

FIGURA B-8: Exercício de defesa coletiva.

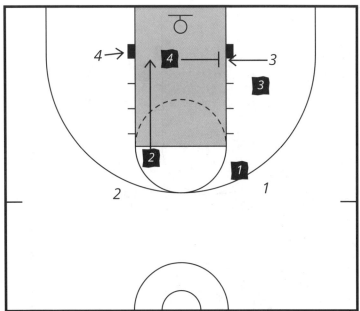

FIGURA B-9: Exercício de rotação de defesa.

Exercício de rotação de defesa

Esse exercício de quatro contra quatro em meia quadra ensina um princípio básico da marcação homem a homem. Comece o exercício com a bola na ala direita tendo o jogador 1 posse dela. O jogador 3 começa no lado direito da linha de fundo e supera seu adversário, o defensor 3, em direção à linha de fundo. Com a bola ainda no lado direito do perímetro, o defensor 4 deixa seu oponente para marcar o jogador 3 e evitar que ele faça uma bandeja.

Quando o defensor 4 deixa seu adversário, ele grita "rodar", o que sinaliza para o jogador 2 deixar de marcar seu adversário no perímetro e passar a marcar o jogador 4. Todos os jogadores devem seguir essa nova formação até o defensor 3 se recuperar.

Exercício para evitar corta-luzes

Este exercício, que usa apenas quatro jogadores, trabalha como se evitar um corta--luz, assim como montá-lo ofensivamente.

Comece o exercício com o treinador segurando a bola. Após ele soar o apito, o jogador 2 monta um bloqueio no defensor 3. O defensor sobe a marcação (entre o treinador e o jogador 3) para interceptar o passe do treinador no perímetro para o jogador 3. O defensor 2 continua com o jogador 2 (veja a Figura B-10).

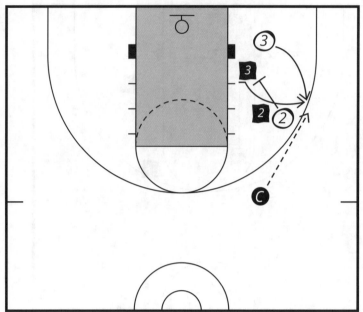

FIGURA B-10: Exercício para evitar corta-luzes.

Exercício com oito jogadores para rebotes

O exercício com oito jogadores para rebotes tem duas diferentes opções (veja a Figura B-11). Cada exercício foca em fortalecer partes diferentes do time.

Opção 1: Este exercício para rebotes precisa de dois treinadores e oito jogadores, quatro no ataque e quatro na defesa. O exercício começa com os dois treinadores passando a bola de um lado para o outro no perímetro, o que cria uma situação real e torna o exercício mais interessante. Um treinador tenta o arremesso, e os jogadores praticam seu posicionamento após o arremesso e também buscam os rebotes.

Opção 2: Este exercício envolve um treinador e oito jogadores. O exercício começa com um treinador tentando um arremesso do perímetro. Quando a bola está no ar, cada jogador de defesa faz contato imediato com seu adversário (posicionamento para o rebote), e então persegue a bola para o rebote. Esse exercício fortalece conceitos de rebote individuais e coletivos.

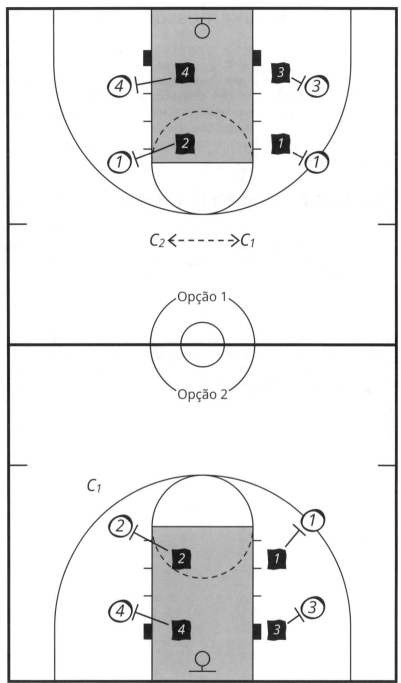

FIGURA B-11: Exercício com oito jogadores para rebotes.

APÊNDICE B **Exercícios de Fundamentos**

Exercício de arremessos do perímetro

O time ofensivo passa a bola ao redor do perímetro contra uma defesa homem a homem. Antes de os jogadores de ataque poderem arremessar, eles precisam fazer cinco passes com todos os jogadores tocando a bola. Faça o ataque tentar arremessos do perímetro contra defesas homem a homem e simule o jogo, e termine as jogadas após o rebote. Faça os jogadores ultrapassarem bloqueios. Você também pode usar esse exercício após ter ensinado defesa em zona, mas gosto de esgotar os princípios da marcação homem a homem quando estou ensinando crianças.

Exercício de contra-ataque

Oito jogadores começam em uma formação defensiva em um dos extremos da quadra (veja a Figura B-12). Um treinador dá a bola para o defensor 3 ou defensor 4. Os outros jogadores de defesa se tornam jogadores ofensivos, e o defensor 3 ou 4 dá um passe rápido para o defensor 1 ou 2, iniciando o contra-ataque.

Esse exercício faz os jogadores se acostumarem a trocar rapidamente de defesa para ataque. Treinadores deveriam manter registros de pontuação dos contra-ataques de cada equipe. Os perdedores do exercício devem cometer suicídio. Isso quer dizer, o jogador começa da linha de fundo, corre até a linha de lance livre, e volta. Depois, corre até o meio da quadra e volta. Após isso, corre até a outra linha de lance livre e volta. Por fim, corre até a linha de fundo e volta.

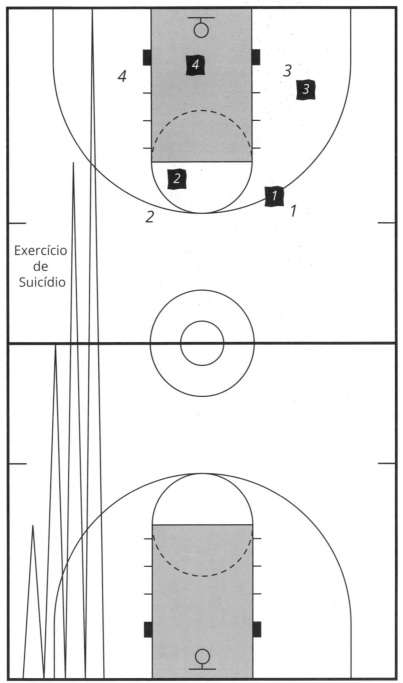

FIGURA B-12: Exercício de contra-ataque.

APÊNDICE B **Exercícios de Fundamentos** 379

380 **Basquete Para Leigos**

Índice

A

A D-League, 261
Alas, 80
    Ala-armador 93, 177
Ameaça dupla, 93
árbitro de mesa, 54
arco de três pontos, 35
Áreas
    da quadra, 36
    de Arremesso, 78
Argumentos, 189
Armadilhas de Meia Quadra, 111
Armador, 92
    duplo, 93
aro, 73
Arremessos 69, 72, 80
    com salto, 171
    contra a tabela, 80
    de Lance Livre, 75
    de três pontos, 276
    do perímetro, 275
    de quadra, 51
Assistências, 56
Ataque 91, 102
Ataque Homem a Homem, 103
Atrás do arco, 79

B

baby jumper, 81
backdoor (porta traseira), 101
bandeja 78
Basquete internacional, diferenças, 274
BASQUETE
    Bookstore, 202
    de Rua 187
    Escolar 205
    Feminino, 232

    Internacional 265
    Profissional 241
    Universitário 219
Bastões, 21
Bebedouro, 197
Bill Russell, 343
Bob Cousy, 341
Bola, 21
    menor, 233
Bolapresa.com.br, 337
Box score, 55

C

Cabeça do garrafão, 80
Calendário, 242
Calouros, 206
Caminhos, fechar, 138
Camisas, 20
campeonato europeu, 282
Clyde, 18
Código de Cavalheiros, 192
Como Se Vestir 18
Construindo um Programa, xxix
Contra-Ataque, 108, 148
Controle a bola, 74, 277
corta-luz, 97
Cortesia, 190
Crossover, 175
Cuba, jogador, 284

D

Dan Mara, 160
Defender ala, 137
Defesa 113, 120
    do perímetro, 277
    ilegal, 247
Deslocamento defensivo, 371

Dez segundos, 38
Diretrizes do ataque, 103
Dribles, 137
Duplos-duplos, 63

E

Economia da NBA, 250
Elasticidade, 71
Elgin Baylor, 340
Embaixo da cesta 78
Empate no basquete, 40
enterrada, 78
equipamento, 11, 21
Equipes físicas, 320
Estabelecendo Posição, 92
Estatísticas, 47
Estatísticas, 56
Estratégias,165
Exercícios, 158, 365
    com oito jogadores para
      rebotes, 376
    de arremessos
      do perímetro, 378
    de contra-ataque, 378
    na diagonal, 116
    no garrafão, 116
    para evitar corta-luzes, 375

F

faltas, 42, 193
Fanático Cego, 16
Fazer falta, 52
FIBA, 283
Fibra de nylon, 23
field
Fighting Irish, 26
Filmes sobre basquete, 214
Final four, 311
Física do Rebote, 151
Fominha, 190
FUNDAMENTOS 67

G

Gancho, 173
garagem, 25
garrafão, 189
    linha de lance livre, 34
Gênios da estatística: box score, 55
Geno Auriemma, 237
give-and-go, 98
Globetrotters, 262
Gus Macker, 203
Gus Macker, 203

H

Hack, 191
Halls da Fama, 300
Harlem Globetrotters, 262
História do Basquete 327
Hoosier Hysteria, 213
HORSE, 199
H-O-R-S-E, 199

I

Infusão Estrangeira, 249
início, 37

J

James Naismith, 8
Jerry West, 343
Jogadas 165
Jogadas de três e quatro pontos, 54
Jogadas e Manobras de Ataque, 97
Jogadores, 36
Jogando como Pivô, 167
jogo de garrafão, 278
Jogo, 36
    Objeto do Jogo, 9
Jogos de Arremesso, 199
jogos olímpicos, 280
jogos pan-americanos, 283
Juízes, 41
Julius Erving, 341
Juniores, 207

K

Kareem Abdul-Jabbar, 340

Karl Malone, 9

L

lance livre, 49, 77, 195

Larry Bird, 340

Leandrinho Barbosa, 249

Lesões e distrações, 320

Liga Ouro, 280

Ligas, 44

    Fictícias, 298

Limitar, 194

Limpar o garrafão, 194

Linha de fundo, defender, 138

Linha de lance livre, 112

Loucura de Março (March Madness), 14

Luzes, 197

M

Magic Johnson, 341

Manhattan, 160

Mão oposta, 200

Maravich, 282

Marcação Homem a Homem, 117

Marcação por Zona, 135

Marcação quadrado e um, 141

Marcando o pick and roll, 132

Marcando pontos: Um, dois, três, 48

Marcelinho Machado, 88

Meia quadra 191

Meias, 19

Michael Jordan, 247

Michael Jordan, 342

Minutos jogados, 60

Montando bloqueios, 176

Movendo-se sem a bola, 168

Movimentos 165

N

NAIA, 225

Naismith, 32

NBA, 242

NBB, 280

NCAA, 225

NCAA, classificação, 309

Negando linha de passe, 122

Nenê, 249

Notre Dame, xxix

O

Olimpíadas, 266

Oscar Robertson, 343

Oscar Schmidt, 88

P

Passa e sai, 98

passe, 97, 288

    forçados, 275

    melhores, 275

Pátios de escola 25

pé de pivô, 170

pedido de tempo, 37

Pick and roll, 99, 132, 175

Pivô, 95

    Movimentos, 169

Placar, 48

Playoffs, 244

Pontos

    a partir de turnovers, 63

    de segunda chance, 63

    vindos do banco de reservas, 62

Pontuação, 36

Pós-drible, 118

Posição quatro, 94

posse da bola, 117

Preparo mental, 182

pressão do arremesso, 76

Pressão Ofensiva, 110

Probabilidades, 52

Proporções, 60

Prorrogação, 39

Protetor bucal, 20

Punho, 73

Q

Quadra, 33

    simetria, 33

    linhas, 34

    de clubes, 25

    nivelada, 198

    inteira, 191

Quádruplos-duplos, 64

R

Rebote, 138, 149

    de Defesa, 152

rede de nylon 196

Regras 31

Rei da mesa, 191

relógio de arremesso, 37

Rendimento de arremesso, 54

Rodar!, 126

Rodney Dangerfield, 321

Rotatividade defensiva, 124

Roubos, 121

    de bola, 58

S

Saída de bola livre, 191

Salários, 252

Selection Sunday, 310

SportsCenter, 113

Stephen Curry, 140

Super defesas, 148

T

tabelas retangulares, 196

Tamanho da bola, 22

Taxa de luxo, 252

Tempo, 180

Tênis, 18

The White Shadow, 215

The White Shadow, 215

Tiago Splitter, 249

Tijolo, 191

Time dos Sonhos, 269

Times All-American, 231

Times em uma missão, 320

Tocos, 59

toque suave, 71

torcida, 182

Touchdown, 12

Trash talk, 188

Treinadores, 227

Treinando Arremessos, 82

Treinando um Time, 15

Treino sem defesa, 82

treinos, 119

triângulo na marcação, 121

Triplos-duplos, 63

Truques defensivos, 139

Turnovers, 57

U

Uniformes, 11, 20

up-and-under, 173

V

Vencedores, 193

Veteranos, 207

Violações, 43

Volta ao mundo, 201

Votações, 231

W

Wilt Chamberlain, 340

Wilt, 259

WNBA, 260

Y

Yao Ming, 272

Z

Zona 2-3, 136

    de Ataque, 105

    morta, 80

CONHEÇA OUTROS LIVROS DA PARA LEIGOS!

Negócios • Nacionais • Comunicação • Guias de Viagem • Interesse Geral • Informática • Idiomas

Todas as imagens são meramente ilustrativas.

SEJA AUTOR DA ALTA BOOKS!

Envie a sua proposta para: autoria@altabooks.com.br

Visite também nosso site e nossas redes sociais para conhecer lançamentos e futuras publicações!
www.altabooks.com.br

/altabooks • /altabooks • /alta_books

ALTA BOOKS
EDITORA

Impressão e acabamento: